职业教育·道路运输类专业教材

公路施工安全管理

吴智慧　石怀远　主　编

肖利君　主　审

人民交通出版社

北京

内 容 提 要

本教材根据教育部的最新高职专业教学标准进行编写,深入贯彻党的教育方针,在教学内容和学情分析基础上,确立精准的教学目标,实现"三全育人",把社会主义核心价值观融入和细化到教材的章节中,引领学生多方面发展,成为"能说会辩、能查会管、勇于担当"的高素质技术技能人才。

本教材重点突出,具有较强的实用性和可操作性,添加了多个教学视频,读者可通过扫码观看。本教材可供高等职业院校交通土建专业学生学习,也可作为公路工程施工安全管理人员安全教育培训的教材,还可作为工程一线的建设、监理等相关人员的参考书。

图书在版编目(CIP)数据

公路施工安全管理 / 吴智慧, 石怀远主编. — 北京 : 人民交通出版社股份有限公司, 2025.1. — ISBN 978-7-114-19881-6

Ⅰ. U415.12

中国国家版本馆 CIP 数据核字第 2024T2P467 号

Gonglu Shigong Anquan Guanli

书　　名：	公路施工安全管理
著 作 者：	吴智慧　石怀远
责任编辑：	刘　倩　杜希铭
责任校对：	赵媛媛　魏佳宁
责任印制：	张　凯
出版发行：	人民交通出版社
地　　址：	(100011)北京市朝阳区安定门外外馆斜街 3 号
网　　址：	http://www.ccpcl.com.cn
销售电话：	(010)85285911
总 经 销：	人民交通出版社发行部
经　　销：	各地新华书店
印　　刷：	北京印匠彩色印刷有限公司
开　　本：	787×1092　1/16
印　　张：	23
字　　数：	554 千
版　　次：	2025 年 1 月　第 1 版
印　　次：	2025 年 1 月　第 1 版　第 1 次印刷
书　　号：	ISBN 978-7-114-19881-6
定　　价：	65.00 元

(有印刷、装订质量问题的图书,由本社负责调换)

前·言
Preface

党的二十大报告提出,要推进国家安全体系和能力现代化,坚决维护国家安全和社会稳定,坚持安全第一、预防为主。建设交通强国是我国立足国情、着眼全局、面向未来作出的重大战略决策,是建设现代化经济体系的重要方面,是全面建成社会主义现代化强国的重要支撑,是新时代做好交通工作的总抓手。

由于公路工程建设具有点多线长面广、高空作业多、工艺复杂等特点,目前施工过程中的安全生产形势依旧严峻。本教材以公路施工过程为主线,由浅入深地对学生的职业能力进行培养,引导学生快速、全面地学习。本教材引入了实际工程案例,以培养学生的专业能力、团队协作能力,让学生在掌握公路工程施工安全基本知识、施工中有害危险因素辨识、施工中安全隐患排查、事故处理与应急救援等相关原理与方法的基础上,能够针对具体的分部分项工程提出相应的安全对策并落实,让学生具备道路桥梁安全施工和管理的能力,提升探究学习、终身学习和可持续发展的能力。

本教材编写坚持教书育人原则,以专业画龙,以思政点睛。

(1)培养学生的安全意识:使学生从思想层面上认识到公路施工安全的重要性,树立安全第一的思想。

(2)强化规章制度教育:通过教授相关法律法规和规章制度,引导学生遵守施工安全操作规范,增强施工安全管理的制度性。

(3)培养责任意识:加强学生的责任意识培养,使学生在施工安全管理中能够主动承担责任,做安全管理的参与者和推动者。

(4)培养危机应对能力:通过案例分析和实践教学,培养学生的危机应对能力,提高学生施工安全管理的应变和处理能力。本教材在路基路面、桥梁和隧道工程施工安全部分的编写中,围绕基本知识介绍、施工主要事故类型、施工隐患排查和施工风险控制展开论述。

本教材由安徽交通职业技术学院吴智慧和学院"现代学徒制"

合作企业安徽建工公路桥梁建设集团有限公司石怀远担任主编并统稿,安徽交通职业技术学院袁和勇、史晴晴、李侠、赵晶晶担任副主编,安徽云路交通信息技术有限公司肖利君担任主审。

  模块一、模块二由安徽交通职业技术学院史晴晴编写,模块三、模块五由安徽交通职业技术学院李侠编写,模块四、模块六由安徽交通职业技术学院吴智慧和安徽建工公路桥梁建设集团有限公司石怀远编写,模块七、模块八由安徽交通职业技术学院袁和勇编写,模块九由安徽省公路桥梁工程有限公司赵晶晶编写。

  本教材是"现代学徒制"模式下校企合作的典型成果,在编写过程中,安徽建工公路桥梁建设集团有限公司沈维成、刘向前、王勇等提供了大量公路工程施工的素材和安全事故案例。全书所有的视频动画均由安徽云路交通信息技术有限公司协助制作完成。中交四航局第五工程有限公司引江济淮项目部提供了大量的现场图片和素材。在此,对校企合作有关单位的大力支持和帮助表示衷心感谢。

  由于作者水平有限,书中不妥之处在所难免,敬请读者提出宝贵意见,以便修订。

编 者

2024 年 11 月

目·录
Contents

模块一　公路工程安全生产管理概述 ⋯⋯⋯⋯⋯⋯⋯⋯⋯⋯⋯⋯⋯⋯ 001
　单元一　安全生产管理基本理论 ⋯⋯⋯⋯⋯⋯⋯⋯⋯⋯⋯⋯⋯⋯⋯ 002
　单元二　公路工程从业单位的安全生产管理责任 ⋯⋯⋯⋯⋯⋯⋯⋯ 015

模块二　公路工程安全生产管理制度 ⋯⋯⋯⋯⋯⋯⋯⋯⋯⋯⋯⋯⋯⋯ 022
　单元一　安全生产许可制度 ⋯⋯⋯⋯⋯⋯⋯⋯⋯⋯⋯⋯⋯⋯⋯⋯⋯ 023
　单元二　安全教育培训制度 ⋯⋯⋯⋯⋯⋯⋯⋯⋯⋯⋯⋯⋯⋯⋯⋯⋯ 027
　单元三　安全技术交底制度 ⋯⋯⋯⋯⋯⋯⋯⋯⋯⋯⋯⋯⋯⋯⋯⋯⋯ 033
　单元四　施工安全事故报告及调查处理制度 ⋯⋯⋯⋯⋯⋯⋯⋯⋯⋯ 035
　单元五　施工安全事故应急管理制度 ⋯⋯⋯⋯⋯⋯⋯⋯⋯⋯⋯⋯⋯ 039

模块三　公路工程劳动防护与管理 ⋯⋯⋯⋯⋯⋯⋯⋯⋯⋯⋯⋯⋯⋯⋯ 052
　单元一　个体防护 ⋯⋯⋯⋯⋯⋯⋯⋯⋯⋯⋯⋯⋯⋯⋯⋯⋯⋯⋯⋯⋯ 054
　单元二　公路工程施工现场安全防护 ⋯⋯⋯⋯⋯⋯⋯⋯⋯⋯⋯⋯⋯ 059
　单元三　安全防护缺失事故介绍 ⋯⋯⋯⋯⋯⋯⋯⋯⋯⋯⋯⋯⋯⋯⋯ 070

模块四　公路绿色文明施工与综合治理 ⋯⋯⋯⋯⋯⋯⋯⋯⋯⋯⋯⋯⋯ 075
　单元一　公路施工绿色施工管理 ⋯⋯⋯⋯⋯⋯⋯⋯⋯⋯⋯⋯⋯⋯⋯ 077
　单元二　公路安全文明施工 ⋯⋯⋯⋯⋯⋯⋯⋯⋯⋯⋯⋯⋯⋯⋯⋯⋯ 086
　单元三　施工现场卫生与防疫 ⋯⋯⋯⋯⋯⋯⋯⋯⋯⋯⋯⋯⋯⋯⋯⋯ 095

模块五　路基路面工程施工安全 ⋯⋯⋯⋯⋯⋯⋯⋯⋯⋯⋯⋯⋯⋯⋯⋯ 100
　单元一　路基土石方工程施工安全 ⋯⋯⋯⋯⋯⋯⋯⋯⋯⋯⋯⋯⋯⋯ 103
　单元二　特殊路基施工安全 ⋯⋯⋯⋯⋯⋯⋯⋯⋯⋯⋯⋯⋯⋯⋯⋯⋯ 109
　单元三　路基防护与支挡工程施工安全 ⋯⋯⋯⋯⋯⋯⋯⋯⋯⋯⋯⋯ 116
　单元四　路面施工安全 ⋯⋯⋯⋯⋯⋯⋯⋯⋯⋯⋯⋯⋯⋯⋯⋯⋯⋯⋯ 135
　单元五　路基路面工程施工事故介绍 ⋯⋯⋯⋯⋯⋯⋯⋯⋯⋯⋯⋯⋯ 142

模块六　桥梁工程施工安全 ··· 146
单元一　桥梁基础施工安全 ·· 149
单元二　桥梁墩台施工安全 ·· 170
单元三　桥梁上部结构施工安全 ·· 181
单元四　桥梁工程施工事故介绍 ·· 206

模块七　隧道工程施工安全 ··· 212
单元一　隧道掘进与出渣施工安全 ··· 215
单元二　支护与衬砌施工安全 ·· 234
单元三　隧道附属设施施工安全 ·· 252
单元四　隧道工程施工事故介绍 ·· 274

模块八　季节性施工与夜间施工安全 ··· 287
单元一　冬季、高温季节施工安全 ··· 290
单元二　雨季、台风天气施工安全 ··· 302
单元三　夜间及雾霾天气施工安全 ··· 310

模块九　公路工程安全检查验收与资料编制 ·· 318
单元一　工程安全检查与验收 ·· 321
单元二　公路施工安全资料编写与归档 ·· 335

参考文献 ··· 359

模块一 公路工程安全生产管理概述

MODULE ONE

知识目标

1. 了解安全生产管理的基本概念；
2. 掌握不同的事故致因理论模型；
3. 掌握安全生产管理的基本原理；
4. 掌握建设工程参建各方责任主体的安全生产责任。

技能目标

1. 能应用事故致因理论分析事故发生原因；
2. 能应用安全管理原理进行安全管理；
3. 能辨识分析安全事故中参建各方责任。

建议课时：4 课时。

案例导入

20××年8月13日16时45分左右,某地正在建设的××大桥发生特别重大坍塌事故,造成64人死亡,4人重伤,18人轻伤,直接经济损失3974.7万元。大桥坍塌事故现场如图1-1所示。

事故原因

事故发生的重要原因为各参建单位未落实安全职责,包括以下几个方面：

一是施工单位的项目经理部,擅自变更原主拱圈施工方案;现场管理混乱,违规乱用料石,主拱圈施工不符合规范要求,在主拱圈未达到设计强度的情况下就开始落架施工作业。

图1-1 大桥坍塌事故现场

二是建设单位项目管理混乱,对发现的施工质量问题未认真督促施工单位整改,未经设计单位同意擅自与施工单位变更原主拱圈设计施工方案,盲目倒排工期赶进度,越权指挥,甚至阻挠监理上桥检查作业。

三是工程监理单位未能制止施工单位擅自变更原主拱圈施工方案,对发现的主拱圈施工质量问题督促整改不力,在主拱圈砌筑完成但强度尚未测出的情况下即签字验收合格。

四是设计和地质勘察单位违规将勘察项目分包给个人,地质勘察设计深度不够,现场服务和设计交底不到位。

五是事故发生地交通质量监督部门对大桥工程的质量监管不到位,属于严重失职。

六是事故发生地两级政府及有关部门对工程建设立项审批、招投标、质量和安全生产等方面的工作监管不力,盲目缩短工期。

认识提升

公路工程施工应遵守安全生产法律法规,落实工程项目参建单位安全生产责任,严守安全生产红线,坚持底线思维,同时应用安全生产管理理论知识做好施工现场安全管理工作,才能防患于未然,保证企业安全生产,维护社会稳定,促进交通强国高质量发展。

单元一　安全生产管理基本理论

安全是人类生存和发展的永恒主题,人类社会的生产促进社会的不断发展,生产安全问题也随着人类社会的生产而产生,安全生产管理始终是人类生产的重要组成部分。

一、安全生产管理基本概念

1. 安全与安全生产

安全是指在生产活动过程中,能将人或物的损失控制在可接受水平的状态,亦即,安全意味着人或物遭受损失的可能性是可以接受的,若这种可能性超过了可接受的范围,即为不安全。简而言之,安全是指生产系统中人员免遭不可承受危险的伤害。

《中国大百科全书》将"安全生产"解释为:旨在保护劳动者在生产过程中安全的一项方针,也是企业管理必须遵循的一项原则,要求最大限度地减少劳动者的工伤和职业病,保障劳动者在生产过程中的生命安全和身体健康。《辞海》将"安全生产"解释为:为预防生产过程中发生人身、设备事故,形成良好劳动环境和工作秩序而采取的一系列措施和活动。前者将安全生产解释为企业生产的一项方针、原则和要求,后者则将安全生产解释为企业生产的一系列措施和活动。

根据现代系统安全工程的观点,一般意义上讲,安全生产是指在社会生产活动中,通过人、机、物料、环境的和谐运作,使生产过程中潜在的各种事故风险和伤害因素始终处于有效控制状态,切实保护劳动者的生命安全和身体健康。

2. 安全生产管理

安全生产管理,就是针对人们生产过程中的安全问题,运用有效的资源,发挥人们的智慧,通过人们的努力,进行有关决策、计划、组织和控制等活动,实现生产过程中人与机器设备、物料、环境的和谐,实现安全生产的目标。其管理的基本对象是企业的员工、设备设施、物料、环境、财务、信息等各个方面。安全生产管理包括安全生产法制管理、行政管理、监督检查、工艺技术管理、设备设施管理、作业环境和条件管理等方面。安全生产管理目标是减少和控制危害和事故,尽量避免在生产过程中造成人身伤害、财产损失、环境污染及其他损失。

3. 危险、危险度

危险是指系统中存在导致发生不期望后果的可能性超过了人们的承受程度。从危险的概念可以看出,危险是人们对事物的具体认识,必须指明具体对象,如危险状态、危险条件、危险环境、危险场所、危险物质、危险人员等。

危险的大小通常用风险度来表示。危险度的大小与生产系统中事故发生的概率大小,即可能性与事故后果的严重程度及严重性两个因素相关,可用式(1-1)表示。

$$R = P \times F \tag{1-1}$$

式中:R——危险度;

P——事故发生的可能性;

F——事故后果的严重性。

4. 危险因素、有害因素

危险因素,是指能对人造成伤亡或对物造成突发性损害的因素。

有害因素,是指能影响人的身体健康,导致疾病或对物造成慢性损害的因素。

5. 事故、事故隐患

事故一般指当事人(个人或集体)违反法律法规或由疏忽失误造成的意外死亡、疾病、伤害、损坏或者其他严重损失的情况。伯克霍夫认为,事故是人(个人或集体)在为实现某种意图而进行活动的过程中,突然发生的、违反人的意志的、迫使活动暂时或永久停止或迫使之前存续的状态发生暂时或永久性改变的事件。

事故隐患一般指生产经营单位违反安全生产法律法规、规章、标准、规程和安全生产管理制度的规定,或者因其他因素在生产经营活动中存在可能导致事故发生的物的危险状态、人的不安全行为和管理上的缺陷。

事故隐患分为一般事故隐患和重大事故隐患。一般事故隐患是指危害和整改难度较小,发现后能够立即整改排除的隐患。重大事故隐患是指危害和整改难度较大,应当全部或者局部停产停业,并经过一定时间整改治理方能排除的隐患,或者因外部因素影响致使生产经营单位自身难以排除的隐患。

6. 风险

风险,是指某种特定的危险事件(事故或意外事件)发生的可能性与产生的后果的组合。通过风险的定义可以看出,风险是由两个因素共同作用组合而成的,一是该危险事件发生的可能性,即危险概率;二是该危险事件发生后所产生的后果。

7. 危险源、危险点、重大危险源

(1)危险源

危险源,是指可能导致死亡、伤害、职业病、财产损失、工作环境破坏或这些情况组合的根源或状态。

危险源由三个要素构成:潜在危险性、存在条件和触发因素。危险源的潜在危险性是指一旦触发事故,可能造成的事故危害程度或损失大小,或者说危险源可能释放的能量强度或危险物质量的大小。危险源的存在条件是指危险源所处的物理、化学状态和约束条件状态,如物质的压力、温度、化学稳定性、盛装压力容器的坚固性、周围环境障碍物等情况。虽然危险源的触发因素不属于危险源的固有属性,但它是危险源转化为事故的外因,而且每一种类型的危险源都有相应的敏感触发因素,如易燃、易爆物质,热能是其敏感触发因素,又如压力容器,压力升高是其敏感触发因素。因此,一定的危险源总是与相应的触发因素相关联,在触发因素的作用下,危险源转化为危险状态,继而转化为事故。

根据危险源在事故发生、发展中的作用,一般把危险源划分为两大类,即第一类危险源和第二类危险源。

第一类危险源是指生产过程中存在的,可能发生意外释放的能量,包括生产过程中各种能量源、能量载体或危险物质。例如,电、火、炸药、旋转的飞轮等属于第一类危险源。

第二类危险源是指导致能量或危险物质约束或限制措施破坏或失效的各种因素。广义上的第二类危险源包括物的故障、人的失误、环境不良以及管理缺陷等因素。例如,冒险进入危险场所、电气设备线路老化、操作规程不完善等。

第一类危险源决定了事故后果的严重程度,它具有的能量越多,发生事故的后果越严重。第二类危险源决定了事故发生的可能性,它出现得越频繁,发生事故的可能性越大。

(2)危险点

危险点,是指在作业中有可能发生危险的地点、部位、场所、工器具或动作等。危险点包括三个方面:一是有可能造成危害的作业环境,直接或间接地危害作业人员的身体健康,诱发职业病;二是有可能造成危害的机器设备等物质,如转机对轮无安全罩,与人体接触造成伤害;三是作业人员在作业中违反有关安全技术或工艺规定,不规范作业,如有的作业人员在高处作业不系安全带,即使系了安全带也未按规定挂牢等。

(3)重大危险源

广义上讲,可能导致重大事故发生的危险源就是重大危险源。

在建设施工活动中,危险性较大的工程有:

①不良地质条件下有潜在危险性的土方、石方开挖。

②滑坡或高边坡的处理。

③桩基础、挡墙基础、深水基础及围堰工程。

④桥梁工程中的梁、拱、柱等构件施工等。

⑤隧道工程中的不良地质隧道、高瓦斯隧道、水底海底隧道等。

⑥水上工程中的打桩船作业、施工船作业、外海孤岛作业、边通航边施工作业等。

⑦水下工程中的水下焊接、混凝土浇筑、爆破工程等。

⑧爆破工程。

⑨大型临时工程中的大型支架、模板、便桥的架设与拆除；桥梁、码头的加固与拆除。

⑩其他危险性较大的工程。

危险性较大工程施工过程中往往安全生产隐患多、治理难度大、安全生产事故发生率高，成为安全生产管理的重点和难点。只有建立危险性较大工程专项施工方案审批论证制度，在施工前充分考虑施工过程中可能存在的各种安全生产隐患，适当调整施工工艺和施工方法，研究制定可操作性强的预防和治理措施，确保每个施工工艺、施工方法中存在的危险危害因素得到有效控制和防护，才能避免或减少安全生产事故的发生，保障施工人员人身安全、保护企业财产安全，确保安全生产顺利进行。

8. 职业健康

职业健康是对工作场所内产生或存在的职业性有害因素及其健康损害进行识别、评估、预测和控制。其目的是保护劳动者免受职业性有害因素所致的健康影响和预防危险发生，使工作适应劳动者，促进和保障劳动者在职业活动中的身心健康。

9. 职业健康安全管理体系

职业健康安全管理体系(Occupation Health Safety Management System, OHSMS)是20世纪80年代后期在国际上兴起的现代安全生产管理模式，它与ISO9000和ISO14000等标准体系并称为"后工业化时代的管理方法"。职业健康安全管理体系产生的主要原因是企业自身发展的要求。随着企业规模扩大和生产集约化程度的提高，对企业的质量管理和经营模式的要求越来越高。企业必须采用现代化的管理模式，使包括安全生产管理在内的所有生产经营活动科学化、规范化和法治化。

10. 本质安全

本质安全是指通过设计等手段使生产设备或生产系统本身具有安全性，即使在误操作或发生故障的情况下也不会造成事故。具体包括两方面的内容：

（1）失误—安全功能，指操作者即使操作失误，也不会发生事故或伤害，或者说设备设施和技术工艺本身具有自动防止人的不安全行为的功能。

（2）故障—安全功能，指设备设施或生产工艺发生故障或损坏时，还能暂时维持正常工作或自动转变为安全状态。

上述两种安全功能应是设备设施和技术工艺本身固有的，即在其规划设计阶段就被纳入其中，而不是事后补偿的。

本质安全是生产中"预防为主"的根本体现，也是安全生产的最高境界。实际上，由于技术、资金和人们对事故的认识等原因，目前还很难做到本质安全，只能作为追求的目标。

11. 安全生产责任制

安全生产责任制是根据我国的安全生产方针"安全第一，预防为主，综合治理"和安全生产法规建立的各级领导、职能部门、工程技术人员、岗位操作人员在劳动生产过程中对安全生产层层负责的制度。安全生产责任制是企业岗位责任制的一个组成部分，是企业中最基本的一项安全制度，也是企业安全生产、劳动保护管理制度的核心。

12. 安全生产管理制度

安全生产管理制度是一系列为了保障安全生产而制定的条文。它建立的目的主要是控制风险，将危害降到最低。安全生产管理制度也可以依据风险制定。

13. 安全投入

安全投入是安全活动的一切人力、物力和财力的总和。人员、技术、设施等的投入，安全教育及培训、劳动防护及保健、事故救援、预防所需费用，事故伤亡人员的救治花费等，均视为安全投入。

14. 安全生产"三违"

安全生产"三违"是违章指挥、违规作业、违反劳动纪律三者的简称。

违章指挥主要是指生产经营单位的生产经营管理人员违反安全生产方针、政策、法律、条例、规程、制度和有关规定指挥生产的行为。

违规作业主要是指作业时工人违反劳动生产岗位的安全规章和制度，包括不正确使用个人劳动保护用品、不遵守工作场所的安全操作规程和不执行安全生产指令。

违反劳动纪律主要是指工人违反生产经营单位的劳动纪律的行为，具体包括：不履行劳动合同及违约承担的责任，不遵守考勤与休假纪律、生产与工作纪律、奖惩制度及其他纪律等。

15. 安全生产"五要素"

安全生产"五要素"包括安全法制、安全责任、安全科技、安全投入和安全文化。安全生产"五要素"是既相对独立，又相辅相成的有机统一体。

16. 安全生产检查

安全生产检查是生产经营单位安全生产管理的重要内容，其工作重点是辨识安全生产管理工作存在的漏洞和死角，检查生产现场安全防护设施、作业环境是否存在不安全状态，现场作业人员的行为是否符合安全规范，以及设备、系统运行状况是否符合现场规程的要求等。

安全生产检查的内容包括软件系统和硬件系统。

软件系统的检查主要是查思想、查意识、查制度、查管理、查事故处理、查隐患、查整改。

硬件系统的检查主要是查生产设备、查辅助设施、查安全设施、查作业环境。

安全生产检查具体内容应本着突出重点的原则进行确定。对于危险性大、易发事故、事故危害大的生产系统、部位、装置、设备等应加强检查。

17. "三级"安全教育

"三级"安全教育是指对新入厂职员、工人的厂级安全教育，车间级安全教育和岗位（工段、班组）安全教育，是厂矿企业安全生产教育制度的基本形式。"三级"安全教育制度是企业安全教育的基本教育制度。对调换新工种，复工，采用新技术、新工艺、新设备、新材料的工人，必须进行新岗位、新操作方法的安全卫生教育，受教育者经考试合格后方可上岗操作。

二、事故致因理论

事故致因理论是从大量典型事故的本质原因分析中提炼出的事故机理和事故模型，是描述事故成因、经过和后果的理论，是研究人、物、环境、管理及事故处理这些基本因素如何作用而形成事故、造成损失的理论。

这里介绍几种有代表性的事故致因理论。

1. 海因里希事故因果连锁理论

事故因果连锁理论最早由海因里希（W. H. Herinrich）提出，又称海因里希模型或多米诺骨牌理论。其基本思想为：伤害事故的发生不是一个孤立的事件，尽管伤害的发生可能在某个瞬间，但它却是一系列互为因果的原因事件相继发生的结果。伤害与各原因之间具有连锁关系。海因里希事故因果连锁理论如图1-2所示。

事故致因理论

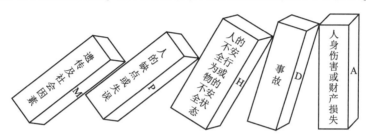

图1-2 海因里希事故因果连锁理论

海因里希事故因果连锁过程包括五个因素：

(1) 遗传及社会环境

遗传因素可能造成人的缺点，如鲁莽、固执等不良性格；社会环境可能妨碍教育，助长人性格上的缺点发展。因此，海因里希认为：遗传因素及社会环境（M）是造成人的性格上缺点的原因。这种因素是因果链上最基本的因素。

(2) 人的缺点或失误

人的缺点或失误（P）是使人产生不安全行为或造成机械、物质不安全状态的原因。它包括鲁莽、固执、过激、神经质、轻率等性格上的先天的缺点，以及缺乏安全生产知识和技能等后天的缺点。

(3) 人的不安全行为或物的不安全状态

人的不安全行为或物的不安全状态（H）是造成事故的直接原因，它们是指那些曾经引起过事故，或可能引起事故的人的行为或机械、物质的状态。例如，在起重机的吊荷下停留，不发信号就启动机器，工作时间打闹，随意拆除安全防护装置等，都属于人的不安全行为；没有防护的传动齿轮，裸露的带电体，照明不良等，都属于物的不安全状态。

(4) 事故

事故（D）是造成伤害的直接原因，是由于物体、物质、人或放射线的作用或反作用，使人员受到伤害或可能受到伤害的、出乎意料的、失去控制的事件。坠落、物体打击等能使人员受到伤害的事件是典型的事故。

(5) 人身伤害或财产损失

伤害（A）即直接由事故造成的人身伤害。

在多米诺骨牌系列中，一块骨牌被碰倒了，则发生连锁反应，使其余的骨牌相继被碰倒。如果移去其中的一块骨牌，则连锁反应被破坏，事故过程被中止。海因里希认为，企业事故预防工作的中心就是防止人的不安全行为，消除物的不安全状态，中断事故连锁的进程而避免事故的发生。

2. 系统理论

系统理论将人、机和环境视为一个整体,研究它们之间的相互作用、反馈和调整,以找出事故的原因并揭示预防途径。

根据系统理论的观点,事故的发生源于人的行为与机器特性之间的不匹配或不协调,是多个因素相互作用的结果。事故往往不是单一因素导致的,而是多个因素共同作用造成的。人的行为和机器的特性需要相互适应和协调,否则就会导致事故的发生。

例如,在工业生产中,如果操作人员没有正确理解和掌握机器的工作原理和操作规程,可能会导致错误的操作,从而引发事故。同样,如果机器的设计和性能与操作人员的需求和能力不匹配,也会增加事故的风险。

系统理论强调了人—机—环境之间的相互关系和相互影响,通过研究和分析这些关系,可以揭示事故发生的原因,并提出相应的预防措施。例如,通过对人的培训,可以提高其对机器的正确操作和使用机器的能力;通过对机器的设计和改进,可以提高其安全性和易用性;通过对工作环境的管理和改善,可以降低事故的发生率。

系统理论研究的主要内容包括:机械的状况,环境的状况,人的特性状况,人对系统中危险信号的理解,机械的特性与人的特性匹配程度,人的行为响应时间与系统允许的响应时间之间的关系。

系统理论中具有代表性的是瑟利模型及安德森模型(操作过程—人的因素模式)。瑟利(J. Surry)和安德森(Andersen)都认为,事故的发生是来自人的行为与机械特性失配和不协调,是多种因素互相作用的结果。

(1)瑟利模型

瑟利把事故的发生过程分为危险出现(危险构成,即是否将要产生危险)和危险释放(出现危险的紧急时期)两个阶段,这两个阶段各自包括一组类似的人对信息的处理过程,即感觉、认识和行为响应过程。

在危险出现阶段,如果人的信息处理过程的每个环节都正确,危险就能被消除或得到控制;反之,只要任何环节出现问题,就会使操作者直接面临危险。

在危险释放阶段,如果人的信息处理过程的每个环节都正确,则虽然面临着已经显现的危险,但仍然可以避免危险释放出来,不会带来伤害或损坏;反之,只要任何环节出错,危险就会转化成伤害或损害。瑟利模型如图1-3所示。

瑟利模型进一步阐述了六个问题,这些问题是对三个部分(感觉、认识、行为响应)的深入探讨:

①危险的出现(或释放)有警告吗?这里指的是工作环境中安全状态与危险状态之间的差异的指示。

②感觉到这个警告吗?这包括人的感知能力问题和工作环境对感知能力的影响。

③认识到这个警告吗?这是指操作者是否正确理解了警告的意义,并准确判断出危险发生的可能性及后果。

④知道如何避免危险吗?这是指操作者是否具备避免或控制危险所需的知识和技能。

⑤决定要采取行动吗?这是指考虑危险是否会对人或系统造成伤害或破坏,以及采取行动的成本和效果。

⑥执行行动了吗？这是指操作者是否实际执行了避免或控制危险的行动。

这些问题涵盖了人的信息处理全过程，并且反映了在此过程中有很多发生失误进而导致事故的机会。通过对这些问题的探讨，瑟利模型提供了一个系统的框架来分析事故的原因和预防措施。

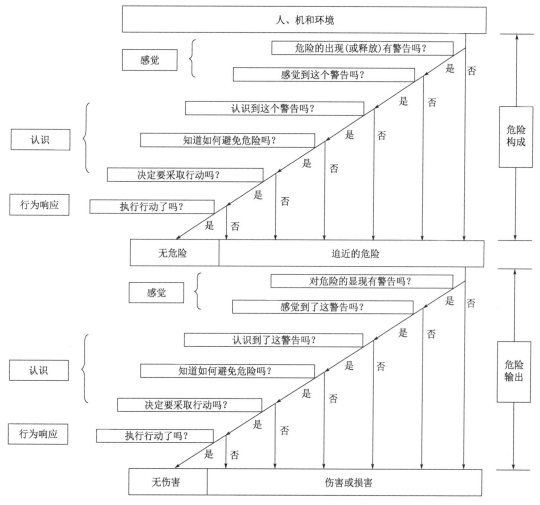

图1-3 瑟利模型

（2）安德森模型

瑟利模型研究的是客观上已经存在的潜在危险，没有探索为什么会产生潜在危险，没有涉及机械及周围环境的运行过程。安德森模型针对具体危险，在瑟利模型的基础上增加了一些内容，具体如下：

①危险线索的来源及可觉察性；

②运行系统内的波动（机械运行过程中的不稳定性）；

③控制减少这些波动使之与人（操作者）的行为的波动相一致。

安德森模型如图1-4所示。

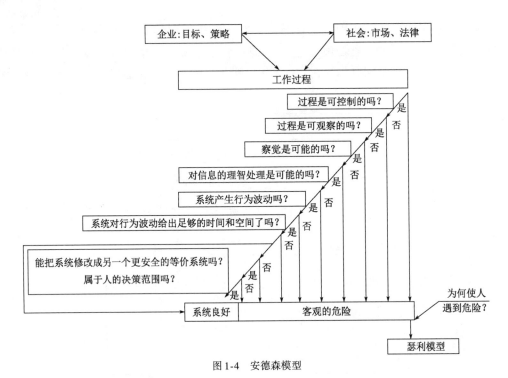

图 1-4　安德森模型

瑟利模型主要是根据人的认知过程分析事故致因,而安德森模型则是在瑟利模型的基础上,增加了对危险线索和系统运行稳定性的考虑,两者可以形成一个更为完整的模型。

3. 轨迹交叉论

轨迹交叉论的基本思想是:伤害事故是许多相互联系的事件顺序发展的结果。这些事件概括起来不外乎人和物(包括环境)两大发展系列。当人的不安全行为和物的不安全状态在各自发展过程中(轨迹),在一定时间、空间发生了接触(交叉),能量转移至人体时,伤害事故就会发生。而人的不安全行为和物的不安全状态的产生和发展,又是受多种因素作用的结果。轨迹交叉论模型如图 1-5 所示。

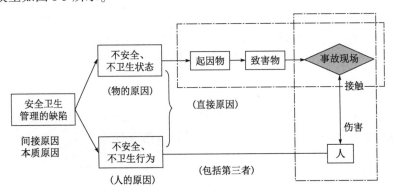

图 1-5　轨迹交叉论模型

图 1-5 中的起因物与致害物可能是不同的物体,也可能是同一物体;同样,肇事者和受害者可能是不同的人,也可能是同一个人。

轨迹交叉论反映了绝大多数事故的情况。在实际生产过程中,只有少量的事故仅由人的不安全行为或物的不安全状态引起,绝大多数的事故是与二者同时相关的。

在人和物两大系列的运动中,二者往往是相互关联、互为因果、相互转换的。有时,人的不安全行为促进了物的不安全状态的发展,或导致新的不安全状态的出现;而物的不安全状态可以引发人的不安全行为。因此,事故的发生可能并不是图 1-5 所示的那样简单地按照人、物两条轨迹独立地运行,而是呈现较为复杂的因果关系。

4. 能量转移论

能量在人类的生产、生活中是不可缺少的,人类利用各种形式的能量做功以实现预定的目标。生产、生活中利用能量的例子随处可见,如机械设备在能量的驱动下运转,把原料加工成产品,利用热能把水煮沸等。人类在利用能量时必须采取措施控制能量,使能量按照人们的意图产生、转换和做功。从能量在系统中流动的角度,应该控制能量按照人们规定的能量流通渠道流动。如果由于某种原因失去了对能量的控制,就会发生能量违背人的意愿,意外释放或逸出,使进行中的活动中止而发生事故。

事故能量转移理论是美国的安全专家哈登(Haddon)于 1966 年提出的一种事故控制论。其理论的成立依据是对事故的本质定义,即哈登把事故的本质定义为:事故是能量的不正常转移。

能量转移论认为,不希望或异常的能量转移是伤亡事故的致因,即人受伤害的原因只能是某种能量向人体的转移,而事故则是一种能量的不正常或不期望的释放。

能量按其形式可分为动能、势能、热能、电能、化学能、核能、辐射能(包括离子辐射和非离子辐射)、声能和生物能等。

能量转移论把能量引起的伤害分为两大类:

第一类伤害是由于施加了超过局部或全身性的损伤阈值的能量而产生的,例如:烧伤、刺伤、触电、割伤等。

第二类伤害则是由影响局部或全身性能量交换引起的,例如:CO 中毒、冻伤、溺水等。

三、安全生产管理基本原理

安全生产管理的基本原理是对安全管理的实质和基本规律的表述。主要包括人本原理、系统原理、预防原理、强制原理、责任原理。

1. 人本原理

人本原理是指组织的各项管理活动都必须以人为本,即调动和激发人的积极性、主动性和创造性,了解人、关心人、尊重人、激励人,追求人的全面发展的一项管理原理。以人为本有两层含义:一是一切管理活动都是以人为本展开的,人既是管理的主体,又是管理的客体,每个人都处在一定的管理层面上,离开人就无所谓管理;二是管理活动中,作为管理对象的诸要素和管理系统的各环节,都需要人掌管、运作、推动和实施。运用人本原理应遵循以下原则。

安全生产基本原理

(1) 能级原则

现代管理理论认为,单位和个人都具有一定的能量,并且可以按照能量的大小顺序排列,形成管理的能级,就像原子中电子的能级一样。在管理系统中,建立一套合理能级,根据单位和个人能量的大小安排其工作,发挥不同能级的能量,保证结构的稳定性和管理的有效性,这就是能级原则。

(2)动力原则

推动管理活动的基本力量是人,管理必须有能够激发人的工作能力的动力,这就是动力原则。对于管理系统,有三种动力,即物质动力、精神动力和信息动力。这三种动力是促使管理活动不断持续下去的力量,管理不仅要有这些动力,更为重要的是需要管理者正确地运用这些动力,以顺利地实现组织目标。

(3)激励原则

管理中的激励就是利用某种外部诱因的刺激,调动人的积极性和创造性。以科学的手段激发人的内在潜力,使其充分发挥积极性、主动性和创造性,这就是激励原则。人的工作动力来源于内在动力、外部压力和工作吸引力。例如,车间主任和员工建立良好的人际关系,并为员工创造个人进取机会,能够大大激励员工的工作热情。

(4)行为原则

现代管理心理学强调,需要与动机是决定人行为的基础,人类的行为规律是需要决定动机,动机产生行为,行为指向目标,目标完成需要得到满足,于是又产生新的需要、动机、行为,以实现新的目标。掌握了这一规律,管理者就应该对自己的下属员工行为进行行之有效的科学管理,最大限度发掘下属员工的潜能。管理者要有效地实现动力管理,就必须从根本上重视人的需要。

(5)纪律原则

"不以规矩,不能成方圆。"作为现代社会的组织,没有纪律是不可能长期生存下去的。因此,组织内部从上到下都应该制定并遵守共同认可的纪律,违反了纪律就应该得到相应的惩罚,以此约束人的不安全行为。

2. 系统原理

系统原理是指运用系统的观点、理论和方法对管理活动进行充分的系统分析,以实现安全管理的优化目标,即从系统论的角度来认识企业管理中出现的问题。运用系统原理应遵循以下原则。

(1)整分合原则

整分合原则是指为了实现高效的管理,必须在整体规划下明确分工,在分工基础上进行有效的综合,即首先要从整体功能和整体目标出发,对管理对象的环境、整体性能、功能有一个全面的了解和谋划;然后,围绕整体规划的总目标实行明确的、必要的分工或分解;最后,在分工或分解的基础上,建立内部横向联系或协作,使系统各要素、各环节及活动能协调配合、综合平衡地运行,最终实现系统的总目标。

(2)动态相关性原则

动态相关性原则是指任何企业管理系统的正常运转,不仅要受到系统本身条件的限制,还要受到其他有关系统的影响和制约,并随着时间、地点以及人们努力程度的不同而发生变化。要提高安全生产管理效果,必须掌握系统各个管理对象要素之间的动态相关特征,充分利用各要素之间的相互作用效果。例如:当员工出现不安全行为时,不能将问题简单归咎于员工个人的问题,应同时考虑工作环境、物的状态、作业安排、安全教育培训、社会以及员工家庭等因素的影响。

(3)反馈原则

成功、高效的管理,离不开灵敏、准确、迅速的反馈。反馈是控制过程中对控制机构的反作用,即由控制系统把信息输送出去,又把其作用结果返送回来,并对信息的再输出产生影响,起到控制的作用,以达到预定的目的。企业的生产的内部、外部环境在不断变化,所以必须及时捕获、反馈各种安全信息,以便及时采取行动。

(4)弹性原则

弹性原则是指在对系统的内部、外部环境的不确定性给予充分的事先考虑,并对其发展变化的各种可能性进行充分的认识、推断的基础上,在制定目标、计划、管理方法、手段、措施上都必须留有余地,保持一定的弹性,以适应客观事物可能发生的各种变化,有效地实现动态管理。

弹性是通过一定的管理手段,使管理对象在一定条件的约束下,具有一定的自我调整、自我选择、自我管理的余地和适应环境变化的余地,当系统态势出现重大变故时,能够不乱方寸、有备无患地作出灵活的应变反应,从而保证系统的可靠性。弹性管理最突出的特征就是"留有余地",或者说,在一定弹性限度内有一个调整范围。

(5)封闭原则

封闭原则是指在任何一个管理系统内部,管理手段、管理过程等必须构成一个连续封闭的回路,才能形成有效的管理活动。尽管任何系统都与外部环境进行着物质、能量、信息交换,但是系统内部却是一个封闭的回路,只有这样,物质、能量、信息才能在系统内部合理流通。

在安全生产管理领域,该原则的基本精神是企业系统内各种管理机构之间,各种管理制度、方法之间,必须有紧密的联系并相互制约,管理才能有效进行。

3.预防原理

预防原理是指安全生产管理工作应该通过有效的管理和技术手段,减少和防止人的不安全行为和物的不安全状态,从而使事故发生的概率降到最低。在可能发生人身伤害、设备或设施损坏以及环境破坏的场合,事先采取措施,防止事故发生。运用预防原理应遵循以下原则。

(1)因果关系原则

事故的发生是许多因素互为因果连续发生的最终结果,只要诱发事故的因素存在,发生事故就是必然的,只是时间或迟或早而已,这就是因果关系原则。从事故的因果关系中可以认识到事故发生的规律性和必然性,要重视事故发生的因果关系,控制事故原因,切断事故因果关系连锁,消除事故发生的必然性,将事故消灭在萌芽状态。

(2)偶然损失原则

事故后果以及后果的严重程度,都是随机的、难以预测的。反复发生的同类事故,并不一定产生完全相同的后果,这就是事故损失的偶然性。偶然损失原则告诉我们,在安全生产管理实践中,无论是否造成了损失、事故损失是否严重,都必须做好预防工作。例如爆炸事故,爆炸时伤亡人数、伤亡部位、被破坏的设备种类、爆炸程度以及事后是否有火灾发生都是偶然的、无法预测的。

(3) 本质安全化原则

本质安全化原则是指从一开始和从本质上实现安全化,建设项目、设备、设施或技术工艺内含有能够从根本上防止事故发生的功能,从而达到预防事故发生的目的。本质安全化包括：①失误—安全(Fool-Proof)功能；②故障—安全(Fail-Safe)功能。这两种安全功能应在项目建设、设备、设施等规划设计阶段就被纳入其中,而不是事后补偿。本质安全化是安全管理预防原理的根本体现,是安全管理的最高境界。

(4)"3E"原则

造成人的不安全行为和物的不安全状态的原因可归结为四个方面：技术原因、教育原因、身体和态度原因以及管理原因。针对这四方面的原因,可以采取三种预防事故的对策,即工程技术(Engineering)对策、教育(Education)对策和法制(Enforcement)对策,即"3E"原则。

4. 强制原理

采取强制管理的手段控制人的意愿和行为,使个人的活动、行为等受到管理要求的约束,从而有效实现管理目标,就是强制管理。强制就是要求绝对的服从,无须被管理者同意便可采取控制行动。安全管理需要强制性是由事故损失的偶然性、人的"冒险"心理以及事故损失的不可挽回性所决定的。

安全强制性管理的实现,离不开法律法规、规章制度、标准等构成的安全规范,同时需要强有力的监督管理体系,保障被管理者按照行为规范进行安全生产活动。运用强制原理应遵循以下原则。

(1)安全第一原则

安全第一就是要求在进行生产和其他工作时把安全工作放在一切工作的首要位置。当生产和其他工作与安全发生矛盾时,要以安全为主,生产和其他工作要服从于安全,这就是安全第一原则。

(2)监督原则

监督原则是指在安全工作中,为了使安全生产法律法规得到落实,必须明确安全生产监督职责,对企业生产中的守法和执法情况进行监督,追究惩戒违章失职行为。

5. 责任原理

责任原理指在安全管理过程中要明确人的安全职责。安全管理是追求安全效益的过程,在这个过程中,要挖掘人的潜能,就必须在合理分工的基础上明确规定各个部门和个人必须完成的安全工作任务和必须承担的与此相应的安全责任。首先,要明确每个人的安全职责。其次,职位设计和权限委授要合理。最后,奖惩要分明、公正并及时。安全生产责任制、事故责任问责制等的制定和落实均为安全管理领域中责任原理的体现。

1. 描述安全管理的基本概念。
2. 描述有代表性的几种事故致因理论的基本原理。
3. 描述安全生产管理各基本原理的含义及运用原则。

单元二　公路工程从业单位的安全生产管理责任

建设工程安全生产的重点位置是施工现场,主要责任单位是施工单位,但与施工活动有关单位的活动也密切相关。2004年1月9日,国务院颁发了《国务院关于进一步加强安全生产工作的决定》(国发〔2004〕2号)(以下简称《决定》)。《决定》中指出:构建全社会齐抓共管的安全生产工作格局,努力构建"政府统一领导、部门依法监管、企业全面负责、群众参与监督、全社会广泛支持"的安全生产工作格局。

安全生产责任制是生产经营单位和企业岗位责任制的一个组成部分,是根据"管生产必须管安全"的原则,综合各种安全生产管理、安全操作制度,对生产经营单位和企业各级领导、各职能部门、有关工程技术人员和生产工人在生产中应负的安全责任加以明确规定的制度。

国务院1963年发布的《关于加强企业生产中安全生产工作的几项规定》要求企业劳动保护管理必须坚持安全生产责任制度。2003年国务院通过并在2004年开始实施的《建设工程安全生产管理条例》规定,建设单位、勘察单位、设计单位、施工单位、工程监理单位及其他与建设安全生产有关的单位,必须遵守安全生产法律法规的规定,保证建设工程安全生产,依法承担建设工程安全生产责任。

一、建设单位的安全生产职责

建设单位在工程项目管理中的管理行为是否规范,会直接或间接影响施工生产的安全。建设单位的安全生产职责主要有以下几个方面。

1. 依法办理有关批准手续

有下列情形之一的,建设单位应当按照国家有关规定办理申请批准手续:①需要临时占用规划批准范围以外场地的;②可能损坏道路、管线、电力、邮电通信等公共设施的;③需要临时停水、停电、中断道路交通的;④需要进行爆破作业的;⑤法律法规规定需要办理报批手续的其他情形。

2. 向施工单位提供真实、准确和完整的有关资料

建设单位应当向建筑施工企业提供与施工现场相关的地下管线资料,建筑施工企业应当对资料采取措施加以保护。

具体而言,建设单位应当向建筑施工企业提供施工现场及毗邻区域内供水、排水、供电、供气、供热、通信、广播电视等地下管线资料,气象和水文观测资料,相邻建筑物和构筑物、地下工程的有关资料,并保证资料的真实、准确、完整。

3. 编制工程概算时应当确定建设工程安全费用

实践证明,合理的安全投入是施工安全生产的重要保障之一,因此建设单位在编制工程概算时,应当确定建设工程安全作业环境及安全施工措施所需费用,并向施工单位提供相应的费用。

4. 不得提出违法要求和随意压缩合同工期

建设单位不得对勘察、设计、施工、工程监理等单位提出不符合建设工程安全生产法律法规和强制性标准规定的要求,不得压缩合同约定的工期。

5. 不得使用不符合安全施工要求的用具设备等

建设单位不得明示或者暗示施工单位购买、租赁、使用不符合安全施工要求的安全防护用具、机械设备、施工机具及配件、消防设施和器材。

6. 申领施工许可证时应当提供有关安全施工措施资料

申请领取施工许可证应当具备的条件之一,就是"有保证工程质量和安全的具体措施"。

建设单位在申请领取施工许可证时,应当提供建设工程有关安全施工措施的资料。建设单位应当自开工报告批准之日起15日内,将保证安全施工的措施报送建设工程所在地的县级以上地方人民政府建设行政主管部门或者其他有关部门备案。

7. 依法实施装修工程和拆除工程

涉及建筑主体和承重结构变动的装修工程,建设单位应当在施工前委托原设计单位或者具有相应资质条件的设计单位提出设计方案;没有设计方案的,不得施工。

房屋拆除应当由具备保证安全条件的建筑施工单位承担。建设单位应当将拆除工程发包给具有相应资质等级的施工单位。建设单位应当在拆除工程施工15日前,将下列资料报送建设工程所在地的县级以上地方人民政府建设行政主管部门或者其他有关部门备案:

(1)施工单位资质等级证明;
(2)拟拆除建筑物、构筑物及可能危及毗邻建筑的说明;
(3)拆除施工组织方案;
(4)堆放、清除废弃物的措施。

二、勘察、设计单位的安全生产职责

1. 勘察单位

工程勘察成果是建设工程项目规划、选址、设计的重要依据,也是保证施工安全的重要因素和前提条件。为保证勘察文件的真实性、准确性,以及勘察人员的安全性,《建设工程安全生产管理条例》第十二条规定:

(1)勘察单位应当按照法律、法规和工程建设强制性标准进行勘察。
(2)提供的勘察文件应当真实、准确,满足建设工程安全生产的需要。
(3)勘察单位在勘察作业时,应当严格执行操作规程,采取措施保证各类管线、设施和周边建筑物、构筑物的安全。

2. 设计单位

在建设工程项目确定以后,工程设计便成为工程建设中最重要、最关键的环节,对施工安全等有着重要的影响。设计单位的主要安全生产职责如下:

(1)设计单位应当按照法律法规和工程建设强制性标准进行设计,防止因设计不合理导致生产安全事故的发生。

(2)设计单位应当考虑施工安全操作和防护的需要,对涉及施工安全的重点部位和环节在设计文件中注明,并对生产安全事故防范提出指导意见。

(3)采用新结构、新材料、新工艺的建设工程和特殊结构的建设工程,设计单位应当在设计中提出保障施工作业人员安全和预防生产安全事故的措施建议。

(4)设计单位和注册建筑师等注册执业人员应当对其设计负责。

三、监理单位的安全生产职责

工程监理是建设工程安全生产的重要保障之一,是提高工程项目建设施工安全的有效环节。工程监理单位的安全生产职责如下:

(1)工程监理单位应当审查施工组织设计中的安全技术措施或者专项施工方案是否符合工程建设强制性标准。

(2)工程监理单位在实施监理过程中,发现存在安全事故隐患的,应当要求施工单位整改;情况严重的,应当要求施工单位暂时停止施工,并及时报告建设单位。施工单位拒不整改或者不停止施工的,工程监理单位应当及时向有关主管部门报告。

(3)工程监理单位和监理工程师应当按照法律法规和工程建设强制性标准实施监理,并对建设工程安全生产承担监理责任。

四、施工单位的安全生产职责

施工单位的安全生产职责

施工单位的安全生产职责如下:

(1)施工单位从事建设工程的新建、扩建、改建和拆除等活动,应当具备国家规定的注册资本、专业技术人员、技术装备和安全生产等条件,依法取得相应等级的资质证书,并在其资质等级许可的范围内承揽工程。

(2)施工单位主要负责人依法对本单位的安全生产工作全面负责。施工单位的项目负责人应当由取得相应执业资格的人员担任,对建设工程项目的安全施工负责。

(3)施工单位对列入建设工程概算的安全作业环境及安全施工措施所需费用,应当用于施工安全防护用具及设施的采购和更新、安全施工措施的落实、安全生产条件的改善,不得挪作他用。

(4)施工单位应当设立安全生产管理机构,配备专职安全生产管理人员。专职安全生产管理人员负责对安全生产进行现场监督检查。

(5)建设工程实行施工总承包的,由总承包单位对施工现场的安全生产负总责。

①总承包单位应当自行完成建设工程主体结构的施工。

②总承包单位依法将建设工程分包给其他单位的,分包合同中应当明确各自的安全生产方面的权利、义务。总承包单位和分包单位对分包工程的安全生产承担连带责任。

③分包单位应当服从总承包单位的安全生产管理,分包单位不服从管理导致生产安全事故的,由分包单位承担主要责任。

(6)垂直运输机械作业人员、安装拆卸工、爆破作业人员、起重信号工、登高架设作业人员等特种作业人员,必须按照国家有关规定经过专门的安全作业培训,并取得特种作业操作资格证书后,方可上岗作业。

(7)施工单位应当在施工组织设计中编制安全技术措施和施工现场临时用电方案,对下列达到一定规模的危险性较大的分部分项工程编制专项施工方案,并附具安全验算结果,经施工单位技术负责人、总监理工程师签字后实施,由专职安全生产管理人员对以下工程进行现场监督:

①基坑支护与降水工程;
②土方开挖工程;
③模板工程;
④起重吊装工程;
⑤脚手架工程;
⑥拆除、爆破工程;
⑦国务院建设行政主管部门或者其他有关部门规定的其他危险性较大的工程。

前款所列工程中涉及深基坑、地下暗挖工程、高大模板工程的专项施工方案,施工单位还应当组织专家对其进行论证、审查。

(8)施工单位应当在施工现场入口处、施工起重机械、临时用电设施、脚手架、出入通道口、楼梯口、电梯井口、孔洞口、桥梁口、隧道口、基坑边沿、爆破物及有害危险气体和液体存放处等危险部位,设置明显的安全警示标志。安全警示标志必须符合国家标准。

(9)施工单位应当根据不同施工阶段和周围环境及季节、气候的变化,在施工现场采取相应的安全施工措施。施工现场暂时停止施工的,施工单位应当做好现场防护,所需费用由责任方承担,或者按照合同约定执行。

(10)施工单位应当将施工现场的办公、生活区与作业区分开设置,并保持安全距离;办公区、生活区的选址应当符合安全性要求。职工的膳食、饮水、休息场所等应当符合卫生标准。施工单位不得在尚未竣工的建筑物内设置员工集体宿舍。施工现场临时搭建的建筑物应当符合安全使用要求。施工现场使用的装配式活动房屋应当具有产品合格证。

(11)施工单位对因建设工程施工可能造成损害的毗邻建筑物、构筑物和地下管线等,应当采取专项防护措施。

(12)施工单位应当遵守环境保护有关法律法规的规定,在施工现场采取措施,防止或者减少粉尘、废气、废水、固体废物、噪声、振动和施工照明对人和环境的危害和污染。在城市市区内的建设工程,施工单位应当对施工现场实行封闭围挡措施。

(13)施工单位应当在施工现场建立消防安全责任制度,确定消防安全责任人,制定用火、用电、使用易燃易爆材料等各项消防安全管理制度和操作规程,设置消防通道、消防水源,配备消防设施和灭火器材,并在施工现场入口处设置明显标志。

(14)施工单位应当向作业人员提供安全防护用具和安全防护服装,并书面告知作业人员危险岗位的操作规程和违章操作的危害。

(15)作业人员有权对施工现场的作业条件、作业程序和作业方式中存在的安全问题提出批评、检举和控告,有权拒绝违章指挥和强令冒险作业。在施工中发生危及人身安全的紧急情况时,作业人员有权立即停止作业或者在采取必要的应急措施后撤离危险区域。作业人员应当遵守安全施工的强制性标准、规章制度和操作规程,正确使用安全防护用具、机械设备等。

（16）施工单位采购、租赁的安全防护用具、机械设备、施工机具及配件，应当具有生产（制造）许可证、产品合格证，并在进入施工现场前进行查验。施工现场的安全防护用具、机械设备、施工机具及配件必须由专人管理，定期进行检查、维修和保养，建立相应的资料档案，并按照国家有关规定及时报废。

（17）施工单位在使用施工起重机械和整体提升脚手架、模板等自升式架设设施前，应当组织有关单位进行验收，也可以委托具有相应资质的检验检测机构进行验收；使用承租的机械设备和施工机具及配件的，由施工总承包单位、分包单位、出租单位和安装单位共同进行验收，验收合格的方可使用。《特种设备安全监察条例》规定的施工起重机械，在验收前应当经有相应资质的检验检测机构监督检验合格。

（18）施工单位应当自施工起重机械和整体提升脚手架、模板等自升式架设设施验收合格之日起30日内，向建设行政主管部门或者其他有关部门登记。登记标志应当置于或者附着于该设备的显著位置。

（19）施工单位的主要负责人、项目负责人、专职安全生产管理人员应当经建设行政主管部门或者其他有关部门考核合格后方可任职。

①施工单位应当对管理人员和作业人员每年至少进行一次安全生产教育培训，其教育培训情况记入个人工作档案。安全生产教育培训考核不合格的人员，不得上岗。

②作业人员进入新的岗位或者新的施工现场前，应当接受安全生产教育培训。未经教育培训或者教育培训考核不合格的人员，不得上岗作业。

③施工单位在采用新技术、新工艺、新设备、新材料时，应当对作业人员进行相应的安全生产教育培训。

（20）施工单位应当为施工现场从事危险作业的人员办理意外伤害保险。意外伤害保险费由施工单位支付。实行施工总承包的，由总承包单位支付意外伤害保险费。意外伤害保险期限自建设工程开工之日起至竣工验收合格止。

五、其他有关单位的安全生产职责

除以上主要建设工程相关单位外，为项目提供或出租机械设备、配件的单位，安装、拆卸单位，检测检验机构对工程项目的安全生产也有着重要的影响。

1. 提供设备、配件单位的安全职责

为建设工程提供机械设备和配件的单位，应当按照安全施工的要求配备齐全有效的保险、限位等安全设施和装置。

2. 出租设备、配件单位的安全职责

出租的机械设备和施工机具及配件，应当具有生产（制造）许可证、产品合格证。

出租单位应当对出租的机械设备和施工机具及配件的安全性能进行检测，在签订租赁协议时，应当出具检测合格证明。

禁止出租检测不合格的机械设备和施工机具及配件。

3. 安装、拆卸单位的安全职责

在施工现场安装、拆卸施工起重机械和整体提升脚手架、模板等自升式架设设施,必须由具有相应资质的单位进行。

安装、拆卸施工起重机械和整体提升脚手架、模板等自升式架设设施,应当编制拆装方案、制定安全施工措施,并由专业技术人员现场监督。

施工起重机械和整体提升脚手架、模板等自升式架设设施安装完毕后,安装单位应当自检,出具自检合格证明,并向施工单位进行安全使用说明,办理验收手续并签字。

4. 检测检验机构的安全职责

施工起重机械和整体提升脚手架、模板等自升式架设设施的使用达到国家规定的检验检测期限的,必须经具有专业资质的检验检测机构检测。经检测不合格的,不得继续使用。

检验检测机构对检测合格的施工起重机械和整体提升脚手架、模板等自升式架设设施,应当出具安全合格证明文件,并对检测结果负责。

1. 设计单位的主要安全生产职责有哪些?
2. 施工单位的安全生产职责有哪些?
3. 对建设工程施工负有安全生产职责的单位有哪些?

【任务实施】

实训任务1　安全生产管理基本概念

1. 实训目的

理解安全生产管理基本概念。

2. 实训内容

实训日期:

实训班级:

成员组成:

实训成绩:

根据导入案例内容,小组讨论,列出施工安全有关名词,理解其含义。

施工安全有关名词及释义

序号	名词	含义
1		
2		
…		

实训任务2　安全生产责任制度

1. 实训目的

掌握施工单位的安全生产责任,了解其他参建单位的安全生产责任。

2. 实训内容

实训日期：

实训班级：

成员组成：

实训成绩：

认真阅读导入案例,列举参建单位在工程建设活动中应落实的安全职责。

施工单位在工程建设活动中应落实的安全职责

参建单位	安全生产职责	知识拓展
施工单位		
建设单位		
…		

实训考评

实训成绩考核表见下表。

模块一实训成绩考核表

序号	考核内容	分值	自评	小组评分	教师评分
1	是否按要求完成实训内容	20			
2	是否掌握施工单位与其他单位安全生产职责	40			
3	基本概念掌握准确程度	20			
4	实训态度	10			
5	团队协作	10			
	小计				
	总评(小计平均分)				

模块二 MODULE TWO
公路工程安全生产管理制度

知识目标

1. 了解申请安全生产许可证应具备的条件；
2. 掌握对各类人员进行安全教育培训的相关要求；
3. 掌握安全技术交底的要求；
4. 掌握安全事故报告程序、事故调查内容、事故调查程序及事故调查组职责；
5. 掌握安全事故应急管理体系结构、应急响应程序、应急救援预案的编制要求。

技能目标

1. 能针对不同人员安排安全教育计划；
2. 能进行安全技术交底；
3. 能进行事故报告；
4. 能编写事故应急救援预案并组织演练。

建议课时：6课时。

案例导入

20××年×月20日15时10分左右，××公路工程有限公司在××区××道路施工过程中，发生一起坍塌事故，造成3人死亡，直接经济损失338万元。

一、事故发生经过

×月20日上午7时许，施工单位进场，工长杨××指挥挖掘机司机郭××进行沟渠的开挖工作。7时10分左右，临时工王×、孙××到达现场，负责测量协助工作，上午工作于11时50分左右结束。13时左右，郭××驾驶挖掘机继续进行沟渠的开挖工作，15时10分左右停止挖掘作业，郭××驾驶挖掘机处于启动状态在沟槽南侧尽头上方等待下一步工作指令（当时现场已形成两条南北走向的沟槽，间距为15米，东侧为雨水管道沟，西侧为排污管道沟）。杨××、王×、孙××3人开始对西侧沟槽进行测量，王×负责固定标尺，孙××负责平整沟槽底部地面,2人处于同一位置杨××在另一侧负责测量,因挖掘机噪音过大,王×无法听到杨××说话,不能确定具体测量的位置,杨××走到王×、孙××一端,3人说话时自北向南70米至73米的管道沟槽东壁瞬间坍塌,将3人掩埋,事故发生后郭××立即拨打119救援电话,随后又分别拨打110、120电话。

15时21分左右,××区消防大队抵达事故现场开展救援;15时40分左右,××区公安分局抵达事故现场共同开展救援;16时20分左右,××区值班室接到区公安分局关于施工人员被困事故报告后,值班领导王×安排区应急局、住建局主要负责同志共同到现场组织救援,同时立即向主要领导报告并启动应急预案开展救治。经全力搜救,被困3人分别于17时、17时20分、18时被救出,并由120急救车分别送往××市医学院附属医院及××市中心医院急救。19时30分左右,3人经抢救无效死亡。

二、事故原因分析

1. 直接原因

××畅通公路工程有限公司在施工过程中,未按照设计坡率开挖,采用自定坡率放坡,开挖坡率不能满足基坑稳定要求,堆土致使土层失稳发生坍塌,导致事故发生。

2. 间接原因

(1)未履行开工程序、未取得施工许可就擅自施工,违章指挥,违章作业;
(2)未对施工人员进行技术交底,中标后未及时编制专项施工组织设计;
(3)未对已进场人员进行安全教育和培训,致使作业人员安全意识淡薄;
(4)未及时安排专职安全员进场;
(5)项目部安全管理混乱,管理人员权责不清;
(6)现场土质存在开挖稳定性差、易坍塌的特征,施工过程中,又将弃土堆置沟顶位置,形成地面超载,加剧边坡失稳坍塌。

认识提升

牢固树立安全发展理念,坚守发展坚决不能以牺牲安全为代价这条不可逾越的红线,杜绝麻痹大意思想和侥幸心理,始终将安全生产置于一切工作的首位。使学生从内心深处进一步树立职业道德意识,对工程施工工具有敬畏感,对社会承担责任。鼓励学生独立思考,培养其创新能力,增强对国家、民族的认同感。

单元一 安全生产许可制度

为了严格规范建筑施工企业安全生产条件,进一步加强安全生产监督管理,防止和减少安全生产事故,国家对建筑施工企业实行安全生产许可制度。

2014年7月,经修改后发布的《安全生产许可证条例》规定,国家对矿山企业、建筑施工企业和危险化学品、烟花爆竹、民用爆炸物品生产企业(以下统称企业)实行安全生产许可制度。企业未取得安全生产许可证的,不得从事生产活动。省、自治区、直辖市人民政府建设主管部门负责建筑施工企业安全生产许可证的颁发和管理,并接受国务院建设主管部门的指导和监督。在本条例具体实施过程中在中华人民共和国境内从事建设工程的新建、扩建、改建和拆除等有关活动及实施对建设工程安全生产的监督管理,均遵守本条例。本条例所称建设工程,在实施过程中实际是指土木工程建筑工程、线路管道和设备安装工程及装修工程。

2015年1月,经修改后发布的《建筑施工企业安全生产许可证管理规定》中指出,本规定所称建筑施工企业,是指从事土木工程、建筑工程、线路管道和设备安装工程及装修工程的新建、扩建、改建和拆除等有关活动的企业。建筑施工企业未取得安全生产许可证的,不得从事施工活动。

安全生产许可证如图2-1所示。

图2-1 安全生产许可证

安全生产许可证的
申请条件

一、安全生产许可证的申请

《安全生产许可证条例》第六条规定,企业要取得安全生产许可证,应当具备下列安全生产条件:

(1)建立、健全安全生产责任制,制定完备的安全生产规章制度和操作规程;

(2)安全投入符合安全生产要求;

(3)设置安全生产管理机构,配备专职安全生产管理人员;

(4)主要负责人和安全生产管理人员经考核合格;

(5)特种作业人员经有关业务主管部门考核合格,取得特种作业操作资格证书;

(6)从业人员经安全生产教育和培训合格;

(7)依法参加工伤保险,为从业人员缴纳保险费;

(8)厂房、作业场所和安全设施、设备、工艺符合有关安全生产法律、法规、标准和规程的要求;

(9)有职业危害防治措施,并为从业人员配备符合国家标准或者行业标准的劳动防护用品;

(10) 依法进行安全评价；

(11) 有重大危险源检测、评估、监控措施和应急预案；

(12) 有生产安全事故应急救援预案、应急救援组织或者应急救援人员，配备必要的应急救援器材、设备；

(13) 法律、法规规定的其他条件。

《安全生产许可证条例》第七条规定，企业进行生产前，应当依照本条例的规定向安全生产许可证颁发管理机关申请领取安全生产许可证，并提供本条例第六条规定的相关文件、资料。

《安全生产许可证条例》第十条规定，安全生产许可证颁发管理机关应当建立、健全安全生产许可证档案管理制度，并定期向社会公布企业取得安全生产许可证的情况。

《安全生产许可证条例》第十九条规定，违反本条例规定，未取得安全生产许可证擅自进行生产的，责令停止生产，没收违法所得，并处10万元以上50万元以下的罚款；造成重大事故或者其他严重后果，构成犯罪的，依法追究刑事责任。

二、安全生产许可证的申请与颁发

1. 申请部门

一般建筑施工企业从事建筑施工活动前，应当依照《安全生产许可证条例》向省级以上建设主管部门申请领取安全生产许可证。

中央管理的建筑施工企业(集团公司、总公司)，应当向国务院建设主管部门申请领取安全生产许可证。

其他建筑施工企业，包括中央管理的建筑施工企业(集团公司、总公司)下属的建筑施工企业，应当向企业注册所在地省、自治区、直辖市人民政府建设主管部门申请领取安全生产许可证。

2. 申请材料

建筑施工企业申请安全生产许可证时，应当向建设主管部门提供下列材料：

(1) 建筑施工企业安全生产许可证申请表；

(2) 企业法人营业执照；

(3) 与申请安全生产许可证应当具备的安全生产条件相关的文件、材料。

建筑施工企业申请安全生产许可证，应当对申请材料实质内容的真实性负责，不得隐瞒有关情况或者提供虚假材料。

3. 安全生产许可证的颁发

建设主管部门应当自受理建筑施工企业的申请之日起45日内审查完毕；经审查符合安全生产条件的，颁发安全生产许可证；不符合安全生产条件的，不予颁发安全生产许可证，书面通知企业并说明理由。企业自接到通知之日起应当进行整改，整改合格后方可再次提出申请。

三、安全生产许可证的有效期

安全生产许可证的有效期为3年。安全生产许可证有效期满需要延期的，建筑施工企业应当于期满前3个月向原安全生产许可证颁发管理机关申请办理延期手续。

企业在安全生产许可证有效期内,严格遵守有关安全生产的法律法规,未发生死亡事故的,安全生产许可证有效期届满时,经原安全生产许可证颁发管理机关同意,不再审查,安全生产许可证有效期延期3年。

四、安全生产许可证的变更、注销与补办

1. 变更

企业变更名称、地址、法定代表人等,应当在变更后10日内,到原安全生产许可证颁发管理机关办理安全生产许可证变更手续。

2. 注销

企业破产、倒闭、撤销的,应当将安全生产许可证交回原安全生产许可证颁发管理机关予以注销。

3. 补办

企业遗失安全生产许可证,应当立即向原安全生产许可证颁发管理机关报告,并在公众媒体上声明作废后,方可申请补办。

五、监督管理

建设主管部门在审核发放施工许可证时,应当对已经确定的建筑施工企业是否有安全生产许可证进行审查,对没有取得安全生产许可证的,不得颁发施工许可证。

建筑施工企业取得安全生产许可证后,不得降低安全生产条件,并应当加强日常安全生产管理,接受建设主管部门的监督检查。安全生产许可证颁发管理机关发现建筑施工企业不再具备安全生产条件的,应当暂扣或者吊销其安全生产许可证。建筑施工企业不得转让、冒用安全生产许可证或者使用伪造的安全生产许可证。

安全生产许可证颁发管理机关或者其上级行政机关发现有下列情形之一的,可以撤销已经颁发的安全生产许可证:

(1)安全生产许可证颁发管理机关工作人员滥用职权、玩忽职守颁发安全生产许可证的;
(2)超越法定职权颁发安全生产许可证的;
(3)违反法定程序颁发安全生产许可证的;
(4)对不具备安全生产条件的建筑施工企业颁发安全生产许可证的;
(5)依法可以撤销已经颁发的安全生产许可证的其他情形。

因以上原因撤销安全生产许可证,建筑施工企业的合法权益受到损害的,建设主管部门应当依法给予赔偿。

1. 建筑施工企业具备哪些安全生产条件才能取得安全生产许可证?
2. 在哪些情况下,企业需要进行安全生产许可证的变更、注销?

单元二　安全教育培训制度

生产经营单位应当对从业人员进行安全生产教育和培训,保证从业人员具备必要的安全生产知识,熟悉有关的安全生产规章制度和安全操作规程,掌握本岗位的安全操作技能,了解事故应急处理措施,知悉自身在安全生产方面的权利和义务。未经安全生产教育和培训合格的从业人员,不得上岗作业。

生产经营单位使用被派遣劳动者的,应当将被派遣劳动者纳入本单位从业人员统一管理,对被派遣劳动者进行岗位安全操作规程和安全操作技能的教育和培训。劳务派遣单位应当对被派遣劳动者进行必要的安全生产教育和培训。

生产经营单位接收中等职业学校、高等学校学生实习的,应当对实习学生进行相应的安全生产教育和培训,提供必要的劳动防护用品。学校应当协助生产经营单位对实习学生进行安全生产教育和培训。

生产经营单位应当建立安全生产教育和培训档案,如实记录安全生产教育和培训的时间、内容、参加人员以及考核结果等情况。

2014年9月29日16时许,山东省青岛市××区某施工作业现场,发生一起挖掘机铲斗伤人事故,造成1名工人当场死亡。经查,施工单位没有严格执行三级安全教育培训制度,未对从业人员进行安全生产教育培训就安排其上岗作业,无法保证从业人员具备必要的安全生产知识,是引发事故的原因之一。

一、安全生产教育培训的主要内容

安全生产教育和培训的主要内容通常包括:安全意识、安全知识和安全技能等。

安全教育培训

(1)安全意识教育。包括安全法规、标准,安全思想,以及劳动纪律等内容。

(2)安全知识教育。包括建设项目的概况、生产过程、作业方法或者工艺流程;生产经营单位内的危险设施及区域分布情况;有关预防生产经营单位常发生事故的基本知识;专业安全技术操作规程;有关特种设备的基本安全知识;安全防护基本知识和注意事项;个人防护用品的构造、性能和正确使用的有关常识等内容。

(3)安全技能教育。包括设备的性能、一般的结构原理和正确操作技术;设备的使用、维护技能;事故预防的技术措施;事故应急救援技能等内容。

二、安全教育培训的时间

建筑施工单位应当对管理人员和作业人员每年至少进行一次安全生产教育和培训,其教育培训情况记入个人工作档案。《建筑企业职工安全培训教育暂行规定》(建教〔1997〕83号)的要求如下:

(1)企业法定代表人、项目经理每年接受安全培训的时间,不得少于30学时;

(2)企业专职安全管理人员除按照建教(1991)522号文《建筑企事业单位关键岗位持证上岗管理规定》的要求,取得岗位合格证书并持证上岗外,每年还必须接受安全专业技术业务培训,时间不得少于40学时;

(3)企业其他管理人员和技术人员每年接受安全培训的时间,不得少于20学时;

(4)企业特殊工种(包括电工、焊工、架子工、司炉工、爆破工、机械操作工、起重工、塔吊司机及指挥人员、人货两用电梯司机等)在通过专业技术培训并取得岗位操作证后,每年仍须接受有针对性的安全培训,时间不得少于20学时;

(5)企业其他职工每年接受安全培训的时间,不得少于15学时;

(6)企业待岗、转岗、换岗的职工,在重新上岗前,必须接受一次安全培训,时间不得少于20学时。

三、建筑施工企业"三类"人员安全教育培训

施工单位的主要负责人是安全生产的第一责任人,必须经过考核合格后,做到持证上岗。在施工现场,项目负责人是施工项目安全生产的第一责任者,也必须持证上岗,加强对队伍的培训,使安全管理规范化。

为规范对建筑施工企业主要负责人、项目负责人、专职安全生产管理人员的安全生产考核工作,2004年,我国出台了《中央管理的建筑施工企业(集团公司、总公司)主要负责人、项目负责人和专职安全生产管理人员安全生产考核管理实施细则》(建质函〔2004〕189号),在国家法律法规中确立了安全生产教育培训的重要地位。

1. 建筑施工企业负责人的安全教育培训内容

(1)国家有关安全生产的方针、政策、法律和法规及有关行业的规章、规范和标准。

(2)建筑施工企业安全生产管理的基本知识、方法与安全生产技术,有关行业安全生产管理专业知识。

(3)重、特大事故防范、应急救援措施及调查处理方法,重大危险源管理与应急救援预案编制原则。

(4)企业安全生产责任制和安全生产规章制度的内容和制定方法。

(5)国内外先进的安全生产管理经验。

(6)典型事故案例分析。

2. 项目负责人的安全教育培训内容

(1)国家有关安全生产的方针、政策、法律法规、部门规章、标准、规范,以及本地区有关安全生产的规章、规范和标准文件。

(2)工程项目安全生产管理的基本知识、相关专业知识。

(3)重、特大事故防范、应急救援措施,事故报告及调查处理方法。

(4)企业和项目的安全生产责任制和安全生产规章制度的内容和制定方法。

(5)施工现场安全生产监督检查的内容和方法。

(6)国内外先进的安全生产管理经验。

(7)典型事故案例分析。

3. 专职安全生产管理人员的安全教育培训内容

(1) 国家有关安全生产的方针、政策、法律和法规及有关行业的规章、规范和标准。

(2) 安全生产管理知识、安全生产技术、劳动卫生知识和安全文化知识,有关行业安全生产管理专业知识。

(3) 工伤保险的法律法规、政策。

(4) 伤亡事故和职业统计、报告及调查处理方法。

(5) 事故现场勘验技术及应急处理措施。

(6) 重大危险源管理与应急预案编制方法。

(7) 国内外先进的安全生产管理经验。

(8) 典型事故案例分析。

4."三类"人员再培训主要内容

对已经取得上岗资格证书的有关人员,应定期进行再培训,再培训的主要内容包括新知识、新技术和新颁布的政策法规:

(1) 有关安全生产的法律法规、规章、规程、标准和政策。

(2) 安全生产的新技术、新知识。

(3) 安全生产管理经验。

(4) 典型事故案例。

四、特种作业人员持证上岗制度

1. 特种作业人员教育培训

除了对特种作业人员进行一般安全教育和培训,特种作业人员培训还要执行 2010 年 4 月 26 日审议通过的《特种作业人员安全技术培训考核管理规定》的有关规定,按国家、行为、地方和企业的对应规定进行本工种专业培训、资格考核,取得建筑施工特种作业操作资格证书(以下简称特种作业操作证)(图 2-2)后上岗。

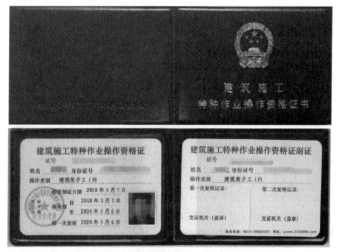

图 2-2　建筑施工特种作业操作资格证书

2. 特种作业内涵

《建设工程安全生产管理条例》规定，垂直运输机械作业人员、安装拆卸工、爆破作业人员、起重信号工、登高架设作业人员等特种作业人员，必须按照国家有关规定经过专门的安全作业培训，并取得特种作业操作证后，方可上岗作业。

《特种作业人员安全技术培训考核管理规定》明确特种作业包括电工作业、焊接与热切割作业、高处作业、制冷与空调作业、煤矿安全作业、金属非金属矿山安全作业、石油天然气安全作业、冶金(有色)生产安全作业、危险化学品安全作业、烟花爆竹安全作业、安全监管总局认定的其他作业。

3. 特种作业人员应当符合下列条件：

(1) 年满18周岁，且不超过国家法定退休年龄。

(2) 经社区或者县级以上医疗机构体检健康合格，并无妨碍从事相应特种作业的器质性心脏病、癫痫病、美尼尔氏症、眩晕症、癔症、帕金森病症、精神病、痴呆症以及其他疾病和生理缺陷。

(3) 具有初中及以上文化程度。

(4) 具备必要的安全技术知识与技能。

(5) 相应特种作业规定的其他条件。

4. 培训及考核内容

(1) 培训

特种作业人员应当接受其所从事的特种作业相应的安全技术理论培训和实际操作培训。对特种作业人员的安全技术培训，具备安全培训条件的生产经营单位应当以自主培训为主，也可以委托具备安全培训条件的机构进行培训。

(2) 考核

特种作业人员的考核包括考试和审核两部分。考试由考核发证机关或其委托的单位负责；审核由考核发证机关负责。

①考试

特种作业操作资格考试包括安全技术理论考试和实际操作考试两部分。考试不及格的，允许补考1次。经补考仍不及格的，重新参加相应的安全技术培训。

②审核

经考试合格的特种作业人员，应当向其户籍所在地或者从业所在地的考核发证机关申请办理特种作业操作证，并提交身份证复印件、学历证书复印件、体检证明、考试合格证明等材料。

收到申请的考核发证机关应当在5个工作日内完成对特种作业人员所提交申请材料的审查，作出受理或者不予受理的决定。对已经受理的申请，考核发证机关应当在20个工作日内完成审核工作。符合条件的，颁发特种作业操作证。

5. 复审及培训

(1) 特种作业操作证有效期为6年，在全国范围内有效。

(2) 特种作业操作证每3年复审1次。特种作业人员在特种作业操作证有效期内，连续从事本工种10年以上,严格遵守有关安全生产法律法规的,经原考核发证机关或者从业所在地考核发证机关同意,特种作业操作证的复审时间可以延长至每6年1次。

(3)特种作业操作证需要复审的,应当在期满前60日内,由申请人或者申请人的用人单位向原考核发证机关或者从业所在地考核发证机关提出申请。

(4)特种作业操作证申请复审或者延期复审前,特种作业人员应当参加必要的安全培训并考试合格。安全培训时间不少于8个学时,主要培训法律法规、标准、事故案例和有关新工艺、新技术、新装备等知识。

(5)离开特种作业岗位6个月以上的特种作业人员,应当重新进行实际操作考试,经确认合格后方可上岗作业。

五、其他从业人员安全教育培训

1. 新工人三级安全教育培训

三级安全教育培训是每个刚进建筑施工企业的新工人必须接受的首次安全生产方面的基本教育培训。建筑施工企业对新进场的从业人员,必须进行公司级、项目级(或工程处、施工处、工区)、班组级(或作业队)的安全教育和培训,考试合格后才准予进入生产岗位。

(1)公司级

新工人在进入建筑施工企业后,分配至项目前,必须进行初步的安全教育和培训。公司级安全教育和培训内容如下:

①劳动保护的意义和任务。

②安全生产方针、政策、法规、标准、规范、规程和安全知识。

③企业安全规章制度等。

(2)项目(或工程处、施工处、工区)级

项目级教育培训是新工人被分配到项目以后,工作岗位、工作内容基本确定后进行的安全教育培训。项目级教育和培训内容如下:

①建安工人安全生产技术操作一般规定。

②施工现场安全管理规章制度。

③安全生产纪律和文明生产要求。

④施工项目基本情况,包括现场环境、施工特点、可能存在不安全因素的危险作业部位及必须遵守的事项。

(3)班组级

班组级教育培训是新工人分配到班组,并且工作岗位确定后,开始工作前的一级教育培训。班组级教育培训内容如下:

①本人从事施工生产工作的性质,必要的安全知识,机具设备及安全防护设施的性能和作用。

②本工种安全操作规程。

③班组安全生产、文明施工基本要求和劳动纪律。

④本工种事故案例分析、易发事故部位及劳防用品的使用要求。

2. 调整工作岗位或离岗后重新上岗的安全教育培训

从业人员进入新的岗位或者新的施工现场前,应当接受安全生产教育培训。未经教育培训或者教育培训考核不合格的人员,不得上岗作业。

从业人员调整工作岗位后,由于岗位工作特点、要求不同,应重新进行新岗位安全教育培训,并经考试合格后方可上岗作业。

从业人员由于工作需要或其他原因离开岗位后,重新上岗作业应重新进行安全教育培训,经考试合格后,方可上岗作业。

调整工作岗位和离岗后重新上岗的安全教育培训工作,原则上应由项目级(工程处、施工处、工区)组织。

3. "四新"安全生产教育培训

建筑施工单位在采用新技术、新工艺、新设备、新材料时,应当对从业人员进行相应的安全生产教育培训,使从业人员了解并掌握其安全技术特性,采取有效的安全防护措施,有效防范安全事故发生。

4. 特定情况下的安全教育培训

特定情况包括:冬季、夏季、汛台期、雨雪天施工,节假日前后,节假日加班或突击赶任务,工作对象改变,工种交换,新工艺、新材料、新技术、新设备施工,发现事故隐患或发生事故后,进入新环境现场等。

5. 班前后安全活动教育

班组长在每日上岗前进行班前安全教育,进行上岗交底和上岗检查。

上岗交底:开展作业前安全风险分析,交代当天的作业环境及条件,主要工作内容及工作过程的安全操作要求,制定预防措施。

上岗检查:检查上岗作业人员的劳动防护情况,工作岗位的作业环境是否安全,机械设备的安全保险装置是否有效,各项安全技术措施是否严格落实。

工作结束后,班组长对当天的作业安全情况进行总结、分析、点评。

6. 经常性安全教育培训

生产经营单位应当对在岗的从业人员进行经常性安全生产教育培训。安全部门要在规定时间内对施工人员进行经常性安全生产教育培训工作。主要培训内容包括公路施工安全管理相关标准规范等。根据工程特点,抓住关键部位进行施工安全教育。

7. 专题安全教育培训

专题安全教育培训是指针对某一具体问题进行专门的安全生产教育培训,针对性强、效果突出。例如,施工用电安全、高处作业安全、上下交叉作业安全、个体劳动防护用品规范使用等。

1. 特种作业的范围有哪些?
2. 特种作业人员应具备哪些条件才能上岗作业?
3. 新工人的三级安全教育培训是哪三级?
4. "四新"安全生产教育是哪四新?

单元三　安全技术交底制度

丰富从业人员的安全知识是减少伤亡事故发生的必要手段和根本途径。安全技术交底，是一项依据设计图纸、施工技术规范、施工组织设计及专项施工方案等的技术要求和施工安全要求而向作业班组、作业人员进行的安全技术方面的交代及要求。建立安全技术交底制度可以规范项目安全技术交底工作，增强从业人员的安全意识和安全操作技能。

一、设计安全技术交底要求

（1）工程开工前，设计单位应向建设单位、施工单位和监理单位进行施工图设计交底，设计单位在交底过程中应突出安全要点。

（2）对于采用"四新技术"、特殊工艺要求、特殊结构、特殊构造的工程项目，设计单位应在设计中提出保障施工作业人员安全和防范生产安全事故的措施建议。

（3）设计单位应对涉及施工安全的重要部位和环节，如深基坑处理、施工顺序、预留和开凿剪力墙空洞位置等，在设计文件中注明，并对防范生产安全事故提出交底意见。

（4）针对施工过程中由于设计原因造成的不安全因素，设计单位应及时进行设计方案的修改和完善，以满足施工安全作业要求。

二、施工安全技术交底要求及其主要内容

公路工程施工前应逐级进行安全技术交底，主要包括安全技术要求、风险状况、应急处置措施等内容。

1. 施工安全技术交底要求

安全技术交底施工单位项目技术负责人负责实施，实行逐级安全技术交底制度。横向覆盖项目部内各职能部门，纵向延伸到施工班组全体作业人员，任何人未经安全技术交底均不准作业。安全技术交底应涵盖工程概况、施工方法、施工程序、安全技术措施等内容。安全技术交底用表格可以用图2-3所示的形式，但不限于此形式。

施工安全技术交底的要求

（1）安全技术交底要具体、明确、及时，有针对性和可操作性，符合有关安全技术标准和操作规范的规定。

（2）各工种作业安全技术交底采用层级交底制，主要工序和特殊工序由项目技术员对主管施工员进行技术交底，主管施工员再向施工班组负责人进行技术交底，班组负责人还应对作业人员进行技术交底。一般工序由施工技术员直接向各施工班组进行交底。

（3）分部分项工程开工前，施工方案（施工专项方案）的编制人员应向项目部管理人员、小包单位或作业班组负责人进行安全技术交底。

（4）危险性较大的分部分项工程施工前，应由专项施工方案编制人会同施工员，将安全技术措施、施工方法、施工工艺、施工中可能出现的风险因素、安全施工注意事项和紧急避险措施等，

向参加施工的全体管理人员(包括分包单位现场负责人、安全管理员)、作业人员进行交底。

(5)安全技术交底应优先交底采用的新的安全技术方法和技术措施。

(6)安全技术交底应按规定程序进行,并履行书面交底签字手续,相关责任人各执一份。总工程师签发公路施工企业施工任务书及对应的安全技术交底书,并对其安全性负责。

(7)施工单位应加强对安全技术交底工作的监督检查、效果评价和督促整改。

安全技术交底表格

工程名称		施工单位	
施工部位		施工内容	
交底负责人		施工期限	
施工作业概况			
基本安全技术要求			
施工现场针对性交底	危险因素		
	危害后果		
	防范措施		
	应急措施		
被交底人(签字)			

图2-3 安全技术交底表格

2. 施工安全技术交底的主要内容

(1)工程总承包单位向专业分包单位进行安全技术交底,主要内容如下:

①施工部位、内容和环境条件。

②专业分包单位、施工作业班组应掌握的相关现行标准规范及安全生产、文明施工规章制度和操作规程。

③资源的配备及安全防护、文明施工技术措施。

④动态监控以及检查、验收的组织、要点、部位及节点等相关要求。

⑤交叉的施工部位工序的安全防护、文明施工技术措施。

⑥潜在事故的应急措施及相关注意事项。

(2)施工组织设计方案交底的主要内容如下:

①采用的施工方法、施工机械、实施方案应注意的问题,要求达到的安全、质量、进度以及文明施工目标。

②有关班组的配合与支持,人员的管理办法与措施。

③有关施工机械的性能、进场及运行线路要求,原材料的数量、质量及进场时间要求等。

④主要劳动力、主要技术工种人员的技能要求、进厂时间要求。
⑤施工工艺要求,工艺标准等。
(3)当施工项目出现下列情况时,应重新组织安全技术交底:
①更新仪器、设备和工具,推广新技术、新工艺,使用新材料。
②发生因工伤亡事故、机械损坏事故及重大未遂事故。
③出现其他不安全因素和安全生产环境发生变化。

3. 班组施工安全技术交底要求

施工技术人员应向施工作业班组负责人和作业人员进行安全技术交底。

班(组)长(工区施工负责人)每天应根据当天作业的施工要求、作业环境等,分部位、分工种向工人进行工(班)前安全技术交底并做好记录,履行签字手续。重点部位的施工安全技术交底宜由施工单位技术人员组织。

施工班组安全技术交底应突出以下内容:
(1)告知施工过程中的作业危险点、重大危险源及危害因素。
(2)针对危险点和重大危险源制定具体的预防措施。
(3)作业过程中应注意的安全事项。
(4)特殊工序的操作方法和相应的安全操作规程和标准要求。
(5)发生安全生产事故后应采取的自救方法、紧急避险和紧急救援措施等。

新进场工人在上岗操作前,施工单位质量、安全管理部门应联合对其进行本工种的安全技术交底。操作内容或作业场地变化时应重新进行安全技术交底。

作业人员应按交底的要求施工,不得擅自变更。

专职安全生产管理人员应参与班(组)安全技术交底工作,并监督实施;施工单位内设的质量、安全管理部门人员等应督促施工班(组)做好班(组)的交底工作。

1. 什么是安全技术交底?其作用是什么?
2. 施工安全技术交底应涵盖哪些内容?
3. 施工班组安全技术交底应突出哪些内容?

单元四 施工安全事故报告及调查处理制度

一、生产安全事故等级划分

《生产安全事故报告和调查处理条例》第三条规定,根据生产安全事故(以下简称事故)造成的人员伤亡或者直接经济损失,事故一般分为以下等级:

(1)特别重大事故,是指造成30人以上死亡,或者100人以上重伤(包括急性工业中毒,

下同),或者1亿元以上直接经济损失的事故;

(2)重大事故,是指造成10人以上30人以下死亡,或者50人以上100人以下重伤,或者5000万元以上1亿元以下直接经济损失的事故;

(3)较大事故,是指造成3人以上10人以下死亡,或者10人以上50人以下重伤,或者1000万元以上5000万元以下直接经济损失的事故;

(4)一般事故,是指造成3人以下死亡,或者10人以下重伤,或者1000万元以下直接经济损失的事故。

注意:"以上"包括本数,"以下"不包括本数。

二、事故报告

1.事故报告程序

安全生产事故报告

生产经营单位发生伤亡事故,应按照相应要求及时、如实报告生产安全事故。

(1)一般报告程序

事故发生后,事故现场有关人员应当立即向本单位负责人报告;单位负责人接到报告后,应当于1小时内向事故发生地县级以上人民政府安全生产监督管理部门和负有安全生产监督管理职责的有关部门报告。

事故报告后出现新情况的,应当及时补报。自事故发生之日起30日内,事故造成的伤亡人数发生变化的,应当及时补报。道路交通事故、火灾事故自发生之日起7日内,事故造成的伤亡人数发生变化的,应当及时补报。

(2)紧急情况报告程序

情况紧急时,事故现场有关人员可以直接向事故发生地县级以上人民政府安全生产监督管理部门和负有安全生产监督管理职责的有关部门报告。

(3)相关政府部门报告程序

安全生产监督管理部门和负有安全生产监督管理职责的有关部门接到事故报告后,应当依照下列规定上报事故情况,并通知公安机关、劳动保障行政部门、工会和人民检察院:

①特别重大事故、重大事故逐级上报至国务院安全生产监督管理部门和负有安全生产监督管理职责的有关部门;

②较大事故逐级上报至省、自治区、直辖市人民政府安全生产监督管理部门和负有安全生产监督管理职责的有关部门;

③一般事故上报至设区的市级人民政府安全生产监督管理部门和负有安全生产监督管理职责的有关部门。

安全生产监督管理部门和负有安全生产监督管理职责的有关部门依照前款规定上报事故情况,应当同时报告本级人民政府。国务院安全生产监督管理部门和负有安全生产监督管理职责的有关部门以及省级人民政府接到发生特别重大事故、重大事故的报告后,应当立即报告国务院。

必要时,安全生产监督管理部门和负有安全生产监督管理职责的有关部门可以越级上报事故情况。

安全生产监督管理部门和负有安全生产监督管理职责的有关部门逐级上报事故情况，每级用于上报的时间不得超过2小时。

2. 事故报告内容

报告事故应当包括下列内容：

（1）事故发生单位概况；

（2）事故发生的时间、地点以及事故现场情况；

（3）事故的简要经过；

（4）事故已经造成或者可能造成的伤亡人数（包括下落不明的人数）和初步估计的直接经济损失；

（5）已经采取的措施；

（6）其他应当报告的情况。

事故报告应当及时、准确、完整，任何单位和个人对事故不得迟报、漏报、谎报或者瞒报。

三、事故调查

1. 事故调查的管辖

（1）一般情况

①特别重大事故由国务院或者国务院授权有关部门组织事故调查组进行调查。

②重大事故、较大事故、一般事故分别由事故发生地省级人民政府、设区的市级人民政府、县级人民政府负责调查。省级人民政府、设区的市级人民政府、县级人民政府可以直接组织事故调查组进行调查，也可以授权或者委托有关部门组织事故调查组进行调查。

③未造成人员伤亡的一般事故，县级人民政府也可以委托事故发生单位组织事故调查组进行调查。

（2）特殊情况

上级人民政府认为必要时，可以调查由下级人民政府负责调查的事故。

自事故发生之日起30日内（道路交通事故、火灾事故自发生之日起7日内），若事故伤亡人数变化导致事故等级发生变化，依照本条例规定应当由上级人民政府负责调查的，上级人民政府可以另行组织事故调查组进行调查。

特别重大事故以下等级事故，事故发生地与事故发生单位不在同一个县级以上行政区域的，由事故发生地人民政府负责调查，事故发生单位所在地人民政府应当派人参加。

2. 事故调查组的组成和职责

（1）事故调查组的组成

事故调查组的组成应当遵循精简、效能的原则。根据事故的具体情况，事故调查组由有关人民政府、安全生产监督管理部门、负有安全生产监督管理职责的有关部门、监察机关、公安机关以及工会派人组成，并应当邀请人民检察院指派有关人员参加。

事故调查组可以聘请有关专家参与调查。事故调查组成员应当具有事故调查所需要的知识和专长，并与所调查的事故没有直接利害关系。

事故调查组组长由负责事故调查的人民政府指定。事故调查组组长主持事故调查组的工作。

（2）事故调查组的职责

事故调查组履行下列职责：

①查明事故发生的经过、原因、人员伤亡情况及直接经济损失。

②认定事故的性质和事故责任。

③提出对事故责任者的处理建议。

④总结事故教训，提出防范和整改措施。

⑤提交事故调查报告。事故调查报告应当附具有关证据材料。事故调查组成员应当在事故调查报告上签名。事故调查报告应当包括下列内容：

a. 事故发生单位概况；

b. 事故发生经过和事故救援情况；

c. 事故造成的人员伤亡和直接经济损失；

d. 事故发生的原因和事故性质；

e. 事故责任的认定以及对事故责任者的处理建议；

f. 事故防范和整改措施。

⑥事故调查组成员在事故调查工作中应当诚信公正、恪尽职守，遵守事故调查组的纪律，保守事故调查的秘密。未经事故调查组组长允许，事故调查组成员不得擅自发布事故有关信息。

⑦事故调查组应当自事故发生之日起60日内提交事故调查报告；特殊情况下，经负责事故调查的人民政府批准，提交事故调查报告的期限可以适当延长，但延长的期限最长不超过60日。

四、事故处理

1. 事故报告的批复

重大事故、较大事故、一般事故，负责事故调查的人民政府应当自收到事故调查报告之日起15日内作出批复；特别重大事故，30日内作出批复，特殊情况下，批复时间可以适当延长，但延长的时间最长不超过30日。

2. 相关责任人的处理

有关机关应当按照人民政府的批复，依照法律、行政法规规定的权限和程序，对事故发生单位和有关人员进行行政处罚，对负有事故责任的国家工作人员进行处分。

事故发生单位应当按照负责事故调查的人民政府的批复，对本单位负有事故责任的人员进行处理。

负有事故责任的人员涉嫌犯罪的，依法追究刑事责任。

3. 防范与整改

事故发生单位应当认真吸取事故教训，落实防范和整改措施，防止事故再次发生。防范和整改措施的落实情况应当接受工会和职工的监督。

安全生产监督管理部门和负有安全生产监督管理职责的有关部门应当对事故发生单位落实防范和整改措施的情况进行监督检查。

1. 安全生产事故划分等级的标准是什么?
2. 事故报告的内容包括哪些?
3. 事故报告的一般程序是什么?
4. 事故调查的管辖级别是怎样确定的?
5. 事故调查报告包括哪些内容?

单元五　施工安全事故应急管理制度

企业建立应急救援管理制度是为了预防和控制潜在的事故,或在紧急情况发生时作出应急准备和响应,最大限度地减轻可能产生的事故后果,以更好地适应施工安全生产的需求。

国务院统一领导全国的生产安全事故应急工作,县级以上地方人民政府统一领导本行政区域内的生产安全事故应急工作。生产安全事故应急工作涉及两个以上行政区域的,由有关行政区域共同的上一级人民政府负责,或者由各有关行政区域的上一级人民政府共同负责。

20××年×月×日14时50分许,四川省××县在建的××高速公路TJ1标段普占××互通发生一起钢箱梁倾覆事故,致3人死亡、5人受伤,直接经济损失870万元。事故发生后,××互通各参建单位和××镇人民政府立即开展先期救援,县人民政府、市人民政府相继启动应急救援预案,科学有序开展应急救援。应急救援响应及时,行动迅速,未发生次生事故,未对社会稳定造成重大影响。

一、事故应急管理过程

突发事件应急管理强调全过程的管理,涵盖了突发事件发生前、中、后的各个阶段,包括为应对突发事件而采取的预先防范措施、事发时采取的应对行动、事发后采取的各种善后措施及减少损害的行为,包括预防、准备、响应和恢复四个阶段。应急管理是一个动态的过程,尽管在实际情况中这四个阶段往往是交叉的,但每一阶段都有其明确的目标,而且每一阶段又是在前一阶段的基础之上进行。因而,预防、准备、响应和恢复的相互关联,构成了重大事故应急管理的循环过程。

1. 预防

在应急管理中,"预防"有两层含义:一是事故的预防工作,即通过安全管理和安全技术等手段,尽可能地防止事故的发生,实现本质安全;二是在假定事故必然发生的前提下,通过采取预防措施,达到降低或减缓事故的影响或后果的严重程度,如加大建筑物的安全距离、安全规划工厂(项目)选址、减少危险物品的存量、设置防护墙以及开展公众教育等。从长远看,低成本、高效率的预防措施是减少事故损失的关键。

2. 准备

准备是应急管理工作中的一个关键环节。应急准备是指为有效应对突发事件而事先采取的各种措施的总称,包括应急体系的建立、有关部门和人员职责的落实、预案的编制、应急队伍的建设、应急设备(设施)与物资的准备和维护预案的演练、与外部危急力量的衔接等各种准备。从应急准备的内容看,其组织、机制、资源等方面的准备贯穿整个应急管理过程。

3. 响应

及时响应是应急管理的一项重要原则。应急响应是在事故发生后立即采取的各种紧急处置与救援工作,包括事故的报警与通报,人员的紧急疏散、急救与医疗,消防和工程抢险,信息收集与应急决策和外部救援等。其目标是尽可能地抢救受害人员,保护可能受威胁的人群,尽可能控制并消除事故。2019年4月1日起施行的《生产安全事故应急条例》第十七条、第十八条规定:

发生生产安全事故后,生产经营单位应当立即启动生产安全事故应急救援预案,采取下列一项或者多项应急救援措施,并按照国家有关规定报告事故情况:

(1)迅速控制危险源,组织抢救遇险人员;

(2)根据事故危害程度,组织现场人员撤离或者采取可能的应急措施后撤离;

(3)及时通知可能受到事故影响的单位和人员;

(4)采取必要措施,防止事故危害扩大和次生、衍生灾害发生;

(5)根据需要请求邻近的应急救援队伍参加救援,并向参加救援的应急救援队伍提供相关技术资料、信息和处置方法;

(6)维护事故现场秩序,保护事故现场和相关证据;

(7)法律法规法律、法规规定的其他应急救援措施。

有关地方人民政府及其部门接到生产安全事故报告后,应当按照国家有关规定上报事故情况,启动相应的生产安全事故应急救援预案,并按照应急救援预案的规定采取下列一项或者多项应急救援措施:

(1)组织抢救遇险人员,救治受伤人员,研判事故发展趋势以及可能造成的危害;

(2)通知可能受到事故影响的单位和人员,隔离事故现场,划定警戒区域,疏散受到威胁的人员,实施交通管制;

(3)采取必要措施,防止事故危害扩大和次生、衍生灾害发生,避免或者减少事故对环境造成的危害;

(4)依法发布调用和征用应急资源的决定;

(5)依法向应急救援队伍下达救援命令;

(6)维护事故现场秩序,组织安抚遇险人员和遇险遇难人员亲属;

(7)依法发布有关事故情况和应急救援工作的信息;

(8)法律法规法律、法规规定的其他应急救援措施。

有关地方人民政府不能有效控制生产安全事故的,应当及时向上级人民政府报告。上级人民政府应当及时采取措施,统一指挥应急救援。

4. 恢复

恢复是指突发事件的威胁和危害得到控制或消除后所采取的处置工作。恢复工作应在事故发生后立即进行。首先应使事故影响区域恢复到相对安全的基本状态,然后逐步恢复到正常状态。

恢复工作包括短期恢复和长期恢复。

在短期恢复工作中,应注意避免出现新的紧急情况,因为短期恢复并非在应急响应完全结束后才开始的,可能是伴随应急响应活动展开的,也就是应急响应活动开始后,短期恢复工作随之开始。

长期恢复的重点是经济、社会、环境和生活的恢复。长期恢复包括厂区重建和受影响区域的重新规划和发展。在长期恢复工作中,应汲取事故和应急救援的经验教训,开展进一步的预防工作和减灾行动。

二、安全事故应急救援体系的建立

1. 安全事故应急救援体系的基本构成

由于安全事故应急救援体系的基本构成中潜在的事故风险多种多样,相应每一类事故灾难的应急救援措施可能千差万别,但其基本应急模式是一致的。事故应急管理体系主要由组织体系、运行体系、法规体系以及后勤保障体系四部分构成,基本框架如图2-4所示。

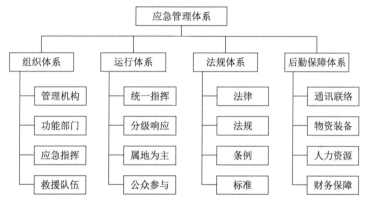

图2-4 应急管理体系框架

（1）组织体系

应急救援体系组织体制建设中的管理机构是指维持应急日常管理的负责部门;功能部门包括与应急活动有关的各类组织机构,如消防、医疗机构等;应急指挥是在应急预案启动后,负责指挥场外与场内应急救援活动的系统;救援队伍由专业和志愿人员组成。

（2）运行体系

应急救援活动一般划分为应急准备、初级响应、扩大应急和应急恢复四个阶段。应急运作机制主要由统一指挥、分级响应、属地为主和公众参与这四部分组成。统一指挥是应急联动的基本原则之一,采用哪种指挥系统、救援单位的隶属关系如何、行政级别的高低都必须基于统一指挥的模式。分级响应是指从初级响应到扩大应急的过程中实行分级响应的机制,扩大或提高应急级别主要依据事故灾害的危害程度、影响范围、控制事态的能力。属地为主强调"第一反应"的思想和以现场应急、现场指挥为主的原则。公众动员机制是应急机制的基础,也是整个应急体系的基础。

（3）法规体系

法律法规是应急体系的基础和保障,也是开展各项应急活动的依据。与应急有关的法律法规可分为四个层次:由立法机关通过的法律,如《中华人民共和国紧急状态法》等;由政府颁布的规章,如《生产安全事故应急条例》等;包括预案在内的以政府令形式颁布的政府法令、条例等;与应急救援活动直接有关的标准或管理办法等。

(4)后勤保障体系

后勤保障体系是事故应急管理体系的有机组成部分,是体系运转的物质条件和手段,主要包括通讯联络、物资装备、人力资源与财务保障。列于应急保障系统第一位的是信息与通信系统,构筑集中管理的信息通信平台是应急体系最重要的基础建设。信息与通信系统要保证所有预警、报警、报告、指挥等活动的信息交流快速、顺畅、准确,以及信息资源共享。物资与装备不但要保证有足够的资源,还要快速、及时供应到位。人力资源保障包括专业队伍的加强、志愿人员以及其他有关人员的培训教育等。应急财务保障应建立专项应急科目,如应急基金等,以保障应急管理运行和应急反应中各项活动的开支。

2.安全事故应急救援体系的响应机制

安全事故应急救援体系应根据事故的性质、严重程度、事态发展趋势和控制能力实行分级响应机制,对不同的响应级别,相应地明确事故的通报范围,应急管理的启动程度,应急力量的出动,设备、物资的调集规模,疏散的范围,应急总指挥的职位等。典型的响应级别通常可分为一级紧急情况、二级紧急情况和三级紧急情况。

(1)一级紧急情况

一级紧急情况是指必须利用所有有关部门及一切资源的紧急情况,或者需要各个部门同外部机构联合处理的各种紧急情况,通常要宣布进入紧急状态。在该级别中,作出主要决定的通常是紧急事务管理部门。现场指挥部可在现场作出保护生命和财产安全以及控制事态所必需的各种决定。

(2)二级紧急情况

二级紧急情况是指需要两个或更多部门响应的紧急情况。该级别事故的救援需要有关部门的协作,并且提供人员、设备或其他资源。该级响应需要成立现场指挥部来统一指挥现场的应急救援行动。

(3)三级紧急情况

三级紧急情况是指能被一个部门正常可利用的资源处理的紧急情况。正常可利用的资源指在该部门权力范围内通常可以利用的应急资源,包括人力、物力等。必要时,该部门可以建立一个现场指挥部,所需的后勤支持、人员或其他资源增援由本部门负责解决。

3.安全事故应急救援体系的响应程序

安全事故应急救援体系的响应程序按过程可分为接警与响应级别确定、应急启动、救援行动、应急恢复和应急结束等五个过程。应急救援响应程序如图2-5所示。

安全事故应急响应程序

(1)接警与响应级别确定

接到事故报警后,按照工作程序,对警情作出判断,初步确定相应的响应级别。如果事故性质和影响不足以启动应急救援体系的最低响应级别,响应关闭。

(2)应急启动

响应级别确定后,按照所确定的响应级别启动应急程序,如通知应急中心有关人员到位、开通信息与信息网络、通知调配救援所需应急资源(人员、物资、装备)、成立现场指挥部等。

(3)救援行动

应急队伍进入事故现场后,迅速开展事故侦测、警戒、疏散、人员救助、工程抢险等应急救援工作,专家组为救援决策提供建议和技术支持。当事态超出响应级别无法得到有效控制时,向应急中心请求实施更高级别的应急响应。

(4)应急恢复

救援行动结束后,进入临时应急恢复阶段。该阶段主要包括现场清理、人员清点和解除警戒、善后处理和事故调查。

(5)应急结束

执行应急关闭程序,由事故应急总指挥宣布应急结束。

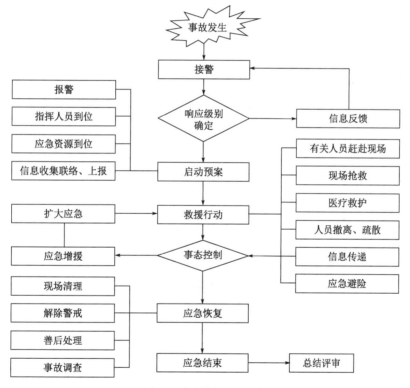

图 2-5 应急救援响应程序

4. 现场指挥系统的组织结构

为保证现场应急救援工作的有效实施,必须对事故现场的所有应急救援工作实施统一的指挥和管理,即建立事故指挥系统,形成清晰的指挥链,以便及时地获取事故信息,分析和评估态势,确定救援的优先目标,决定如何实施快速有效的救援行动和保护生命的安全措施,指挥和协调各方应急力量的行动,高效地利用可获取的资源,确保应急决策的正确性及应急行动的整体性和有效性。

现场应急指挥系统的结构应当在紧急事件发生前就已建立,预先对指挥结构达成一致意见,明确各方职责,有助于各方在救援过程中更好地履行职责。现场指挥系统由指挥、行动、策划、后勤以及资金/行政五个核心应急响应职能部门组成,如图2-6所示。

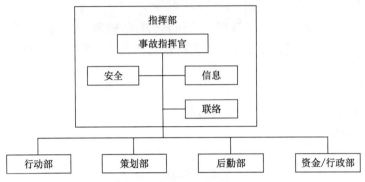

图2-6 现场应急指挥系统结构

(1)总指挥部

总指挥部负责现场应急响应所有方面的工作,包括确定事故处理目标及实现目标的策略,批准实施书面或口头的事故行动计划,高效地调配现场资源,落实保障人员安全与健康的措施,管理现场所有的应急行动。总指挥部可为应急过程中的安全问题、信息收集与发布、与应急各方的通信联络工作分别指定相应的负责人,各负责人直接向总指挥部汇报。

(2)行动部

行动部负责所有主要的应急行动,包括消防与抢险、人员搜救、医疗救治、疏散与安置等。所有的战术行动都应依据事故行动计划来完成。

(3)策划部

策划部负责收集、评价、分析及发布事故相关的战术信息,准备和起草事故行动计划,并对有关的信息进行归档。

(4)后勤部

后勤部负责为事故的应急响应提供设备、设施、物资、人员、运输、服务等。

(5)资金/行政部

资金/行政部负责跟踪事故的所有费用并进行评估,承担其他职能未涉及的管理职责。

三、应急救援预案的编制

应急救援预案在应急救援中明确了应急救援的范围和体系。生产经营单位应当根据本单位建设工程的施工特点、范围,针对施工现场易发生重大事故的部位、环节进行监控,制定符合本单位实际的安全生产事故应急救援预案,增强风险防范意识。应急救援预案的编制有利于事故发生后及时作出应急响应,降低事故后果。

1. 应急救援预案编制责任单位

县级以上地方人民政府建设行政主管部门应当根据本级人民政府的要求,制定本行政区域内建设工程特大生产安全事故应急救援预案。

施工单位应当制定本单位生产安全事故应急救援预案,建立应急救援组织或者配备应急救援人员,配备必要的应急救援器材、设备,并定期组织演练。

实行施工总承包的,由总承包单位统一组织编制建设工程生产安全事故应急救援预案,工程总承包单位和分包单位按照应急救援预案,各自建立应急救援组织或者配备应急救援人员,配备救援器材、设备,并定期组织演练。

2. 应急救援预案分类及内容

生产经营单位的应急预案分为综合应急预案、专项应急预案和现场处置方案。

(1) 综合应急预案

综合应急预案是生产经营单位为应对各种生产安全事故制定的综合性工作方案,从总体上阐述事故的应急方针、政策,包括本单位的应急组织机构及职责、预案体系及响应程序、事故预防及应急保障、预案管理等内容。风险种类多、可能发生多种事故类型的生产经营单位,应当组织编制综合应急预案。综合应急预案的主要内容如下。

①总则:编制的目的、依据、适用范围、应急预案体系、应急工作原则;
②风险描述:事故风险种类、发生的可能性以及严重程度及影响范围等;
③组织机构及职责:组织形式、组成单位或人员及其职责;
④预警及信息报告:监测监控、预警行动、信息报告与传递;
⑤应急响应:响应分级、响应程序、处理措施、应急解除;
⑥信息公开;
⑦后期处理:污染物处理、生产秩序恢复、医疗救治、人员安置、善后赔偿、应急救援评估及修订等;
⑧保障措施:通信与信息保障、应急队伍保障、物资装备保障、其他保障;
⑨应急预案管理:培训、演练、修订、备案、实施等;
⑩附件:应急部门、机构或人员的联系方式,应急物资装备的名录,关键的路线,标识,以及图纸等。

(2) 专项应急预案

专项应急预案是生产经营单位为应对某一类型或某几种类型事故,或针对重要设施、重大危险源、重大活动,为防止安全事故发生制定的。专项应急预案主要包括适用范围、危险性分析、应急组织机构与职责、应急处理程序和措施、应急保障等内容。风险种类少的生产经营单位可根据本单位应急工作实际需要确定是否编制专项应急预案。专项应急预案主要内容如下。

①事故类型和危害程度分析:事故风险、事故危害程度、防范措施;
②应急指挥机构及职责:指挥机构、救援人员及其职责;
③处理程序:事故报告程序和内容、报告方式和责任人、接警报告和记录、应急指挥机构启动、应急指挥、资源调配、应急救援、扩大应急等;
④处理措施:明确处理原则和具体要求。

(3) 现场处理方案

现场处理方案是根据不同事故类别,针对具体的场所、装置或设施所制定的应急处理措施,应当包括危险性分析、可能发生的事故特征、应急处理程序、应急处理要点和注意事项等内容。现场处理方案应根据风险评估、岗位操作规程以及危险性控制措施,组织现场作业人员进行编制,做到现场作业人员应知应会,熟练掌握,并经常进行演练。现场处理方案主要内容如下。

①事故危险分析:事故类型、事故发生的区域、地点或装置的名称、事故可能发生的季节和

造成的危害程度、事故前可能出现的征兆;

②应急工作职责:工作岗位、组织形式、人员构成及职责;

③应急处理:应急处理程序、应急处理措施;报警联络方式和联系人员;

④注意事项:个人防护器具、抢险救援器材、救援对策或措施、现场自救和互救、人员安全防护等注意事项。

3. 应急救援预案编制程序

生产经营单位编制的应急救援预案应包括成立预案编制工作组、资料收集、风险评估、应急能力评估、应急预案编制、应急预案评审、备案实施这7步。

(1) 成立预案编制工作组

结合生产经营单位部门分工和职能,成立以单位主要负责人(或分管安全生产工作的领导)为组长,相关部门人员参加的应急预案编制工作组,明确编制任务、职责分工,制订工作计划,组织开展预案编制工作。编制工作应邀请相关救援队伍及周边相关企业等参加。

(2) 资料收集

这一步主要收集相关法律法规、技术标准、应急预案、国内外同行业企业事故资料、本单位安全生产相关技术资料、企业周边环境影响、应急资源等有关资料。

(3) 风险评估

生产安全事故风险评估主要内容包括:

①分析本单位存在的危险因素,确定事故危险源;

②分析可能发生的事故类型及事故的危害程度和影响范围;

③针对事故危险源和可能发生的事故,制定相应的防范措施。

(4) 应急能力评估

应急能力评估是指从应急组织、应急救援队伍和应急物资与装备等方面,对本单位的应急能力进行客观评估。

(5) 应急预案编制

依据风险评估结果,针对可能发生的事故,组织编制应急预案。应急预案编制应注重预案的系统性和可操作性,做到与上级主管部门、地方政府及相关部门预案相衔接。

(6) 应急预案评审

应急预案编制完成后,应进行评审或论证。评审分为内部评审和外部评审,内部评审由本单位主要负责人组织有关部门和人员进行。外部评审由本单位组织有关专家或技术人员进行,上级主管部门或地方政府负责安全生产管理的部门派员参加。生产规模小、危险因素少的生产经营单位应能够经过演练对应急预案进行论证。

(7) 备案实施

应急预案评审或论证合格后,应按照有关规定进行备案,由生产经营单位主要负责人签发实施。

4. 应急救援预案的演练

应急救援预案演练是应急管理的重要环节,在应急管理工作中有着十分重要的作用。开展应急救援预案演练作用如下:

（1）评估应急准备状态，发现应急预案、执行程序等相关工作的缺陷和不足并及时修改；

（2）评估突发公共事件应急能力，识别资源需求，澄清相关机构、组织和人员的职责，改善不同机构、组织和人员之间的协调问题；

（3）检验应急响应人员对应急预案执行程序的了解程度和实际操作技能水平，评估应急培训效果，分析培训需求；

（4）作为一种培训手段，通过调整演练难度，进一步提高应急响应人员的业务素质和能力；

（5）促进公众媒体对应急预案的理解，争取他们对应急工作的支持。

演练可以桌面演练或实战演练的方式进行。桌面演练是指参演人员利用地图、沙盘、流程图、计算机模拟、视频会议等辅助手段，依据应急预案对事先假定的演练情景进行交互式讨论和推演应急决策及现场处置的过程。实战演练是指参演人员针对事故情景，选择或模拟生产经营活动中的设备、设施、装置或场所，利用各类应急器材、装备、物资，通过决策行动、实际操作完成真实应急响应的过程。

应急演练应对预警与报告、指挥与协调、应急通信、事故监测、警戒与管制、疏散与安置、医疗卫生、现场处置、社会沟通、后期处置等内容进行测试检验，并在演练结束后进行应急演练评估和总结，并形成演练评估报告、总结报告。

根据演练评估报告中对应急预案的改进建议，由应急预案编制部门按程序对预案进行修订完善，并进一步改进应急管理工作。组织应急演练的部门（单位）一方面应根据应急演练评估报告、总结报告提出的问题和建议对应急管理工作（包括应急演练工作）进行持续改进；另一方面应督促相关部门和人员，制订整改计划，明确整改目标，制定整改措施，落实整改资金，并跟踪督查整改情况。

1. 事故应急管理过程包括哪几个阶段？
2. 事故应急管理体系主要由哪几个部分组成？
3. 事故应急救援体系的响应程序包括哪几个步骤？
4. 什么是专项应急预案？其主要内容是什么？
5. 事故应急预案编制程序包括哪几个步骤？

【任务实施】

实训任务1　安全生产许可

1. 实训目的

掌握安全许可证的申领条件及监督管理办法。

2. 实训内容

实训日期：

实训班级：

成员组成：

实训成绩：

以小组为单位，模拟对新进施工现场"三违"现象的处理。

步骤1：分别设计施工现场"三违"现象的情景、无施工许可便被要求开工等情景；

步骤2：设计台词。建设单位、施工单位管理人员要求施工现场做出一些"三违"的行为，作为施工单位的安全负责人应该如何拒绝？

施工现场"三违"现象情景再现

序号	设计情景任务	表演者1 （建设单位/施工单位管理者）	表演者2 （施工单位安全员）
1			
2			
…			

3. 实训考评

实训成绩考核表见下表。

模块二实训任务1成绩考核表

序号	考核内容	分值	自评	小组评分	教师评分
1	是否按要求完成实训内容	20			
2	是否掌握安全许可证申请条件	30			
3	是否掌握"三违"的安全管理办法	30			
4	实训态度	10			
5	团队协作	10			
	小计				
	总评（小计平均分）				

实训任务2　安全生产教育培训

1. 实训目的

掌握安全教育培训方式及内容。

2. 实训内容

实训日期：

实训班级：

成员组成：

实训成绩：

以小组为单位，模拟对新进施工现场职工进行"三级"安全生产教育培训。

级别	培训内容大纲	培训方式
公司级		
项目级		
班组级		

3. 实训考评

实训成绩考核表见下表。

模块二实训任务 2 成绩考核表

序号	考核内容	分值	自评	小组评分	教师评分
1	是否按要求完成实训内容	20			
2	是否掌握安全教育培训的方式	30			
3	是否掌握安全教育的内容要点	30			
4	实训态度	10			
5	团队协作	10			
	小计				
	总评(小计平均分)				

实训任务 3　安全技术交底

1. 实训目的

掌握安全技术交底的相关要求。

2. 实训内容

实训日期：

实训班级：

成员组成：

实训成绩：

认真阅读案例导入中的案例，假如你是安全员应如何进行安全技术交底？完成下表。

安全技术交底表

安全技术交底		编号	
项目名称			
施工单位	交底部位	工种	
安全技术交底内容			

续上表

针对性交底内容					
交底人签名		职务		交底时间	
接受交底人签名					

3. 实训考评

实训成绩考核表见下表。

模块二实训任务3成绩考核表

序号	考核内容	分值	自评	小组评分	教师评分
1	是否按要求完成实训内容	20			
2	是否掌握安全技术交底要点	30			
3	是否掌握安全技术交底的内容	30			
4	实训态度	10			
5	团队协作	10			
	小计				
	总评(小计平均分)				

实训任务4　事故报告及应急救援

1. 实训目的

掌握安全事故报告程序及报告内容；

掌握事故后应急救援流程及灭火技能。

2. 实训内容

实训日期：

实训班级：

成员组成：

实训成绩：

假如你是施工单位应急救援小组成员，你所在的施工现场发生了火灾，应该如何进行事故报告？并模拟施工现场的应急救援流程及办法。

步骤1：工作准备。分组，事先编制事故应急救援报告；成立应急救援组织机构，落实安全责任；进行事故应急救援演练。

步骤2：施工现场发生火灾，模拟事故报告流程及事故报告内容。

步骤3：进行火灾事故的灭火演练及现场救援。

步骤4：调查事故现场，分析事故原因。

步骤5：小组成员自评、互评，教师点评。

步骤6：课后整理并提交实训成果，包括应急救援报告、事故调查报告。

3. 实训考评

实训成绩考核表见下表。

模块二实训任务 4 成绩考核表

序号	考核内容	分值	自评	小组评分	教师评分
1	是否按要求完成实训内容	20			
2	是否掌握事故报告流程及内容	30			
3	是否掌握应急救援报告编制、应急救援演练要点	30			
4	实训态度	10			
5	团队协作	10			
	小计				
	总评(小计平均分)				

模块三 MODULE THREE
公路工程劳动防护与管理

知识目标

1. 了解公路工程劳动防护的内涵；
2. 掌握个体防护与现场安全防护的要点；
3. 掌握劳动防护管理要点。

技能目标

1. 能根据安全员岗位职责完成公路工程劳动防护安全管理；
2. 会运用 VR 虚拟实训平台正确排查公路施工防护安全隐患；
3. 能针对不同的施工内容制定安全防护控制措施。

建议课时:6 课时。

案例导入

20××年×月21日,《××晨报》报道了××市100多名在深圳打工的风钻工人因工作过程中职业病防护措施缺失而罹患尘肺病的事件,引起社会的广泛关注。以北大、清华两所学校为代表的高校师生也很关注这件事,十几名学生组成的调研小组远赴深圳、湖南,对事件进行了深入的调查。

在××市××乡,人们将尘肺病称为"石灰病",几乎所有成年人都能准确说出这种病的症状:胸痛、喘不动气、不停咳嗽(图3-1)。做风钻工完全是为了赚钱,过上更好的生活,但在尘肺病的阴影下,他们只能走上艰难的维权路。从20世纪80年代末开始,××乡的年轻人在快速崛起的深圳,做着当时工地上最赚钱的工种——风钻工。十多年后,该群体查出尘肺,死亡随之加速到来。为了证明自己的劳动关系,这些身染沉疴的风钻工人负担高昂的食宿费用滞留深圳,并数次往返于深圳与老家之间。他们消耗了太多的时间、精力还有金钱,然而事情却进展缓慢,难见转机。

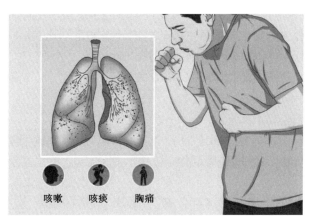

图 3-1 尘肺患者

根据案例,请大家想一想:

(1)案例中导致尘肺病的主要原因是什么?
(2)政府行政主管部门要从哪些方面对施工单位进行监管?
(3)通过本案例我们得到哪些启示?

1. 患病原因

工人缺乏有效的防护措施,2022年新修订的《中华人民共和国职业病防治法》对企业的劳动保护做了更加明确的规定。防护措施上严重不到位,这是导致工人集体罹患尘肺病的直接原因。

2. 案例启示

职业病救治是标,防治才是本,标本兼治才是善治之道。此次湖南工人集体患尘肺病主要是企业劳动保障措施不到位造成的恶果,在积极处理的同时,也应该将职业病的防治与控制切实提上议事日程,加强对目前在岗工人职业病知识的宣传工作,加强对有关从业单位劳动安全和卫生条件的监管力度,确保各种防护措施的有效实施。

认识提升

2018年,国务院职业病防治工作推进会安排部署"尘肺病防治攻坚行动",将职业病防治技术支撑能力提升纳入五大攻坚重点;2019年,健康中国行动推进委员会印发《健康中国行动(2019—2030年)》国家战略规划。本案例的导入旨在让学生直面我国职业安全健康发展的机遇与挑战,让同学们进一步理解,党和国家的这些做法是确保劳动者职业健康实现的重要途径,体现了以人为本、维护人民健康的坚定决心,进而激发学生报效祖国、为国争光的爱国之志。

在公路工程施工中,通风与除尘是环境保护的有效手段。通过本模块的学习,学生进一步了解了粉尘的危害性,树立职业安全健康意识,激发行业使命感;将安全与环保理念内化于心、外化于行,理论联系实际,有责任担当。本模块通过将家国情怀引入到课程当中,引领学生对社会主义核心价值观的认同与热爱。

劳动防护也就是劳动保护。劳动防护是指,根据国家法律法规,依靠技术进步和科学管理,采取组织措施和技术措施,消除危及人身安全健康的不良条件和行为,防止事故和职业病,保护劳动者在劳动过程中的安全与健康。劳动防护涵盖的范围比较广,不仅仅包括个体受到的伤害风险,还包括对整个工作环境和工作过程的风险防范。劳动防护包括改善劳动条件、职业健康监护、培训教育、合理安排工作时间、职业病防治等各个方面的措施。劳动防护措施的实施需要政府、企事业单位和个人共同参与。

劳动防护的一般安全要求如下。

(1)安全生产要求:企业应建立科学的安全生产管理制度,明确职责分工和工作流程,严格执行各项安全操作规程。此外,还需要加强安全教育和培训,增强员工的安全意识和应急处理能力。

(2)劳动环境要求:工作场所应该符合安全、健康、舒适的要求,包括照明、通风、空气质量、噪声控制等方面。此外,还需要有足够的工作空间、安全通道和应急设施。

(3)个人防护要求:劳动者应根据自身工作环境和工作特点选择适合的个人防护装备,包括头部、眼部、呼吸道、手部、足部等防护措施。同时,个人防护装备的佩戴和使用也需要按照相关规范和要求进行。

(4)职业卫生要求:对于存在职业病危害的工作,企业应根据国家和地方的相关法律法规,采取相应的措施进行防护,包括对有害物质的监测和控制、工作场所的通风和排泄系统的建设、定期进行职业健康体检等。

职业病管理规定

(5)劳动设备要求:劳动装备和设备应符合安全规范,有必要的保护装置和安全设备,并定期进行维护和检修。操作人员应该经过培训并严格按照操作规程进行操作。

单元一　个体防护

一、个体劳动防护用品介绍

个体劳动防护用品是指在劳动生产过程中使从业人员免遭伤害或减轻事故和职业危害因素而提供的个人防护用品,直接对人体起到保护作用。个体劳动防护用品是保护从业人员在生产工作过程中的安全与健康所必需的一种预防性装备。个体劳动防护用品是防止人身伤害的最后一道屏障,关系人的生命安全,因此必须严格把关,防护用品在发放前,对其防护性能、生理卫生性能和使用性能的指标要进行验收、评定,不符合国家有关防护用品标准的,坚决不能使用。

劳动防护用品的分类方式多样,具有以下分类方式。

(1)按照伤害情况不同,劳动防护用品可以分为以下几种:

①传递给人体的能量造成急性伤害的防护方式。

a.势能转变为动能时,通过介质来吸收和缓冲的防护方式,如安全帽、安全带、安全网(安全三宝)等,如图3-2所示。

b. 电能的绝缘防护,如绝缘手套。
c. 利用试剂将急性有害的化学能变为无害的防护方式,如急性有害气体的防毒面具。
d. 给操作人员输送新鲜空气的防护方式,如各种防毒面具。

图3-2　安全三宝

②传递给人体的能量造成慢性伤害的防护方式。
a. 消除化学能的防护,如防护全身的防护服。
b. 吸收、减低噪声能量,如耳塞。
c. 辐射热能、放射线的屏蔽,如高温防护服、防紫外线的遮光镜。
d. 粉尘烟雾的隔离屏蔽,如防尘口罩、面罩等。
(2)根据个人防护用品所防护人体器官或部位,劳动防护用品可以分为以下8类:
①头部防护类:如安全帽、防寒帽等。
②呼吸器官防护类:如防毒口罩、防尘口罩、滤毒护具等。
③防护服类:如防机械外伤服、防静电服、防酸碱服、阻燃服、防寒服等。
④听觉器官防护类:如耳塞、耳罩等。
⑤眼、面防护类:如防护眼镜、焊接护目镜及面罩、炉窑护目镜及面罩等。
⑥手防护类:如绝缘手套、防酸碱手套、防寒手套等。
⑦足防护类:如绝缘鞋、防酸碱鞋、防寒鞋、防砸鞋等。
⑧防坠落类:如安全带、安全绳等。

二、个体劳动防护用品的采购

劳动防护用品
《安全三宝》

个体劳动防护用品的采购应符合以下要求。
(1)各部门应当安排用于配备劳动防护用品的专项经费,不得以货币或者其他物品替代应当按规定配备的劳动防护用品。
(2)劳动防护用品必须符合国家标准或者行业标准,不得超过使用期限。劳动防护用品采购按照《劳动防护用品配备标准》及《劳动防护用品选用规则》执行。不得采购和使用无安全标志的特种劳动防护用品,购买的特种劳动防护用品须经本单位的安全生产技术部门或者管理人员检查验收。
(3)特种劳动防护用品必须具有《特种劳动防护产品生产许可证》,产品必须有生产许可证编号、产品合格证、安全鉴定证。

(4)劳动防护用品应根据生产作业环境、劳动强度以及生产岗位接触有害因素的存在形式、性质、浓度(强度)和防护用品的防护性能进行选用。

(5)任何部门、个人均不得以介绍厂家和产品为由干扰劳动防护用品的管理和采购工作。

三、个体劳动防护用品的验收

个体劳动防护用品的验收包括以下几步：

(1)检查劳动防护用品的名称、规格、型号、生产厂家、生产日期、合格证、使用说明书等。

(2)检查特种劳动防护用品安全标志证书、生产许可证、生产资质、经营资质、检查检验报告、使用说明书等。

(3)观察劳动防护用品有无破损缺陷、各项技术参数是否符合要求。

(4)检查劳动防护用品的组配件是否齐全,安全保险装置是否牢靠。

完成以上步骤后,填写个体劳动防护用品验收表(表3-1)。

个体劳动防护用品验收表　　　　　表3-1

劳动防护用品名称			
检查人员		检查日期	
验收项目	验收内容及要求		验收结果
合格证明	劳动防护用品生产厂家是否有安全生产许可证		□符合　□不符合
	劳动防护用品是否有出厂产品合格证		□符合　□不符合
	劳动防护用品是否有权威部门提供的安全鉴定报告		□符合　□不符合
工程名称			
	特种工劳动防护用品是否具有安全标志证书,且安全标志证书由国家安全生产监督管理总局监制		□符合　□不符合
其他相关检查	劳动防护用品外观无缺陷和破损		□符合　□不符合
	劳动防护用品各部件连接、组装严密		□符合　□不符合
	劳动防护用品转动部位灵活		□符合　□不符合
	劳动防护用品符合本项目的安全技术要求		□符合　□不符合
验收结论	技术负责人：　　　　安全负责人：		
	参加检查人员名单：		

四、个体劳动防护用品的发放和使用

(1)各部门应当按照劳动防护用品选用规则和国家颁发的劳动防护用品配备标准以及有关规定,为从业人员配备劳动防护用品。

(2)各部门为从业人员提供的劳动防护用品必须符合国家标准或者行业标准,并督促、教育从业人员正确佩戴和使用劳动防护用品。

(3)施工项目应根据工作场所的职业危害因素及其危害程度,按照法律法规、标准的规定,为作业人员免费提供符合国家规定的劳动防护用品。

(4)未按规定佩戴和使用劳动防护用品的从业人员,不得上岗作业。

(5)在劳动防护用品使用前应对其做一次性能检查,认定劳动防护用品对有害因素防护效能的程度,外观有无缺陷和损坏,各部件组装是否严密,启动是否灵活。

(6)劳动防护用品的使用必须在其性能范围内,不得超范围使用,不得使用未经国家指定、检测部门检测或检测不达标的产品,劳动防护用品不能随便代替,更不能以次充好。

五、个体劳动防护用品的配备

(1)从事施工作业人员必须配备符合国家现行有关标准的劳动防护用品,并应按规定正确使用。

(2)劳动防护用品的配备,应按照"谁用工,谁负责"的原则,由用人单位为作业人员按作业工种配备。

(3)进入施工现场人员必须佩戴安全帽。作业人员必须戴安全帽、穿工作鞋和工作服;应按作业要求正确使用劳动防护用品。在2米及以上的无可靠安全防护设施的高处、悬崖和陡坡作业时,必须系挂安全带。

(4)架子工、起重吊装工、信号指挥工的劳动防护用品配备应符合下列规定:

①架子工、塔式起重机操作人员和起重吊装工应配备灵便紧口的工作服、系带防滑鞋和工作手套。

②信号指挥工应配备专用标志服装。在自然强光环境条件作业时,应配备有色防护眼镜。

(5)电工的劳动防护用品配备应符合下列规定:

①维修电工应配备绝缘鞋、绝缘手套和灵便紧口的工作服。

②安装电工应配备手套和防护眼镜。

③高压电气作业时,应配备相应等级的绝缘鞋、绝缘手套和有色防护眼镜。

(6)电焊工、气割工的劳动防护用品配备应符合下列规定:

①电焊工、气割工应配备阻燃防护服、绝缘鞋、鞋套、电焊手套和焊接防护面罩。在高处作业时,应配备安全帽与面罩连接式焊防护面罩和阻燃安全带。

②从事清除焊渣作业时,应配备防护眼镜。

③从事磨削钨极作业时,应配备手套、防尘口罩和防护眼镜。

④从事酸碱等腐蚀性作业时,应穿防腐蚀性工作服、耐酸碱胶鞋,戴耐酸碱手套、防护口罩和防护眼镜。

⑤在密闭环境或通风不良的情况下,应配备送风式防护面罩。

(7)锅炉、压力容器及管道安装工的劳动防护用品配备应符合下列规定:

①锅炉及压力容器安装工、管道安装工应配备紧口工作服和保护足趾安全鞋。在强光环境条件作业时,应配备有色防护眼镜。

②在地下或潮湿场所,应配备紧口工作服、绝缘鞋和绝缘手套。

(8)油漆工在从事涂刷、喷漆作业时,应配备防静电工作服防静电鞋、防静电手套、防毒口罩和防护眼镜;从事砂纸打磨作业时,应配备防尘口罩和密闭式防护眼镜。

(9)普通工从事淋灰、筛灰作业时,应配备高腰工作鞋、鞋盖、手套、防尘口罩和防护眼镜;从事抬、扛物料作业时,应配备垫肩;从事人工挖扩桩孔井下作业时,应配备雨靴、手套和安全绳;从事拆除工程作业时,应配备保护足趾安全鞋、手套。

(10)混凝土工应配备工作服、系带高腰防滑鞋、鞋盖、防尘口罩和手套,宜配备防护眼镜。从事混凝土浇筑作业时,应配备胶鞋和手套;从事混凝土振捣作业时,应配备绝缘胶靴、绝缘手套。

(11)瓦工、砌筑工应配备保护足趾安全鞋、胶面手套和普通工作服。

(12)抹灰工应配备高腰布面胶底防滑鞋和手套,宜配备防护眼镜。

(13)磨石工应配备紧口工作服、绝缘胶靴、绝缘手套和防尘口罩。

(14)石工应配备紧口工作服、保护足趾安全鞋、手套和防尘口罩,宜配备防护眼镜。

(15)木工从事机械作业时,应配备紧口工作服、防噪声耳罩和防尘口罩,宜配备防护眼镜。

(16)钢筋工应配备紧口工作服、保护足趾安全鞋和手套。从事钢筋除锈作业时,应配备防尘口罩,宜配备防护眼镜。

(17)防水工的劳动防护用品配备应符合下列规定:

①从事涂刷作业时,应配备防静电工作服、防静电鞋和鞋套、防护手套、防毒口罩和防护眼镜。

②从事沥青熔化、运送作业时,应配备防烫工作服、高腰布面胶底防滑鞋和鞋套、工作服、耐高温长手套、防毒口罩和防护眼镜。

(18)玻璃工应配备工作服和防切割手套。从事打磨玻璃作业时,应配备防尘口罩,宜配备防护眼镜。

(19)司炉工应配备耐高温工作服、保护足趾安全鞋、工作帽、防护手套和防尘口罩,宜配备防护眼镜。从事添加燃料作业时,应配备有色防冲击眼镜。

(20)钳、铆工、通风工的劳动防护用品配备应符合下列规定:

①从事使用锉刀、刮刀、錾子、扁铲等工具作业时,应配备紧口工作服和防护眼镜。

②从事剔凿作业时,应配备手套和防护眼镜;从事搬抬作业时,应配备保护足趾安全鞋和手套。

③从事石棉、玻璃棉等含尘毒材料作业时,应配备防异物工作服、防尘口罩、风帽、风镜和薄膜手套。

(21)筑炉工从事磨砖、切砖作业时,应配备紧口工作服、保护足趾安全鞋、手套和防尘口罩,宜配备防护眼镜。

(22)电梯安装工、起重机械安装拆卸工从事安装、拆卸和维修作业时,应配备紧口工作服、保护足趾安全鞋和手套。

(23)其他人员的劳动防护用品配备应符合下列规定:

①从事电钻、砂轮等手持电动工具作业时,应配备绝缘鞋、绝缘手套和防护眼镜。

②从事蛙式夯实机、振动冲击夯作业时,应配备具有绝缘功能的保护足趾安全鞋、绝缘手套和防噪声耳塞(耳罩)。

③从事可能飞溅渣屑的机械设备作业时,应配备防护眼镜。

④从事地下管道检修作业时,应配备防毒面罩、防滑鞋(靴)和工作手套。

六、个体劳动防护用品的报废

劳动防护用品的使用年限应按国家现行相关标准执行。对于达到使用年限或报废标准的劳动防护用品,建筑施工企业应统一收回报废,并应为作业人员配备新的劳动防护用品。对于劳动防护用品有定期检测要求的,应按照其产品的检测周期进行检测。

劳动防护用品的管理流程

单元二　公路工程施工现场安全防护

一、认识公路工程施工现场危险部位

1. 高处坠落部位

按照国家标准《高处作业分级》(GB 3608—2008)规定:凡在坠落高度基准面2m以上(含2m)的可能坠落的高处所进行的作业,都称为高处作业(图3-3)。在施工现场高空作业中,如果未防护、防护不好或作业不当都可能发生人或物的坠落。人从高处坠落的事故,称为高处坠落事故。

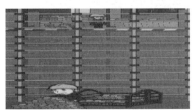

图3-3　高处作业场景

根据高处作业者工作时所处的部位不同,高处作业坠落事故可分为:①临边作业高处坠落事故;②洞口作业高处坠落事故;③攀登作业高处坠落事故;④悬空作业高处坠落事故;⑤交叉作业高处坠落事故等。

高处作业

了解高处作业坠落事故的分类情况,对于在工作中对高处作业坠落事故进行原因分析及采取预防措施是有帮助的。根据近年来所发生的建筑业伤害事故,高处坠落事故的发生率最高、危险性极大。因此,减少和避免高处坠落事故的发生,是降低建筑业伤亡事故的关键,正确及时的应急救援工作是减少事故伤亡的有效途径。

2. 模板脚手架部位

模板脚手架在工程施工中具有举足轻重的作用,它既与一个工程的质量息息相关,也保证着一个工程的安全,但若脚手架的搭建以及使用不遵守安全工作规范等,将会造成一些严重的事故。我国因脚手架问题造成的人身伤亡事故在所有工程施工伤亡事故中所占的比例非常高,模板脚手架部位是群死群伤工程事故的高发地。模板脚手架坍塌事故现场如图3-4所示。

图3-4　模板脚手架坍塌事故现场

3. 临时用电部位

随着我国建设工程的迅速发展,临时用电已成为施工现场安全管理的重要内容。临时用电是项目实际生产的重要组成部分,直接关系到工程进度、质量及安全,是公路工程施工现场安全生产的重要环节。公路施工现场用电具有条件简陋、设备流动性大、负荷多变等特点。公路施工现场临时用电存在安全管理不规范、安全防护技术措施不规范的问题。为防止临时用电安全事故发生,公路工程施工现场应从管理制度、专业人员、费用投入、教育培训、隐患检查排查等方面强化管理,并规范供电接零保护系统、电气设备接零保护、漏电保护装置等技术防护措施。

在公路工程施工现场,临时用电具有临时性,工程竣工后临时用电应马上拆除。同时,临时用电具有危险性,因为施工现场环境较差,人员、设备进出较为频繁,多工种交叉作业较多,随时都有碰触供电线路的可能性。由于公路工程施工具有流动性大的特点,伴随着工程的进行,工作面不断延伸拓展,电气线路不断更换。在施工现场发生的安全事故中,由临时用电系统原因造成的占很大的比例。为加强建筑施工现场的用电管理,确保用电安全可靠,防止事故发生,应对用电设备选择做好接地保护、接零和漏电保护;对各根电缆做好敷设和隔离保护,这是非常必要的防止触电和火灾发生的措施。

4.施工机械操作区域部位

随着公路建设的不断发展,施工现场施工机械的运用越来越多,对施工机械的要求也越来越高。工程机械设备是影响公路工程质量的关键因素,只有对施工机械进行有效管理,才可以保证公路工程如期高质量完成。

近年来,公路施工的安全生产形势不容乐观,大小事故时有发生,其中机械设备事故占有相当比重。因此,有效消除安全事故隐患,加强机械设备安全生产管理,确保人员、机械设备的安全已成为各施工企业的重要任务。

安全管理工作在公路工程中占重要地位,机械设备管理作为其中最基础部分,须从根本上做好相关安全管理措施。影响机械设备安全的因素,具体体现在人为因素、设备自身缺陷、施工环境影响及管理体制不完善等方面。应针对上述问题提出具体解决办法,以此为公路工程施工提供安全保障。

二、公路工程施工现场危险部位主要事故类型

公路工程施工现场危险部位主要事故类型见表3-2。

公路工程施工现场危险部位主要事故类型　　　　表3-2

危险部位类型	主要施工作业内容	致害原因及致害物	主要事故类型	事故严重程度			
				一般	较大	重大	特大
高处坠落部位	1.墩台(墙)身、梁(顶部)施工等。2.路基高边坡锚索、锚杆,框架梁施工。3.隧道开挖、初期支护、二次衬砌施工等	登高作业、无防护的作业平台、施工人员自身重力运动、作业平台或工作过程中的工具及材料等	高处坠落、物体打击	√			
模板脚手架部位	挡土墙施工、现浇墩台、梁等施工、边坡防护工程施工、隧道初支、衬砌工程等	无防护的作业平台、施工人员自身重力运动、作业平台或工作过程中的工具及材料等、模板脚手架失稳	高处坠落、物体打击、坍塌	√			
临时用电部位	施工现场配电线路、配电装置、现场照明的传输、分配和控制等	破损的电缆、设备、材料等	触电、火灾		√		
施工机械操作区域部位	土石方开挖、回填、桥梁起重吊装施工、路基路面摊铺碾压施工、隧道开挖、衬砌施工等	汽车起重机、履带式起重机等起重设备、吊索、吊具、装载机、压路机、摊铺机及施工小型机具等	起重伤害、机械伤害		√		

三、公路工程施工现场安全防护隐患排查

1. 高处作业安全防护隐患排查要点

(1)查安全装备。高处作业人员应正确穿戴安全帽、安全带、安全绳、防滑鞋等安全防护用品;禁止高处投掷工具、材料和杂物行为;使用的工具须有防掉绳,用完的工具应随手放入工具袋。

(2)查安全区域。高处作业下方须设有安全警戒区,须设有明显警示标志,须有专人进行现场监护,杜绝单人作业。

(3)查安全扶梯。便携式梯子应符合国家标准《便携式金属梯安全要求》(GB 12142—2007)和《便携式木梯安全要求》(GB 7059—2007)的规定,不能垫高使用,须有整体的金属撑杆或可靠的锁定装置。

(4)查安全作业。登高作业要确保临时搭设的作业平台稳固、不发生晃动;在拆除临时作业平台时,要严格按照拆除方案实施;对于移动式作业平台严禁载人移动。

(5)查防护栏杆。操作平台的临边应设置防护栏杆,材质和承载力应满足要求,设置在临时设施上,应稳定可靠。

(6)查作业环境。禁止在夜间高处作业;禁止违规在六级以上大风、大雨、大雾等恶劣天气中进行室外高处作业;在高压线附近施工时,应落实好安全防护措施。

2. 模板脚手架隐患排查要点

(1)查模板脚手架稳定性。排查应包括检查地基基础、地基土质、地下管线、架体搭设情况等。

(2)查脚手架安全网的设置。脚手架应设置安全网,以防止人员或物品从高处坠落。排查应包括网孔尺寸、抗拉强度、固定牢固性等方面。

(3)查脚手架的防护栏杆。脚手架应设置防护栏杆,以防止施工人员从高处坠落。排查应包括栏杆高度、材质、连接方式等方面。

(4)查施工现场的秩序。模板脚手架施工现场应保持整洁、有序,杂物应妥善摆放,防止阻碍施工和造成人员伤害。

(5)查模板脚手架作业人员的培训情况。作业人员应接受模板脚手架操作和安全知识的培训,了解脚手架的搭设和拆卸规范,以及应急措施。排查应包括培训记录、证书等方面。

(6)查安全装备。模板脚手架作业人员应正确穿戴安全帽、安全带、安全绳、防滑鞋等安全防护用品;禁止高处投掷工具、材料和杂物行为;使用的工具须有防掉绳,用完的工具应立即放入工具袋。

3. 临时用电隐患排查要点

(1)查用电方案。排查应包括:现场用电与方案是否一致,是否有作业许可,临时用电是否采用三级配电、两级保护。

(2)查设备。排查应包括:临时用电设备是否经检验合格;临时用电的保护设置参数是否符合安全要求,漏电保护器是否合格、测试有效;现场重复接地是否合格;临时用电设备是否一机一闸一保护(一台设备一个控制开关一个漏电保护),临时用电配电箱、二级配电箱、开关箱

是否有防雨措施。

(3)查人员。排查临时用电是否由专业电工(持特种作业证)搭设。

(4)查配电线路。排查应包括：跨越通道的临时用电是否采取保护措施；架空的临时用电是否符合高度要求；临时用电线路是否满足用电设备总功率的要求；临时用电线路是否破损，接头是否绝缘合格；现场临时用电线路是否杂乱；临时用电线路是否穿越爆炸危险场所；爆炸危险场所临时用电是否采取了防爆措施。

4. 机械施工区域隐患排查要点

(1)查施工机械安全性能。排查应包括：起重机械基础、垂直度、附着装置等是否符合要求；安全装置是否齐全有效；多台起重机械作业是否有安全保证措施；机械设备是否按规定维护保养；机械设备电气控制箱是否齐全有效；中小型施工机械进场是否经过验收，安全防护装置是否齐全。

(2)查操作人员。排查施工机械操作人员是否持证上岗、执行操作规程。

(3)查安全标志标牌。排查应包括：设备操作场所是否悬挂操作规程，明确责任人；是否悬挂安全标志标牌，夜间施工是否设置安全警示。

(4)查安全距离。排查应包括：机械施工区域是否划定施工安全警戒区域，机械设备与基坑边的距离是否符合要求，大型机械安全半径范围是否有违章违规现象。

(5)查作业人员个体安全防护。排查机械操作人员与机械操作区域施工人员是否正确佩戴劳动防护用品。

(6)用于大型设备及构配件吊装作业的起重机械，必须状况良好，检验合格，具有起重机主管部门颁发的登记备案使用许可证。除按规定允许载人的施工升降机外，其他起重机严禁在提升和降落过程中载人。必须按照垂直运输机械出厂说明书规定的技术性能、使用条件正确操作，严禁超载作业或扩大使用范围。起重机处于工作状态时，严禁进行保养、维修及人工润滑作业。当需进行维修作业时，必须在醒目位置挂警示牌。

四、公路工程施工现场安全防护风险控制

1. 安全交底

(1)高处作业安全防护技术交底(表3-3)

高处作业安全防护技术交底　　　　　　　　　　表3-3

工程名称		施工单位	
交底内容	高处作业安全防护	交底时间	
交底对象	高处作业施工工区作业人员	交底人	

交底内容：

一、一般注意事项

1. 高处作业人员必须身体健康，患有精神病、癫痫病及经医师鉴定患有高血压、心脏病等不宜从事高处作业病症的人员，不准参加高空作业。凡发现工作人员有饮酒、精神不振的，禁止高空作业。

2. 高处作业人员必须经过专业技术培训，特殊工种人员必须持证上岗。施工前应逐级进行安全技术教育及交底，落实所有安全技术措施。作业人员必须正确佩戴和使用防护用品。

续上表

3. 高处作业所需的安全防护用品及防护设施、标志、工具、仪表、电气设施,必须在施工前经检查或试验合格,方可投入使用。
4. 高处作业必须系安全带,安全带应挂在牢固的物件上,严禁在一个物件上拴挂多根安全带或一根安全带上拴多个人。
5. 作业人员必须从专用的通道或爬梯上下,严禁攀登脚手架。攀登的用具、结构构造必须牢固可靠。
6. 对施工作业现场可能坠落的物料,应及时拆除或采取固定措施。高处作业所用的物料堆放平稳,不得妨碍通行和装卸。工具应随手放入工具袋;作业中的走道、通道板和登高用具,应随时清理干净。拆卸下的物料、余料和废料应及时清理运走,不得随意放置或向下丢弃。传递物料时不得抛掷。
7. 在雨、霜、雾、雪等天气中进行高处作业时,应采取防滑、防冻和防雷措施,并应及时清除作业面上的水、冰、雪、霜。当遇有6级及以上强风、浓雾、沙尘暴等恶劣天气时,不得进行露天攀登与悬空高处作业。雨、雪天气后,应对高处作业安全设施进行检查,当发现有松动、变形、损坏或脱落等现象时,应立即修理完善,维修合格后方可使用。
8. 安全防护设施宜采用定型化、工具化设施,防护栏应为黑黄或红白相间的条纹标志。

二、交叉作业
1. 立体交叉作业时,不得在任何同一竖直方向上下同时操作。下层作业的位置,必须处于依上层高度确定的可能坠落半径范围之外。不符合以上条件必须作业时,应设置安全防护层。
2. 上方施工可能坠落的物件及处于起重臂回转范围内的通道,在其受影响的范围内,必须搭设顶部能防止穿透的防护栏。
3. 跨越公路、铁路行车线、居民区、架空电线路施工前,必须采取可靠防护措施。

三、临边作业
1. 临边作业的防护措施应符合下列规定:
基坑周边、墩台顶、桥面周边等,必须设置防护栏杆。施工电梯、脚手爬梯与建筑通道的两侧,必须设置防护栏杆。各种垂直运输接料平台口、作业平台应设置安全门或活动防护栏杆。施工现场通道附近的各类洞口与坑槽等处以及公路、乡村道路边施工的基坑等,除设置防护设施外,夜间应设置警示灯。
2. 临边防护栏杆杆件的规格及连接,应保证稳固可靠。临边防护栏杆的搭设应符合下列规定:防护栏杆应由上、下两道横杆及立柱组成,上杆离下平面高度为1.0~1.2m,下杆离下平面高度为0.5~0.6m,并加挂安全立网或在栏杆下边设置严密固定的高度不小于18cm挡脚板。除经设计计算外,横杆长度大于2m时,必须加设栏杆立柱。防护栏杆立柱应固定牢靠。

四、悬空作业
1. 悬空作业所用的索具、脚手架、吊篮、吊笼、平台等设施,必须进行安全技术检查,并验收合格。
2. 悬空吊装构件时,作业人员必须站在操作平台上操作,严禁在构件上站人。
3. 悬空作业人员必须正确佩戴和使用个人劳动防护用品。

五、操作平台
1. 移动式操作平台应符合下列规定:操作平台应具有足够的强度、刚度和稳定性,并应标明容许荷载值,使用过程中严禁超过容许荷载值。操作平台四周必须按临边作业要求设置防护栏杆,并应设置登高扶梯。作业人员在平台顶面操作时,不得跨越防护栏杆外侧。移动操作平台时,必须待作业人员离开平台后进行。
2. 悬挑及悬挂式钢平台应符合下列规定:钢平台的支撑点与拉结点必须设置在建筑物上。钢平台安装时,钢丝绳应采用专用的挂钩挂牢。钢平台外口应略高于内口。钢平台使用时,应设专人进行日常检查,发现问题及时处理。

六、脚手架
1. 脚手架施工前应根据构筑物的特点和施工工艺进行设计,编制安全技术措施。危险性较大的脚手架工程应编制专项施工方案。施工前应向作业人员进行交底。
2. 脚手架的地基必须满足承载力和沉降要求,并应采取防潮、排水和防冻融措施。位于河道中的脚手架还应有防洪水和漂流物冲击的措施。
3. 脚手架应具有足够的强度、刚度和稳定性,能承受施工期间可能产生的各项荷载。
4. 脚手架的材料及配件应符合规范要求。

交底人签字:
接受交底人员签字:

(2)临时用电施工安全防护技术交底(表3-4)

临时用电施工安全防护技术交底　　　　　　表3-4

工程名称		施工单位	
交底内容	临时用电安全防护	交底时间	
交底对象	临时用电区域作业人员	交底人	

交底内容:
一、电工要求
1. 电工必须经过有关部门专业及安全技术培训,经考试合格,取得特殊工种操作证,持证上岗。
2. 电工必须掌握电气安全基本知识和所有设备的性能。
3. 安装、拆除或维修临时用电,必须由电工完成。
4. 电工等级应同工程的难易程度和技术复杂性相适应。
5. 电工上岗操作前按要求必须佩戴好个人防护用品和用具。
6. 电工必须懂得触电急救常识和电气灭火常识。
7. 电工按规定每月一次对用电线路机械设备进行检查,发现问题及时处理,并做好检查和维修巡视记录。

二、供电线路
1. 架空线路必须架设在专用的电杆上,严禁架设在树上、广告牌或脚手架上等不稳固的地方。
2. 架空线路最小截面应满足机械强度要求,铝线16mm²,铜线10mm²(均为塑料绝缘线)。电线架设高度为4m,跨越公路过往车辆为5m以上,以线低垂线为准。
3. 电杆间距最大不超过35m(可视电线截面的大小而缩小其间距),线间距不小于0.3m,上下间距为0.6m。
4. 电杆及埋设。电杆应选用钢筋砼杆或木杆,其直径不小于13cm,埋设深度为杆长的1/10加0.6m。
5. 起止杆、中转杆必须采用8#铁丝双股或中6钢筋做拉线,拉线与电杆的夹角应为45°~60°,地锚深度采用钢管打入地下不少于1.5m。
6. 室内照明配线采用PVC管穿管,距地面不低于2.5m,宜使用拉线开关(距地面大于1.8m),盒式开关距地面高度为1.3m,应靠近用电负荷中心。

三、施工现场用电配电箱设置要求
1. 必须实行三相五线制,三级供电、二级保护(总配电箱、分配电箱、末级开关箱)配电箱内必须设置在任何情况下都能够分析、隔离电源的开关电器。配电箱内所有开关电器都应与配电线路相配合。作分路设置,以确保专控,开关箱两用电设备之间必须实行"一机一闸一保险"制。
2. 配电箱必须坚固、完整、严密,箱门加锁,箱门上要涂红色危险标志,箱内不得有杂物,配电箱要按配电级别顺序编号。
3. 落地配电箱柜下地面应平整,防止水淹、土埋,箱柜附近不准堆放杂物。

四、三相四线接零保护架设要求
1. 保护零线严禁通过任何开关或熔断器。
2. 保护零线作为接零保护的专用线,必须独用,不能他用,电缆要用四芯电缆。
3. 保护零线除了从工作接地线(变压器)或总配电箱电源侧零线引出外,在任何地方都不得与工作零线有电气连接,要特别注意电箱中防止经过铁质箱体形成电气连接。
4. 保护零线的截面积应不小于工作零线的截面积,同时必须满足机械强度的要求。
5. 保护零线的统一标志为黄/绿双色线,在任何情况下不能将其作负荷线用。
6. 重复接地必须加在保护零线上。工作零线不能加重复接地(因工作零线加了重复接漏电保护器就无法使用)。

五、施工现场用电设备的要求
1. 5台以上或用电设备在50kW以上时,应编制临时用电施工组织设计;5台和50kW以下时,应编制安全用电技术措施和用电防火措施。
2. 符合用电设备不带电的外露导线部分保护接零规定。
3. 保护外壳完备,绝缘电阻值不小于规定值。
4. 设备周围不得堆放易燃、易爆物。

六、对电动机械作业人员的要求
1. 凡使用或操作电动机械的专业人员,必须进行安全用电的技术教育,了解电气常识,懂得电气性能,正确掌握操作方法。

续上表

2. 必须安排身体健康、精神正常、责任心强的人员从事用电机械设备的操作使用。操作机械设备人员必须有操作证。值班电工必须持证上岗,并做好值班记录。

3. 从事电气作业的电工人员,身体素质应良好,责任心要强,并经考核合格持证上岗。上岗时必须正确使用劳动保护用品,对操作工具要定期检查,按规定操作,不可带电作业。

交底人签字:
接受交底人员签字:

(3) 施工机械安全防护技术交底(表3-5)

施工机械安全防护技术交底　　　　　表3-5

工程名称		施工单位	
交底内容	施工机械安全防护	交底时间	
交底对象	施工机械区域作业人员	交底人	

交底内容:
一、一般规定
1. 施工机械启动前应将离合器分离或将变速杆放在空挡位置。确认周围无障碍物时,方可作业。行驶中人员不得上下机械和传递物件;禁止在陡坡上转弯、倒车和停车;下坡不准空挡滑行。停车以及在坡道上熄火时,必须将车刹住,刀片、铲斗落地。
2. 钢丝绳禁止打结使用,如有扭曲、变形、断丝、锈蚀等现象应及时更换。
3. 施工机械使用应符合下列规定:机械设备使用前应经过调试、检测,确认技术性能和安全装置状态良好后方可使用;压力容器、压力管道和防爆设备管理,必须按照国家现行有关规定执行;施工机械应指定司机负责保管,轮班作业应执行交接班制度。
4. 施工机械操作人员应符合下列要求:熟悉机械的性能和操作方法,并具有对机械发生事故时采取紧急措施的能力;按机械设备的规定使用,不得超出规定的使用范围或超负荷运转;驾驶室或操作室内不得超乘、存放或运送易燃、易爆物品。
二、挖掘机
1. 操作中,进铲不应过深,提斗不应过猛。一次挖土高度一般不能高于4m。
2. 向汽车上卸土应待车子停稳后进行,禁止铲斗从汽车驾驶室上越过;铲斗回转半径内遇有推土机工作时,应停止作业。
3. 行驶时,挖掘机臂杆应与履带平行,要制动住回转机构,铲斗离地1m左右。
4. 装运挖掘机时,严禁在跳板上转向和无故停车。上车后应刹住各制动器。
5. 连接电动挖掘机电源电缆时,必须取掉开关箱上的保险丝。
三、推土机
1. 用手摇启动推土机时,必须五指并拢。用拉绳启动时,不得将绳缠在手上。
2. 推土机使用钢丝绳牵引重物起步时,附近不得有人。
3. 向边坡推土时,刀片不得超出坡边,并在换向倒挡后才能提升刀片倒车。
4. 推土机上下坡坡度不得超过35°,横坡行驶时坡度不得超过10°。
四、压路机
1. 两台以上压路机碾压时,其间距应保持在3m以上。
2. 禁止压路机在坡道上停车,不得不停车时应将制动器制动住,并锁紧滚轮。
五、旋挖钻
1. 操作人员必须经过培训,了解机械的构造、性能、操作方法,并经考试合格后持证上岗。
2. 进入施工现场,必须穿戴好安全帽、工作服、防护鞋等劳动保护用品,衣帽整洁。
3. 严格遵守操作规程,严禁非操作人员对机器的一切使用、操作行为。
4. 操作人员工作前、工作中严禁喝酒及服用有可能影响操作能力的药物及其他物品。

续上表

5. 加强现场安全防护，认真做好孔口防护，保持现场文明整洁，避免脏、乱、差。

6. 钻机进入施工现场前，操作人员必须对现场有充分的了解（如电缆、管线、高压输电线路等），钻机必须有充分的作用空间，场地必须平整并具有相应的承载力。应有专人指挥，互相配合。

六、自卸汽车

1. 自卸汽车发动后，应检查倾卸液压机构。
2. 配合挖土机装料时，自卸车就位后，拉紧手刹车。当挖斗必须越过驾驶室顶时，驾驶室内不得有人。
3. 卸料时，应选好地形，并检视上空和周围有无电线、障碍物以及行人。卸料后，车斗应及时复原，不得边走边落。
4. 向坑洼地卸料时，必须和坑边保持适当安全距离，防止边坡坍塌。
5. 检修倾卸装置时，应撑牢车厢，以防车厢突然下落伤人。
6. 自卸汽车的车厢内严禁载人。

交底人签字：

接受交底人员签字：

2. 安全检查与管控

（1）安全检查

①高处作业安全检查记录表（表3-6）

高处作业安全检查记录表 表3-6

项目（工程）名称	
检查时间	
施工地点	

序号	检查项目	检查内容	检查结果		整改要求	整改结果
			符合	不符合及主要问题		
1	施工人员	无高血压、心脏病、恐高、饮酒等不适合高处作业的身体情况				
		正确穿戴安全帽、安全带等防护用品				
		不准随意在井口、临边、孔洞处打闹停留休息				
		不准随意投掷				
2	临边洞口	安全网或其他防护设施				
		安全警示标志设置				
		预留洞口、孔口加盖板或围栏				
		采用工具、物体防坠落措施				
		下方通道或其他工作场所，防护棚设置				
3	架子平台	架体磨损、松动情况				
		围栏防护网				
		平台满铺脚手板、护身栏杆，不准有探头板				

续上表

序号	检查项目	检查内容	检查结果			
			符合	不符合及主要问题	整改要求	整改结果
3	架子平台	堆物整齐、稳固，不准超负荷并有防坠落措施				
		挡脚板				
4	悬空作业	悬空作业处设置防护栏杆或其他可靠安全设施				
		悬空作业所用的吊具、索具经验收合格				
5	攀登作业	移动式梯子梯脚不得垫高使用				
		使用移动梯子，下方有人监护				
		梯子材质质量符合规范要求				
		折梯使用可靠拉撑装置				

检查方：　　　　　　　　　　　　　　受检方：
检查人（签名）：　　　　　　　　　　接收人（签名）：
　　　　　　年　月　日　　　　　　　　　　　　　年　月　日

②临时用电安全检查记录表（表3-7）

临时用电施工安全检查记录表　　　　　　　　　　表3-7

项目（工程）名称	
检查时间	
施工地点	

序号	检查项目	检查情况	检查结果			
			符合	不符合及主要问题	整改要求	整改结果
1	外电防护					
2	接零接地保护系统					
3	配电箱					
4	开关箱					
5	现场照明					
6	配电线路					
7	电气装置					
8	变配电装置					
9	用电档案					

检查方：　　　　　　　　　　　　　　受检方：
检查人（签名）：　　　　　　　　　　接收人（签名）：
　　　　　　年　月　日　　　　　　　　　　　　　年　月　日

③脚手架安全检查记录表(表3-8)

脚手架安全检查记录表　　　　　表3-8

项目(工程)名称	
检查时间	
施工地点	

序号	检查项目	检查情况	检查结果			
			符合	不符合及主要问题	整改要求	整改结果
1	班前安全讲话					
2	劳动保护用品配备					
3	脚手架构件、扣件和整体稳定情况					
4	安全网及防护设施					
5	工具防坠落措施					
6	脚手架物体堆载情况					
7	灭火器材配备					
8	搭设拆除专人监护					
9	雨雪天防滑防冻措施					
10	夜间施工安全防护措施和照明措施					
11	施工现场安全警示标牌设置					

检查方：　　　　　　　　　　　　受检方：
检查人(签名)：　　　　　　　　　接收人(签名)：
　　　　　　年　月　日　　　　　　　　　　年　月　日

④施工机械安全检查记录表(表3-9)

施工机械安全检查记录表　　　　　表3-9

项目(工程)名称	
检查时间	
施工地点	

序号	检查项目	检查内容	检查结果			
			符合	不符合及主要问题	整改要求	整改结果
1	安全设施和防护管理	对有较大危险因素的设施、设备设置统一的安全警示标志				
		安全防护设施和警示标志应符合安全标志规定要求				

续上表

序号	检查项目	检查内容	检查结果			
			符合	不符合及主要问题	整改要求	整改结果
1	安全设施和防护管理	在设备操作间(台)悬挂醒目的安全操作技术规程				
2	机械制动	稳定、可靠、灵敏				
3	保险装置	限位器、联锁联动、保险齐全、可靠、灵敏				
4	信号仪表	灯光、音响、信号齐全可靠,指示表准确、灵敏				
5	传动转动	润滑保养正常				
		传动部位设网、罩保护装置,无裸露				
6	吊索具	吊具有保险钩且完好、牢固,索具绳、卡完好、牢固				
7	安装维修及运行	起重机械指挥人员必须具备特种作业资质并规范指挥				
		起重机械操作人员必须持证上岗				
		交接班、保养制度健全及严格执行				
		机械运行半径范围内严禁非工作人员入内				

检查方:　　　　　　　　　　　　　受检方:
检查人(签名):　　　　　　　　　　接收人(签名):
　　　　　　　　年　月　日　　　　　　　　　　　　年　月　日

单元三　安全防护缺失事故介绍

一、高处坠落事故

1. 事故经过

20××年×月×日,协作施工人员苏××等二人在大桥工程 N1 承台 0 号块支撑架下捆绑、调运材料工作完毕后,在没有人安排的情况下,苏××自行到 N1 承台 0 号块支撑架上方,协助钢结构班组长廖××等 3 人从事工字钢安装工作。苏××未系安全带站在平台边协助廖××等吊运工字钢,廖××也未督促其系好安全带。苏××由工字钢承台 0 号块支架平台上面坠落到下面承台通道的安全防护棚上,再跌落到承台的通道上。苏××立即被项目部送往当地医院,因重伤抢救无效死亡。

2. 事故原因分析

（1）事故的直接原因

①苏××思想麻痹，安全生产意识不强。在高空作业平台上，在未做好个人安全防护的情况下从事高空起重安装作业，严重违反在高处作业必须系（挂扣）好安全带的规定，是造成这次事故的直接原因。

②钢结构作业班组负责人廖××缺乏安全生产管理思想，对员工违章作业熟视无睹，施工现场防范措施不完善、不到位，是造成这次事故的主要原因。

（2）事故的间接原因

①项目部安全监管不到位，现场工区负责人、工长没有落实高处作业安全措施防范工作。

②项目部虽然对作业班进行了安全技术交底，但经常性教育、宣传开展不够，工作人员安全生产思想意识不强，发现违章现象没人制止。

③钢结构班组负责人廖××，明知苏××上平台未系好安全带进行工作却没有及时制止。

二、物体打击事故

1. 事故经过

20××年8月27日，×××公路工程公司5名施工人员按带班安排，在排水管复位工程项目工地进行下水道排管施工作业。17:45左右，由于19-20间的大、小下水管道连接头未承插到位，当其中3名施工人员在沟槽（长19.5m、宽2.2m、深3m）内把准承插方向时，一台挖掘机运行到沟槽上方其产生的震动使得沟边堆土滑落至沟槽，一块约20cm见方的泥块砸中其中一名施工人员的头部，该施工人员向前倒下的过程中安全帽（帽扣未扣上）脱落，致使其头部撞在玻璃钢夹砂管口部，造成头部出血，于18:30左右在送往医院救治途中死亡。

2. 事故原因分析

（1）事故的直接原因

①该公司在开挖沟槽过程中将挖土堆放过高、离沟槽太近，且在土堆的顶部停放挖掘机，以致堆土受到震动而滑落至沟槽，一块约20cm见方的泥块砸中死者头部。

②工人未正确佩戴安全帽。

（2）事故的间接原因

①施工现场的安全监管不到位，工程公司未按施工组织设计中的安全施工要求进行施工，未采取有效安全措施，导致施工现场中存在的安全隐患未被及时消除。

②工人安全意识不足，工程公司教育培训不到位，施工现场没有安全监督管理人员。

三、触电伤害事故

1. 事故经过

上海××高速公路二期五标由××集团有限公司总包，××年×月××日19:00左右，施工现场一工作人员手扶泵车出料管浇注跨线桥挡土墙底板时，因泵车输送管触及南侧10m左右高的10kV高压线，不慎触电，经送医院抢救无效死亡。

2. 事故原因分析

（1）事故直接原因

①泵车输送管触及南侧10m左右高的10kV高压线。

②职工未戴绝缘手套，输送管未与高压线保持安全距离。

（2）事故间接原因

①公司教育培训不到位，现场没有安全监督管理人员。

②工作人员安全生产思想意识不够，没有正确认识安全防护的重要性，发现违章现象没人制止。

【任 务 实 施】

实训任务1 个体防护

1. 实训目的

熟悉公路工程中个体防护的主要内容；

能进行个体防护用的进场检查与日常检查。

2. 实训内容

实训日期：

实训班级：

成员组成：

实训成绩：

（1）在公路工程中，请查阅资料理解"三宝、四口、五临边"。

（2）补充安全三宝检查表。

安全三宝检查表

序号	检查项目	检查内容	结论(有、无或是、否)	备注
1	安全帽	安全帽上有无制造厂名称、商标、型号、许可证号、检验合格证		
		安全帽质量是否符合国家标准		
2	安全带	安全带是否符合《坠落防护安全带》(GB 6095—2021)的技术和检验要求		
		安全带有无生产日期、生产许可证、产品合格证、检验证		
3	安全网	个人防护用品有无进场验收		
		是否发放记录表		

检查人：　　　　　　　　　　　　　　　　　　　　　　　　　　　　　　　　检查时间：

实训考评

实训成绩考核表见下表。

模块三实训任务 1 成绩考核表

序号	考核内容	分值	自评	小组评分	教师评分
1	是否按要求完成实训内容	20			
2	是否掌握个体劳动防护用品的验收内容	40			
3	是否掌握理论知识要点	20			
4	实训态度	10			
5	团队协作	10			
	小计				
	总评(小计平均分)				

实训任务 2　安全施工洞口防护

1. 实训目的

知道公路工程中的哪些常见部位需要进行洞口防护；

能设置好洞口防护；

掌握洞口防护的检查内容。

2. 实训内容

实训日期：

实训班级：

成员组成：

实训成绩：

(1)公路工程施工中洞口防护注意要点有哪些？

(2)下图所示为公路路基井口设置盖板的洞口防护，请依据相关规范对其进行检查并评分，完成洞口防护检查表。

井口设置盖板的洞口防护

洞口防护检查表

检查项目	扣分标准	分数值	扣分	实得分数
洞口防护	(1)竖向和水平洞口无有效防护措施,每处扣2分。 (2)洞口防护措施、设施的构造不符合国家现行相关标准要求,每处扣2分。 (3)洞口防护未采用定型化、工具式防护设施,扣2分。 (4)井道内未设置安全网防护,扣2分。 (5)洞口未设置安全警示牌或夜间未设红灯警示,扣2分	10		

实训考评

实训成绩考核表见下表。

模块三实训任务2成绩考核表

序号	考核内容	分值	自评	小组评分	教师评分
1	是否按要求完成实训内容	20			
2	是否掌握公路工程洞口防护的内容	40			
3	是否能进行洞口防护检查	20			
4	实训态度	10			
5	团队协作	10			
	小计				
	总评(小计平均分)				

模块四 MODULE FOUR

公路绿色文明施工与综合治理

知识目标

1. 掌握公路绿色施工概念和绿色环保施工管理要点；
2. 掌握公路施工现场平面布置和围挡封闭的安全要求；
3. 熟悉公路施工现场职业卫生和防疫要求。

技能目标

1. 能根据相关绿色施工标准进行施工现场安全管理；
2. 能查找出公路施工现场平面布置的安全隐患；
3. 能对公路现场突发卫生或者疫情事件采取相应处治措施。

建议课时：4 课时。

案例导入

××公路修建的初衷是开发当地江源头旅游资源。该项目于201×年×月开始施工，施工单位未按要求设置弃土场，施工现场混乱，严重破坏生态环境。××县自然资源部门不仅未及时制止其违法行为和采取保护措施，反而对修路产生的砂石矿产资源进行拍卖，中标单位将品相较好的砂石矿进行转运，品相较差的均遗留在原址，既未有效防范、消除环境风险，也未采取有效保护措施。降雨时大量泥沙冲入河道，如图4-1所示，导致××县自来水厂无法制水，县城两个月内发生三次大范围停水事件，严重影响了居民正常生产生活，群众反映强烈。三次停水事件发生后，当地县政府对其紧急叫停。

根据案例，请大家想一想：
(1) 案例中施工单位的主要问题在哪里？
(2) 政府行政主管部门要从哪些方面对施工单位进行监管？
(3) 通过本案例我们得到哪些启示？

图4-1 大量泥沙冲入河道

案例分析

(1)施工单位的主要问题:施工单位未经审批违法设置和变更弃土场、取土场;非法占用林地,非法向林地倾倒渣土,未按要求进行边坡复绿;未落实水土保持措施,未开展水土保持监理,对政府相关职能部门监管指出的生态环境违法问题置若罔闻,不予整改,严重破坏生态环境,与开发旅游的初衷南辕北辙。

(2)政府相关行政主管部门的监管:在项目施工当中,政府相关行政主管部门涉及的主要有安全生产监督管理局、生态环境局、住房和建设局、水务局、国土资源局等,应当从安全生产、环境保护、项目实施、水资源利用和排放、国土资源开发等方面对施工单位进行监督管理。

本案例中,政府相关行政主管部门生态环境保护意识不强,生态环境保护为经济发展让路;过于强调开发旅游资源,忽视江源头保护的重要性和紧迫性。交通、水利、自然资源、生态环境等部门的日常监管不到位,对生态破坏行为熟视无睹,被动应付,对违法行为督促整改流于形式;相关部门履职不到位,监管流于形式。

案例启示

生态文明建设功在当代、利在千秋,要像对待生命一样对待生态环境,还自然以宁静、和谐、美丽。施工和环保两手都要抓,决不能为了追求经济利益而忽略生态环境保护。加强环保重要性认识,主动作为,正确处理好生态环境保护与经济发展的关系。

认识提升

本模块在让学生全面了解公路绿色文明施工与综合治理的基础上,培养学生的家国情怀和国际视野,从法律法规、企业环境责任、环境污染代价、环境管理监督的漏洞、环保工作者的职责担当等方面进行多维度分析,对"污染事件"进行深度思考,提高学生辨识能力和社会责任感,同时拓宽学生的思路和眼界,让他们用更高的视角解读环境保护的意义和环境影响评价的作用,激发学生职业荣誉感,强化学生作为未来环保者的责任与担当。

单元一 公路施工绿色施工管理

绿色施工是建筑工程全寿命周期中的一个重要阶段。绿色施工应符合国家的法律法规及相关的标准规范的规定,实现经济效益、社会效益和环境效益的统一。

一、绿色施工

绿色施工作为建筑全寿命周期中的一个重要阶段,是实现建筑领域资源节约和节能减排的关键环节。绿色施工是指:工程建设中,在保证质量、安全等基本要求的前提下,通过科学管理和技术进步,最大限度地节约资源并减少对环境负面影响的施工活动,实现节能、节地、节水、节材和环境保护(简称"四节一环保")。

项目部根据环境与职业健康安全管理体系和绿色施工导则的要求,通过采用先进的技术措施和管理手段,最大限度地节约资源,提高能源利用率,减少施工活动对环境造成的不利影响,规范绿色施工管理。其间进行不间断的监测和定期评审,以适应变化着的内、外因素与要求,有效开展环境保护和绿色施工活动。

绿色施工

二、绿色施工管理方案

工程建设中,实现"四节一环保",绿色施工总体框架如图4-2所示。要坚持"以防为主、防治结合、综合治理、化害为利"的原则,减少污染及对自然环境的破坏,使人与环境和谐共存。

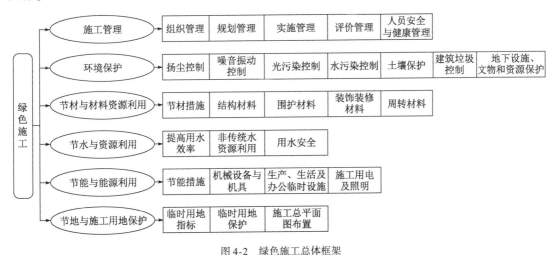

图4-2 绿色施工总体框架

1. 节能

(1)施工现场应制定节能措施,提高能源利用率,对能源消耗量大的工艺必须制定专项降耗措施。

(2)临时设施的设计、布置与使用,应采取有效的节能降耗措施,并符合下列规定:

①利用场地自然条件,合理设计办公及生活临时设施的体形、朝向、间距和窗墙面积比,冬季日照充足,夏季自然通风。

②临时设施宜选用由高效保温隔热材料制成的复合墙体和屋面,以及密封保温隔热性能好的门窗。施工使用的材料宜就地取材。

③使用节能设备和施工节能照明灯具达80%以上。

④临时用电线路合理设计、布置,临时用电设备宜采用自动控制装置。采用声控、光控等节能照明灯具。

(3)在施工组织设计中,合理安排工作面的施工顺序,减少作业区域的机具数量,相邻作业区充分共享机具资源。优先考虑耗用电能的或其他能耗较少的施工工艺,避免设备额定功率远大于使用功率或超负荷使用设备的现象。

(4)根据当地气候和自然资源条件,充分利用太阳能、地热等可再生能源。

(5)施工现场机械设备管理应满足下列要求:

①施工机械设备应建立日常保养、保修、检验制度,由专人负责。

②施工机械宜选用高效节能电动机。选择功率与负载相匹配的施工机械设备。

③合理安排工序,提高各种机械的使用率和满载率。

2. 节地

(1)建设工程施工总平面规划布置应优化土地利用,减少土地资源的占用。

(2)土方开挖施工应采取先进的技术措施,减少土方开挖量,能利用的尽量加以利用,最大限度减少对土地的扰动,保护周边自然生态环境。

(3)临时占地应尽量使用荒地、废地,少占用农田和耕地。工程完工后,及时对占地恢复原地形、地貌,降低施工活动对周边环境的影响。

(4)利用和保护施工用地范围内原有绿色植被。对于施工周期较长的现场,可按建筑永久绿化的要求,安排场地新建绿化。

3. 节水

(1)施工现场生产、生活用水必须使用节水型生活用水器具,在水源处应设置明显的节约用水标识。

(2)建设工程施工应采取地下水资源保护措施,新开工的工程限制进行施工降水。因特殊情况需要进行降水的工程,必须组织专家论证审查。

(3)施工现场应充分利用雨水资源,保持水文循环,有条件的宜收集屋顶、地面雨水再利用。现场雨水回收节能降温如图4-3所示。施工现场应设置废水回收设施,对废水进行回收后循环利用。

非传统水源利用参照以下原则:

(1)优先采用中水搅拌、中水养护,有条件的地区和工程应收集雨水养护。

(2)处于基坑降水阶段的工地,宜优先采用地下水作为混凝土搅拌用水、养护用水、冲洗用水和部分生活用水。

(3)大型施工现场,尤其是雨量充沛地区的大型施工现场应建立雨水收集利用系统,充分收集自然降水用于施工和生活中适宜的部位。

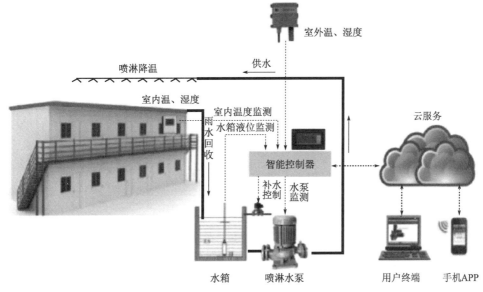

图 4-3 现场雨水回收节能降温

4. 节材

(1)优化施工方案,选用绿色材料,积极推广新材料、新工艺,促进材料的合理使用,节省实际施工材料消耗量。

(2)根据施工进度、材料周转时间、库存情况等制订采购计划,并合理确定采购数量,避免采购过多,造成积压或浪费。

(3)对周转材料进行保养维护,维护其质量状态,延长其使用寿命。按照材料存放要求进行材料装卸和临时保管,避免因现场存放条件不合理而导致浪费。

(4)依照施工预算,实行限额领料,严格控制材料的消耗。

(5)施工现场应建立可回收再利用物资清单,制定并实施可回收废料的回收管理办法,提高废料利用率。

(6)根据场地建设现状调查,对现有的建筑、设施再利用的可能性和经济性进行分析,合理安排工期。利用拟建道路和建筑物,提高资源再利用率。

(7)建设工程施工所需临时设施(办公及生活用房、给排水、照明、消防管道及消防设备)应采用可拆卸、可循环使用材料,并在相关专项方案中列出回收再利用措施。

公路工程建设中,要提倡发展新技术、新设备、新材料与新工艺。

施工方案应建立推广、限制、淘汰公布制度和管理办法。发展适合绿色施工的资源利用与环境保护技术,对落后的施工方案进行限制或淘汰,鼓励绿色施工技术的发展,推动绿色施工技术的创新。

大力发展现场监测技术、低噪声的施工技术、现场环境参数监测技术、自密实混凝土施工技术、清水混凝土施工技术、建筑固体废弃物再生产品在墙体材料中的应用技术、新型模板及脚手架技术的研究与应用。

加强信息技术应用,如绿色施工的虚拟现实技术、三维建筑模型的工程量自动统计、绿色施工组织设计数据库建立与应用系统、数字化工地、基于电子商务的建筑工程材料、设备与物流管理系统等。通过应用信息技术,进行精密规划设计、精心建造和优化集成,实现与提高绿色施工的各项指标。

5. 环境保护

(1)施工扬尘的防治

①现场的办公区、生活区等场地需硬化,临时用地进行适当的绿化。

②施工道路、材料堆场及加工场地要设专人负责扬尘的治理工作,采用不间断洒水、遮盖、围挡等有效措施除尘降尘,减少施工现场的扬尘。现场堆土采用覆盖、固化或绿化措施,配备洒水设备。遇有四级以上大风天气,应停止土方施工。

③建材运输时要防止遗撒、飞扬;装卸要稳拿轻放,码放整齐;根据建材的特点安排在场内堆放或遮盖。

④清运施工垃圾时,车辆要覆盖或者用密闭容器运输,严禁随意抛扔。

⑤车辆驶出工地必须进行冲洗消杀,车轮不能带渣土上路,保洁工作要及时。

⑥市政道路半幅施工时,应外设高压喷雾洒水系统降低扬尘高度。

(2)噪声污染的防治

根据《建筑施工场界环境噪声排放标准》(GB 12523—2011),建筑施工过程中场界环境噪声不得超过表4-1规定的排放限值。

建筑施工场界环境噪声限值　　　　　表4-1

施工阶段	主要噪声源	噪声限值	
		昼间	夜间
土石方	推土机、挖掘机、装载机等	75	55
打桩	各种打桩机等	85	禁止施工
结构	混凝土搅拌机、振捣棒、电锯等	70	55
装修	吊车、升降机等	65	55

①项目开工前,建设施工单位应向当地环保主管部门申报该项目的名称、施工时间、可能产生的噪声污染以及将采取的防治措施,获得许可后可以施工。

②建议使用环保低噪声、低振动的施工机具,采取隔音和消音措施,避免或减少噪声和振动。

③确需在夜间进行有噪声污染的作业时,应提前向环保部门申请(表4-2),审批后核发夜间作业许可证可以施工。

④控制人为噪声,管理人员对施工人员进行环保、文明施工教育,减少人为噪声和喧哗,提升施工人员自觉意识。

⑤有条件的施工单位可以对施工场界的噪声进行监测,分时分阶段对基础、结构等噪声污染严重的施工进行噪声控制。

建筑施工噪声和夜间连续作业施工噪声申请表　　　　表 4-2

工程项目名称			
建筑施工单位			
法人代表(负责人)		联系电话	
建筑施工地址			
施工阶段		场界噪声限值(dB)	
主要噪声源			
申请时限			
申请事由			
拟采取的环境噪声污染防治措施			
施工场所示意图	当地环境保护行政主管部门审批意见		
	许可时间：　年　月　日至　年　月　日		
	现场监理人员意见		
备注	1. 在城市市区范围内，建筑施工过程中使用机械设备，可能产生噪声污染的，施工单位必须在工程开工 15 日以内向工程所在地环境保护行政主管部门申请； 2. 在城市市区噪声敏感建筑物集中区域内，禁止夜间(22:00 至次日 6:00)进行产生环境噪声污染的建筑施工作业，但抢修作业和因生产工艺上要求或者特殊需要必须连续作业的除外； 3. 因特殊需要必须连续作业的，必须有县级人民政府或者其主管部门的证明		

(3) 有害气体的防治

①现场施工车辆和机械设备的尾气排放要符合国家标准，工作人员做好车辆和机械设备日常保养，使用符合标准的燃油或汽油。

②不得在现场焚烧油毡、油漆和其他产生有毒有害气体的材料和废弃物，加工乳化沥青做好防护。

③驻地建筑物室内装修采用环保材料，不得采用沥青、煤焦油类防腐、防潮处理剂。

④定期委托有资质的单位对施工大气污染排放进行监测，一旦超过国家排放标准应立即整改。

(4) 化学危险品的控制措施

①材料采购员负责化学危险品的采购。采购时应要求供方提供安全技术资料，并提供符合运输和装卸安全的服务。仓库保管员负责化学危险品的仓库管理。入库验收时，一定要检查包装是否完整，瓶袋是否密封，如发现泄漏应立即换装符合要求的包装，必要时可以退货。

②搬运时应轻拿轻放，避免碰撞、翻倒和损坏包装，严禁重抛、撞击。项目部负责化学危险品的现场保管、运输和使用。

③储存。化学危险品在仓库储存时应设专区或专柜存放，其储存场地还应满足以下要求：

a. 应保持通风良好；

b. 应分类放置和标识；

c. 无关人员不得进入化学危险品储存场地,储存场地严禁吸烟和使用明火。

d. 储存场地应按要求配备一定数量的灭火器,并在显要位置(如大门上)张贴防火和危险品的标识。

④使用。化学危险品在使用时,应有专人领用、管理和调配。调配应在指定的地方进行,使用前应清理场地,远离火源,无关人员应撤离现场。

⑤应急和防护。工地项目部应建立化学品泄漏及火灾应急救护小组,编制各类化学危险品的化学危险品安全性能表(MSDS),标明其特性、对人体的危害及防护要求等,并规定相应的应急措施,包括人体误接触的处理、灭火方法及泄漏的应急处理等,见表4-3。

化学危险品安全性能表

(油漆、天那水、二甲苯、酒精、松节水)　　　　　表4-3

序号	项目		内容
1	特性		易燃、易爆的液体,遇明火会燃烧,并有刺激性气味。具有挥发性
2	健康危害		涂料(含天那水、二甲苯)对中枢神经系统有麻醉和刺激作用,对眼及上呼吸道有刺激作用,操作人员经常发生皮肤干燥、皲裂、皮炎
3	急救措施	皮肤接触	脱去被污染的衣物,用肥皂水和清水彻底冲洗皮肤
		眼睛接触	提起眼睑,用流动的清水或生理盐水冲洗,就医
		吸入	迅速脱离现场至空气新鲜处。保持呼吸道畅通。如有呼吸,可就医,输氧。如呼吸停止,立即进行人工呼吸,就医
		食入	饮足量温水,催吐,就医
4	灭火方法		喷水冷却容器(可能的话将容器从火场移至空旷处)、灭火剂、泡沫、二氧化碳、干粉、砂土
5	泄漏应急处理		迅速撤离泄漏污染区人员至安全区,并进行隔离,严格限制出入。切断火源。建议应急处理人员戴防毒面具,尽可能切断泄漏源。防止进入下水道、排洪沟等限制性空间。 发生泄漏:用砂土或其他不可燃材料吸附或吸收,或构筑围堤,以防大面积泄漏
6	储运注意事项		储存于阴凉、通风房间内。远离火种、热源。仓库温度不宜超过35℃。防止阳光直射。保持容器密封。储存间的开关设在仓外。配备相应品种和数量的消防器材。禁止使用易产生火花的机械设备和工具。灌装时注意流速(不可过快),搬运时要轻装轻卸,防止包装及容器的损坏
7	防护措施	呼吸系统防护	应急处理时应佩戴防毒面具
		身体防护	戴橡胶手套
		眼睛防护	喷漆时应戴安全防护眼镜
		其他	工作现场禁止吸烟、进食和饮水。工作完毕,沐浴更衣,保持良好的卫生习惯

(5)光污染控制

①光污染的危害显而易见,并在日益加重和蔓延。因此,在施工中应注意各种光污染对健康的危害,避免过长时间接触污染。

②对光污染,将采取"转、遮、控、禁"措施,加强规划和管理,改善工地照明条件等,以减少光污染的来源。

③对进场的灯具设备进行检查,杜绝无罩、无防护的设备进场使用。严格要求夜间施工时避免灯光直射居民区。

④对进场的电焊和气割设备进行检查验收,验收合格后才能使用。焊割等强光源作业须采取遮挡措施,照明系统的开关控制采用光控措施。工人焊接操作时需采用个人防护措施,主要是穿戴防护眼镜和防护面罩、防护服等。

⑤经常进行巡视检查,在机械和灯具的使用过程中进行检查和定期维护保养,杜绝带病或缺少零部件继续运转的情况。

(6)建筑垃圾处置

①建筑垃圾按照工程渣土、工程泥浆、工程垃圾、拆除垃圾和装修垃圾,应分类收集、分类运输、分类处理处置。工程渣土、工程泥浆、工程垃圾和拆除垃圾应优先就地使用。

②根据《建筑垃圾处理技术标准》(CJJ/T 134—2019),建筑垃圾宜优先考虑资源化利用,处理及利用优先次序按表4-4的规定确定。

建筑垃圾处理及利用优先次序　　　表4-4

类型		处理及利用优先次序
建筑垃圾	工程渣土、工程泥浆	资源化利用,堆填,作为生活垃圾填埋场覆盖用土,填埋处置
	工程垃圾、拆除垃圾	资源化利用,堆填,填埋处置
	装修垃圾	资源化利用,填埋处置

③建筑垃圾运输车厢盖和集装箱盖宜采用机械密闭装置,车厢与集装箱底部采用防渗措施。

④建筑垃圾应按成分进行资源化利用。土类建筑垃圾可作为制砖和道路工程等用原料;废旧混凝土、碎砖瓦等宜作为再生建材用原料;废沥青宜作为再生沥青原料;废金属、木材、塑料、纸张、玻璃、橡胶等,宜由有关专业企业作为原料直接利用或再生。

⑤建筑垃圾处理工程的环境影响评价及环境污染防治应符合下列规定:

a.在进行可行性研究的同时,应对建设项目的环境影响作出评价。

b.建设项目的环境污染防治设施,应与主体工程同时设计、同时施工、同时投产使用。

c.建筑垃圾处理作业过程中产生的各种污染物的防治与排放,应贯彻执行国家现行的环境保护法规和有关标准的规定。

⑥施工现场办公、生活垃圾由相应部门收集,尽量实行袋装,分类存放至封闭式垃圾箱中,及时处置。

(7)水土污染防治

①施工现场污水排放应执行国家《污水综合排放标准》(GB 8978—1996)。现场道路和材料堆放场地周边,设排水沟,流向大门处冲洗槽沉淀池,沉淀后利用;不能利用的污水,沉淀后方可排入城市污水管道。

②搅拌机和运输车辆冲洗污水、地泵池污水等须经二级沉淀池沉淀后,排入市政污水管道

或回收供洒水降尘用。未经处理的泥浆水,严禁直接排入城市排水设施和河流。

③对现场油料集中保管,油料库做好防渗、污、冒、漏处理。对油料、油漆、防火涂料、防水涂料及各种易对环境产生污染的液体要采取专门隔离措施,在使用、储存中防止污染水源、渗入大地对环境产生污染。

④施工现场临时食堂,要设置简易有效的隔油池,产生的污水经下水管道排放要经过隔油池,平时加强管理,定期掏油,防止污染。

⑤生活区实行节约用水制度,厕所、浴室应设置化粪池,产生的污水经下水管排放要经过化粪池,排向污水管网,化粪池有专人定期清理。

⑥防止地下水污染,禁止将有毒有害废弃物用作土方回填,以免污染地下水和环境。

⑦对污染土壤治理区域采取覆盖塑料薄膜等防雨措施,并在其周围根据实际情况或施工平面布置图的指示范围设置地表排水系统,有组织地排除污染区域内开挖积水和污染区域外向污染区冲击的地表雨水,防止污染迁移和扩散。

⑧保护地表环境,防止土壤侵蚀、流失。因施工造成的裸土,及时覆盖砂石或种植速生草种,以减少施工活动中人为破坏植被和地貌造成的土壤侵蚀;因施工造成容易发生地表径流土壤流失的情况,应采取设置地表排水系统、稳定斜坡、植被覆盖等措施,减少土壤流失。

⑨对于有毒有害废弃物,如电池、墨盒、油漆、涂料等,应回收后交有资质的单位处理,不能作为建筑垃圾外运,避免污染土壤和地下水。

三、绿色环保施工管理

绿色环保施工管理主要包括组织管理、规划管理、实施管理、评价管理和从业人员安全与健康管理五个方面。

1. 组织管理

(1)建立绿色施工管理体系,并制定相应的管理制度与目标。

(2)项目经理为绿色环保施工第一责任人,负责绿色环保施工的组织实施及目标实现,其余人员各有分工,如图4-4所示。

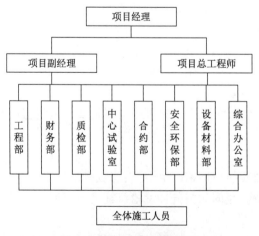

图4-4 绿色环保施工管理框架

2. 规划管理

编制绿色环保施工方案,在施工组织设计中独立成章,并按有关规定进行审批。

3. 实施管理

(1)应对整个施工过程实施动态管理,加强对施工策划、施工准备、材料采购、现场施工、工程验收等各阶段的管理和监督。

(2)应结合工程项目的特点,通过宣传营造绿色环保施工的氛围,针对性地宣传绿色环保施工,如在生活区设置"两栏一报"(宣传栏、读报栏和黑板报),建立绿色环保施工微信群,使绿色环保施工理念达成共识。

(3)定期对从业人员进行绿色施工知识培训,增强从业人员绿色施工意识。

4. 评价管理

(1)对照绿色施工导则的指标体系,结合工程特点,对绿色施工的效果及采用的新技术、新设备、新材料和新工艺进行自评估;成立专家评估小组,对绿色施工方案、实施过程至项目竣工进行综合评估。

(2)评价节能降耗的总策略能否满足并实现业绩目标;评价节能降耗能否满足企业、项目经理部、员工、社会、政府的要求;评价是否需要对节能计划作出调整,包括对节约目标的调整等。

(3)加强材料设备台账管理,做好施工现场历史数据、音像资料的收集归档工作。所有教育内容、数据、音像资料等都可上传到项目部绿色施工微信群,提高资料的可信度。

5. 从业人员安全与健康管理

(1)对进入施工现场的所有从业人员,在其上岗前统一组织体检,对特殊工种、有害有毒工种从业人员按《中华人民共和国职业病防治法》定期做健康检查,指导操作人员正确使用职业病防护设备和个人劳动防护用品。

(2)施工现场应在易产生职业病危害的作业岗位和设备、场所设置警示标识和警示说明。制定施工防尘、防毒、防辐射等职业危害的措施,保障从业人员的长期职业健康。

(3)合理科学地布置施工场地,保护生活及办公区不受施工活动的有害影响。施工现场建立卫生急救、保健防疫制度。

(4)提供卫生、健康的工作与生活环境,现场设饮水处、休息区等,加强对从业人员的住宿、膳食等生活与环境卫生等管理,改善从业人员的生活条件。

(2)从业人员发生传染病、食物中毒、急性职业中毒时,应及时向发生地的卫生防疫部门和建设主管部门报告,并按照卫生防疫部门的有关规定进行处置。

1. 什么是绿色环保施工?
2. "四节一环保"指的是什么?
3. 绿色环保施工管理包括哪些方面的内容?
4. 绿色环保施工管理组织机构涉及哪些管理人员?
5. 公路工程施工现场环境保护措施有哪些?

单元二　公路安全文明施工

(1)文明施工是指保持施工现场整洁、卫生、有序,施工组织科学、规范、标准、合理的施工活动。

(2)文明施工体现了"以人为本"的思想。施工现场的文明施工是以安全生产为突破口,以质量为基础,以科技进步为重点,突破了传统的管理模式,为施工管理注入新的内容,使施工现场纳入现代企业制度的管理。

一、安全文明施工的意义

安全文明施工,是"以人为本"理念在企业生产中的充分展现。在安全达标的基础上开展创建文明工地活动,标准化文明施工,作为企业文化的一部分,具有重要深远的意义。

1. 有利于增强整个施工企业的凝聚力

安全文明施工是一项科学的现代化的基础性管理工作,企业中的人既是单纯意义上的个体,更是具有集体、群体意识的有机整体。如果将安全文明施工贯穿企业生产施工的整个过程,会对企业产生不可估量的作用,增强企业的凝聚力、创造力和战斗力。

2. 体现了项目管理水平

生产必须安全,安全是为了更好地生产。有了严密的组织,严格的要求,标准化的管理,才能使得先进的技术、工艺、材料和设备充分发挥其作用,科技成果才能很快地转化为现实生产力。

3. 是企业争取客户认同的重要手段

安全文明施工

施工现场是企业对外展示的重要窗口,安全文明施工则给人以良好的第一印象。良好的施工环境与施工秩序,不但可以得到建设单位的支持和依赖,提高企业的知名度和市场竞争能力,而且可能争取到一些"回头工程"。

安全文明施工检查项目包括保证项目和一般项目,如图4-5所示。

二、施工现场平面布置和文明综合管理

1. 平面布置原则

现场平面布置应根据本工程的地形、地质条件及现场实际条件,进行工程施工场地的总平面布置,充分考虑交通顺畅、安全生产、文明施工以及环保等管理目标的要求。

在保证施工顺利进行的前提下尽量少占施工用地。材料堆放及加工场地应尽量设置在建筑物内,合理地计算各种材料现场的储备量,以减少仓库、堆场面积;对于可场外加工的构件采用场外加工方式等。

最大限度地缩短场内的运输距离,尽可能减少场内二次搬运,各种材料按计划分期分批进场,以充分利用场地。合理选择运输方式和铺设工地的运输道路,施工机械的位置及材料、半成品等的堆场应布置在使用地点附近。

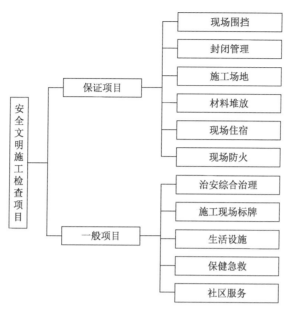

图 4-5　安全文明施工检查项目

临建设施布置力求合理、经济实用,方便管理,确保施工期间各项工程能合理有序,对必须配置的临时设施,应选择对施工影响小的区域,布置时不要影响正常施工。

科学地布局办公区域和施工区域,现场布置有利于各子项目施工,减少不同工种之间的交叉作业,尽量避免土建、安装及其他专业施工的相互干扰。

要符合劳动保护、技术安全和消防的要求。要求场内道路畅通,机械设备所用的管线等不得妨碍场内交通。易燃设施(如涂料材料仓库等)和有害人体健康的设施应满足消防要求,并布置在空旷和下风处。

2. 平面布置依据

(1)招标人员提供的招标文件以及施工总平面图;

(2)工程所在地区的原始资料,包括建设、勘察设计单位提供的资料;

(3)原有和拟建建筑工程的位置和尺寸;

(4)施工方案、施工进度和资源需要具体计划;

(5)总进度计划及资源需用量计划;

(6)施工总体部署和主要施工方案;

(7)安全文明施工及环境保护要求等。

3. 平面布置主要内容

(1)现场围挡与封闭管理

施工现场实行封闭式管理,将施工与外界隔离,建立封闭围墙进行围护。公路路段施工设置围挡高度不得低于1.8m,城区市政道路路段不得低于2.5m。

围挡的材料应选用坚固整洁的砌体、金属板材等硬质材料(图4-6和图4-7),不宜使用竹笆、安全网、彩条布等,围挡外不得堆放建筑材料、垃圾和工程渣土。严禁将围挡当作挡土墙使用。

图4-6 砖砌围挡

图4-7 板材围挡

(2)工地大门

施工现场固定的出入口应当设置大门(图4-8),大门应牢固美观,大门上应标有企业的全称或企业标识。在大门处还应当设置门卫室(图4-9),配有专职门卫人员。此外,建设单位还应制定门卫管理制度。

图4-8 工地大门

图4-9 门卫室

(3)标识标牌布置

标识标牌是施工现场设置的一项内容,是指根据施工现场的需要,在一些通道口、施工电梯、临边洞口等设置标识标牌。标识标牌制作坚固耐用,规格统一,字迹端正,表述明确,让人一目了然。

五牌一图

①五牌一图和两栏一报

在施工现场主要入口处的醒目位置要设置施工五牌一图,包括工程概况牌、管理人员名单及监督电话牌、安全生产牌、文明施工和环境保护牌、消防保卫牌以及施工现场平面图,如图4-10所示。在办公区和生活区设置两栏一报,包括读报栏、宣传栏和黑板报,如图4-11和图4-12所示。

②其他标识标牌

除了五牌一图和两栏一报,施工现场还应设置其他标识标牌,如图4-13所示。

图 4-10 五牌一图

图 4-11 读报栏、宣传栏

图 4-12 黑板报

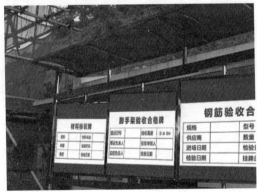

图 4-13　部分标识标牌

(4) 材料的加工和堆放

各种材料的加工厂宜集中布置在工地边缘，并与相应的仓库或堆场在同一区域，以方便取材用材，减少运输距离。

① 钢筋加工场

钢筋加工场地要满足钢筋加工及堆场要求，钢筋加工场内需要采用 50～100mm 厚的 C15 及以上的混凝土进行地面硬化，在硬化地面时地面需要设置不小于 0.3% 的坡度，加工及堆场周边须设置排水沟，确保钢筋加工场内排水顺畅、不积水。

钢筋加工棚的搭设要满足加工操作方便的要求，同时要考虑到本工程所处的特殊地理位置做好防台风防雨措施。钢筋加工棚效果图如图 4-14 所示。

钢筋加工场内应设置机械操作规程和相关的安全警示牌。根据文明施工要求，对堆场内的原材料和加工完的成品，做好标识标牌。

加工及堆场内应做到工完场清，堆码整齐有序，现场必须设置钢筋废料池，确保施工现场文明施工。

图 4-14　钢筋加工棚效果图

②模板加工场

随着现代化和机械化施工的推进,模板在公路建设中的应用越来越广泛。模板加工场地须平整,能满足一定的强度要求,便于加工模板和存放模板。做到布局合理,场地平整,机械设备安置稳固,材料堆放整齐。设置醒目的安全标语和安全警示标志,提醒所有施工人员注意安全。

③拌合站

拌合站(图4-15)设置尽量靠近主体工程施工部位,减少拌和料的运输距离;尽量远离居民区、学校等敏感地带,减少对周边的干扰。

拌合站所有的安装设备设置不低于C30水泥混凝土基座,保证安装设备稳定、牢固,必要时,施工桩基础或扩大基础基座,并设置设风缆拉绳等防倾覆措施。

拌和设备拌和能力应满足施工需要,保证在

图4-15 拌合站

施工高峰期拌和料不间断供给。同时,配备足够的水泥混凝土搅拌运输车、混凝土泵车等机械设备。运输车辆停止作业后将其清洗干净停放在固定的停车位。

④仓库和料场

仓库布置在施工现场,分为土建仓库、机电仓库以及综合仓库。水泥等材料应单独设置库房存放,应选择地势高、排水方便、靠近搅拌机的地方,并设置防潮层;油漆、稀料、氧气瓶、乙炔瓶等易燃易爆物品分别设置专用危险品库房,设置专用通风口,建立严格的进出库制度。

室内仓库应根据需要设置保温、通风、防盗措施,防止材料损坏和丢失。各仓库、料场配备足够灭火器材,一旦火灾发生时,可以配合消火栓及时将火扑灭,减少损失。仓库和料场如图4-16和图4-17所示。

图4-16 仓库

图4-17 料场

(5)试验室和标养室

工地试验室应满足试验检验工作需要,检测工作间用板房或砖混结构,一般设有办公室、样品室、水泥室、力学室、建材(砂石)室、混凝土室、土工室(有路基的标段)、混凝土标养室,不受外界施工条件影响。

根据施工要求需要配备合格的试验检测仪器设备,使用前必须通过计量检定或校准,试验检测仪器设备应由专人负责日常保养、保管,做好使用记录和保养记录,并按照规定及时到有检定能力和检定资格的检测机构进行检定和自校。试验室如图4-18所示。

标准养护室面积不小于15m²,温度控制范围为20℃±2℃,相对湿度控制在95%以上,如图4-19所示。

图4-18　试验室　　　　　　　　　　图4-19　标准养护室

(6)临时设施的搭建和管理

施工现场临时设施比较多,这里主要介绍施工期间临时搭建或者租赁的各种房屋,具体有:办公设施,包括办公室、会议室、活动室;生活设施,包括食堂、宿舍、洗浴室、厕所、卫生室等。临时设施必须合理选址,使用环保材料,确保使用功能和安全,符合卫生、环保和消防的要求。

施工临时设施及场地的布置应遵循以下原则:

①施工临时设施及场地的规划应符合国家有关政策、法规。例如:防火、职业健康安全、环境保护等规定。

②结合施工现场具体情况,统筹安排,合理布置。布点要适应生产需要,不占用正式工程位置,避开取、弃土场地。要靠近已有交通线路,或即将修建的正式或临时交通线路。

③临时建筑的结构选型应因地制宜、就地取材,宜减少木制品使用量,优先采用新型轻质结构材料,推荐使用可装卸、能周转、性能好的装配式或轻型结构房屋。

施工临时设施及场地的布置方式:

①根据施工现场情况,与建设单位协商搭设临时设施。

②项目部行政管理办公室应布置在靠近工地现场出入口。施工现场搭建的办公设施、生活设施以及两层以上、大跨度及其他临时房屋建筑,应当进行结构计算,绘制简单施工图纸,并经施工企业技术负责人审核方可搭建。临时建筑设计要符合相关规定,临时建筑物使用年限定为五年,临时办公用房、宿舍、食堂、厕所等建筑的结构重要性系数 $\gamma_0 = 1.0$,不考虑地震作用。

③生活性临时建筑根据施工现场情况而定,设在工地现场以内时,一般布置在现场的四周或者办公区域后侧。生活性临时建筑施工要尽量遵守噪声小、交通方便、上风向、环保等适宜于职工休息的原则。

施工临时设施的使用和管理:

①办公室。施工现场应设置办公室,建筑面积应满足人员办公需求。办公室布局合理,文件资料归类存放至文件柜,室内保持清洁卫生。

②宿舍。宿舍应当选择在通风、干燥的位置,防止雨水、污水流入。

宿舍内应保证有必要的生活空间,室内净高不得小于2.4m,通道宽度不得小于0.9m,宿舍必须设置可开启式窗户,保证室内通风良好,宿舍内的床铺不得超过2层,严禁使用通铺。每间宿舍居住人数以4~6人为宜,宿舍内应设置生活用品专柜,有条件的宿舍宜设置生活用品储藏室。宿舍内严禁存放施工材料、施工机具和其他杂物。宿舍周围应当搞好环境卫生,应设置垃圾桶,生活区内应为作业人员提供晾晒衣物的场地,房屋外应道路平整,晚间有充足的照明。(图4-20、图4-21)

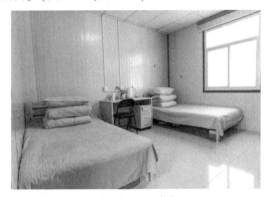

图4-20 职工宿舍

图4-21 职工宿舍外观

寒冷地区冬季宿舍应有保暖措施、防煤气中毒措施,炎热季节应有消暑和防蚊虫叮咬措施。应当制定宿舍管理使用责任制,宿舍成员轮流负责卫生和使用管理或安排专人管理。

③食堂和餐厅。食堂和餐厅应配备必要的排风设施和冷藏设施,安装纱门纱窗,室内不得有蚊蝇。

食堂和餐厅应设置独立的制作间、储藏间。制作间灶台及其周边应贴瓷砖,所贴瓷砖高度不小于1.5m,制作间内还应设置橱柜,地面应做硬化和防滑处理,按规定设置污水排放设施,如图4-22和图4-23所示。

图4-22 职工食堂

图4-23 职工餐厅

食堂的燃气罐应单独设置存放间,存放间应通风良好并严禁存放其他物品。

食堂外附近应设置密闭式泔水桶,并及时清理,保持清洁。

④厕所。厕所应设置为水冲式,通风良好,有照明设施。

厕所蹲位之间宜设置隔板,隔板高度不宜低于0.9m,厕所的地面和墙面应贴瓷砖,高度不低于隔板,如图 4-24 所示。

厕所定期清扫制度:厕所设专人天天冲洗打扫,做到无积垢、垃圾及明显臭味,并应有洗手水源,如洗手台(图 4-25)。

图 4-24　厕所

图 4-25　洗手台

厕所与食堂的距离应大于 30m,屋顶墙壁要严密,应有化粪池,化粪池应做抗渗处理。严禁将粪便直接排入下水道或河流沟渠中,露天粪池必须加盖。

⑤生活区其他设施。生活区场地应硬化处理,设置排水设施。生活区内应设置相应数量的垃圾桶(箱)。生活区内设置的公用服务设施(含小卖部、小吃部等)应与临时设施同时设计、同时施工。生活区还要给员工提供必要的锻炼和休闲场所,如图 4-26 ~ 图 4-29 所示。

图 4-26　吸烟、饮水间

图 4-27　淋浴室

图 4-28　篮球场

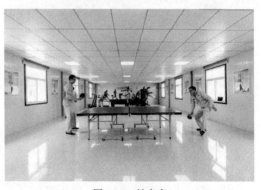

图 4-29　健身房

1. 施工现场围挡封闭有什么要求?
2. 五牌一图和两栏一报指的是什么?
3. 安全文明施工的基本要求包括哪些?
4. 施工临时设施及场地布置应遵循的原则有哪些?

单元三　施工现场卫生与防疫

一、卫生保健

应设置工地设卫生室(图 4-30),根据工人数量配置专职或兼职急救人员,配备保健药箱(图 4-31),内有一般常用药品和止血带、绷带,配备担架等急救器材,为有毒有害作业人员配备有效的防护用品。制定卫生急救措施,做好日常工人的卫生保健和发生事故时及时参与救援。

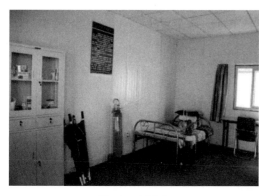

图 4-30　卫生室

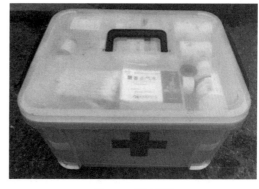

图 4-31　保健药箱

利用黑板报、线上群聊等广泛向职工发布防控相关信息,宣传职业病的知识和预防方法,针对季节性流行病、呼吸道传染病等做好预防的宣传工作。

项目部应按《中华人民共和国职业病防治法》定期组织从事有毒有害作业人员做职业健康检查。施工现场发生传染病、食物中毒、急性职业中毒时要立即向上级主管部门及卫生部门报告,同时要积极配合卫生防疫部门进行调查处理。

项目部组成专兼职相结合的防控工作队伍,责任落实到人,实现班组和个人全覆盖,制定防控方案,落实防控措施。日常加强口罩、温度计、消毒药械等疫情应对物资准备。有集体宿舍的企业要配置必要的临时隔离宿舍,出现呼吸道症状发热者应及时隔离就医,现场做消杀工作。

二、日常保洁

为全面贯彻"以人为本","安全第一"的思想,把保障人身健康的目标落到实处,施工现场应实行卫生防疫责任制。

施工现场办公区、生活区,卫生工作应有专人负责,明确责任。办公区、生活区应保持整洁卫生,垃圾应存放在密闭式容器中,定期灭蝇、灭蚊、灭虫,及时清运。生活垃圾与施工垃圾不得混放,生活区夏季应采取消暑和灭蝇、蚊、虫措施,冬季应有采暖和防煤气中毒措施,并建立验收制度。施工现场应设水冲式厕所,厕所墙壁要严密,门窗要齐全,要有灭蝇、蚊、虫措施,并设专人负责定期保洁。禁止随地大小便。

办公室、食堂、卫生间等工作场所和生活场所应设置洗手设施和消毒用品,如无洗手设备,应配备70%~75%的酒精搓手液或免洗手消毒液。

三、食堂卫生

食堂必须有卫生许可证。炊事人员必须持有身体健康证,工作时穿工作服、戴工作帽和口罩,应保持个人卫生。

建立食品卫生管理制度,严格执行《中华人民共和国食品卫生法》和有关规定。严禁购买无证、无照商贩食品,严禁食用变质食物。施工现场应保证供应卫生饮水。要有固定的盛水容器。要有专人管理,定期清洗消毒。

厨房内存放佐料和副食的器皿要密闭,粮食存放要求距墙、距地面距离大于2m,厨房门要有挡鼠板。不得使用易燃易爆材料装修食堂。

食堂和操作间要相对固定、封闭,并且具备清洁消毒的条件和杜绝传染疾病的措施。食堂内外整洁卫生,炊具干净,无腐烂变质食品,操作间必须有生熟分开的刀、盆、案板等炊具。食品有遮盖,要有灭蝇、灭鼠、灭蟑、灭虫措施。

四、防疫防控

1. 开工前防控措施

(1)信息告知:向职工发布疫情防控相关信息。

(2)组织动员:严格落实疫情防控主体责任,建立应急防控工作组织体系。

(3)健康排查:开展全体职工休假期间的生活旅行情况登记,全面掌握职工身体状况是否良好、是否接触过野生动物、是否与传染病人有过密切接触等情况。在到岗职工中排查发热、呼吸道或消化道症状者,若职工出现以上症状指导其及时就医,就医时应全程佩戴医用口罩。

2. 开工后防控措施

(1)健康教育:有针对性地开展传染病知识宣传,营造"每个人是自己健康第一责任人"的良好氛围,推广健康的生活方式,增强职工身体抵抗力,提高职工对疾病防治的正确认识和自我防护能力。建立健康申报和职工晨检等制度。

(2)环境卫生清理:开展以环境整治为主、药物消杀为辅的生物综合治理,对食堂、职工宿舍、建筑工地等重点场所进行环境卫生清理和药物消杀。办公室、电梯、桌椅、工作台、地面等办公场所交通工具、公共区域和物体表面应由专人负责进行定期消毒。

(3)通风换气:加强职工工作和生活场所自然通风和机械通风,保持空气流通。减少使用空调,定期开窗通风、清洗空调。

(4)个人卫生:施工企业要指导职工正确佩戴口罩、做好口罩的更换和使用后口罩的正确处理。职工应加强个人卫生,勤洗手,打喷嚏和咳嗽时使用过的纸放入有盖的垃圾桶内。

(5)饮食安全:集体用餐的企业,应注意食物安全与卫生,并加强对餐具消毒及管理。

(6)防控期间减少聚集性活动:减少职工非必要的出差,可采取远程视频会议、企业邮件等交流形式,最大限度减少大型聚集性的室内活动,降低交叉感染风险。

(7)外来人员管理:制定外来人员防控要求,做好外来人员信息登记、手部清洁和口罩发放等工作。外来人员应由接待人员陪同到指定场所办公、休息和就餐。

3. 发现病例后防控措施

(1)密切接触者管理:企业要积极配合卫生健康部门,对感染病例的密切接触者开展排查并隔离。如密切接触者隔离观察期间出现症状应立即向当地的卫生健康部门报告,并按规定送定点医疗机构诊治。

(2)加强消毒:企业可在当地疾控机构指导下,做好病例办公室、会议室、宿舍等疫点的终末消毒以及密切接触者集中隔离消毒。

(3)停工管理(必要时):企业应根据疫情波及的范围、发展趋势和当地人民政府决定,采取临时停工或暂时关闭措施。停工的范围应遵循由小到大的原则。工地复工前应储备足量的防疫物资,通过正规渠道采购,加强宣传教育工作。工地复(开)工前,应采用信息化手段(如微信群、QQ群等)对全体人员普及防控知识。

(4)复工准备。复(开)工前一天,使用专业消毒器具对施工现场公共区域、办公区、生活区、食堂、卫生间、仓库、施工设备等进行全面消毒杀菌。对电梯按钮、洗手台水龙头、大门把手等直接接触、频繁使用的部位要重点消毒,做好消毒记录。

1. 施工现场日常卫生保洁有什么要求?
2. 施工期间可以采取哪些措施来进行传染性疾病防控?

【任务实施】

实训任务1　安全文明施工

1. 实训目的

熟悉安全文明施工的主要内容;

掌握安全文明施工的主要措施、方法;

能够组织现场施工检查。

2. 实训内容

实训日期:

实训班级:

成员组成:

实训成绩：

(1) 某公路工程项目即将开工建设，列举安全文明施工的主要内容。

(2) 补充安全文明施工检查评分表。

安全文明施工检查评分表

序号	检查项目	扣分标准	扣分	实得分数
1	现场围挡	(1) 市区主要路段的施工现场未设封闭围挡，扣 10 分；围挡高度低于 2.5m，扣 1～3 分。 (2) 一般路段的施工现场未封闭围挡，扣 10 分；围挡高度低于 1.8m，扣 1～3 分。 (3) 围挡基础不坚固，扣 5 分。 (4) 围挡立面不顺直、不整洁、不美观，扣 5 分。		
2	封闭管理	(1) 施工现场出入口未设置大门，扣 10 分。 (2) 大门未设置门卫值班室，扣 5 分。 (3) 施工现场未建立门卫值守制度或无门卫值守人员，扣 5 分。 (4) 施工机械、外来人员未实行出入登记管理，随意进出施工现场，扣 5 分。 (5) 施工人员进入施工现场未佩戴工作卡或其他有效证件，每人次扣 2 分。		
3	施工场地	……		

实训任务 2 生活区、办公区管理

1. 实训目的

熟悉文明施工中生活区、办公区的安全管理内容；

能够合理布置生活区、办公区，会绘制现场平面布置图。

2. 实训内容

实训日期：

实训班级：

成员组成：

实训成绩：

某施工项目已选址好项目部管理场所区域，临时设施包括办公室、会议室、宿舍、食堂、开水房、卫生间、洗浴间、工人休息区等，生活区与办公区要分开，统筹合理布局，满足安全、消防、卫生防疫和环保要求。

要求：该施工项目管理部有常驻项目管理人员 20 人，常驻施工工人 80 人。请画出办公区、生活区临时建筑平面布置图(A3 图纸)，参照下表施工现场办公、生活临时设施的建设标准。

施工现场办公、生活临时设施的建设标准

序号	设施名称	具体要求	标准(m²/人)
1	办公室	按施工管理人数,每人配备1个文件柜,技术资料、文件宜归类存放,并保持室内清洁卫生	4
2	会议室	面积50~80m²	
3	宿舍	按高峰年(季)现场居住施工人员平均数,每间居住人员不得超过16人,通道宽度不小于0.9m,床铺不得超过2层。宿舍人均面积不得小于2.5m²	2.5
4	食堂	按就餐职工人均数设置	0.5~0.8
5	浴室	浴室设置喷头数量按照与现场人员比例1:20设置,且不少于10个,保证喷头间距不小于900mm,喷头采用节水龙头。采用防溅、防爆式灯具,高度不低于2.5m,地面采取防滑措施;分离设置淋浴间与更衣室	0.07~0.1
6	卫生间	必须设置水冲式卫生间或移动式卫生间,卫生间大小按高峰年平均施工人数设计	0.02~0.07
7	医务室	按高峰年平均施工人数考虑	0.05~0.07
8	开水房	面积6~15m²	
9	工人休息室	按高峰年平均施工人数考虑	0.15

实训考评

实训成绩考核表见下表。

模块四实训任务2成绩考核表

序号	考核内容	分值	自评	小组评分	教师评分
1	是否按要求完成实训内容	20			
2	是否掌握办公区、生活区文明施工的内容	40			
3	是否掌握项目部施工环保要求	20			
4	实训态度	10			
5	团队协作	10			
	小计				
	总评(小计平均分)				

模块五 MODULE FIVE
路基路面工程施工安全

知识目标

1. 了解路基路面的组成及施工流程；
2. 掌握路基工程、路面工程施工安全要点；
3. 熟悉路基路面的安全施工管理。

技能目标

1. 能根据安全员岗位职责完成路基路面项目安全管理；
2. 会运用 VR 虚拟实训平台正确排查公路施工安全隐患；
3. 会针对不同类型的路基路面施工制定安全控制措施。

建议课时:12 课时。

案例导入

一、事故经过

20××年8月16日22时许,安徽×建筑材料有限公司作业人员陈×在公路工程一标段项目工地内拆除围挡时,碰到钢模板触电,随后郑×施救时也触电,2人死亡。死亡人员均为该公司人员,事故造成直接经济损失370万元。

二、事故原因分析

1. 事故的直接原因

（1）二级总配电箱保护零线（PE线）虚接,接地电阻过大,接地保护线不能构成有效回路,致使接地保护装置处于失效状态,PE电流无法传导入地。

(2)钢模板放置在电缆上,导致电缆护套和绝缘层破损,电缆内芯与钢模板接触,电缆通电后钢模板带电。

2. 事故的间接原因

(1)安排不具备资格的人员驾驶叉车,且叉车驾驶人将钢模板放置在电缆上导致其护套和绝缘层破损,钢模板带电。

(2)项目部安全管理体系较为混乱,未按规范设置临时用电工程且未认真组织验收,未对施工现场安全用电情况进行巡查并排除不安全因素;未规范管理特种设备作业人员,叉车驾驶人不具备资格;现场管理松散,违规放置电缆,且未及时发现钢模板压在电缆上。

(3)安全管理缺失,未严格履行安全生产责任,未有效落实安全管理制度,未及时发现纠正安全管理体系混乱的问题。

三、启示

开工前要组织现场施工安全培训,现场管理人员安全职责履行到位,危大工程施工主要人员要现场旁站,及时制止纠正作业人员"三违"。现场作业前要对施工设备设施进行检查,作业过程中及时发现问题和隐患,避免事故发生。

认识提升

安全无小事,人的安全行为和物的安全状态同等重要。安全生产要坚持以人为本,始终保持高度警惕,树立忧患意识,居安思危,防微杜渐,既要防止灰犀牛事件又要杜绝黑天鹅事件。

路基路面工程简介

一、路基工程

路基是路面的基础,路基的主要作用是为路面铺设及行车运营提供必要条件,并承受行车车辆或者路面及交通荷载的静荷载和动荷载,同时将荷载向地基深处传递与扩散。在纵断面上,路基必须保证线路需要的高程;在平面上,路基与桥梁、隧道连接组成完整贯通的线路。路基一般分为上路床、下路床、上路堤、下路堤四层。路基标准横断面的基本组成有行车道、中间带、路肩、碎落台、填方边坡、挖方边坡、边沟、排水沟、护坡道等,如图5-1所示。

在土木工程中,路基在施工数量、占地面积及投资方面都占有重要地位。路基依其所处的地形条件不同,有两种基本形式:路堤和路堑,俗称填方和挖方。

二、路面工程

路面是指用各种筑路材料铺筑在道路路基上直接承受车辆荷载的层状构造物。质量良好的路面应有足够的强度和良好的稳定性,其表面应达

路基工程

到平整、密实和抗滑的要求。低、中级路面结构主要由面层、基层、垫层和土基组成,高级路面结构主要由面层、联结层、基层、底基层、垫层和土基组成,如图 5-2 所示。路面是公路主要组成部分,它的好坏会直接影响行车速度、安全和运输成本。路面构造的几个要素分别为路面横断面、路拱横坡度和路面结构分层及层位功能,修筑面层所用的材料主要有水泥混凝土、沥青混凝土、沥青碎(砾)石混合料、砂砾或碎石掺土或不掺土的混合料以及块料等。

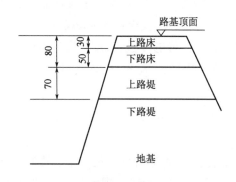

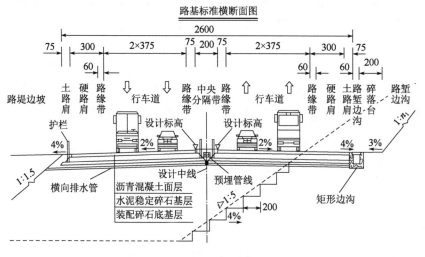

图 5-1　路基构造图(尺寸单位:cm)

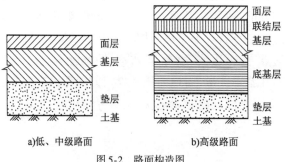

a)低、中级路面　　b)高级路面

图 5-2　路面构造图

路面工程

单元一　路基土石方工程施工安全

一、路基土石方工程介绍

在公路建设中,路基土石方是一种工程量大、劳动量多、施工条件复杂多变的工程。地形复杂的山区,高填深挖,崩坍、滑坡、泥石流、岩溶、软土等复杂的不良工程地质地段,还会给施工带来很大困难。因此,组织路堑的开挖、路堤的填筑和各种路基附属构筑物的修筑工作,以及路基土石方调配都需要提前做好科学合理的施工组织设计,尤其是路堤的填筑是路基土石方调配工作比较繁多的工程。路基填方施工流程图如图5-3所示。

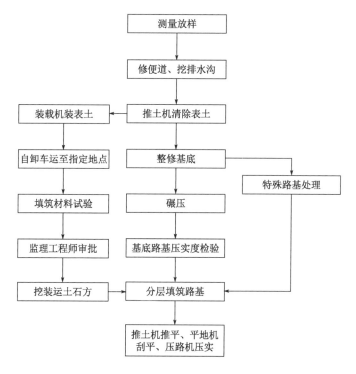

图 5-3　路基填方施工流程图

路基土石方工程施工方法主要如下：

(1)人工施工。

(2)小型机具半机械化施工。小型机具半机械化施工可以适量降低人工劳动强度和提高施工速度。小型机具包括手推车、翻板车、索道等。

(3)机械化施工。随着机械化的发展,在路基土石方工程的每个工序上,如挖、装、运、卸、压以及炮眼钻孔等,都使用机械,并使生产率彼此协调,能发挥最高效率。

(4)爆破施工。在开挖岩石路堑,扬弃大量土石方,开挖冻土,以及在沼泽中扬弃淤泥换土时,都可应用爆破方法施工。

二、路基土石方施工主要事故类型

1.路基填方施工中的主要事故类型(表5-1)

路基填方施工中的主要事故类型　　　　　　表5-1

施工内容	主要工序	致害物	主要事故类型	事故严重程度			
				一般	较大	重大	特大
路基填方 (土方、石方)	布料、平整、拌和、碾压等	填方施工中产生的各种工具、物料	物体打击	√			
	装土、运土、卸土、空回等	自卸汽车、运料车、各种现场运输车辆	车辆伤害	√			
	清表、布料、拌和、切土、装土、运土、碾压、平整等	推土机、铲运机、平地机、压路机、挖掘机、装载机等	机械伤害	√			

2.路基挖方施工中的主要事故类型(表5-2)

路基挖方施工中的主要事故类型　　　　　　表5-2

施工内容	主要工序	致害物	主要事故类型	事故严重程度			
				一般	较大	重大	特大
路基挖方 (土方、石方)	布料、平整、拌和、碾压等	填方施工中产生的各种工具、物料	物体打击	√			
	装土、运土、卸土、空回等	自卸汽车、运料车、各种现场运输车辆	车辆伤害	√			
	清表、布料、拌和、切土、装土、运土、平整等	推土机、铲运机、平地机、压路机、挖掘机、装载机等	机械伤害	√			
	高处作业	挖方路基边坡、临边等	高处坠落	√			
	基坑开挖、平整、支护等	基坑不稳定土、滑坡等	坍塌	√	√	√	√
	石方爆破	火工品、爆破	爆炸	√	√	√	√

三、路基土石方施工隐患排查

1.路基填方(土方、石方)施工中的主要事故类型隐患排查要点

(1)机械在靠近边坡、边沟填筑作业时,与边缘是否保持必要的安全距离;

(2)机械在危险地段填筑作业时,是否安排专人进行指挥;

(3)高填方路基作业时,填土边缘是否设置安全警示标志;

(4)填筑坡脚下是否有人站立;

(5)倾倒前有没有发出信号,倾倒位置是否有人或机械、物资;

(6)夜间或者视线不良条件下施工,有无增加照明;

(7)劳动保护用品是否按照规定配备;

(8)交叉作业是否规范;

(9)场内外运输车辆是否经过安全检查;
(10)有没有进行交通运输管制。

2. 路基挖方(土方、石方)施工中的主要事故类型隐患排查要点

(1)土方开挖前,是否调查地下构造物;
(2)是否按照施工组织设计自上而下逐级开挖,采用挖空底脚法开挖土方;
(3)土石方开挖面是否与装运工作面错开,是否存在上下双重工作;
(4)多台机械开挖工作时,机械间间距是否小于10m;
(5)取土场是否按照批准的规划进行规则取土,是否造成新的陡立、临空危险面;
(6)弃土场是否设遮挡措施,是否对道路、民房或环境造成安全隐患;
(7)在建筑物、构造物等附近施工时,安全防护措施是否到位;
(8)运料车辆装卸物料时是否有专人指挥;
(9)人工挖掘土方时,作业人员横向间距是否小于2m,纵向间距是否小于3m;
(10)距离电缆管线2m范围内是否采用机械开挖,未用人工开挖;
(11)人工配合机械作业时,是否与机械作业交替进行;
(12)路基施工是否设置临时排水设施;
(13)坑、槽、沟边缘1m以内是否堆放物资,是否未在距边缘1m处设置截水沟;
(14)深基、深井、深沟内的开挖是否设置良好的通风措施,并进行气体检测;
(15)遇到文物或者不可辨认的物品是否立即向上级报告,并进行现场保护;
(16)路基石方爆破是否按规定进行,是否设置警戒。

四、路基土石方施工风险控制

1. 安全交底

(1)路基填方施工安全技术交底(表5-3)

路基填方施工安全技术交底 表5-3

工程名称		施工单位	
交底内容	路基填方施工	交底时间	
交底对象	路基填方施工工区作业人员	交底人	

交底内容:
(1)施工人员必须戴安全帽,并在施工现场设置警示标志。
(2)在靠近高压线、电杆及脚手架边进行土方作业时,要特别注意留足安全距离。
(3)填方前,应将原地表积水排干、淤泥、腐殖土、树根、杂物等挖除,并将原地面整平;清除淤泥前应探明淤泥性质和深度,并采取相应的安全技术措施。
(4)填土前,应根据工程规模、填土宽度和深度、地下管线等构筑物与现场环境状况制定填土方案,确定现状建(构)筑物、管线的改移和加固方法、填土方法和程序,并选择适宜的土方整平和碾压机械设备,制定相应的安全技术措施。
(5)施工中使用推土机、压路机、蛙式夯实机等施工机械时,应按照相关的施工机械安全技术交底的要求进行操作。
(6)路基外侧为挡土墙时,应先施工挡土墙;混凝土或砌体砂浆强度达到设计规定后,墙后方可填土。
(7)填方边坡坡度应符合设计规定;填方破坏原排水系统时,应在填方前修筑新的排水系统,保持通畅。
(8)填土路堤分几个作业段施工时,两个相邻段交接处不在同一时间填筑处,雨季来临前修建临时排水设施并保持排水设施的畅通,防止积水淹没;每场雨后及时排除顶面积水,并对边坡和急流槽进行维护。

续上表

(9)在边沟边缘1m以内不准堆土,距边沟边缘1~3m范围内堆土高度不得超过1.5m,距边沟边缘3~5m范围内堆土高度不超过2.5m,停置车辆、设备、起重机械、振动机械距边沟边缘不少于4m。

(10)机械填筑路堤时,为保证机械运行的安全,场地必须平整,并在填土边侧设置安全标杆;机械在危险地段作业时,必须设明显的安全警告标志,并应设专人站在操作人员能看清的地方指挥。驾机人员只能接受指挥人员发出的规定信号。

(11)机械在边坡、边沟作业时,应与边缘保持必要的安全距离,使轮胎(履带)压在坚实的地面上。

交底人签字:

接受交底人员签字:

(2)路基挖方施工安全交底(表5-4)

路基挖方施工安全交底表　　　　　表5-4

工程名称		施工单位	
交底内容	路基挖方施工	交底时间	
交底对象	路基挖方施工工区作业人员	交底人	

交底内容:
(1)进入现场必须戴好安全帽,正确使用个人劳动防护用品。
(2)高处作业时,不允许向下或向上投掷材料、工具和其他物体。
(3)各种机电设备必须有可靠有效的安全接地和防雷装置,方能开动使用。
(4)场内车辆驾驶员、爆破员、安全员和其他特殊工种及安全管理人员必须携带相应证件的复印件。
(5)路堑开挖前应先检查坡顶、坡面,并对危石、裂缝或其他不稳定性因素妥善处理。
(6)石方爆破作业,以及爆破器材的管理、加工、运输、检验和销毁等工作均应按照国家现行的《爆破安全规程》(GB 6722)执行。
(7)爆破器材应按规定要求进行检验,对失效及不符合技术条件要求的不得使用。
(8)爆破器材应由专人领取,炸药与雷管严禁由一人同时搬运。电雷管严禁与带电物品一起携带运送。爆破器材运送,应避开人员密集地段,并直接送往工地,中途不得停留,并不得随地存放或带入宿舍。
(9)装药前应对炮眼进行验收和清理;对刚打成的炮眼应待其冷却后装药,湿炮眼应擦干后才能装药。严禁烟火和明火照明;无关人员应撤离现场。
(10)使用木质炮棍装药,严禁使用金属器皿装药;深孔装药出现堵塞时,在未装入雷管、起爆药柱前,可采用铜和木制长杆处理。
(11)土方开挖应按图纸要求自上而下进行,不得乱挖或超挖,无论工程多大,土层多深,均严禁用掏洞法取土。
(12)如果开挖期间土层性质发生任何变化,应修改施工方案,并及时报监理工程师批准。
(13)土方开挖前,必须了解土质、地下水等情况,查清地下埋设的管道、电缆和有毒有害气体等危险物以及文物古迹的位置、深度走向,并加设标记,设置防护栏杆。施工现场技术负责人必须在开工前向作业人员进行详细交底,内容包括:地下设施情况及其危险性,施工作业方法,安全技术措施要点等。
(14)开挖深度超过2m时,其边缘上面作业同样应视为高处作业,要设置警告标志。特别是在村庄附近开挖土方时,无论深度如何,都应设置警告标志,以及高度不得低于1.2m的双道防护栏或定型护身栏,夜间还要设红色标灯。

交底人签字:

接受交底人员签字:

路基挖方施工安全

2. 安全检查与管控

（1）安全检查

①路基填方施工安全检查记录表（表5-5）

路基填方施工安全检查记录表　　　　　　　　　　　　　表5-5

项目（工程）名称					
检查时间					
施工地点					
序号	检查项目	检查情况	检查结果		
			符合	不符合及主要问题	整改要求	整改结果
1	施工方案					
2	班前安全讲话					
3	劳动防护用品配备					
4	施工现场排水					
5	现场防护与围挡设施					
6	交叉作业					
7	运输车辆安全检查准入					
8	交通运输管制					
9	雨雪天防滑防冻措施					
10	夜间安全防护措施和照明措施					
11	施工现场安全警示牌设置					
12	应急预案					

检查方：　　　　　　　　　　　　　受检方：
检查人（签名）：　　　　　　　　　接收人（签名）：
　　　　　　　　年　月　日　　　　　　　　　　　年　月　日

②路基挖方施工安全检查记录表（表5-6）

路基挖方施工安全检查记录表　　　　　　　　　　　　　表5-6

项目（工程）名称					
检查时间					
施工地点					
序号	检查项目	检查情况	检查结果		
			符合	不符合及主要问题	整改要求	整改结果
1	班前安全讲话					
2	劳动保护用品配备					
3	施工机械操作证持证					

续上表

序号	检查项目	检查情况	检查结果			
			符合	不符合及主要问题	整改要求	整改结果
4	施工现场临时排水设施					
5	施工现场安全防护与围挡					
6	施工作业区管线调查情况					
7	交叉作业					
8	路堑开挖是否符合要求					
9	高边坡作业防护措施					
10	高边坡稳定性观测					
11	交通运输管制					
12	雨雪天防滑防冻措施					
13	夜间施工安全防护措施和照明措施					
14	施工现场安全警示标牌设置					

检查方： 受检方：
检查人(签名)： 接收人(签名)：
　　　　　年　月　日 　　　　　年　月　日

(2)路基土石方施工安全管控措施

①路基填方施工安全管控措施

路基填筑前,必须了解土质、地下水等情况,查清地下埋设的管道、电缆和有毒有害气体等危险物体,并加设标记,设置防护栏杆。施工现场技术负责人在开工前必须对作业人员详细交底,内容包括：地下设施情况及其危险性,施工作业方法,安全技术措施要点等。

作业人员要戴安全帽,并安排专职人员对边坡进行监视,防止上部物体坠落。技术人员和安全人员要随时观察高边坡是否有滑动的可能并及时采取安全措施。

路基填筑和边沟砌筑作业面相互错开,严禁上、下双重作业。路基填筑下方有道路的,作业时严禁通行。整修边坡时,应从上而下顺序进行,坡面上的松动土、石块必须及时清除。坡面上的操作人员需戴安全帽。严禁在边坡下方作业、休息和存放机具。边坡上方有人工作时,边坡下方不准站人。

边坡浆砌或边沟浆砌时,班组长要安排专职人员查看边坡上的情况,以防止边坡上有异物坠落,作业人员必须戴安全帽。

施工中如发现边坡有滑动、崩塌迹象危及施工安全,应暂停施工,撤出人员和机具,并根据实际情况,研究制定新的施工方案和安全措施。

土方运输要事先安排好运输路线。运输土方的车辆会车时,应轻车让重车。通过窄路、交叉路口和交通繁忙地段以及转弯时,应注意来往的行人和车辆。

②路基挖方施工安全控制措施

路堑开挖时经常检查坡面的稳定。每天开工前、收工前对坡面、坡顶附近进行认真观测,如发现有裂缝和塌方迹象或有危石,应立即处理,凡不能处理且对施工安全有威胁时暂停施工,及时上报。开挖作业应与装、运作业面相互错开,严禁上下重叠作业。

路堑开挖放炮后,在清理过程中如发现有瞎炮、残药、雷管等要立即报告,由爆破人员处理。路堤、路堑施工时,要做好截、排水措施,并随时检查,开挖后保持排水畅通。

挡土墙基坑开挖时,根据地质情况,及时做好临时支撑,在岩体破碎或土质松软地段,基坑开挖面不能太大,不能暴露太久,防止坍塌伤人。挡土墙施工到一定高度时,搭设脚手架平台、防护栏,挂安全网。做好路基施工中的机械设备的组织指挥调度,保证道路畅通,防止发生机械碰撞及翻车事故。

在路基不良地段施工时,开挖前和开挖过程中要及时检查坡面情况,发现情况及时处理。及时做好挡护或坡面防护工程,挡土墙基础要分段跳槽开挖,快速砌筑。挡土墙或护坡砌筑到一定高度时要设防护栏杆加设安全网。与当地气象部门积极联系,提前作好防洪准备,遇阴雨天时加强安全检查和巡视,同时准备好抢险预案。

路堑上方布置临时设施,距坡顶线保留一定的安全距离,距边坡线3m范围内硬化,并设置坡顶截、排水沟,大型施工车辆不得靠近边坡顶线行驶,以免边坡局部集中受力失稳。指定地点弃土,保证弃土堆的自身稳定,防止弃土对农田、河道的污染,并采取有利于复耕的措施。

挖掘机施工安全要点

单元二　特殊路基施工安全

一、认识特殊路基

特殊路基是指修建在不良地质、特殊地形地质地段,或受某些特殊气候因素影响强烈的道路路基。特殊路基有可能因自然平衡条件被打破,或者边坡过陡,或者地基承载力过低,而出现各种各样的问题,因此,除要按一般路基标准、要求进行设计外,还要针对特殊问题进行研究,做出处理。

特殊路基主要有以下几种类型:

(1)湿黏土路基、软土地区路基、红黏土地区路基、膨胀土地区路基、黄土地区路基、盐渍土地区路基、风积沙及沙漠地区路基;

(2)季节性冻土地区路基、多年冻土地区路基、涎流冰地区路基、雪害地区路基;

(3)滑坡地段路基、崩塌与岩堆地段路基、泥石流地区路基;

(4)岩溶地区路基、采空区路基;

(5)沿河(沿溪)地区路基、水库地区路基、滨海地区路基。

特殊路基施工应考虑下列主要危险源、危害因素:

(1)施工影响范围内的既有建(构)筑物、设备、管线等;

(2)毗邻和施工范围内的既有交通设施;

(3)影响施工的水;

(4)岩溶及坑洞;

(5)风沙地区、高原及冻土地区施工;

(6)滑坡、崩塌、岩堆地段、泥沼地段、泥石流地区施工;

(7)弃土;

(8)特殊场所作业、季节性施工。

二、特殊路基施工主要事故类型

1. 软土地基施工的主要事故类型(表5-7)

软土地基施工中的主要事故类型　　　　表5-7

施工内容	主要工艺	致害物	主要事故类型	事故严重程度		
				√	√	√
软土地基施工	垫层与浅层处理	现场运输、摊铺车辆	车辆伤害			
	水泥搅拌桩施工、粒料桩、CFG桩等桩基施工	水泥罐车、运输车辆	车辆伤害			
		挖掘机、装载机、推土机、各种桩机	机械伤害			
		起重机械、设备	起重伤害			
		破损的电缆、电线	触电伤害			
		高处作业	高处坠落			
	强夯与强夯置换	夯机、夯锤	机械伤害			
	爆炸挤淤	火工品、爆破	爆炸			

2. 滑坡地段施工的主要事故类型(表5-8)

滑坡地段施工的主要事故类型　　　　表5-8

施工内容	主要工艺	致害物	主要事故类型	事故严重程度			
				一般	较大	重大	特大
滑坡地段路基施工	开挖截水沟、排水沟等	施工中产生的各种工具、物料	物体打击	√			
	挖土、运土、回填等	推土机、铲运机、挖掘机、装载机等	机械伤害	√			
	刷方减重	滑坡土、不稳定土体	坍塌	√	√	√	
	电渗排水	破损的电缆、电线	触电	√			
	爆破灌浆	火工品、爆破	爆炸	√	√	√	

三、特殊路基施工隐患排查

1. 软土地基施工隐患排查要点

软土的特性是天然含水量大、压缩性高。在公路软土地基中,常见的软土大多是指处于软塑或者流塑状态的黏性土。其特性为含水量超标,孔隙比过大以及渗透性差和流变性高,其特性尤为复杂。而由于公路修建的线路在特殊情况下不能更改,经常会在软土土质上建立道路,而软土路基由于其特性,若没有有效的治理措施,就会导致公路的抗剪力差,易沉降等危害的发生。软土地基施工时处理不当很容易造成公路进水沉降、剪切拉裂等病害。

软土地基施工隐患排查要点如下:

(1) 施工前,是否对可能出现的路基盆形沉降、失稳、桥头沉降差以及地基沉降稳定期等有充足的估计,是否制定相应的对策。

(2) 是否通过填筑试验路段,确定路基的填筑工艺、填筑速度等。

(3) 填筑前,是否先做好路基范围内的排水处理,开挖纵横向排水沟、渗沟,排除地表水,疏干表层土。

(4) 软土地基路基是否分层填筑、分层压实,分段接头应相互错开,台阶形搭接宽度不宜小于2m。

(5) 桥台背和锥坡填土是否同步分层夯实,并选用渗水性土,按15cm厚度分层碾压。

(6) 高等级道路桥头填土是否辅助其他地基处理措施,以减少以后沉降。

(7) 路堤填料宜集中取土,高度低于2m的路堤,在其两侧取土时应距离坡脚20m以外,高5m以上路堤则应距离坡脚40m以上。

(8) 软土地基路堤填筑过程中应进行沉降和稳定监测,严格控制施工填料和加载速度。监测沉降;填筑过程中每填一层应进行一次观测,路堤加载填筑速度以每昼夜水平位移不超过0.5cm,沉降量不大于1.5cm控制,以避免地基失稳。

(9) 路堤填筑至设计标高后,是否预留出至少6个月时间稳定路堤沉降,超载预压路堤沉降时间不宜少于3个月。

2. 滑坡地段路基施工中的主要事故类型隐患排查要点

(1) 在滑动面5m以外是否开挖截水沟引排坡面水,截水沟应浆砌。

(2) 是否在实坡顶坡面修建坡面树枝形和相互平行的渗水沟和支撑渗沟,防止表面水流入滑动土体;是否筑铺渗沟、暗沟、截断、引排滑动土体内的地下水和上层滞水,防止其化成滑动土体。

(3) 在保证土体无进一步水害基础上,对有滑坡可能、滑动面在发育之中或滑坡尚不严重的土体,是否采用自上而下刷方减重,修建挡土墙、预应力锚杆、钢筋混凝土锚固桩和打桩,阻止滑坡的进一步发展。

(4) 墙身基础、桩身、锚索是否嵌入滑动面以下可靠深度或硬岩层。

(5) 抗滑挡墙墙基和滑坡支撑工程的基坑开挖是否采用分段跳槽法施工,并应随挖随填随铺砌。

(6) 填方路段发生的滑坡可以采用反压土方护道,压重平衡滑动土体;沿河路基的滑坡则应通过修建水流调治构造物,如导流堤坝、防洪挡墙,并置基础于冲刷线和滑动面以下可靠深度或硬岩体上。

(7)经过处理的滑坡体是否在施工期间实时检测,确保施工安全和路基稳定。

(8)挖土作业中断和作业后,其开面是否设稳定的坡度;边坡开挖是否遵守设计文件的规定,当实际地质情况与原设计不符时,是否及时向监理工程师、设计单位和建设单位提出变更设计要求,并办理手续,保持边坡稳定,施工安全。

四、特殊路基施工风险控制

1. 安全交底

(1)软土路基施工安全技术交底(表5-9)

软土路基施工安全技术交底　　　　　表5-9

工程名称		施工单位	
交底内容	软土路基施工	交底时间	
交底对象	软土路基施工工区作业人员	交底人	

交底内容:

(1)参加施工的全体人员必须按规定佩戴安全防护用品及安全帽,高空作业人员必须佩戴安全带。施工场地平整到位,基坑周围开挖排水沟,保证排水系统畅通。

(2)施工前做好充分的准备工作,包括人、材、物、机械设备等的准备。

(3)施工前应根据设计文件复查地下构造物(电缆、管道等)的埋设位置及方向,并采取防护措施。施工中如发现有危险品及其他可疑物品,应立即停止施工,报项目部或有关部门处理。

(4)塑料排水板施工时应注意高度,以免碰到高压线,插板机顶部应加设避雷装置。

(5)移动式电气机具设备应用橡胶电缆供电,并注意经理顺电线。跨越道路时,应埋入地下或做穿管保护,遇到雷雨天气不得施工,并且关闭电源。

(6)软土地基的回填处理方案视实际情况并参照设计图纸和有关规范确定,并应按程序、遵照本单位《监理实施办法》执行且报监理处和总监办批准,具体见《软基处理施工作业指导书》。软土路基施工应根据现场条件、施工方法制定相应的安全技术措施。

(7)运土道路的填筑、路面结构应能符合使用要求;在软土地段填筑路堤,应先做好排水,并按设计要求做好地基处理;填筑中,应进行沉降缝和位移观测,防止路堤坍塌危及人身安全。

(8)施工机械及其配套设备的基础应牢靠、平整,设备组装时应防止不均匀下沉。

(9)岩溶及其他坑洞地区路基施工,应先检查坑洞内情况。

交底人签字:

接受交底人员签字:

(2)滑坡路基施工安全技术交底(表5-10)

滑坡路基施工安全技术交底　　　　　表5-10

工程名称		施工单位	
交底内容	滑坡路基施工	交底时间	
交底对象	滑坡路基施工工区作业人员	交底人	

交底内容:

(1)应做好滑坡体外的截、排水沟,阻止水流入滑坡体内。

(2)滑坡体应设置观测点,观测其动态变化,发现异常及时采取防范措施。

续上表

(3)在滑坡范围内不得搭盖工棚、堆放机具。
(4)开挖挡墙基槽应从滑坡体两侧向中部分段跳槽进行,并加强支撑,及时砌筑和回填墙背,严禁全面拉槽开挖,弃土不得堆在滑坡体内。
(5)开挖崩塌、落石和岩堆地段路堑,应先清理危石和修建拦截建筑物;岩堆开挖前,必须将坡面的松动危石清除;开挖过程中发现山体有滑动或崩塌迹象时,应立即停止开挖,采取相应措施。
(6)高空焊接或切割时,必须系好安全带,焊接周围和下方应采取防护措施,并应有专人监护。
(7)施工期间应由专人负责滑坡体的检测。
(8)严禁在滑坡影响范围内设置临时生产、生活设施,停放机械,堆放机具等。
(9)施工前应做好截、排水设施,并随开挖随铺设。对施工用水严格管理,防止渗入滑坡体内。
(10)采取减重、加载措施时,开挖和填筑应按设计进行。施工应符合下列规定:减重应自上而下开挖,开挖面应立即整平压实。弃土应堆置在滑坡区以外或设计规定的阻滑区域。
(11)加载的填土和减重的弃土,不得堵塞滑坡体下部的渗、排水口。
(12)应避免在冰雪融化期开挖滑坡体,雨后不得立即施工,禁止夜间施工。
(13)施工期间应设观测点,由专人监测和巡查,发现异常应立即停工,人机撤离,评估危险程度后采取相应的措施。
(14)施工前应先清理危岩、危石或对其采取加固措施,并根据现场情况修建拦截建筑物等防护设施。各项防治工程应及时配套完成。
(15)爆破开挖时应采取控制爆破技术,并加强现场防护及爆破后的检查。

交底人签字:

接受交底人员签字:

2. 安全检查与管控
(1)安全检查
①软土路基施工安全检查记录表(表5-11)

软土路基施工安全检查记录表　　　　表5-11

项目(工程)名称					
检查时间					
施工地点					

序号	检查项目	检查情况	检查结果		
			符合	不符合及主要问题	整改要求	整改结果
1	施工方案				
2	文明施工				
3	安全防护				
4	机械设备				
5	警戒区设置				
6	喷浆作业				
7	强夯施工				

续上表

序号	检查项目	检查情况	检查结果			
			符合	不符合及主要问题	整改要求	整改结果
8	施工用电					
9	应急预案					

检查方: 　　　　　　　　　　　受检方:
检查人(签名):　　　　　　　　　接收人(签名):
　　　　　　　　年　月　日　　　　　　　　　　　年　月　日

②滑坡路基施工安全检查记录表(表5-12)

滑坡路基施工安全检查记录表　　　　　表5-12

项目(工程)名称	
检查时间	
施工地点	

序号	检查项目	检查情况	检查结果			
			符合	不符合及主要问题	整改要求	整改结果
1	班前安全讲话					
2	劳动保护用品配备					
3	施工机械操作证持证					
4	安全警戒设置					
5	观测点设置					
6	危岩危石处理					
7	爆破管理					
8	施工用电安全					
9	雨雪天防滑防冻措施					
10	夜间施工安全防护措施和照明措施					
11	施工现场安全警示标牌设置					

检查方: 　　　　　　　　　　　受检方:
检查人(签名):　　　　　　　　　接收人(签名):
　　　　　　　　年　月　日　　　　　　　　　　　年　月　日

(2)特殊路基施工安全管控措施

①软土路基施工安全

a.为防止打设机械的倾覆,要求软基处理施工场地必须进行平整,施工机械底部范围内高差不宜大于20cm。对于地基承载力较差地段还需采取垫枕木、沙袋、竹架、荆芭等辅助措施,以防止机械沉陷或倾覆。

b. 软基处理施工前,应对施工机械、桩锤及附属设施进行检查、维修和保养,确保施工设备处于良好工作状态。作业中,定期对地基处理施工设备的安全性和可靠性进行检查。

c. 排水板打设机在斜坡上行走时,需采取以下措施:坡度不得大于设备铭牌规定的允许倾角;倾角范围内应将排水板打设机的重心置于斜坡上方。大于倾角范围的爬坡,必须将排水板机桩架拆卸后,方可爬坡;排水板打桩机不得在斜坡上回转。

d. 打设机械应避免停放在潮汐、河水可能侵袭或雨季易于积水的地方。

e. 振沉砂桩或碎石桩等打设机械在沉管过程中,当遇有软弱土层时,应控制桩管下沉速度,避免下沉速度过快而发生人身伤亡事故。当遇有块石、硬层等障碍物时,应立即停止沉管,避免发生桩管断裂。

f. 向桩管内灌砂或碎石时,灌料斗的下方不得站人。操作灌料斗控制绳的人员应站在安全位置。

g. 启动振动锤或振动器前应发出警示信号,作业人员应撤至安全区域。

h. 深层拌和处理机作业时须采取以下安全措施:深层拌和处理机就位后应将机架摆放平整、稳定,并应采取制动措施;处理机移位时,须由专人看护和移动电缆线。深层拌和处理机施工时,桩架出现摇晃、偏斜等异常现象,应立即停止作业。

i. 强夯机组装应按规定设置起重机辅助门架。强夯施工应设置警戒区,警戒区的警戒范围应通过试夯确定,但不得少于起重机吊臂长度的1.5倍。夯击时,作业人员应撤至安全区或采取其他可靠安全防护措施,非作业人员不得进入警戒区。在强夯过程中发生粘性土吸锤时,夯锤不得直接强行起吊,须清理完夯锤周围的黏性土后再进行起吊。

j. 施工人员高处作业时应执行高处作业安全操作规程。

②滑坡路基施工安全

a. 对于滑坡体以外的地表水,在滑坡范围以外设置多道环形截水沟,使地表水不流入滑坡区域以内。

b. 为迅速排出在滑坡范围以内的地表水和减少下渗,应改造排水系统缩短地表水流经的距离,主沟应与滑坡方向一致,并铺砌防渗层,支沟一般与滑坡方向呈30°~45°角。

c. 妥善处理生产、生活、施工用水,严防水的浸入。

d. 对于滑坡体内的地下水,则应采取疏干和引出的原则,可在滑坡体内修筑地下渗沟,沟底应在滑动面以下,主沟应与滑坡方向一致。

e. 使边坡有足够的坡度,并应尽量将土坡削成较平缓的坡度或做成台阶形,使其中间具有数个平台以增加稳定,土质不同时,可按不同土质削成不同坡度,一般可使坡度角小于土的内摩擦角。

f. 在施工地段或危及建筑物安全的地段设置抗滑结构,如抗滑挡墙、抗滑柱、锚杆挡墙等。这些结构物的基础底必须设置在滑动面以下的稳定土层或基岩中。

g. 将不稳定的陡坡部分削去,以减轻滑坡体重量、减少滑坡体的下滑力,以达到滑坡体的静力平衡。

h. 严禁随意切割滑坡体的坡脚,同时切忌在坡体被动区挖土。

思考题

1. 常见的特殊路基的类型有哪些?
2. 软土的特点是什么?
3. 简述滑坡路基施工安全要点。
4. 简述软土路基施工安全要点。

单元三　路基防护与支挡工程施工安全

一、了解路基防护与支挡工程

路基防护与加固工程设施,按其作用不同,可分为边坡坡面防护、沿河路基防护、支挡构筑物。

1. 边坡坡面防护

坡面防护是指为了避免暴露于大气中受到水、温度、风等自然因素反复作用的路堤和路堑边坡坡面出现剥落、碎落、冲刷或表层土溜坍等破坏而对坡面加以防护的措施。坡面防护又可以分为以下几种形式。

(1) 植物防护

植物防护可美化路容,协调环境,调节边坡土的湿温状况,起到固结和稳定边坡的作用。它对于坡高不大、边坡比较平缓的土质坡面是一种简易有效的防护设施,其方法有植草与喷播植草、铺草皮、种植灌木、喷混植生。土质边坡防护也可采用拉伸网草皮、固定草种布或网格固定撒种,用土工合成材料进行土质边坡防护。图5-4 所示为植物边坡防护。

图5-4　植物边坡防护

(2) 骨架植物防护

骨架植物防护方法有浆砌片石(或混凝土)骨架植草、水泥混凝土空心块护坡、锚杆混凝土框架植草。框格防护也是骨架植物防护的典型方法适用于土质或风化岩石边坡,可采用混凝土、浆砌片(块)石、卵(砾)石等作骨架,框格内宜采用植物防护或其他辅助防护措施。浆砌预制块防护适用于石料缺乏地区。预制块的混凝土强度不应低于C15,在严寒地区不应低于C20。图5-5所示为骨架植物防护。

图5-5 骨架植物防护

(3)圬工防护

圬工防护方法有喷浆和喷射混凝土防护、干砌片石护坡、浆砌片(卵)石护坡、护面墙防护、锚杆钢丝网喷浆或喷射混凝土护坡、抹面防护和捶面防护。喷浆和喷射混凝土防护适用于边坡易风化、裂隙和节理发育、坡面不平整的岩石挖方边坡。干砌片石护坡适用于易受水流侵蚀的土质边坡、严重剥落的软质岩石边坡、周期性浸水及受水流冲刷较轻(流速小于2~4m/s)的河岸或水库岸坡的坡面防护。浆砌片(卵)石护坡适用于防护流速较大(3~6m/s)、波浪作用较强、有流水漂浮物等撞击的边坡。对过分潮湿或冻害严重的土质边坡应先采取排水措施再行铺筑。护面墙防护用于封闭各种软质岩层和较破碎的挖方边坡以及坡面易受侵蚀的土质边坡。用护面墙防护的挖方边坡不宜陡于1:0.5,并应符合极限稳定边坡的要求。护面墙分为实体、窗孔式、拱式等类型,应根据边坡地质条件合理选用。锚杆钢丝网喷浆或喷射混凝土护坡适用于直面为碎裂结构的硬岩或层状结构的不连续地层,以及坡面岩石与基岩分离并有可能下滑的挖方边坡。其施工简便,效果较好。抹面防护适用于易风化的软质岩石挖方边坡,岩石表面比较完整,尚无剥落。捶面防护适用于易受雨水冲刷的土质边坡和易风化的岩石边坡。图5-6所示为喷浆和喷射混凝土防护与护面墙防护。

a)喷浆和喷射混凝土防护

b)护面墙防护

图5-6 喷浆和喷射混凝土防护与护面墙防护

2. 沿河路基防护

沿河路基防护用于防护水流对路基的冲刷与淘刷。沿河路基防护可分为直接防护与间接防护。

(1) 直接防护

①抛石:用于经常浸水且水深较大的路基边坡或坡脚以及挡土墙、护坡的基础防护。抛石一般多用于抢修工程。

②石笼:沿河路堤坡脚或河岸,当受水流冲刷和风浪侵袭,且防护工程基础不易处理或沿河挡土墙、护坡基础局部冲刷深度过大时,可采用石笼防护。

a. 钢丝石笼:多用于抢修或临时工程,不得用于急流滚石河段,必要时对钢丝笼灌注小石子水泥混凝土。钢丝石笼一般可容许流速 4~5m/s 的水流冲刷。

b. 钢筋混凝土框架石笼:可用于急流滚石河段。

(2) 间接防护

①护坝:当沿河路基挡土墙、护坡的局部冲刷深度过大,深基础施工不便时,宜采用护坝防护基础。

②丁坝:适用于宽浅变迁河段,用以挑流或减低流速,减轻水流对河岸或路基的冲刷。

③顺坝:适用于河床断面较窄、基础地质条件较差的河岸或沿河路基防护,调整流水曲线度和改善流态。

改移河道:沿河路基受水流冲刷严重,或防护工程艰巨,以及路线在短距离内多次跨越弯曲河道时可改移河道。对主河槽改动频繁的变迁性河流或支流较多的河段不宜改移河道。图 5-7 所示为部分沿河路基防护图。

a) 抛石　　　　　b) 石笼

c) 丁坝　　　　　d) 顺坝

图 5-7　部分沿河路基防护图

3. 支挡构筑物

支挡构筑物用以防止路基变形或支挡路基本体或山体的位移,以保证其稳定性。支挡构筑物常用的类型有挡土墙、边坡锚固、土钉支护、抗滑桩等。其中,挡土墙有重力式挡土墙、半重力式挡土墙、锚定式挡土墙、锚定板挡土墙、加筋土挡土墙、桩板式挡土墙等。下面简要介绍重力式挡土墙、锚定式挡土墙和加筋土挡土墙。

(1)重力式挡土墙靠自身重力平衡土体,一般形式简单、施工方便、圬工量大,对基础要求也较高,如图5-8所示。依据墙背型式不同,其种类有普通重力式挡墙、不带衡重台的折线墙背式重力挡墙和衡重式挡墙。衡重式挡墙属重力式挡墙;衡重台上填土使得墙身重心后移,增加了墙身的稳定性;墙胸很陡,下墙背仰斜,可以减小墙的高度和土方开挖;但基底面积较小,对地基要求较高。

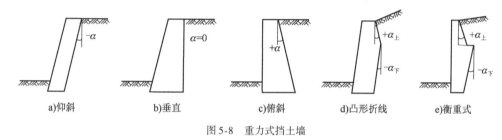

图5-8 重力式挡土墙

(2)锚定式挡土墙属于轻型挡土墙,通常包括锚杆式和锚定板式两种,如图5-9所示。

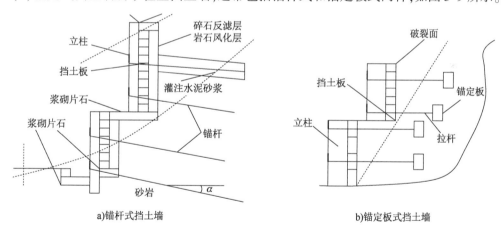

图5-9 锚杆式与锚定板式挡土墙

锚杆式挡土墙主要由预制的钢筋混凝土立柱和挡土板构成墙面,与水平或倾斜的钢锚杆联合作用支挡土体,主要是靠埋置岩土中的锚杆的抗拉力拉住立柱保证土体稳定。

锚定板式挡土墙则将锚杆换为拉杆,在其土中的末端连上锚定板。它不适于路堑,路堤施工容易实现。

(3)加筋土挡土墙是由填土、填土中的拉筋条以及墙面板等三部分组成,它是通过填土与拉筋间的摩擦作用把土的侧压力削减到土体中起到稳定土体的作用,如图5-10所示。加筋土挡土墙属于柔性结构,对地基变形适应性大,建筑高度也可达到较高高度,适用于填土路基;但须考虑其挡板后填土的渗水稳定及地基变形对其影响,需要通过计算分析选用。

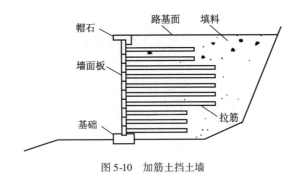

图 5-10 加筋土挡土墙

二、路基防护与支挡工程施工主要事故类型

1. 高边坡防护工程施工中的主要事故类型（表 5-13）

高边坡防护工程施工中的主要事故类型 表 5-13

施工内容	主要工序	致害物	主要事故类型	事故严重程度			
				一般	较大	重大	特大
高边坡防护施工	土石方开挖、运输	施工中的各种运输车辆	车辆伤害	√			
	挖料、装料等	挖掘机、装载机等小型机具	机械伤害	√			
	边坡防护网、预制砼防护安装等	起重设备、吊起的材料、吊具	起重伤害	√			
	边坡清理	边坡危石、松石等	物体打击	√			
	边坡开挖、防护施工	滑坡土、偏压、不稳定土体	坍塌	√	√	√	
	边坡钻孔、锚杆、锚索安装施工等	无防护的作业平台、边坡等	高处坠落	√			
	爆破土石方、钻孔施工等	火工品、爆破	爆炸	√	√	√	

2. 挡土墙工程施工中的主要事故类型（表 5-14）

挡土墙工程施工中的主要事故类型 表 5-14

施工内容	主要工序	致害物	主要事故类型	事故严重程度			
				一般	较大	重大	特大
挡土墙工程施工	基坑开挖、回填、墙身施工等	自卸车、混凝土罐车、运输车等	车辆伤害	√			
	挖料、装料等	挖掘机、装载机等小型机具	机械伤害	√			

续上表

施工内容	主要工序	致害物	主要事故类型	一般	较大	重大	特大
挡土墙工程施工	混凝土浇筑、振捣等	破损的电缆、电线、振捣棒等	触电	√			
	重力式挡土墙施工	滑坡土、偏压、不稳定土体	坍塌	√	√	√	
	墙身施工	无防护的作业平台、边坡等	高处坠落	√			

3. 圬工防护工程施工中的主要事故类型（表5-15）

圬工防护工程施工中的主要事故类型　　表5-15

施工内容	主要工序	致害物	主要事故类型	一般	较大	重大	特大
圬工防护工程施工	基坑开挖、回填、墙身施工等	自卸车、混凝土罐车、运输车等	车辆伤害	√			
	挖料、装料等	挖掘机、装载机等小型机具	机械伤害	√			
	混凝土浇筑、振捣等	破损的电缆、电线、振捣棒等	触电	√			
	喷射混凝土施工	滑坡土、偏压、不稳定土体	坍塌	√	√	√	
	墙身施工	无防护的作业平台、边坡等	高处坠落	√			

三、路基防护与支挡工程施工隐患排查

1. 高边坡防护施工隐患排查要点

（1）高边坡松动土石有没有及时清除,是否设置警示标志;
（2）高边坡开挖时有崩塌迹象时是否及时处理;
（3）高边坡防护作业时,是否规范搭设脚手架和作业平台等安全防护措施;
（4）高边坡施工是否进行稳定性检测;
（5）锚索张拉时,是否在千斤顶伸长端设置警戒线;
（6）高边坡施工作业人员防护是否符合要求;
（7）高边坡施工下方通行道路安全警戒措施是否符合要求;
（8）高边坡开挖前是否临时排水系统;
（9）脚手架拆除是否有专人指挥;
（10）高处作业时是否随意投掷物料、工具;

(11)砌石工程不是自下而上进行,在脚手架上进行片石改小等危险作业等。

2.挡土墙工程施工隐患排查要点

(1)在施工操作之前必须检查操作环境是否符合安全要求,道路是否畅通,机具是否完好、牢固,安全设施和防护用品是否齐全,经检查符合要求后才可施工。

(2)开挖基础时,应经常检查和注意基坑边坡的土体变化情况,有无开裂、位移现象。堆放材料应离槽(坑)边1m以上。

(3)所有现场作业人员必须佩戴安全帽,严禁穿拖鞋或其他防滑功能差的鞋子上岗。

(4)高空作业人员和脚手架上作业人员,身上须系安全设施,以防坠落。

(5)施工重地,闲人免进。工(班)长应注意维护现场秩序,不得让与施工无关的人员进入施工重地。

(6)注意用电安全,所用电线等不得乱拉乱接,或接近如脚手架等金属作业设施,以免触电。所用电力设备机具每次使用前必须仔细检查,确保安全后方可投入使用。

(7)夏季作业,特别在炎热天气要注意防暑,防止因中暑等引发安全事故。

3.圬工防护施工隐患排查要点

(1)边坡防护作业,必须搭设牢固的脚手架;砌石工程必须自下而上砌筑,石块破碎或改小时,不得在不稳定的施工点上进行。上方作业时,坡体下方不准有人作业或停留。

(2)砂浆搅拌机作业时应安置稳妥、固定,开机前必须确认传动及各部装置牢固可靠,操作灵活,运转中严禁用手或木棒等伸进筒内清理筒的灰浆。作业中如发生故障,应立即切断电源,并将筒内砂浆倒出,待排除故障经试运转正常后,方可再进行搅拌作业。

(3)挡墙挖基应视土质、湿度和挖掘的深度进行放坡,坡度须符合安全要求。如无法放坡时应设置连续的围壁支撑,做到安全可靠。

(4)雨季施工要做好防雨措施,严防雨水冲走砂浆,造成砌体倒塌。后继续施工时,应复核砌体垂直度。

(5)车子运输石、砂浆等材料时应注意稳定,不得猛跑,前后车距离应不少于2m;坡度行车,两车距离应不少于10m。禁止并行或超车。所载材料不许超出车厢之上。

(6)吊运砂浆的料斗不能装得过满。吊钩要扣稳,而且要待吊物下降至离楼地面1m以内时,人员才可靠近。扶住就位,人员不得站在有坠落风险的施工平台边缘。吊运物料时,汽车吊吊臂回转范围内的下面不得有人员行走或停留。

(7)严禁用抛掷方法传递砖、石等材料,如用人工传递时,应稳递稳接,上下操作人员站立位置应错开。

(8)操作地点临时堆放用料时,要放在平整坚实的地面上,不得放在湿滑积水或泥土松软崩裂的地方。基坑边1m以内不准堆料。

四、路基防护与支挡工程施工风险控制

1.安全交底

(1)高边坡防护施工安全技术交底(表5-16)

高边坡防护施工安全技术交底 表 5-16

工程名称		施工单位	
交底内容	高边坡防护施工	交底时间	
交底对象	高边坡防护施工工区作业人员	交底人	

交底内容:
(1)现场施工人员严禁穿硬底、易滑、高跟、拖鞋或赤脚进入施工现场。
(2)高边坡施工人员必须戴好安全帽,系好安全带,绑挂安全带的绳索应牢固地拴在可靠的安全桩上,绳索应垂直,不得在同一个安全桩上拴 2 根及以上安全绳或在一根安全绳上拴 2 人以上。
(3)施工机械作业时,除按规范操作外,还应按事先设计的行走路线进行,其工作位置应平坦稳固,并应有专人指挥,指挥人员不得进入机械作业范围内。
(4)挖方高边坡实行"随开挖、随加固、随防护",施工时严格按照设计方案进行。
(5)高边坡施工应设置安全通道,开挖工作面应与装运作业面相互错开,严禁上、下交叉作业。边坡上方有人工作时,边坡下方不准有人停留或通行。
(6)清理边坡上突出的块石和整修边坡时,应从上而下顺序进行,坡面上的松动土、石块必须及时清除。
(7)严禁在危石下方作业、休息和存放机具。施工中如发现山体有滑动、崩塌迹象危及施工安全,应立即停止施工,撤出人员和机具,并报告上级主管部门处理。高边坡路堤下方有道路的,施工时应设警示标志。
(8)施工机械靠近路堤边缘作业时,应根据路堤高度留有必要的安全距离。
(9)施工用电线路、开关设防触电设施,针对施工机械操作制定安全操作规程,对施工人员进行安全教育,非施工人员不得进入施工区,施工用的工作平台牢固可靠并设安全护栏。
(10)施工中要设专人观察,严防塌方。遇有大雨、大雾及六级(含六级)以上大风等恶劣天气时,应停止作业,施工前必须检查边坡顶是否有裂缝,边坡顶是否有不稳定或局部失稳现象等安全隐患,如果无法排除,必须上报项目部,安全隐患排除前严禁施工。
(11)现场施工用电严格执行"一机一闸一箱一漏一锁"的配置,用电作业必须持证上岗。
(12)对进入高边坡部位施工的机械,必须全面检查其技术性能,确保安全施工机械进入施工部位,必须检查行走路线,确认道路宽度、坡度、梁、涵洞等能满足安全条件后方可行进。
(13)施工机械工作时,严禁一切人员在回转半径内停留。配合机械作业平整、修坡等人员,应在机械的回转半径外工作,如必须在回转半径内必须停止机械并制动好以后方可工作。机上机下人员随时取得联系。
(14)钻爆机械要确保扑尘装置完好,风管接头必须绑扎牢靠,严防脱管伤人。
(15)装载机行走时,驾驶室两侧和铲斗内严禁站人。
(16)推土机开山辟路时,要严格将其工作水平度控制在规范的规定以内。下坡时,严禁空挡滑行,必要时可放下刀片作为辅助制动。
(17)运输车辆必须确保方向、制动、信号等安全可靠。装渣高度不得高出车,要防止行进中掉石伤人。
(18)喷射机、注浆器等带压力工作的设备,均安装压力表和安全阀,并确保其灵敏可靠。
(19)施工机械停止作业后必须停放在安全可靠、基础牢固的地方。

交底人签字:
接受交底人员签字:

(2)挡土墙施工安全技术交底(表 5-17)

挡土墙施工安全技术交底 表 5-17

工程名称		施工单位	
交底内容	挡土墙施工	交底时间	
交底对象	挡土墙施工工区作业人员	交底人	

交底内容:
(1)一般安全注意事项
进入施工现场人员必须正确佩戴合格的安全帽,系好下颌带,锁好带扣。作业时必须按规定正确使用个人防护用品,着装要整齐,严禁赤脚和穿拖鞋、高跟鞋进入施工现场。在没有可靠安全防护设施的高处和陡坡施工时,必须系好合格的安

续上表

全带,安全带要系挂牢固,高挂低用,同时高处作业不得穿硬底和带钉易滑的鞋,穿防滑胶鞋。新进场的作业人员,必须首先参加入场安全教育培训,经考试合格后方可上岗,未经教育培训或考试不合格者,不得上岗作业。从事特种作业的人员,必须持证上岗,严禁无证操作,禁止操作与自己无关的机械设备。

(2)脚手架搭设及施工

搭设脚手架的操作人员,必须经过专门训练和体格查验考核,持特种作业证方可上岗。如患有高血压、心脏病、癫痫及其他不适宜高空作业人员,一律不准从事搭设作业。架设所用的材料及扣件的规格和质量必须符合有关技术规定和施工方案的要求,并经试验合格后才能使用。不准使用不合格的材料、扣件,不准钢、竹材料混用。架子地基(或基础)应平整夯实,并找平后加设垫木、垫板或底座。不得在未经处理起伏不平和软硬不一的地面上直接搭设脚手架。不准用红砖做垫块。

严格按照脚手架搭设方案规定的构造尺寸进行搭设。控制好立杆的垂直偏差和横杆的水平偏差,并确保节点连接达到要求(绑好拧紧或插挂好);施工作业层必须满铺脚手板,铺平铺稳,保证有3个支撑点绑扎牢固,不得有探头板。搭设过程中要及时设置斜撑杆、剪刀撑以及必要的卸荷吊索,保证架体剪刀撑与地面夹角不小于45°,不大于60°。操作架的操作面必须满铺安全网,之后再铺脚手板。

(3)木工支模作业

电锯、电刨等要做到一机一闸一漏一箱,严禁使用一机多用机具;电锯、电刨等木工机具要有专人负责,持证上岗,严禁戴手套操作,严禁用竹编版等材料包裹锯体,分料器要齐全,不得使用倒顺开关;使用手持电动工具必须戴绝缘手套,穿绝缘鞋,严禁戴手套使用锤、斧等易脱手工具;圆锯的锯盘及传动部应安装防护罩,并设有分料器,其长度不小于50cm,厚度大于锯盘的木料,严禁使用圆锯;支模时注意个人防护,不允许站在不稳固的支撑上或没有固定的木方上施工;支设梁、板、柱模板时,应先搭设架体和护身栏,严禁在没有固定的梁、板、柱上行走;搬运木料、板材和柱体时,根据其重量而定,超重时必须两人进行,严禁从上往下投掷。

(4)混凝土施工

施工人员要严格遵守操作规程,振捣设备安全可靠。泵送砼浇注时,输送管道头应紧固可靠,不漏浆,安全阀完好,管道支架要牢固,检修时必须卸压。浇注框架梁、柱、墙时,应搭设操作平台,铺满绑号跳板,严禁直接站在模板或支架上操作。砼振捣时,操作人员必须戴绝缘手套,穿绝缘鞋,防止触电。振捣棒使用前检查各部位连接牢固,旋转方向正确,清洁。作业转移时,电机电缆要保持足够的长度和高度,严禁用电缆线拖、拉振捣器。振捣工必须掌握振捣器的安全知识和使用方法,保养、作业后及时清洁设备。振捣器接线必须正确,电机绝缘电阻必须合格,并有可靠的零线保护,必须装设合格漏电保护开关保护。泵送砼时,运行前检查各部件和连接是否完好无损。泵管安装人员临边作业时,要挂好安全带,要将泵管拿稳抱牢,必要时将长泵管拴上安全绳,以防泵管脱落伤人,安装人员要精力集中,相互配合。

(5)高处作业安全技术教育及交底

施工前,应逐级进行安全技术教育及交底,落实所有安全技术措施和人身防护用品,未经落实时不得进行施工;高处作业中的安全标志、工具、仪表、电气设施和各种设备,必须在施工前加以检查,确认其完好,方能投入使用;攀登和悬空高处作业人员以及搭设高处作业安全设施的人员,必须经过专业技术培训及专业考试合格,持证上岗,并必须定期进行体格检查;施工中对高处作业的安全技术措施,发现有缺陷和隐患时,必须及时解决;危及人身安全的,必须停止作业;施工作业场所所有可能坠落的物件,应一律先行撤除或加以固定。高处作业中所用的物料均应堆放平稳,不妨碍通行和装卸;工具应随手放入工具袋;作业中的走道、通道板和登高用具,应随时清扫干净;拆卸下的物件及余料和废料均应及时清理运走,不得随意乱堆或向下丢弃。传递物件禁止抛掷;雨天和雪天进行高处作业时,必须采取可靠的防滑、防寒和防冻措施。凡水、冰、霜均应及时清除。对进行高处作业的施工平台、塔吊等高耸结构物,应事先设置避雷设施。遇有6级以上大风、浓雾等恶劣天气,不得进行露天攀登与悬空高处作业,暴风雪及台风暴雨后,应对高处作业安全设施逐一加以检查,发现有松动、变形、损坏或脱落等现象,应立即修理完善。

(6)工地临时用电

施工现场配电应遵照《施工现场临时用电安全技术规范》(JGJ 46—2005)的规定进行布置。在三相五线制供电系统中必须做到三级配电二级保护的要求。

每个电气设备必须做到"一机一闸一漏一箱"的要求,线路标志要分明,线头引出要整洁,各电箱要有门有锁,满足防雨防潮的要求,采用的电气设备应符合现行国家标准的规定,并应有合格证件,设备应有铭牌,使用中的电气设备应保持良好的工作状态。

续上表

配电室必须做到"四防和一通"的要求,即防火、防潮湿、防水、防动物和保持通风良好。室内应备有绝缘设备,还应备有匹配的电气灭火消防器材、应急照明等安全用具。

交底人签字:

接受交底人员签字:

(3)圬工防护施工安全技术交底(表5-18)

圬工防护施工安全技术交底　　　　表5-18

工程名称		施工单位	
交底内容	圬工防护施工	交底时间	
交底对象	圬工防护施工工区作业人员	交底人	

交底内容:

(1)一般安全注意事项。进入施工现场人员必须正确佩戴合格的安全帽,系好下颌带,锁好带扣。作业时必须按规定正确使用个人防护用品,着装要整齐,严禁赤脚和穿拖鞋、高跟鞋进入施工现场。在没有可靠安全防护设施的高处和陡坡施工时,必须系好合格的安全带,安全带要系挂牢固,高挂低用,同时高处作业不得穿硬底和带钉易滑的鞋,穿防滑胶鞋。新进场的作业人员,必须首先参加入场安全教育培训,经考试合格后方可上岗,未经教育培训或考试不合格者,不得上岗作业。从事特种作业的人员,必须持证上岗,严禁无证操作,禁止操作与自己无关的机械设备。

(2)护墙码筑时,墙下严禁站人;抬运石块上架时,跳板应坚固,并设防滑架。路堑砌石工程必须由下而上砌筑,严令禁止向路基投石;片石改小,采用"手递手"方式运石料。路堑段路肩必要实行拉网防护。抹面、勾缝作业必须先上后下,严禁在砌筑好的坡面上行走,上下必须用爬梯。架上作业时,架下不得有人操作或停留,不得上面砌筑、下面勾缝。

(3)对施工人员定期进行安全教育和安全知识培训。

(4)工地设立明显的安全警示牌和安全注意事项宣传栏,做好既有线安全知识宣传普及工作。

(5)各类机械设备操作人员必须持证上岗,无证人员及非本机人员不得上机。

(6)砂浆拌和机作业。拌和机应安置稳妥,开机前必须确认传动及各部装置牢固可靠,操作灵活,运转中不得用手或木棒等伸进筒内清理筒口的灰浆。作业中如发生故障,应立即切断电源,并将筒内砂浆倒出。

(7)对各机械车辆施工前做好车况检查,确认无隐患。尽全力避免来车因为机身问题出现故障无法撤出保护区的情况。采用一机一人防护制度,机械内必须放置安全标语。

(8)喷射混凝土作业。喷浆前将上部拱脚用高压风吹干净,以保证砼与岩面黏结牢固。应先接通风、水、电,开启进气阀逐步达到额定压力,再启动电动机空载运转,确认一切正常后,方可投料作业。不准弄错电机,以免接合板损坏。机械操作和喷射操作人员之间联系信号应事先进行沟通,送风、加料、停料、停风以及发生堵塞时,应及时联系,密切配合。喷射作业面及喷浆机处要保证良好的照明。作业时,保证喂料均匀,料斗内时刻保证50%以上的余料,以便于喷料均匀和喷浆手控制水量。喷射机喂料筛网,不得任意取下,更不允许用手或棍棒伸入喂料口。必须设专人负责添加速凝剂,随用随加,添加要均匀,不得将速凝剂直接倒在喷浆料内拌和上料。

加水量由喷射手根据经验调节喷头水阀控制,喷射混凝土表面应平整,呈湿润光滑、粘性好,无干斑及滑移流淌现象。

(9)高处作业安全技术交底。施工前,应逐级进行安全技术教育及交底,落实所有安全技术措施和人身防护用品,未经落实时不得进行施工;高处作业中的安全标志、工具、仪表、电气设施和各种设备,必须在施工前加以检查,确认其完好,方能投入使用;攀登和悬空高处作业人员以及搭设高处作业安全设施的人员,必须经过专业技术培训及专业考试合格,持证上岗,并必须定期进行体格检查;施工中对高处作业的安全技术措施,发现有缺陷和隐患时,必须及时解决;危及人身安全的,必须停止作业;施工作业场所有可能坠落的物件,应一律先行撤除或加以固定。高处作业中所用的物料均应堆放平稳,不妨碍通行和装卸;工具应随手放入工具袋;作业中的走道、通道板和登高用具,应随时清扫干净;拆卸下的物件及余料和废料均应及时清理运走,不得随意乱放或向下丢弃。传递物件禁止抛掷;雨天和雪天进行高处作业时,必须采取可靠的防滑、防寒和防冻措施。凡水、冰、霜均应及时清除。对进行高处作业的施工平台、塔吊等高耸结构物,应事先设置避雷设施。遇有6级以上大风、浓雾等恶劣天气,不得进行露天攀登与悬空高处作业,暴风雪及台风暴雨后,应对高处作业安全设施逐一加以检查,发现有松动、变形、损坏或脱落等现象,应立即修理完善。

续上表

(10)工地临时用电。施工现场配电应遵照《施工现场临时用电安全技术规范》(JGJ 46—2005)的规定进行布置。在三相五线制供电系统中必须做到三级配电二级保护的要求。

每个电气设备必须做到"一机一闸一漏一箱"的要求,线路标志要分明,线头引出要整洁,各电箱要有门有锁,满足防雨防潮的要求,采用的电气设备应符合现行国家标准的规定,并应有合格证件,设备应有铭牌,使用中的电气设备应保持良好的工作状态。

配电室必须做到"四防和一通"的要求,即防火、防潮湿、防水、防动物和保持通风良好。室内应备有绝缘设备,还应备有匹配的电气灭火消防器材、应急照明等安全用具。

交底人签字:

接受交底人员签字:

2.安全检查与管控

(1)安全检查

①高边坡施工安全检查记录表(表5-19)

高边坡施工安全检查记录表　　　　　　　　　　　　　　　表5-19

项目(工程)名称	
检查时间	
施工地点	

序号	检查项目	检查标准	检查结果			
			符合	不符合及主要问题	整改要求	整改结果
1	现场基本要求					
1.1	安全措施、职责	安全措施齐全,职责明确。要求高空作业、水上作业、施工用电要有安全措施,有明确责任人				
1.2	特种工管理	架子工、电焊工、电工等特种工持证作业				
1.3	安全技术培训	施工人员经过安全培训				
1.4	现场人员劳动保护	现场人员按要求佩戴防护用品				
1.5	安全防护、安全标志	危险作业设防护,有警示标志				
2	高空作业					
2.1		检查防护栏杆及作业人员是否佩戴防护用品				
2.2	防护措施	严禁在连接件上和支撑件上攀登上下,严禁在同一垂直面上装拆模板				
2.3		搭设操作平台,区域内严禁非操作人员进入,两端须设置挡板				

续上表

序号	检查项目	检查标准	检查结果			
			符合	不符合及主要问题	整改要求	整改结果
3	施工用电					
3.1	配电箱	检查电源线、各种电器安装间距是否符合要求;检查漏电保护器安装是否合格、可靠;检查闸刀保险丝和距离、高度是否符合要求				
3.2	电焊作业	检查电源是否采用三相五线制,有无漏电保护,是否加装空载保护,是否配置灭火器材,作业人员是否佩戴防护用品,是否有专人监控				
3.3	用电设备	采用一机一闸并上锁,设备要有可靠接地,有警示标志				
3.4	操作人员	严禁非电工进行电工作业;操作人员经过岗前培训持证上岗				
4	机械设备作业					
4.1	操作人员	设备操作人员持证上岗				
4.2	设备状态	设备在使用前要进行检查,禁止设备带病作业				
4.3	作业安全	按章作业;设备作业时危险区设置标志,有专人管理				
5	混凝土施工					
5.1	作业人员管理	着装、防护用品符合规定,经过岗前培训,严禁作业人员违章作业				
5.2	安全施工方案	有无安全施工方案,并进行安全交底				
5.3	安全措施	有专、兼职安全员现场巡查,设置警示标志,按规范搭设脚手架,挂安全网				

检查方: 受检方:
检查人(签名): 接收人(签名):
　　　　　　年　月　日　　　　　　　　　　　　　年　月　日

②挡土墙施工安全检查记录表(表5-20)

挡土墙施工安全检查记录表　　　　表5-20

项目(工程)名称	
检查时间	
施工地点	

序号	检查项目	检查标准	检查结果			
			符合	不符合及主要问题	整改要求	整改结果
1	现场基本要求					
1.1	安全措施、职责	安全措施齐全,职责明确。要求高空作业、水上作业、施工用电要有安全措施,有明确责任人				
1.2	特种工管理	架子工、电焊工、电工等特种工持证作业				
1.3	安全技术培训	施工人员经过安全培训				
1.4	现场人员劳动保护	现场人员按要求佩戴防护用品				
1.5	安全防护、安全标志	危险作业设防护,有警示标志				
2	高空作业					
2.1		检查防护栏杆及作业人员是否佩戴防护用品				
2.2	防护措施	严禁在连接件上和支撑件上攀登上下,严禁在同一垂直面上装拆模板				
2.3		搭设操作平台,区域内严禁非操作人员进入,两端须设置挡板				
3	施工用电					
3.1	配电箱	检查电源线、各种电器安装间距是否符合要求;检查漏电保护器安装是否合格、可靠;检查闸刀保险丝和距离、高度是否符合要求				
3.2	电焊作业	检查电源是否采用三相五线制,有无漏电保护,是否加装空载保护,是否配置灭火器材,作业人员是否佩戴防护用品,是否有专人监控				
3.3	用电设备	采用一机一闸并上锁,设备要有可靠接地,有警示标志				

续上表

序号	检查项目	检查标准	检查结果			
			符合	不符合及主要问题	整改要求	整改结果
3.4	操作人员	严禁非电工进行电工作业;操作人员经过岗前培训持证上岗				
4	机械设备作业					
4.1	操作人员	设备操作人员持证上岗				
4.2	设备状态	设备在使用前要进行检查,禁止设备带病作业				
4.3	作业安全	按章作业;设备作业时危险区设置标志,有专人管理				
5	挡土墙施工					
5.1	作业人员管理	着装、防护用品符合规定,经过岗前培训,严禁作业人员违章作业				
5.2	安全施工方案	有无安全施工方案,并进行安全交底				
5.3	安全措施	有专、兼职安全员现场巡查,设置警示标志,按规范搭设脚手架,挂安全网				
6	模板、支架安装拆除	应考虑便于安装和拆除,还要考虑安装钢筋、浇捣混凝土方便				
7	混凝土拌合浇筑	混凝土质量保证要求,浇筑梁、柱混凝土应设操作台,严禁直接站在模板支撑上操作,避免踩滑或踏断坠落				

检查方: 　　　　　　　　　　　受检方:
检查人(签名): 　　　　　　　　接收人(签名):
　　　　　年　月　日　　　　　　　　　　年　月　日

③圬工防护施工安全检查记录表(表5-21)

圬工防护施工安全检查记录表　　　　　　表5-21

项目(工程)名称	
检查时间	
施工地点	

序号	检查项目	检查标准	检查结果			
			符合	不符合及主要问题	整改要求	整改结果
1	现场基本要求					

续上表

序号	检查项目	检查标准	检查结果			
			符合	不符合及主要问题	整改要求	整改结果
1.1	安全措施、职责	安全措施齐全,职责明确。要求高空作业、水上作业、施工用电要有安全措施,有明确责任人				
1.2	特种工管理	架子工、电焊工、电工等特种工持证作业				
1.3	安全技术培训	施工人员经过安全培训				
1.4	现场人员劳动保护	现场人员按要求佩戴防护用品				
1.5	安全防护、安全标志	危险作业设防护、有警示标志				
2	高空作业					
2.1	防护措施	检查防护栏杆及作业人员是否佩戴防护用品				
2.2		严禁在连接件上和支撑件上攀登上下,严禁在同一垂直面上装拆模板				
2.3		搭设操作平台,区域内严禁非操作人员进入,两端须设置挡板				
3	施工用电					
3.1	配电箱	检查电源线、各种电器安装间距是否符合要求;检查漏电保护器安装是合格、可靠;检查闸刀保险丝和距离、高度是否符合要求				
3.2	电焊作业	检查电源是否采用三相五线制,有无漏电保护,是否加装空载保护,是否配置灭火器材,作业人员是否佩戴防护用品,是否有专人监控				
3.3	用电设备	采用一机一闸并上锁,设备要有可靠接地,有警示标志				
3.4	操作人员	严禁非电工进行电工作业;操作人员经过岗前培训持证上岗				
4	机械设备作业					
4.1	操作人员	设备操作人员持证上岗				
4.2	设备状态	设备在使用前要进行检查,禁止设备带病作业				

续上表

序号	检查项目	检查标准	检查结果			
			符合	不符合及主要问题	整改要求	整改结果
4.3	作业安全	按章作业;设备作业时危险区设置标志,有专人管理				
5	混凝土施工					
5.1	作业人员管理	着装、防护用品符合规定,经过岗前培训,严禁作业人员违章作业				
5.2	安全施工方案	有无安全施工方案,并进行安全交底				
5.3	安全措施	有专、兼职安全员现场巡查,设置警示标志,按规范搭设脚手架,挂安全网				
6	模板、支架安装拆除	应考虑便于安装和拆除,还要考虑安装钢筋、浇捣混凝土方便				
7	混凝土拌合浇筑、喷射	混凝土质量保证要求,浇筑梁、柱混凝土应设操作台,严禁直接站在模板支撑上操作,避免踩滑或踏断坠落				

检查方:　　　　　　　　　　　　　　　受检方:
检查人(签名):　　　　　　　　　　　　接收人(签名):
　　　　　　年　月　日　　　　　　　　　　　　　　年　月　日

3.防护与支挡工程施工安全管控措施

由防护与支挡工程类型和施工方法可见,防护与支挡施工主要为基础工程、基坑边坡开挖防护、混凝土拌和浇筑喷射、模板支架安装、爆破土石方、钻孔施工等关键工序,在施工过程中,要做好这些工序的安全管控(表5-22)。

防护与支挡工程施工安全管控措施　　　　表5-22

序号	类别	需编制专项施工方案	需专家论证、审查	安全管控主要内容
1	基坑开挖、支护、降水工程	1.开挖深度不小于3m的基坑(槽)挖、支护、降水工程。2.深度小于3m但地质条件和周边环境复杂的基坑(槽)开挖、支护、降水工程	1.深度不小于5m的基坑(槽)的土(石)方开挖、支护、降水工程。2.开挖深度虽小于5m,但地质条件、周围环境和地下管线复杂,或影响毗邻建(构)筑物安全或存在有毒有害气体分布的基坑(槽)开挖、支护、降水工程	1.基坑尺寸应能满足基础安全施工和排水要求,基坑顶面应有良好的运输通道。2.施工中遇有危险物、不明物和文物应立即停止作业、保护现场,报告上级和主管单位,经处理后方可恢复作业;严禁敲击和擅自处理。3.基坑开挖中,与直埋电缆线距离小于2m(含),与其他管线距离小于1m(含)时,应采取人工开挖,并注意标志管线的警示标识,严禁损坏管线;开挖时宜邀请管理单位派人监护。4.开挖中,出现基坑顶部地面裂缝、坑壁坍塌或涌水、涌沙时,必须立即停止施工,人员撤离危险区,待采取措施确认安全后,方可恢复施工。

续上表

序号	类别	需编制专项施工方案	需专家论证、审查	安全管控主要内容
1	基坑开挖、支护、降水工程	1.开挖深度不小于3m的基坑（槽）挖、支护、降水工程。 2.深度小于3m但地质条件和周边环境复杂的基坑（槽）开挖、支护、降水工程。	1.深度不小于5m的基坑（槽）的土（石）方开挖、支护、降水工程。 2.开挖深度虽小于5m，但地质条件、周围环境和地下管线复杂，或影响毗邻建（构）筑物安全或存在有毒有害气体分布的基坑（槽）开挖、支护、降水工程	5.土层中有水时，应在开挖前进行排降水，先疏干再开挖，不得带水挖土。 6.基坑邻近有各类管线、建（构）筑物时，开挖前应按施工组织设计的规定实施拆移、加固或保护措施，经检查符合规定后，方可开挖。 7.挖掘机作业应符合挖掘机施工安全技术交底的具体要求；严禁挖掘机在电力架空线路下方作业，需在其一侧作业时，机械与电力架空线路的最小距离必须符合要求。 8.在基坑外堆土时，堆土应距基坑边缘1m以外，堆土高度不得超过1.5m。 9.基坑开挖与支撑、支护交叉进行时，严禁开挖作业碰撞、破坏基坑的支护结构。 10.人工清基应在挖掘机停止运转，且挖掘机指挥人员同意后进行，严禁在机械回转范围内作业。 11.基坑内应设安全梯或土坡道等攀登设施。 12.机械开挖基坑时，当坑底无地下水，坑深在5m以内，且边坡坡度符合下表规定时，可不加支撑；当挖土深度超过5m或发现有地下水和土质发生特殊变化，不符合有关规定时，应根据现场实际情况确定边坡坡度或采取支护措施。 13.使用起重机吊运土方，应按照起重机安全技术交底的具体要求进行操作，现场作业一定要符合相关要求
2	滑坡、高边坡处理和填挖方路基工程	1.滑坡处理。 2.边坡高度大于20m的路堤或地面斜坡坡率陡于1:2.5的路堤，或不良地质地段、特殊岩土地段的路堤。 3.土质挖方边坡高度大于20m，岩质挖方边坡高度大于30m，或不良地质、特殊岩土地段的挖方边坡	1.中型及以上滑坡体处理。 2.边坡高度大于20m的路堤或地面斜坡坡率陡于1:2.5的路堤，且处于不良地质地段、特殊岩土地段的路堤。 3.土质挖方边坡高度大于20m，岩质挖方边坡高度大于30m，且处于不良地质、特殊岩土地段的挖方边坡	1.对于滑坡体以外的地表水，在滑坡范围以外设置多道环形截水沟，使地表水不流入滑坡区域以内。 2.为迅速排出在滑坡范围以内的地表水和减少下渗，应改造排水系统缩短地表水流经的距离，主沟应与滑坡方向一致，并铺砌防渗层，支沟一般与滑坡方向成30°~45°角。 3.妥善处理生产、生活、施工用水，严防水的浸入。 4.对于滑坡体内的地下水，则应采取疏干和引出的原则，可在滑坡体内修筑地下沟，沟底应在滑动面以下，主沟应与滑坡方向一致。 5.使边坡有足够的坡度，并应尽量将土坡削成较平缓的坡度或做成台阶形，使其中间具有数个平台以增加稳定，土质不同时，可按不同土质削成不同坡度，一般可使坡度角小于土的内摩擦角。 6.对于施工地段或危及建筑物安全的地段设置抗滑结构，如抗滑挡墙、抗滑柱、锚杆挡墙等。这些结构物的基底必须设置在滑动面以下的稳定土层或基岩中。 7.将不稳定的陡坡部分削去，以减轻滑坡体重量，减少滑坡体的下滑力，以达到滑坡体的静力平衡。 8.严禁随意切割滑坡体的坡脚，同时切忌在坡体被动区挖土

续上表

序号	类别	需编制专项施工方案	需专家论证、审查	安全管控主要内容	
3	基础工程	1. 桩基础。 2. 挡土墙基础。 3. 沉井等深水基础	1. 深度不小于15m的人工挖孔桩，或开挖深度不超过15m，但地质条件复杂或存在有毒有害气体分布的人工挖孔桩工程。 2. 平均高度不小于6m且面积不小于1200m²的砌体挡土墙的基础。 3. 水深不小于20m的各类深水基础	桩基础	1. 所有操作人员、作业人员必须佩戴安全帽，不得穿拖鞋上班，不得酒后作业。 2. 特种设备操作人员必须持证上岗，特种设备操作证件复印件应张贴在钻机上的醒目位置。 3. 钻机进场前，施工现场场地必须整平填实，保证钻机在正常运行下不发生倾斜或者倾覆现象。 4. 钻机开始作业前，必须检查各个部件是否完好，刹车是否灵敏，钢丝绳是否断丝等。检查合格后方能开展钻孔作业。在钻孔作业时要定期对钻机开展维修保养。 5. 钻机多用配电箱配电器要完好，并上锁，设立专人管理。各项机械设备的保护接地必须牢固可靠，漏电断路器动作灵敏。 6. 泥浆池必须在技术员指定的位置开挖，泥浆池周边必须设置安全防护栏杆并挂设相关的安全警示标识标牌。 7. 测量孔深及取渣样时，不可在吊锤下操作作业，必须先将重锤落到地面后再开始作业。 8. 当钻机出现故障需要维修时，应先将吊锤落于地面，然后切断电源，再开展检修。 9. 已经完成的桩应及时回填，防止事故发生，无法及时回填的桩位应用安全网围闭，并挂上警示标志
				挡土墙基础	1. 所有施工人员进入施工现场都必须正确佩戴安全帽；高空作业时必须正确佩戴和使用安全带；按规定着装。 2. 特种作业人员必须持证上岗，严禁无证上岗。 3. 凡患有高血压、心脏病、贫血病、癫痫或四肢有残缺者，不能从事高空作业。严禁酒后作业。 4. 挡土墙施工必须按要求搭脚手架及操作平台，上下脚手架要设置专用的扶梯。 5. 脚手架的作业平台要设置符合要求的护栏，并悬挂防护网。 6. 高处作业时作业人员要衣着灵便，严禁穿拖鞋及易打滑的鞋；高处作业所用的工具、零件、材料等必须装入工具袋。 7. 开挖基坑前了解地下管线、人防、桩头等构筑物的情况，掌握管线、构筑物、桩头等的具体位置。作业中避开管线、构筑物、桩头。 8. 基坑使用挖掘机开挖，施工时严格按照技术施工方案进行。 9. 挖掘机驾驶员要遵守安全操作规程。挖掘机作业半径内禁止站人。 10. 用于搭设脚手架的碗扣支架的材质、规格、刚度、强度必须满足规定；搭设脚手架的地基经过处理并经验收合格后方可施工

续上表

序号	类别	需编制专项施工方案	需专家论证、审查	安全管控主要内容
4	拆除、爆破工程	爆破工程	C级及以上爆破工程、水下爆破工程	1. 上岗前，由施工队负责人组织各专业班组和其他人员，接受项目部安全主管部门组织的施工安全规则和安全操作规程的培训，增强全员的安全生产意识。 2. 施工现场按要求设置醒目的安全标语和安全警示标志，提示所有施工人员注意安全。禁止无关人员进入施工现场。 3. 购买或领用合格的安全帽、安全网、安全绳、绝缘手套、软底鞋、防护眼镜等安全器具，并按项目部安全主管部门的要求保管和使用。在进入施工现场前按要求正确佩戴个人安全用具，否则禁止进入作业区。 4. 每个爆破队必须有爆破员和安全员各1名，专职爆破员必须持证上岗。 5. 到炸药库领用民爆物品时，必须2人以上同行，雷管与炸药禁止由同一个人持有。 6. 在领用、携带、安装民爆物品过程中，严禁作业人员携带、使用手机、打火机和火柴等火种。 7. 认真核对民爆物品计划，按需领用。每日按时将剩余民爆物品安排专人退还炸药库保存。 8. 炸药、雷管只能用树木或楠竹装填，严禁使用金属类器具。 9. 雷雨时禁止一切爆破施工。 10. 不得遗失、私拿、私用、转让、转借、私藏和转卖爆破物品。上述现象一经发现，责任人将被移交相关部门进行处理。 11. 配置两个加锁的大小木箱，用于爆破物品领用到工地后将炸药、雷管分别临时存放。 12. 民爆物品禁止用于本项目指定区域外的任何场所与部位。 13. 爆破前，由施工队派专人着反光背心，清理场地，封锁附近道路，并鸣哨示警。确认安全后方可引爆
5	混凝土拌和、喷射浇筑			一、砂浆搅拌机安全管理要求 1. 施工前根据方案要求选择砂浆搅拌机的规格型号。 2. 设备进场需组织验收，查验设备出厂合格证书，验收合格后张贴验收牌。 3. 砂浆罐必须设置在符合标准的基础上。 4. 传动部位应有防护罩。 5. 设置防护棚，挂设操作规程。 6. 检修作业前应断电，并挂设检修警示牌。 二、混凝土喷射机安全管理要求 1. 混凝土喷射机根据其结构形式可分为缸罐式、螺旋式和转子式，根据混凝土拌料的加水方法可分为干式、湿式和半湿式。 2. 施工前根据方案要求选择混凝土喷射机的规格型号

续上表

序号	类别	需编制专项施工方案	需专家论证、审查	安全管控主要内容
5	混凝土拌和、喷射浇筑			3. 设备进场需组织验收,查验设备出厂合格证书,验收合格后张贴验收牌。 4. 喷射机风源、电源、水源、加料设备等应配套齐全。 5. 管道连接处应紧固密封,电源线应无破损,接线应牢靠。 6. 喷射作业人员与喷射面保持安全距离,喷嘴前方不得有人员。 7. 作业人员佩戴防尘口罩。 三、混凝土输送泵安全管理要求 1. 混凝土输送泵按其结构和用途分为拖式混凝土泵、车载泵和泵车。 2. 施工前根据方案要求选择混凝土输送泵的规格型号。 3. 设备进场需组织验收,查验设备出厂合格证书,验收合格后张贴验收牌。 4. 混凝土泵应放在平整、坚实的地面上,周围不得有障碍物,支腿应支设牢固。 5. 搭设防噪棚,周边设置警示区。 6. 混凝土输送水平管宜每隔一段距离用支架、台垫等固定;垂直管宜用预埋件固定在墙、柱或楼板预留孔处,泵管在穿越楼板处需用木楔子四个方向加固牢靠。 7. 不得塔吊吊运泵管浇筑混凝土,泵管不得与其他架体相连

1. 路基的施工方法主要有哪些?
2. 高边坡作业时的安全要点有哪些?
3. 挡土墙施工可以采取哪些安全措施?
4. 简述爆破施工安全要点。
5. 简述喷射混凝土施工安全要点。

单元四　路面施工安全

一、路面工程介绍

路面工程是为交通工具提供安全、舒适、耐用的行驶表面。路面工程是在路基工程的基础上进行的。路基工程是建造道路的基础,其主要功能是支撑路面,并保证路面的稳定性和承载能力;而路面工程则是建立在路基工程之上的,其主要功能是承受车辆的负荷和摩擦,保证车辆的安全和舒适行驶。路面工程的设计和施工需要考虑到许多因素,如地形、天气、交通量、材料选择和施工方法等。路面工程施工主要内容包括基层、底基层、垫层、路肩、人行道、基面、排水系统以及联结层等。现有公路中,大多数公路都选择以沥青、沥青混凝土、沥青碎砂石以及水泥混凝土路面。由于路面工程和路基工程的要求和功能不同,它们在施工方法上也存在一定的差异。施工方法的不同也必然导致安全管控的重点不同,其共通的地方这里不再赘述,重点强调路面施工特有工序的安全管理要点。

路面工程施工一般安全注意事项:

(1)施工前应对地下管线做好必要的勘察,设置明显的标志,防止施工中漏水、漏气、漏电及爆炸烧伤等事故发生。

(2)对现场水电等设施做好安全防护。

(3)详细划分施工区域,设置好安全标志,严格按警告区、上游过渡区、缓冲、作业区、下游过渡区、终止区来划分施工区域。

(4)在施工路口处设置安全巡逻人员,引导车辆和行人绕行安全地带。

(5)所有绝缘、检验工具,应妥善保管,严禁他用,并应定期检查。办公室、宿舍等照明安装导线应用绝缘子固定,不准用花线、塑料胶质线乱拉。

(6)现场施工用高低压设备及线路,应按照施工设计及有关电气安全设计规程安装和架设。线路上禁止带负荷接电或断电,并禁止带电操作。

(7)施工现场所有施工人员应统一着橘黄色的反光安全服,施工时还应设专职的交通协管员和专职安全员,而且安全员分班实行24h施工路段安全巡查。

(8)施工车辆必须配置黄色闪光标志灯,停放在施工区内规定的地点。不得乱停乱放,要停放整齐,特别在进出施工场地时,要绝对服从专职交通协管员的指挥,不得擅自进出。

(9)在施工区域两端应设置彩旗、安全警示灯、闪光方向标,给施工车辆和社会车辆以提示作用。

二、路面施工中的主要事故类型

路面施工中的主要事故类型见表5-23。

路面施工中的主要事故类型　　　　表5-23

施工内容	主要工艺	致害物	主要事故类型	事故严重程度			
				一般	较大	重大	特大
路面施工	水泥稳定碎石(底基层、基层)	现场运输、摊铺车辆	车辆伤害	√	√		
		装载机、压路机、摊铺机、拌和机等	机械伤害	√	√		
	沥青路面	运输、摊铺车辆	车辆伤害	√	√		
		装载机、压路机、洒布机等	机械伤害	√√	√√		
		静电、明火	火灾	√√			

续上表

施工内容	主要工艺	致害物	主要事故类型	一般	较大	重大	特大
路面施工	沥青路面	高温沥青、沥青混合料、设备等	灼烫	√ √			
		沥青、沥青混合料	中毒	√ √	√ √		
	水泥混凝土路面	现场运输、摊铺车辆	车辆伤害	√	√		
		装载机、压路机、摊铺机、拌和机等	机械伤害	√			
		破损的电缆、设备、材料	触电	√			
		登高作业	高处坠落	√			

三、路面施工隐患排查要点

1. 沥青路面施工隐患排查要点

沥青路面施工是一项复杂的工程，需要作业人员具备高度的安全意识和专业的技能。在施工过程中存在着各种潜在的安全风险，如果不注意就会引发严重的事故。因此，为了确保施工过程的安全顺利进行，在进行沥青路面施工之前，需要采取一系列的安全隐患排查。

（1）施工前是否建立沥青路面施工的安全管理制度、对作业人员进行安全教育和培训、对作业人员进行安全技术交底，特种作业人员是否持证上岗。

（2）是否为作业人员配置符合要求的劳动防护用品。

（3）能否保证机械设备的安全性能、保证用电设施的安全防护，安全管理人员是否对作业现场进行督促检查、编制应急预案、配备应急救援器材。

（4）相关车辆是否配置灭火器材，是否对加油罐车进行防火设计，加油或撒布沥青时是否远离火种，施工作业人员是否掌握基本的灭火技能。

（5）是否有专人管理和指挥车辆进出施工现场。禁止作业人员和非作业人员进入通行车道，根据施工现场实际设置限速标志牌，保证施工车辆的性能合格。

（6）是否有专业检修人员进行维修机械，对传动和转动部位进行安全防护（做到有轮必有罩、有轴必有套），对尖角棱边部位进行打磨使之符合安全要求。

（7）是否有专业电工在现场管理临时用电。禁止私拉乱接现象，配置合格的闸刀盒（箱）、漏电保护器、电线，保持与高压电线的安全间距，尽可能避开雷雨天气施工。

2. 水泥混凝土路面施工隐患排查要点

（1）水泥混凝土的拌和，是否按有关安全技术操作规程规定操作。

（2）手推车或小型翻斗车装运混凝土，车辆之间是否保持一定安全距离。

（3）水泥混凝土运输车运送混凝土拌和物时，是否遵守相关规定。

(4) 自卸汽车运送混凝土拌和物,是否存在超载和超速行驶情况。车停稳后方准顶升车厢卸料。车厢尚未放下时,操作人员不得上车清除残料。

(5) 装卸钢模时,必须逐片轻抬轻放,不得随意抛掷。

(6) 使用振捣器时,是否按有关规程规定操作。

(7) 拆下的木模应及时起钉,堆放整齐。

(8) 轨模式水泥混凝土摊铺机摊铺时,是否遵守相关规定。布料机与整平机之间应保持5~8m的安全距离;布料机传动钢丝的松紧要适度。不得将刮板置于运行方向垂直的位置,也不得借助整机的惯性冲击料堆;作业中严禁驾驶员擅自离开驾驶台。无关人员不得在驾驶室上停留或上下摊铺机。在弯道上作业时,要注意防止摊铺机脱轨。

(9) 滑模式水泥混凝土摊铺机摊铺时,是否遵守相关规定。停机处应平坦、坚实,并用支垫牢固的木块垫起机体。履带垫离地面后方可进行调整、安装工作;调整机器高度时,工作踏板及扶梯等处不得站人。作业期间严禁碰撞引导线;摊铺机应避免紧急转向,防止与预埋钢筋、路基缘石等碰撞;摊铺机不得牵引其他机械;其他机械牵引摊铺机时应用刚性拖杆;摊铺机停放在通车道路上时,周围必须设置明显的安全标志,夜间应以红灯示警,其能见度不得小于150m。

(10) 使用水泥混凝土抹平机时,应确保抹平机的叶片光洁平整,并处于同一水平面,其连接螺栓应紧固不松动,并在无负荷状态下启动。电缆要有专人收放,确保不打结,不砸压,如发现有异常现象应立即停机检查。

四、路面施工风险控制

1. 安全交底

(1) 沥青路面施工安全技术交底(表5-24)

沥青路面施工安全技术交底　　　　表5-24

工程名称		施工单位	
交底内容	沥青路面施工	交底时间	
交底对象	沥青路面施工工区作业人员	交底人	

交底内容:
(1) 一般安全规定

进入施工现场人员必须正确佩戴质量合格的安全帽;施工现场禁止吸烟,禁止酒后作业,禁止穿拖鞋现场施工,禁止在电缆沟、检查井等危险地段休息;施工现场的各种安全防护设施、安全标志等,未经领导及安全员批准严禁随意拆除和挪动。新进场的作业人员,必须首先参加入场三级安全教育培训,经考试合格后方可上岗,未经教育培训或考试不合格者,不得上岗作业;沥青操作人员均应进行体检。凡患有结膜炎、皮肤病及对沥青过敏反应者,不宜从事沥青作业。从事沥青作业人员,皮肤外露部分均需涂抹防护药膏。

施工现场必须做好交通安全工作,施工区段应进行封闭,严禁非施工车辆入内。交通繁忙的路口应设立警示标志,并设专人指挥。夜间施工,路口附近应设置警示灯或反光标志,灯光必须明亮,照明须设专人管理。

(2) 沥青撒布机喷洒沥青

撒布机作业时应设专人指挥。作业人员不得在沥青撒布机下风向。试喷时,油嘴正前方3m内不得有人。喷洒前,必须做好检查井、闸井、雨水口的安全防护。应设专人看管路口,指挥车辆和行人。严禁非作业人员进入洒布机作业范围。风力六级以上(含六级)时,不得作业。

续上表

(3) 热拌沥青混合料施工

沥青混合料运输车辆、沥青混凝土摊铺机、压路机等作业时,必须设专人指挥。清除粘在车槽上的沥青混合料,必须使用长柄工具在车下进行,严禁在车槽升起时上车清除。摊铺前必须检查路面上架空线路,沥青混合料车槽升起后与上方架空线必须保持本规程规定的安全距离。铁锹铲运沥青混合料时,作业人员必须按顺序行走,并注意铁锹避开人员。作业人员应服从沥青混凝土摊铺机、沥青混合料运输车、压路机等机械指挥人员的指挥。沥青混凝土摊铺机、压路机运行时,人员不得攀登机械。沥青混合料运输车向沥青混凝土摊铺机卸料倒车时,车辆和机械之间严禁有人。所有人员佩戴安全防护用品,不得直接接触热的沥青混合料,防止烫伤。

(4) 沥青混凝土摊铺机

作业前应检查连贯部件、安全防护装置及仪表,部件连接应正常,安全防护装置应齐全,仪表应齐全,仪表应灵敏、正常。安装和拆除熨平板时应设专人指挥,作业人员应协调一致。行驶前应确认前方无人,并鸣笛示警。使用燃气加热熨平板时,管道应正确连接,无泄漏;使用人工点火的加热装置,应使用专用器具,点火时人员应保持一定安全距离,加热时应设人看护。自卸车向摊铺机料斗卸料时,必须设专人在侧面指挥,料斗与自卸车之间不得有人,作业人员应协调配合,动作一致。

清洗摊铺机工作装置必须使用工具,清洗料斗及螺旋输送器时必须停机,并严禁烟火。

(5) 压路机

多台压路机同时作业时,压路机前后间距应保持10m以上,在碾压高填方时,距填土外侧距离不得小于50cm。压路机上、下坡应提前选好挡位,严禁在坡道上换挡。下坡时严禁空挡滑行。在坡道上纵队行驶时,两机间应保持一定的安全距离。

作业中应随时观察作业环境,必须避开人员和障碍物。启动压路机前必须确认前后无人。

交底人签字:

接受交底人员签字:

(2) 水泥混凝土路面施工安全技术交底(表5-25)

水泥混凝土路面施工安全技术交底　　　　　　　表5-25

工程名称		施工单位	
交底内容	水泥混凝土路面施工	交底时间	
交底对象	水泥混凝土路面施工工区作业人员	交底人	

交底内容:

(1) 一般安全规定

进入施工现场人员必须正确佩戴质量合格的安全帽;施工现场禁止吸烟,禁止酒后作业,禁止穿拖鞋现场施工,禁止在电缆沟、检查井等危险地段休息;施工现场的各种安全防护设施、安全标志等,未经领导及安全员批准严禁随意拆除和挪动。新进场的作业人员,必须首先参加入场三级安全教育培训,经考试合格后方可上岗,未经教育培训或考试不合格者,不得上岗作业。施工现场必须做好交通安全工作,施工区段应进行封闭,严禁非施工车辆入内。交通繁忙的路口应设立警示标志,并设专人指挥。夜间施工,路口附近应设置警示灯或反光标志,灯光必须明亮,照明须设专人管理。

(2) 模板混凝土

在施工前,需要对模板进行施工设计,确保模板及其支架的强度、刚度和稳定性能够承受浇筑混凝土的冲击力、混凝土的侧压力和施工中产生的各项荷载。在打锤时,扶钎人应在打锤人侧面,采用长柄夹具扶钎;打锤范围内不得有其他人员;模板、支架必须置于坚实的基础上。装卸、搬运模板应轻抬轻放,严禁抛掷;模板支设、安装应稳固,符合施工设计要求。

(3) 混凝土搅拌站搭设

现场应设废水预处理设施;搅拌站不得搭设在电力架空线路下方;搅拌机等机械旁应设置机械操作程序牌;搅拌站应按消防部门的规定配置消防设施;搅拌站的作业平台应坚实、安装稳固并置于坚实的地基上;搅拌机等机电设备应设工作棚,棚应具有防雨(雪)、防风功能;现场混凝土搅拌站应单独设置,具有良好的供电、供水排水、通风条件与环保措施,周围应设围挡;搅拌机、输送装置等完好,防护装置应齐全有效,电气接线应符合施工用电规定。

续上表

(4) 水泥混凝土运输

应根据运距、工程量和现场条件选定适宜的混凝土运输机具;运输机具应完好,防护装置应齐全有效。使用前应检查、试运行运输机具,确认合格后方可使用。作业后应对运输车辆进行清洗,污物应妥善处理,不得随意排放。在使用自卸汽车、机动翻斗车及混凝土搅拌运输车运输材料时,必须遵守相应的运输车辆安全技术交底的具体要求。在进行水泥混凝土路面工程混凝土浇筑与养护时,应设电工值班,负责振动器、抹平机、切缝机等机具的电气接线、拆卸和出现电气故障的紧急处理,以保障用电安全。

(5) 压路机

多台压路机同时作业时,压路机前后间距应保持10m以上,在碾压高填方时,距填土外侧距离不得小于50cm。压路机上、下坡应提前选好挡位,严禁在坡道上换挡。下坡时严禁空挡滑行。在坡道上纵队行驶时,两机间应保持一定的安全距离。

作业中应随时观察作业环境,必须避开人员和障碍物。启动压路机前必须确认前后无人。

(6) 水泥混凝土滑模摊铺机

摊铺机安装完毕后,仔细检查各部螺栓紧固情况,各油管、线路有无接反、接错,以免造成反向动作或短路而发生事故。启动前先鸣喇叭发出信号,使非操作人员离开工作区;启动发动机,进行无负荷运转,确认各系统工作正常后方可开始作业。调整机器高度时,工作踏板和扶梯等处禁止站人。根据水泥混凝土的坍落度和摊铺厚度,选择合适的工作高度、振捣频率及布料器的速度;严格控制各机构的协调工作,并做进一步的调整。作业速度一经选定,要保持稳定,应尽量减少停机启动次数,以确保摊铺质量。运输混凝土的自卸车倒车卸料时,要有专人指挥;不允许采用加速倒车突然制动的方法卸料。作业过程中,要保证摊铺机各履带都着地行驶;当履带下的路基松软不实时,应采取加铺木板等安全措施,以防偏移或陷车。作业中,禁止任何人员在抹平机轨道上行走或停留,以防挤伤脚部或绊倒发生事故。摊铺机应避免急剧转向,防止工作机与预置钢筋、临边路面、路缘石等物发生碰撞。操作人员应密切注意布筋小车行走是否平顺,卸筋是否正常;如有故障应立即排除,不得强行操作。连接插入器液压换向阀维修时,必须先将蓄能器能量释放,以防拆卸时高压油串出造成人员伤害。在检修设备过程中,应关闭发动机。摊铺机作业完毕进行冲洗时,冲洗人员要持好高压水枪,枪口务必避开人员。禁止用摊铺机牵引其他机械。

交底人签字:

接受交底人员签字:

2. 安全检查与管控

(1) 安全检查

①沥青路面施工安全检查记录表(表5-26)

沥青路面施工安全检查记录表　　　　　表5-26

项目(工程)名称	
检查时间	
施工地点	

序号	检查项目	检查情况	检查结果		整改要求	整改结果
			符合	不符合及主要问题		
1	劳动防护					
2	沥青搬运					
3	作业场地					
4	机械设备					

续上表

序号	检查项目	检查情况	检查结果			
			符合	不符合及主要问题	整改要求	整改结果
5	拌和站					
6	摊铺作业					
7	防火要求					
8	施工用电					
9	应急预案					

检查方: 　　　　　　　　　　　　　　　受检方:
检查人(签名): 　　　　　　　　　　　　接收人(签名):
　　　　　　年　月　日　　　　　　　　　　　　　　　年　月　日

②水泥混凝土路面施工安全检查记录表(表5-27)

水泥混凝土路面施工安全检查记录表　　　　　表5-27

项目(工程)名称	
检查时间	
施工地点	

序号	检查项目	检查情况	检查结果			
			符合	不符合及主要问题	整改要求	整改结果
1	班前安全讲话					
2	劳动防护用品配备					
3	施工机械操作证持证					
4	自卸汽车					
5	人工摊铺					
6	滑模式摊铺机					
7	拌和站					
8	施工用电安全					
9	抹平机					
10	切缝机					
11	水泥混凝土养护					

检查方: 　　　　　　　　　　　　　　　受检方:
检查人(签名): 　　　　　　　　　　　　接收人(签名):
　　　　　　年　月　日　　　　　　　　　　　　　　　年　月　日

(2)路面施工安全管控措施
①交通组织管控
建立组织管理体系和安全保障体系,明确责任。交通设施布置及交通路线平面示意图,经

相关部门批准后编制并确定施工人员站位图,指定休息区域,禁止施工人员随意走动、停留。实行领导带班制度,安排专业交通协管人员指挥车辆,并配置限速路障标志。实施交通管制施工前,需通过当地有关媒介发布施工及交通管制信息,告知具体路段和时间,绕行路线,有效分流经常往返本路段的车辆,减小交通压力。施工期间现场施工作业人员必须穿反光背心,防止发生意外。需配备专职交通协管员对交叉口进行交通疏导、专职安全员对施工路段进行巡检,监督施工现场安全管理。做好施工路段交通导改保障管理和维护工作,确保作业控制区安全状态,并积极协助有关部门处理路面突发事件。进出口设置提醒、警告标志标牌,严禁外来人员和车辆非法进入施工区域。实行24h值班制,领导小组成员在施工期间必须严守岗位,确保通信畅通,及时有效地处置突发事件和紧急重大情况。编制应急预案,并按要求定时开展应急演练,不断提高应急处置能力。

②水泥稳定碎石、水泥混凝土、沥青混凝土拌和管控

建立组织管理体系和安全保障体系,明确责任。进行场内建设方案设计和临时用电方案设计,编制消防专项方案,并提交专家审查批准。做好防雷措施,并经专业机构进行论证。场站区域实行封闭式管理,禁止社会闲杂人员进出。规划好场内通行道路,避免与施工作业相互干扰,严禁占用消防通道。对进场施工管理人员实施进场三级教育、安全技术交底培训,实行班前安全例会制度。进出场作业人员必须做好安全防护用品配置工作。登高作业时需配备登高车、系好安全带,严禁私自攀爬。起重机严格按安全操作规程起重作业。认真检查起重工具设备,确保安全可靠,并设置专业人员进行指挥作业。应编制起重吊装工程专项施工方案,非常规设备及特种设备的安装、拆除应单独编制专项方案,组织专家对方案进行论证;经审批合格后方可施工。设备的安装、拆除应由具有相应资质单位进行。应制定设备管理制度,专人管理,做好设备日常管理、保养、维修,建立设备台账。起重机作业时,必须确定吊装区域,并设警示标志,必要时派人监护;作业前必须检查作业环境,吊索具、防护用品、吊装区域无闲散人员,障碍已排除。吊索具无缺陷,捆绑正确牢固,被吊物与其他物件无连接。坚持"十不吊",制定人员站位图,进行班组现场交底,确认安全后方可作业。起重工、信号工必须经专门安全技术培训,经考试合格后持证上岗,并定期体检。加强设备管理,应对进场设备进行验收,确保性能完好,应对进场设备资料、操作人员证件进行审核,合格后方可进场使用和作业。

单元五　路基路面工程施工事故介绍

一、机械伤害事故

1. 事故经过

20××年8月16日,×省公路建设管理局国道315线察德A标项目部,施工单位省路桥一公司,在对拌和和稳定土设备进行清理时,操作人员在未警示料斗是否有人的情况下,开动拌和机器,将2名在拌缸清料的民工绞伤,民工经抢救无效死亡。

2.事故原因分析

(1)事故的直接原因

操作人员在未警示料斗是否有人的情况下,直接开动拌和机器,违章操作。

(2)事故的间接原因

施工单位安全管理比较混乱,安全规章制度不健全,监管制度缺乏,操作人员安全意识淡薄。

二、车辆伤害事故

1.事故经过

在某匝道进行水稳摊铺时,由于转弯口坡度大,运料车一边高一边低,现场作业人员对此没有重视,为了贪图一时的方便省事,没有进行任何防护即开始卸料摊铺,恰巧此时摊铺机驾驶员启动摊铺机时速度稍快,摊铺机进料口顶了一下运料车轮胎,运料车因重心不稳而侧翻在路边。幸好此次事故没有造成人员伤害,否则后果不堪设想。

2.事故原因分析

(1)事故的直接原因

①由于转弯口坡度大,运料车一边高一边低,没有进行任何防护即开始卸料摊铺。

②摊铺机驾驶员启动摊铺机时速度稍快,摊铺机进料口顶了一下运料车轮胎,运料车因重心不稳而侧翻在路边。

(2)事故的间接原因

①施工单位未对从业人员进行安全生产教育培训就安排其上岗作业,无法保证从业人员具备必要的安全生产知识。

②施工单位安全生产规章制度落实不到位,作业现场管理混乱,没有及时发现和制止从业人员违反规定的问题。

经验教训:在斜坡、陡坡处摊铺作业时,为了保持机械设备和车辆的平稳,应事先在路面较低处垫一些石料或者橡胶皮等;同时切记要按操作规程作业,不可蛮干。

三、起重伤害事故

1.事故经过

20××年2月29日下午,位于经开区××镇××大道03标段施工工地,一架门式起重机倒覆,致两名作业人员死亡。

2.事故原因分析

(1)事故的直接原因

在无任何保护措施和安全可行的拆装方案的情况下,作业人员葛××、夏××在门式起重机上进行电缆线、照明灯等拆除过程中,将门式起重机双侧支腿与主梁固定螺栓拆除,致使门式起重机整体稳定性破坏,导致门式起重机整体倒覆。

(2)事故的间接原因

①劳务班组在不具备安全生产条件和建筑施工劳务资质的情况下,通过冒用伪造材料违法承包建筑劳务工程。

②未建立安全生产规章制度和相关操作规程,安全教育、安全管理等基础性安全工作均未开展。

③安排不具备拆装资质的人员进行起重机拆装作业。

【任务实施】

实训任务1 危险源识别与控制措施

1. 实训目的

熟悉石方爆破施工的安全控制要点;

能够辨识危险源并制定控制措施。

2. 实训内容

实训日期:

实训班级:

成员组成:

实训成绩:

请填写下表,明确石方爆破危险源名称、涉及场所及部位及对应控制措施。

石方爆破施工的安全控制要点

危险源名称	涉及场所及部位	控制措施

实训任务2 路基基层施工安全技术交底

1. 实训目的

熟悉路基基层施工安全技术;

掌握安全技术交底管理办法。

2. 实训内容

实训日期:

实训班级:

成员组成:

实训成绩:

假如你所在的施工项目部要进行路基施工了,你作为安全员应如何向作业人员进行技术交底?

实训任务3　路基路面安全知识竞赛

1. 实训目的

熟悉路基基层施工安全技术知识。

2. 实训内容

实训日期:

实训班级:

成员组成:

实训考评:

步骤1:各小组将竞赛题目交给学习委员汇总,统一评分标准及规则;

步骤2:以小组为单位,抽取试题,组织竞赛。

实训成绩:

实训成绩考核表见下表。

模块五实训任务3成绩考核表

序号	考核内容	分值	自评	小组评分	教师评分
1	是否按要求完成实训内容	20			
2	是否掌握路基路面安全技术知识	30			
3	是否掌握安全技术交底、安全检查办法	30			
4	实训态度	10			
5	团队协作	10			
	小计				
	总评(小计平均分)				

模块六 MODULE SIX
桥梁工程施工安全

知识目标

1. 了解桥梁的组成、常用的桥梁施工设备；
2. 掌握桥梁基础、墩台工程施工安全要点；
3. 掌握桥梁桥跨结构施工安全要点；
4. 熟悉桥梁的安全施工管理。

技能目标

1. 能根据安全员岗位职责完成桥梁施工项目安全管理；
2. 能运用 VR 虚拟实训平台正确排查桥梁施工安全隐患；
3. 能针对不同的桥梁施工制定安全控制措施。

建议课时：12 课时。

案例导入

201×年×月×日上午 11 时左右，某在建大桥在钢箱梁施工过程中，支架发生垮塌(图 6-1)，造成 19 名施工人员落水并被埋压在钢架之中。施工中的大桥，部分钢结构已完全坍塌，约 200t 的钢筋模板落入水中，桥下水深 6m，河水浑浊不清，加上坠落水中的钢筋、铁块、安全防护网相互缠绕，水域情况异常复杂，而被埋压的人员就散落在河水和垮塌的废墟中。事故发生后，省、市、县立即启动应急救援救治工作，搜救出 15 名落水人员并紧急送医，事故共造成 4 人死亡，15 人受伤。

当地政府及相关部门对此次事故高度重视，主要负责同志、分管负责同志分别作出批示，要求组织力量救治伤员，全力救寻落水人员，查明事故发生原因、严肃处理；要求举一反三，强化交通建设工程质量安全工作，严防此类事故再次发生。

根据案例，请大家想一想：

(1) 案例中桥梁支架垮塌的主要原因有哪些？

(2)通过本案例我们得到哪些启示?

图 6-1 桥梁支架垮塌

一、事故发生的原因

(1)作业人员在钢箱梁吊装作业过程中违反安全操作规程,设备操作不当,导致钢箱梁吊装过程中掉落,砸垮支架。

钢箱梁

(2)钢箱梁吊装捆绑不符合规范要求,吊运钢丝绳与钢箱梁棱角部位未设置保护措施或钢丝绳磨损严重未及时更换,导致钢箱梁吊装过程中,钢丝绳断裂,钢箱梁掉落将支架砸垮。

(3)钢箱梁支架搭设未能按照施工方案设计施工,造成支架整体承载力未能达到设计要求,支架搭设后未按方案进行预压,支架因承载力不足被掉落的钢箱梁压垮,造成事故发生。

(4)安全教育、交底工作开展不到位,作业人员安全意识不强,作业人员安全操作技能不熟练,起重设备操作人员操作失误。

二、启示

开工前要组织现场施工安全培训,现场管理人员安全职责履行到位,危大工程施工主要人员要现场旁站,及时制止纠正作业人员"三违"行为。现场作业前要对施工设备设施进行检查,作业过程中及时发现问题和隐患,避免事故发生。安全无小事,人的安全行为和物的安全状态同等重要。

认识提升

深刻理解作为桥梁施工技术人员应承担的社会责任。通过该案例分析,再延伸出"桥脆脆""桥歪歪""吃人桥""夺命桥"等案例,培养学生工程伦理意识,最大限度激发学生敬业精神,强调工程技术人员的责任意识。通过对桥梁施工中重大事故典型案例的分析,阐述事故发生带来的惨痛教训和造成的重大损失,强化学生对工程施工的责任感以及保持良好工程施工职业道德的意识。学生从内心深处进一步树立对将来从事职业的敬畏感;深刻理解桥梁投资巨大,对国民经济发展具有重大的意义;从环境保护出发,明白桥梁施工其实就是一个破坏环境的过程,少破坏就是最大的保护,树立环境保护、可持续发展的工程观。

桥梁一般由下部结构(包括桥墩、桥台、基础)、上部结构(包括桥跨结构、支座)和附属设施等几部分组成,如图6-2所示。桥梁工程在施工过程中影响和制约安全生产的因素比较多,因此,在安全生产方面要重点加以控制。

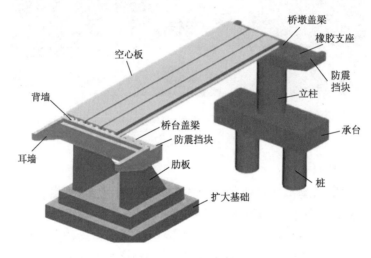

图6-2 桥梁基本组成

桥梁施工的一般安全要求如下:
(1)施工前应详细核对技术设计、图纸、文件。
(2)高桥、大跨、深水、结构复杂的大型桥梁施工,应对施工安全技术措施做专题调查研究,采取切实可靠的先进技术、设备和防护措施。
(3)桥梁工程施工的辅助结构、临时工程及大型设施等,均应按有关规定做好安全防护措施。
(4)单项工程开工前应向施工人员进行安全技术交底。
(5)特殊结构的桥梁,采用新技术、新工艺、新材料、新设备时,必须制定相应的有针对性的安全技术措施,通过实验和检验后方可实施。
(6)桥梁工程施工,应尽量避免双层或多层同时作业。
(7)遇有六级以上(含六级)大风等恶劣天气时,应停止高处露天作业、缆索吊装及大型构件起重吊装等作业。
(8)做好防台风准备工作,大跨径桥梁上部构造合龙段工期安排宜避开台风季节。在台风来临时应停止一切施工作业。
(9)尽量避免夜间施工。

单元一　桥梁基础施工安全

一、桥梁基础工程介绍

桥梁与地基接触的部分,也就是将桥梁的各种作用传递到地基的结构物称为桥梁基础。桥梁基础按照基础的埋置深度可以分为浅基础和深基础(埋深超过 5m),按照刚度可以分成刚性基础和柔性基础,按照施工方法可以分成明挖法、桩基础[就地钻(挖)孔灌注桩、沉管灌注桩、沉桩(预制桩)等]、沉井基础等。

桥梁扩大浅基础大多采用明挖法,施工最为简单。当需设置深基础时,采用桩基础或沉井基础。在我国公路桥梁建设中,桩基础施工由于技术成熟,适用范围广,因此是目前应用最为广泛的一种深基础形式。桥梁基础可由不同的材料构筑,大多数基础采用混凝土结构、钢筋混凝土结构和钢结构(钢管桩及钢沉井),在石料丰富的地区,按照就地取材原则,也可采用石砌基础,在特殊情况下(抢修或建临时便桥)才采用木结构。

1. 扩大浅基础

天然地基上的浅基础埋入地层比较浅,施工通常采用敞开挖掘基坑并修筑基础的方法,因此扩大浅基础又称为明挖扩大基础。该基础构造简单,施工方便,造价也较低,是桥梁基础的首选。

明挖扩大基础的施工流程主要有:基坑开挖和围护、基坑排水、围堰工程、基底检验与处理、基础浇筑(砌筑)、基坑回填。

2. 钻孔灌注桩基础

钻孔灌注桩是指用钻(冲)孔机在土中钻进,边破碎土体边出土渣而成孔,然后在孔内放入钢筋骨架,灌注混凝土而形成的桩。

桩基

钻孔灌注桩的特点是依靠施工设备,操作成熟,适用于各种砂性土、黏性土,也适用于碎卵石类土层和岩层,但对淤泥及可能发生流砂或承压水的地基施工较困难,施工前应做试桩以取得经验,我国已施工的最深的钻孔灌注桩达百余米。

钻孔灌注桩基础施工流程如图 6-3 所示。

3. 沉桩(预制桩)基础

沉桩(预制桩)基础是按设计要求在地面良好条件下制作(长桩可在桩端设置钢板、法兰盘等接桩构造,分节制作)的,桩体质量高,可大量工厂化生产,加速施工进度。《公路桥涵地基与基础设计规范》(JTG 3363—2019)将打入桩、振动下沉桩及静力压桩均称为沉桩。

承台

4. 沉管灌注桩基础

沉管灌注桩是指采用锤击或振动的方法,把带有钢筋混凝土桩尖或带有活瓣式桩尖(沉桩时桩尖闭合,拔管时活瓣张开)的钢套管沉入土层中成孔,然后在套管内放置钢筋笼,边灌注混凝土边拔套管而形成的灌注桩,或者是将钢套管打入土中挤土成孔后向套管中灌注混凝土,并拔出套管而形成的灌注桩。

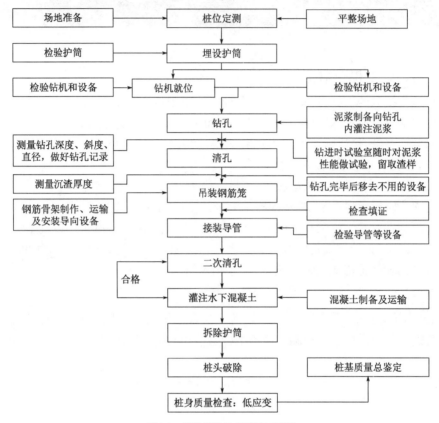

图 6-3　钻孔灌注桩基础施工流程

沉管灌注桩基础适用于黏性土、砂性土、砂土地基,由于采用了套管,可以避免钻孔灌注桩施工中可能产生的流砂、塌孔的危险和由泥浆护壁所带来的排渣等弊病。但沉管灌注桩的直径较小,一般在 0.6m 以下,桩长在 20m 以内。

5. 管柱基础

管柱基础实质上是一种大直径薄壁钢筋混凝土圆管节,在工厂分节制成,施工时逐节用螺栓接成,它的组成部分是法兰盘、主钢筋、螺旋筋,管壁混凝土不低于 C25,最下端的管柱具有钢刃脚,用薄钢板制成。我国常用的管柱直径为 1.5~5.8m,一般采用预应力钢筋混凝土管柱。

6. 沉井基础

沉井基础是一种井筒状(多)空腔结构物,是在预制好的井筒内挖土,依靠井筒自身重力或借助外力克服井壁与地层的摩擦阻力,逐步沉入地下至设计高程,结合封底结构等形成的一种深基础形式。旱地沉井施工流程如图 6-4 所示。

7. 围堰工程

水中修筑桥梁基础时,开挖基坑前在基坑周围先修筑的一道封闭的临时性挡水结构物,称为围堰。围堰内不但可以修筑浅基础,也可以修筑桩基础等深基础。

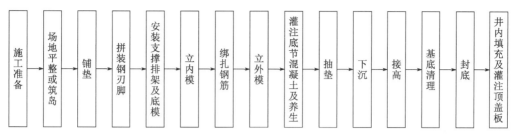

图 6-4 旱地沉井施工流程

根据施工条件和施工要求,目前桥梁基础常用的围堰主要有钢板桩围堰和锁扣钢管桩围堰(图 6-5)等。

图 6-5 锁扣钢管桩

二、桥梁基础工程施工主要事故类型

1. 扩大基础基坑开挖的主要事故类型(表 6-1)

扩大基础基坑开挖的主要事故类型　　　　表 6-1

施工内容	主要工序	致害物	主要事故类型	事故严重程度			
				一般	较大	重大	特大
基坑开挖	基坑开挖和支护	施工中的各种工具、物料、渣土等	物体打击	√			
	挖土、装土、运土、卸土、空回等	挖掘机、渣土车及各种现场运输车辆	车辆伤害	√			
	装土、运土等	挖掘机、装载机等	机械伤害		√		
	起重作业	汽车起重机、履带式起重机等起重设备、吊索、吊具等	起重伤害		√		
	基坑开挖和支护	车辆、人员	高处坠落		√		
	基坑开挖和支护	不良地质、支护结构等	坍塌	√			
	基坑开挖、水上作业、泥浆池等	河流、水上平台、上下走道、排浆池等	淹溺		√		

2. 钻孔灌注桩基础施工的主要事故类型（表6-2）

钻孔灌注桩基础施工的主要事故类型　　　　　　表6-2

施工内容	主要工序	致害物	主要事故类型	事故严重程度			
				一般	较大	重大	特大
钻孔灌注桩基础	施工准备、钻机行走、就位调试和钻进中	钻机、混凝土搅拌车、混凝土泵车、钢筋笼运输车及各种现场运输车辆	车辆伤害	√			
	钻机就位调试和钻进、泥浆护壁、灌注水下混凝土	钻机、钢筋加工设备、水泵、泥浆泵、灌注设备等	机械伤害		√		
	下放钢筋笼、灌注水下混凝土	汽车起重机、履带式起重机等起重设备、吊索、吊具等	起重伤害		√		
	钻机作业、钢筋加工、灌注水下混凝土	变压器、发电机、配电箱、钢筋加工设备、钻机等	触电		√		
	清孔检查、灌注水下混凝土、成孔临边防护	安全防护未设置或不符合要求	高处坠落		√		
	施工准备、清孔检查	河流、水上平台、井孔、泥浆池等	淹溺		√		

3. 沉桩（预制桩）基础施工的主要事故类型（表6-3）

沉桩（预制桩）基础施工的主要事故类型　　　　　　表6-3

施工内容	主要工序	致害物	主要事故类型	事故严重程度			
				一般	较大	重大	特大
沉桩（预制桩）基础	桩的制作、存放和运输、锤击沉桩、水上沉桩施工	桩身、钻架、钻锤、浮式沉桩设备	物体打击	√			
	施工准备、打桩机施工	汽车起重机、打桩机、预制桩运输车	车辆伤害	√			
	预制桩的制作、桩的吊装作业	打桩机、钢筋加工设备	机械伤害		√		
	桩的起重、吊运、安装、沉桩	门式起重机、桁架起重机、汽车起重机、履带式起重机等起重设备、吊索、吊具等	起重伤害		√		
	锤击沉桩、振动沉桩	变压器、发电机、配电箱、钢筋加工设备、混凝土施工用电设备	触电		√		

4. 沉井基础施工的主要事故类型（表6-4）

沉井基础施工的主要事故类型　　　　表6-4

施工内容	主要工序	致害物	主要事故类型	事故严重程度			
				一般	较大	重大	特大
沉井基础	施工准备，沉井制作，沉井下沉与着床	工具、材料等坠落物，高压水、泵送混凝土等抛射物	物体打击	√			
	井壁钢筋绑扎，沉井下沉与着床	钢筋加工设备、水泵、泥浆泵、灌注设备等	机械伤害		√		
	沉井下沉，灌注水下混凝土	汽车起重机、履带式起重机等起重设备，吊索、吊具等	起重伤害		√		
	钢筋加工，灌注水下混凝土	变压器、发电机、配电箱、钢筋加工设备、混凝土施工用电设备、防雷设施等	触电		√		
	沉井制作，沉井下沉与着床，基底检测与沉井封底	无防护（或设置不符合要求）的工作平台	高处坠落		√		
	沉井制作，沉井接高，沉井下沉与着床	不良地质，筑岛施工	坍塌	√			
	施工准备，基底检测与沉井封底	河流、水上平台、井孔、泥浆池等	淹溺		√		

5. 围堰施工的主要事故类型（表6-5）

围堰施工的主要事故类型　　　　表6-5

施工内容	主要工序	致害物	主要事故类型	事故严重程度			
				一般	较大	重大	特大
围堰（以钢板桩围堰为例）	围堰施工	工具、材料等坠落物	物体打击	√			
	施工准备，材料运输	平板运输车、混凝土搅拌运输车、混凝土泵车	车辆伤害				
	开挖，堆填	挖掘机、电焊机等	机械伤害		√		
	施工平台搭设和拆除，吸泥、封底、堵漏，抽水和内支撑	汽车起重机、履带式起重机等起重设备，吊索、吊具等	起重伤害		√		
	施工平台搭设和拆除，钢板桩施打	无防护（或设置不符合要求）的工作平台	高处坠落		√		
	施工准备、吸泥、封底、堵漏、抽水和内支撑	不良地质，不达标的支护结构	坍塌	√			
	施工准备，吸泥、封底、堵漏、抽水和内支撑	河流、水上平台等	淹溺		√		

三、桥梁基础工程施工隐患排查

1. 扩大基础施工隐患排查要点

(1) 基坑土质差、开挖深度超过 3m 的未制定专项设计和支护方案;

(2) 基坑边缘 1m 范围内停放机械和堆积弃料;

(3) 基坑深度超过 1.5m 时,未设置作业人员出入的通道和爬梯;

(4) 开挖过程中未进行沉降和位移监测;

(5) 开挖时需要爆破的未按《爆破安全规程》(GB 6722—2014)的要求执行;

(6) 基坑四周未设置安全防护栏、警示标志,夜间无发光标志;

(7) 对不良地质状况不及时报告、不及时提出方案,遇不良地质状况不及时撤出;

(8) 基坑深度超过 2.0m 时,未设置临边防护或防护不符合要求;

(9) 基坑土层中有水时,未设置有效排水措施;

(10) 开挖过程中未派专人随时检查坑壁边坡裂缝和松塌等影响边坡稳定的情况;

(11) 开挖中出现坑壁裂缝、松塌、支撑折断、松动,或有涌水、涌砂等情况时,未立即加固防护;

(12) 机械开挖时人员在坑内同时作业,机械作业半径范围内有作业人员;

(13) 采用桅杆吊斗或皮带运输机出土时,吊斗绳索、挂钩、机具等损坏;

(14) 在有大量地下水流情况下挖基时未配足抽水机具,施工人员未佩戴好防护用具;

(15) 水中安放抽水机具时,拽水泵电源线、移动、检查或维修抽水机具时未切断电源,抽水机具在水量很少的情况下空转未关机;

(16) 作业人员在坑壁下休息;

(17) 机械设备的停放位置与基坑边缘的距离不满足安全要求;

(18) 浇筑混凝土时未铺设临时脚手板,作业人员站在模板和钢筋上操作。

2. 桩基础(以钻孔灌注桩为例)施工隐患排查要点

(1) 未根据桩径、桩深、工程和水文地质与现场环境等状况选择适宜的施工方法和机具,未制定相应的安全技术措施;

(2) 钻机开钻前未注意地下电缆、煤气管道、自来水管等;

(3) 水上钻机作业平台高程达不到施工期最高水位 70cm 以上,无锚固措施;

(4) 水上作业平台和泥浆池周围未设置防护围栏封闭,未设置安全标志、警示灯;

(5) 水上施工未配备救护船;

(6) 钻机未按规定架设平稳牢固,钻入时未架设斜撑和缆风绳,钻机高速旋转裸露部分未设置防护罩,钻孔用的钻锥、卷扬机磨损严重,钢丝绳断丝超过 5% 仍在使用,钻机无漏电保护、接地接零装置,电缆线接头松脱、损坏老化,或挪钻机时挤压电缆线;

(7) 泥浆护壁成孔时未设置护筒;

(8) 钻孔过程中未按规定指标保持孔内水位和泥浆参数,泥浆残渣未及时清理,随意排放;

(9) 钻机卡钻时强提强扭,未检查各节钻杆或钻杆和钻头连接丝扣是否完好,未设置反转松脱的固锁装置;

(10) 钻机作业时人员靠近和触摸钻杆,钻具悬空时下方有人;

(11) 成孔后或因故停钻时,钻具未提至孔外置于地面;
(12) 钻孔有倒塌危险时,人员和钻机未撤至安全位置;
(13) 采用冲抓或冲击钻机钻孔,当钻头接近护筒底缘时,未减速、平稳提升,碰撞护筒;
(14) 正反循环钻机未减压钻进,钻孔中出现故障,人员下到孔内处理故障;
(15) 雷雨天气作业时,作业人员在钻机下停留;
(16) 桩基成孔后,孔口未覆盖防护或不符合要求,孔口未设置防护网,孔口未铺设防滑材料;
(17) 吊钢筋笼的吊机桅杆顶上方2m内有架空障碍物和高压线;
(18) 随意排放孔内溢出的水和泥浆;
(19) 导管未进行闭水试验;
(20) 混凝土浇筑完成后的空钻部分未及时回填;
(21) 作业时无专职安全员现场指挥,夜间照明不足。

3. 沉桩(预制桩)施工隐患排查要点

(1) 打桩架移动时,现场无专人指挥。采用滑移打桩架作业时,作业人员在打桩架内操作。拆装打桩机、起落机架时,无专人指挥。拆装打桩机时,桩架长度半径内有非工作人员。拆装打桩机时,机架下方有人员穿行或停留。
(2) 桩架移动不平稳,桩锤未放到最低位置,柴油打桩机后部的配重铁不齐全。
(3) 边移位边起锤,远距离移位时未拆除管路与电线。
(4) 打桩机与高压线距离小于安全距离,打桩机顶部上方2m内有架空物。
(5) 起吊沉桩或桩锤时,作业人员在吊钩下或在桩架龙口处停留或作业。
(6) 在桩锤悬挂状态下维修桩锤。
(7) 雷雨天气时,有人在桩架附近停留。
(8) 吊桩时,桩的下部未拴溜绳。
(9) 吊桩作业时,现场没有专人统一指挥。
(10) 两台卷扬机或千斤顶施压时未同步作业。
(11) 高处作业人员的安全带系在被沉的桩上或龙门口上。
(12) 高压射水辅助沉桩,未根据不同的地质情况采用相应压力,射水沉桩,桩身入土尚未稳定就射水。
(13) 振动打桩机开动后,作业人员未离开桩基,振动打桩机停止作业后,未立即切断动力源。振打中发现桩回跳、打桩机有异声及其他不正常情况时,作业人员未立即停振检查处理。

4. 沉井基础施工隐患排查要点

(1) 沉井下沉时未对周围建筑物采取安全防护措施。
(2) 在围堰筑岛上就地浇筑的沉井,围堰不牢固,产生水流冲刷。
(3) 沉井下沉,采用人工挖掘时,井内人员过多。
(4) 对涌水、涌砂量大的地方采用人工开挖下沉。
(5) 井内、井上搭设的抽水机台座(架)不牢固,抽水机无漏电保护,接地、接零装置不合格。
(6) 沉井顶面未设安全防护围栏,沉井顶面上的机具未设防护挡板。

(7)在沉井刃脚和隔墙附近,有人停留、休息。
(8)采用吊斗出土时,斗梁和吊钩未绑封牢固或有损坏。
(9)采用抓斗进行不排水下沉,钢丝绳缠绕在一起而需要转动抓斗进行排除时,作业人员站在无护栏的部位。
(10)吊斗升降时,下方有作业人员。
(11)不排水下沉中,超挖超吸,导致沉井突然下沉或倾斜。
(12)沉井下沉需要配重时,配重物件堆码不齐,捆绑不牢固。采用空气幕下沉沉井时,空压机、储气罐等不符合安全要求。采用井内抽水强制下沉时,井上人员未离开沉井。
(13)使用减速漏斗灌注混凝土时,漏斗未悬挂牢固,并未附保险绳。
(14)由不排水转换为排水下沉,抽水后未经观测确认沉井是否已稳定即下井作业。
(15)接高沉井时未停止除土作业,沉井偏斜的情况下继续接高沉井。
(16)沉井侧模在混凝土强度未达到25%时就开始拆模,刃脚模板在混凝土强度未达到75%时就开始拆模。
(17)抽出垫木后未用砂性土回填、捣实。
(18)筑岛承受水流对岛体的冲刷较差。
(19)下沉沉井时若必须采用爆破,药量没有控制到位。
(20)下沉过程中没有及时检查,沉井出现倾斜,各井室之间除土面高差控制不当。
(21)在进行水枪冲土操作时,用水枪冲击井壁、栏杆或操作平台等。
(22)未设置人工操作平台。

案例导入

一、事故基本情况

浙江某道路排污管沉井作业。2002年11月9日18:00,施工单位指派5名工人到32号工作井进行沉井挖土作业,1人在井口开卷扬机,1人在井外侧负责倒土,3人下井挖土。20:30左右,井底突然发生涌土,井下3人来不及逃生,被淤泥掩埋。

二、事故原因

1. 直接原因

32号工作井所处的位置地质情况比较复杂,存在可塑状黏土层及流塑状的淤泥层,随沉井下降,井内外压力差不断增大,在刃脚下挖土时,由于工作井及周边堆土重力作用,特别是淤泥土层含水率高达60%以上,在此附加应力作用下,产生侧向挤压力,在上软下硬的地层交界面处形成了一个潜在的滑移面。当工人在刃脚下挖土时,形成该滑移面的应力释放点,在掏空的刃脚下形成了通道,致使水夹泥突涌至井内,导致3名工人被埋。

2. 间接原因

(1)施工单位项目部安全管理混乱,未编制沉井施工的专项施工组织设计,也未编制沉井施工的安全操作规程,施工组织管理存在严重问题。作业前,相关人员未进行技术交底;作业过程中,地面弃土处理、井内排水、施工工艺及排水都存在问题,作业人员没有做好相应的施工观测记录。现场安全管理不到位,32号工作井夜间施工,管理人员和技术人员均未到场,致使突发事件无法及时处理。

(2)监理单位对施工组织设计审计不严,在无沉井专项施工组织设计的情况下,同意沉井作业;监理规划和监理细则中缺少详细的沉井作业监控点;现场监理不到位,未及时发现事故隐患,对施工中出现的问题情况不明、措施不力。

3.事故防范措施

(1)施工单位须建立健全安全与质量保证体系,配备合格的安全与技术管理人员。应建立健全安全监督机制,层层抓落实,安全责任落实到人,保障施工安全。

(2)工程施工前一定要编制针对性的施工组织设计,包括针对可能发生涌泥、涌砂、涌水等险情的专项应对措施,并有应急措施。在未对地质情况探明的情况下不得进行施工,且沉井作业不得夜里进行。配备管理监护人员,施工组织和监理必须到位,在地质情况未能充分掌握的情况下不得进行施工。

三、围堰(以钢板桩为例)施工隐患排查要点

(1)钢板桩起吊未设专人指挥,作业前未在钢板桩上拴好溜绳;
(2)组拼的钢板桩组件,未采用坚固的夹具夹牢,或将吊具拴在钢板桩夹具上;
(3)钢板桩吊环的焊接未设专人检查或试吊;
(4)打桩机和卷扬机未设专人操作;
(5)吊起的钢板桩未就位前,插桩桩位附近站人;
(6)钢板桩插进锁口后,因锁口阻力不能插放到位而需桩锤压插时,未采用卷扬机钢丝绳控制桩锤下落,令桩锤随钢板桩突然滑落;
(7)插打钢板桩,吊点位置低于桩顶下1/3桩长的位置;
(8)桩顶作业处未设吊篮、爬梯,作业人员未系安全带等防护用具。

四、桥梁基础工程施工风险控制

1.安全交底

(1)基坑开挖施工安全技术交底(表6-6)

基坑开挖施工安全技术交底　　　　　　　　　表6-6

工程名称		施工单位	
交底内容	基坑开挖施工	交底时间	
交底对象	基础施工工区作业人员	交底人	

交底内容:
(1)所有作业人员应严格执行有关操作规程,佩戴安全帽和其他防护用品。
(2)现场施工区域应有安全标志和围护设施。

续上表

(3)施工期间应指定专人负责开挖基坑周围地面变化情况的巡查。如发现裂缝或坍陷,应及时加以分析和处理。
(4)开挖基坑壁渗水、漏水应及时排除,防止因长期渗漏而使土体破坏,造成挡土结构受损。
(5)在开挖时,必须设有切实可行的排水措施,以免基坑积水,影响基坑土壤结构。
(6)挖土期间,应注意挡土结构的完整性和有效性,不允许因土方的开挖而使其遭受破坏。

交底人签字:

接受交底人员签字:

(2)钻孔灌注桩施工安全交底(表6-7)

钻孔灌注桩施工安全交底表　　　　　　　　　　　　　　　表6-7

工程名称		施工单位	
交底内容	钻孔灌注桩施工	交底时间	
交底对象	钻孔灌注桩施工工区作业人员	交底人	

交底内容:
(1)所有作业人员应严格执行有关操作规程,佩戴安全帽和其他防护用品。
(2)施工场地、桩位周围的障碍物都应清理完毕,达到"四通一平"。
(3)钻机就位后,应对钻机及配置设备进行全面检查,钻机安设必须平稳、牢固,钻架应加设斜撑或风缆,将钻机固定好。
(4)选用的钻锥、卷扬机和钢丝绳,应配置适当。钢丝绳与钻锥用绳卡锁时,卡锁应在两个以上。钻锤在冲击过程中,钢丝绳松弛度应掌握适宜。
(5)循环钻机及潜水钻机使用的电缆线要定期检查,接头必须绑扎牢固,确保不透水、不漏电。电缆、电线应架空搭设。挪移钻机时,不得挤压电缆线及风水管路。
(6)在完成一根钻孔桩时,要检查一次电机的封闭状况。钻机速度应根据地质变化加以调整。
(7)在冲击中,当钻头提到接近护筒底缘时,应减速平稳提升,不得碰撞护筒和钩挂护筒底缘。钻机停钻,必须将钻头提出孔外,置于钻架上,不得滞留孔内。
(8)对于已埋设护筒未开钻或已成桩护筒尚未拔除的,应加设护筒顶盖或铺设安全网遮罩。
(9)钻孔使用的泥浆,宜设置泥浆循环净化系统,并注意防止或减少环境污染。
(10)施工作业平台必须规整平顺,杂物必须清除干净,防止拆除导管时将工作人员绊倒,从而造成事故。
(11)泥浆池周围必须设有防护设施。成孔后,暂时不进行下道工序的孔必须设有安全防护设施,并有人看守。
(12)导管安装及混凝土浇筑前,井口必须设有导管卡,搭设工作平台(留出导管位置),并且要求能保证人员的安全。
(13)配电箱以及其他供电设备不得置于水中或者泥浆中,电线接头要牢固,并且要绝缘,输电线路必须设有漏电开关。
(14)挖掘机及吊车工作时,必须有专人指挥,并且在其工作范围内不得站人。
(15)钢筋笼加工过程中,不得出现随意抛掷钢筋现象。制作完成的节段钢筋笼在滚动前,检查滚动方向上是否有人,防止人员被砸伤。氧气瓶与乙炔瓶在室外的安全距离为5m。
(16)钻孔过程中,非相关人员距离钻机不得太近,防止机械伤人。
(17)钢筋笼安装过程中必须注意:焊接或者机械连接完毕,必须检查脚是否缩回,防止钢筋笼下放时将脚扭伤,甚至将人带入孔中的事故发生。
(18)安装导管时,导管对接必须注意手的位置,防止手被导管夹伤。
(19)混凝土浇筑过程中以及混凝土搅拌运输车倒车时,指挥员必须站在驾驶员能够看到的固定位置,防止指挥员在走动过程中栽倒而发生机械伤人事故。车辆轮胎下必须垫有枕木。倒车过程中,车后不得有人。同时,吊车提升拆除导管过程中,各现场人员必须注意吊钩位,以免头部被砸伤。

交底人签字:

接受交底人员签字:

(3)沉桩(预制桩)施工安全交底(表6-8)

沉桩(预制桩)施工安全交底表　　　　　表6-8

工程名称		施工单位	
交底内容	沉桩(预制桩)施工	交底时间	
交底对象	沉桩(预制桩)施工工区作业人员	交底人	

交底内容:
(1)施工前应划定作业区,并设安全标志,非作业人员禁止入内。
(2)严禁在架空线路下方进行机械沉桩作业。在电力架空线路附近作业时,沉桩机边缘(含吊物)与电力架空线路的最小距离必须符合安全要求。
(3)振动沉桩必须考虑振动对周边环境的影响,并采取相应的防护措施;振动沉桩机、机座、桩帽应连接牢固,沉桩机和桩的中心应保持在同一轴线上;开始沉桩应以自重下沉,待桩身稳定后方可振动下沉;用起重机悬吊振动桩锤沉桩时,其吊钩上必须有防松脱的保护装置,并应控制吊钩下降速度与沉桩速度一致,保持桩身稳定。
(4)在施工组织设计中,应根据桩的设计承载力、桩深、工程地质、桩的破坏临界值和现场环境等状况选择适宜的沉桩方法和机具,并规定相应的安全技术措施。
(5)在地下管线、建(构)筑物附近沉桩时,必须预先对管线、建(构)筑物结构状况进行调查和分析,确认安全;需要采取加固或保护措施时,必须在加固、保护措施完成,经检查、验收合格,并形成文件后方可沉桩。
(6)沉桩作业应由具有经验的技术人员指挥,作业前指挥人员必须检查各岗位人员的准备工作情况和周围环境,确认安全后,方可向操作人员发出指令,作业时严禁人员在桩机作业范围和起吊的桩和桩锤下穿行。
(7)射水沉桩应根据土质选择高压水泵的压力和射水量,并应防止急剧下沉造成桩基倾斜;高压水泵的压力表、安全阀、输水管路应完好;压力表和安全阀必须经检测部门检验、标定后方可使用;开始沉桩应以自重下沉,待桩身稳定后方可射水下沉;在地势低洼处沉桩时,应有排水设施,保持排水正常;施工中严禁射水管口对向人、设备和设施。
(8)在城区、居民区、乡镇、村庄、机关、学校、企业、事业单位等人员密集区不得采用锤击、振动沉桩施工。在桥梁改、扩建工程中,桩基施工不宜采用振动沉桩方法进行,靠近现况桥梁部位的桩基不得采用射水方法辅助沉桩。
(9)施工场地应平整坚实,坡度不大于3%,沉桩机应安装稳固,并设缆绳,保持机身稳定。
(10)钢筋混凝土或预应力混凝土桩达到设计强度后,方可沉桩。
(11)沉桩过程中发现贯入度发生突变、桩身突然倾斜、桩头或桩身破坏、地面隆起、桩身上浮等情况时应暂停施工,经采取措施确认安全后,方可继续沉桩。

交底人签字:
接受交底人员签字:

(4)沉井施工安全交底(表6-9)

沉井施工安全交底表　　　　　表6-9

工程名称		施工单位	
交底内容	沉井施工	交底时间	
交底对象	沉井施工工区作业人员	交底人	

交底内容:
(1)沉井下沉四周影响区域内,不宜有高压电线杆、地下管道、固定式机具设备和永久性建筑物。必须设置时,应采取安全措施。
(2)沉井下沉时,井字架、扶梯等设施均不得固定在井壁上,防止沉井突然下沉时被拉倒。
(3)沉井井顶周围应设防护栏杆。井内的水泵、水力机械管道等施工设施,均应架设牢固,以防止坠落。
(4)沉井下沉前应把井壁上拉杆螺栓和圆钉切割掉。特别是在不排水下沉时,应清除井内障碍和插筋,以防止割破潜水员的潜水服。
(5)抽承垫木时,应有专人统一指挥,分区域、按次序进行。抽承垫木及下沉时,严禁人员从刃脚、底梁和隔墙下通过。
(6)当沉井面积较大,不排水下沉时,井内隔墙上应设有潜水员通过的预留孔。
(7)浮运沉井的防水围壁露出水面的高度,在任何时候均不得小于1m。
(8)采用抓斗抓土时,井孔内人员和设备应事先撤出,停止其他作业。如不能撤出,应采取安全措施。采用机吊人挖时,土斗装满后,待井下人员避开,并发出信号,方可起吊。

续上表

(9)采用水力机械时,井内作业面与水泵站应建立电话或信号联系。水力机械的水枪和吸泥机,应进行试运转,各连接处应严密不漏水。

(10)沉井在淤泥质黏土或亚黏土中下沉时,井内的工作平台应用活动平台,禁止固定在井壁、隔墙或底梁上。沉井发生突然下沉时,平台应能随井内涌土顶升。

(11)不排水沉井,井内应搭设专供潜水员使用的浮动操作平台。潜水员的增、减压规定及有关职业病的防治,应按照有关规定进行。

(12)采用井内抽水强制下沉时,井上人员应离开沉井,不能离开时应采取安全措施。

(13)沉井如由不排水转换为排水下沉时,抽水后应经过观测,确认沉井已经稳定,方可下井作业。

(14)沉井下沉采用加载助时,加载平台应经过计算,加载或卸荷范围内,应停止其他作业。

(15)沉井水下混凝土封底时,工作平台应搭设牢固,导管周围应有栏杆。平台的荷载除考虑人员和机具重量外,还应考虑漏斗和导管堵塞后,装满混凝土时的悬吊重量。

交底人签字:

接受交底人员签字:

(5)围堰施工安全交底(表6-10)

围堰施工安全技术交底表　　　　　　　　　　表6-10

工程名称		施工单位	
交底内容	围堰施工	交底时间	
交底对象	围堰施工工区作业人员	交底人	

交底内容:

(1)搭设围堰的操作人员,必须经过专门训练和体格查验考核,持特种作业证方可上岗。患有高血压、心脏病、癫痫及其他不适宜作业人员,一律不准从事搭设作业。

(2)进入作业区域,必须戴安全帽,带工具袋,严禁穿拖鞋、硬底鞋或赤脚操作。严禁作业中吸烟,严禁酒后作业。

(3)架设所用的材料及扣件的规格和质量必须符合有关技术规定和施工方案的要求,并经试验合格后才能使用。不准使用不合格的材料、扣件,不准钢、竹材料混用。

(4)水上施工作业人员须严格遵守水上施工安全防护相关规定,所有进入作业区人员均须戴好安全帽,穿好救生衣,必要时拴挂好安全带。

(5)抽排水开挖中,当遇有涌水、涌砂影响基坑边坡稳定时要立即加固防护。

(6)基坑需抽排水开挖时,须配备足够的抽排水设备。

(7)在围堰开始抽水时,要派人定时进行巡检,时刻注意并记录围堰变化情况。

(8)围堰内支撑一定要按设计进行施工,断面尺寸和数量要符合设计要求。

(9)基坑开挖所设置的各种围堰和基坑支护,其结构必须坚固牢靠。基础施工中,浇筑混凝土等作业,严禁碰撞支撑,并不得在支撑上放置重物。施工中发现围堰、支撑有松动、变形等情况时,应及时加固,危及作业人员安全时立即撤出。

(10)用吊车进行水平和垂直起吊时,对吊车起吊能力和吊起后是否稳定进行实测,保证在起吊时安全可靠,防止发生意外安全事故。

(11)基坑支护拆除时,应在施工负责人的指导下进行。拆除支撑应与基坑回填相互配合进行。有引起坑壁坍塌危险征兆时,必须采取加固措施。

(12)夜间施工时,施工场地应有足够的照明。

(13)非机电专业操作人员不得擅自动用基础机电设备。

交底人签字:

接受交底人员签字:

2.安全检查与管控

(1)安全检查

①扩大基础施工安全检查记录表(表6-11)

扩大基础施工安全检查记录表　　　　　　　　　表6-11

项目(工程)名称						
检查时间						
施工地点						
序号	检查项目	检查情况	检查结果		整改要求	整改结果
			符合	不符合及主要问题		
1	施工方案					
2	基坑支护					
3	降排水					
4	基坑开挖					
5	坑边荷载					
6	安全防护					
7	基坑监测					
8	支撑拆除					
9	作业环境					
10	应急预案					

检查方：　　　　　　　　　　　　受检方：
检查人(签名)：　　　　　　　　　接收人(签名)：
　　　　年　月　日　　　　　　　　　　年　月　日

②桩基础施工安全检查记录表(表6-12)

桩基础施工安全检查记录表　　　　　　　　　表6-12

项目(工程)名称						
检查时间						
施工地点						
序号	检查项目	检查情况	检查结果		整改要求	整改结果
			符合	不符合及主要问题		
1	班前安全讲话					
2	劳动保护用品配备					
3	施工机械操作证持证					
4	施工现场临时排水设施					
5	施工现场边界及泥浆池围挡设施					

续上表

序号	检查项目	检查情况	检查结果			
			符合	不符合及主要问题	整改要求	整改结果
6	施工作业区管线调查情况					
7	汛情观测					
8	孔位水文、地质情况观测					
9	施工用电安全					
10	钻渣清运					
11	交通运输管制					
12	雨雪天防滑防冻措施					
13	夜间施工安全防护措施和照明措施					
14	施工现场安全警示标牌设置					

检查方：　　　　　　　　　　　　　　受检方：
检查人(签名)：　　　　　　　　　　　接收人(签名)：
　　　　年　月　日　　　　　　　　　　　　年　月　日

③沉桩施工安全检查记录表（表6-13）

沉桩施工安全检查记录表　　　　　　　　　　　　　　表6-13

项目(工程)名称	
检查时间	
施工地点	

序号	检查项目		检查情况	检查结果			
				符合	不符合及主要问题	整改要求	整改结果
1	班前安全讲话						
2	劳动保护用品佩戴						
3	施工调查						
4	机械设备验收						
5	水上平台施工						
6	锤击沉桩	邻近建(构)筑物观测					
		桩机移动轨道					
		水上打桩平台					
		打桩船					
		吊桩					
		作业人员站立位置					

续上表

序号	检查项目		检查情况	检查结果			
				符合	不符合及主要问题	整改要求	整改结果
6	锤击沉桩	管桩接长					
		管桩桩口防护					
		异常情况处理					
		设备维修					
		桩机移动					
7	振动沉桩	桩机、桩帽及桩的连接					
		起重机悬吊振动桩锤沉桩					
		异常情况处理					
		设备维修					
		停止作业后工作					
8	静压沉桩	设备选用					
		吊桩					
		作业人员站立位置					
		压桩					
		异常情况处理					
9	射水辅助沉桩	射水时机					
		射水压力					
		高压水泵					
		靠近既有桥梁施工					
		排水设施					
		射水管口					
10	水上施工						
11	起重吊装						
12	施工用电						
13	现场防火						
14	危险物品管理						
15	防风						
16	季节性施工						

检查方: 　　　　　　　　　　　　　　受检方:
检查人(签名): 　　　　　　　　　　　接收人(签名):
　　　　　　　年　月　日　　　　　　　　　　　　　年　月　日

④沉井施工安全检查记录表(表6-14)

沉井施工安全检查记录表　　　　表6-14

项目(工程)名称						
检查时间						
施工地点						
序号	检查项目		检查情况	检查结果		整改要求	整改结果

序号	检查项目		检查情况	符合	不符合及主要问题	整改要求	整改结果
1	班前安全讲话						
2	劳动保护用品佩戴						
3	施工调查						
4	机械设备验收						
5	护栏及警示设施						
6	专项施工方案						
7	筑岛沉井	筑岛围堰					
		底节沉井制造					
		拆除沉井垫木					
		沉井下沉					
		井内照明					
		井内应急设备及措施					
		井上抽水机台座					
		井上机具防护挡板					
		吊斗出土					
8	浮式运沉井	沉井下水前检查					
		起吊下水					
		滑移或牵引下水					
		船上(或支架平台上)制造的沉井下水					
		导向船、定位船连接					
		沉井悬浮状态观测					
		接高时加载顺序					
		沉井高出水面高度					
		河床冲刷观测及防护					
		灌水隔舱水头差					
		沉井定位落床					

续上表

序号	检查项目		检查情况	检查结果			
				符合	不符合及主要问题	整改要求	整改结果
9	沉井封底及填充	水下清理基底					
		水下混凝土封底					
		安装、拆卸导管					
10	水上施工						
11	潜水作业						
12	混凝土施工						
13	起重吊装						
14	施工用电						
15	现场防火						
16	防风						
17	季节性施工						

检查方：　　　　　　　　　　　　　　受检方：
检查人（签名）：　　　　　　　　　　接收人（签名）：
　　　　年　月　日　　　　　　　　　　　　年　月　日

⑤围堰施工安全检查记录表（表6-15）

围堰施工安全检查记录表　　　　　　　　　　　表6-15

项目（工程）名称	
检查时间	
施工地点	

序号	检查项目	检查情况	检查结果			
			符合	不符合及主要问题	整改要求	整改结果
1	班前安全讲话					
2	劳动保护用品配备					
3	船舶航运资质					
4	地质、水稳情况检测					
5	钢板桩围堰施工安全措施					
6	堰内排水防渗安全措施					
7	混凝土封底施工安全防护措施					
8	水面上部施工防洪、防高空坠落安全措施					
9	泵送混凝土浇筑安全防护					

续上表

序号	检查项目	检查情况	检查结果			
			符合	不符合及主要问题	整改要求	整改结果
10	施工用电安全					
11	现场作业爬梯设置					
12	施工现场安全网设置					
13	夜间施工无安全防护措施和照明措施					
14	施工现场安全警示标牌设置					

检查方：　　　　　　　　　　　　　　　　受检方：
检查人(签名)：　　　　　　　　　　　　　接收人(签名)：
　　　　　年　月　日　　　　　　　　　　　　　年　月　日

(2)基础工程施工安全管控措施

①基坑开挖施工安全控制措施

开挖基坑时，要先观察对邻近建(构)筑物或临时设施是否有影响，如有影响或者安全隐患，应采取安全防护措施后才能开挖，如图6-6所示。

基坑可用机械或人工开挖，挖掘机进行挖土作业时，坑内不得有人施工，机身距坑边的安全距离应视基坑深度、坡度、土质情况而定，一般不小于1.0m，堆放材料及机具时应不小于0.8m。接近基底设计高度应留0.2~0.3m高度由人工开挖，以免破坏基底土的结构。开挖基坑的人员不得在坑壁下休息。

基坑开挖时要根据土质、水文等情况，按照规定的边坡坡度分层下挖，严禁局部深挖或掏洞开挖，基坑深度超过1.5m且不加支撑时，应按要求进行放坡。基坑井坑开挖过程中，必须随时检查坑壁边坡有无裂缝和坍塌现象(特别是雨后和解冻时期)，如果发现边坡有裂缝、疏松或支撑有折断、走动等危险先兆，应立即采取措施，在雨季、地下水及流砂地区挖土，必须根据具体情况增加坡度和加固支撑。

基坑顶缘有动荷载时，基坑顶缘与动荷载之间至少留1.0m宽的护道，如地质水文条件差，应增宽护道或者采取加固措施，以增加边坡的稳定性，基坑深度大于5.0m时，可将坑壁坡度适当放缓或架设平台。

抓斗式起重机出土时，应检查吊斗绳索、挂钩和机具等是否完好牢固，向斗内装土时不得超出斗缘。吊斗升降时，作业人员应站在吊斗升降移动作业范围以外。吊斗不使用时，应及时摘下，不得悬挂半空，如图6-7所示。

基坑排水。在有水的地方开挖基坑，施工人员应穿胶鞋，并设置可以出入基坑的安全爬梯。基坑边缘有水时要采取截流措施，开挖排水沟。如需机械抽排水，须配备足够的抽排水设备，事先设置好管路，安放牢固抽水设备。遇到有流砂、涌水及基坑边坡不稳定情况发生，应立即采取防护加固措施。

对粉质土、粉砂类土采用表面排水，容易引发流砂现象，影响基坑稳定，此时可以采取井点法降低地下水位排水。根据土层渗透系数、降水深度等计算出渗水量,经过井点布置设计和抽水试验等。采用钻机打设井点,遵守钻孔施工安全操作规程。

图6-6 基坑防护

图6-7 抓斗式起重机

②钻孔灌注桩施工安全控制措施

钻孔机械就位后,应对钻机及配套设备进行全面检查。钻机安设必须平稳、牢固;钻架应加设斜撑或缆风绳。

各类桩机作业中应由本机或机管负责人指定的操作人员操作,其他人不得登机。操作人员在当班中不得擅自离岗。

正、反循环钻机及潜水钻机使用的电缆线要定期检查,接头必须绑扎牢固,确保不透水、不漏电;对经常处于水、泥浆浸泡的情况,应架空搭设。挪移钻机时,不得挤压电缆线及风、水管路。

采用冲抓或冲击钻孔时,当钻头提到接近护筒底缘处时,应减速、平稳提升,不得碰撞护筒和钩挂护筒底缘。冲击钻孔应选用起重能力较大的机具设备。所选用的钻锥、卷扬机和钢丝绳等,应配置适当,质量合格,钢丝绳与钻锥用绳卡固接时,绳卡数量应与钢丝绳直径相匹配。冲击过程中,钢丝绳的松弛度应掌握适宜。施工时随时检查钻锥、卷扬机和钢丝绳的损伤情况,当断丝超过5%时,必须立即更换。

钻机停钻,必须将钻头提出孔外,置于钻架上,不得滞留孔内。钻孔过程当中,必须设有专人看护,按规定指标保持孔内水位的高度及泥浆的稠度,防止塌孔。钻孔使用的泥浆,宜设置泥浆循环净化系统,并注意防止或减少环境污染。

对于已埋设护筒而未开钻或已成桩而护筒尚未拔除的,应加设护筒顶盖或铺设安全网遮罩。

钻孔中发生故障需排除时,严禁作业人员下孔内处理故障。在高压电线下钻孔或下沉钢筋笼时,应采取相关安全措施,钻机塔顶和吊钢筋笼的吊机桅杆顶上方2.0m范围内不准有任何架空障碍物。

③沉桩(预制桩)施工安全控制措施

钢筋混凝土桩、预应力混凝土桩采用锤击沉桩或者振动沉桩时,施工场地应坚实并保持平整清洁。打桩机的移动轨道铺设要平顺,轨距要准确,钢轨要钉牢,轨道端部应设止轮器。

打桩架移动应在现场施工负责人指挥下进行。桩架移动应平稳,桩锤必须放在最低位置,柴油打桩机后部的配重铁必须齐全。采用滚杠滑移打桩架作业时,作业人员不得在打桩架内操作。在高压线线下两侧安装打桩机械,应根据电压保证打桩机与高压线最近距离大于安全距离,打桩机顶部上方2.0m内不准有任何架空障碍物。

吊桩时应有统一的指挥信号,桩的下部应拴溜绳,在指挥人员发出信号后方可作业。起吊沉桩或桩锤时,严禁作业人员在吊钩下或在桩架龙门口处停留或作业。对打桩架及起重工具,应经常检查维修。桩锤检查维修时,必须将桩锤放落在地面或平台上,严禁在悬挂状态下维修桩锤。

锤击沉桩或振动沉桩,均应选用适合的桩帽或桩垫,桩帽应与桩边连接牢固,桩垫破损时应及时更换,在城镇居民区采用锤击或者振动沉桩作业时,应采取减小噪声和振动影响的措施,最大限度减少噪声污染。

振动打桩机开动后,作业人员应暂离基桩,观察打桩机振动的情况。振打中如发现桩回跳、打桩机有异声及其他不正常情况,应立即停振,并在经检查处理后再继续作业。所有开、停振必须听从指挥。振动打桩机在停止作业后,应立即切断动力源。

采用静力压桩,应检查所需施加压力之和是否与设计符合,其合力作用线是否与桩中心线一致。

钢筋混凝土沉桩完成后,应立即用木板或草袋将桩头盖好,露出地面的桩头,钢筋应做好保护,作业间隙应将桩锤固定在桩架龙门架方木上,作业人员不得在其下方走动或停留。

水上打桩平台,必须搭设牢固,打桩机底座与平台应连接牢靠。浮式沉桩设备沉桩时,桩架与船体必须连接紧固。船体定位后,应以锚缆加固,并防止施工中浮船晃动。

采用高压水泵等助沉措施,其高压水泵的压力表、安全阀、水泵、输水管道及水压等应符合安全要求。高压射水辅助沉桩,应根据地质情况采用相应的压力,并要防止急剧下沉造成桩架倾倒。射水沉桩,应在桩身入土达到稳定时再射水。

④沉井施工安全控制措施

施工应尽量避开汛期,特别是初沉阶段,不得在汛期内。确需在汛期施工,应当采取稳定可靠的安全防护措施。沉井施工前应检查机具设备是否完好,并搭设好脚手架、作业平台,保证其牢靠,平台四周设置栏杆,高处作业和险要空隙处应设置安全网。

在水中设围堰筑岛上就地浇筑的沉井,由于围堰压缩了流水断面或改变河道走向,易产生冲刷而导致围堰塌陷,因此,围堰要牢固,施工中应注意加强检查和维护。

沉井下沉,采用人工挖掘时,劳动组织要合理,井内人员不宜过多。在刃脚处掏挖,应对称均匀掘进,并保持沉井均衡下沉。下井操作人员必须佩戴齐全安全防护用品。井内要有充足的照明。沉井各室均应备有悬挂爬梯及安全绳供人员出入。涌水、涌砂量大时,不宜采用人工开挖下沉。

由于沉井体积较大,井内施工人员不易察觉沉井的倾斜,因此,抽除沉井垫木,应按现行《公路桥涵施工技术规范》(JTG/T 3650)的规定进行。拆除沉井垫木应在沉井混凝土达到设计强度后进行,抽拔垫木时应有专人统一指挥,分区、分层、同步、对称进行。抽拔垫木及下沉时,严禁人员从刃脚、底梁和隔墙下通过,抽掉垫木后应及时回填夯实,并注意检查是否有倾斜及险情。

沉井顶面应设安全防护围挡。井顶部的机具应设防护挡板,小型工具宜装箱存放。在沉井刃脚和井内横隔墙附近,不得有人停留、休息,以防沉井可能突然下沉造成伤害事故。井内、井上搭设的抽水机台座(架)无论是在沉井内预埋钢件焊接成架或由井顶悬挂的机架都必须安装牢靠。电缆应使用防水胶线,防止漏电。

采用抓斗进行不排水下沉时,如钢丝绳缠绕在一起而需要转动抓斗进行排除时,井顶人员一般使用长铁钩,由于在拉、推工作中易产生闪失坠落事故,因此作业人员不得用力过猛,而且应站在有护栏的部位。

不排水下沉中,应均匀出土,不得超挖超吸。必须进行沉井底的潜水检查时,要防止沉井突然下沉和大量涌砂而导致沉井歪斜或造成机械和人员损伤。井内隔墙上设有预留孔,对潜水员作业应有可靠的安全保护措施。

沉井下沉需要配重时,配重物件应堆码整齐,捆绑牢固;采用偏配重、偏出土和施加水平力纠正井倾时,荷载应逐级增加,并不断观察沉井下沉情况。采用悬臂配偏重时,悬臂支架要认真检查,保证坚固可靠。

用吊斗出土时,斗梁与吊钩应封绑牢固,并应经常检查斗梁、斗门等的磨损情况,损伤部位应更换或加固;吊斗升降时,井顶指挥人员应通知井下人员暂时避开。

采用机吊人挖时,土斗装满后,需井下人员躲开并发出信号后方可起吊。

沉井由不排水下沉转为排水下沉时,抽水后应经过观测确认沉井已稳定,方可井下作业。采用井内抽水,强制下沉时,井上人员应离开沉井。采用水力机械时,井内作业面与水泵站应建立通信联系,水力机械的水枪和吸泥机应进行试运转,各连接处应严密不漏水。

采用空气幕下沉沉井时,空压机、储气罐等应符合安全规定的要求,并由专人操作。储气罐放置地点应通风,严禁日光暴晒和高温烘烤。施工中要控制风压和确保安全阀工作正常。压力表、安全阀、调节器等应定期校验。

浮式沉井,一般在水深的河流中采用。在深水处采用浮式沉井施工时,其沉井下水、浮运及悬浮状态下接高、下沉等,应遵守下列规定:浮式沉井在下水前,应进行水密性检查,合格后方可下水。在工作船上制作的沉井,除使用大型的浮吊船吊装入水外,多数采用几台吊机共同吊运入水,此时,操作必须协调,起落速度应一致,承载负荷要均匀,起落中不得改变起重臂的仰俯角度。因此浮式沉井下水前,应制定下水方案。当采用起吊下水时,应对起重设备合理配置,使其受力均匀;当河岸有适合坡度,而采用滑移、牵引等措施下水时,在沉井倾斜进入滑道及倾斜下滑中,沉井后侧应始终以溜绳控制,下滑速度应缓慢。必须保证沉井安全,严防倾覆及损伤。

浮式沉井定位落床前,应考虑潮水涨落的影响,对所有锚碇设备进行检查和调整,使其安全准确落位。落床后,应采取措施尽快下沉,并使沉井达到保持稳定的深度。

沉井灌注水下混凝土应搭设作业平台、溜槽、导管及提升设备,经全面检查,确认安全后方可施工。水下混凝土封底时工作平台应搭设牢固,导管周边应设栏杆,平台的荷载除考虑人员和机具重量外,还应考虑漏斗和导管堵塞后装满混凝土时的悬吊重量。

⑤围堰施工安全控制措施

围堰内作业遇有洪水或水流,应立即撤出作业人员。采用挡土板或板桩围堰,应视土质、涌水、挖深情况，逐段支撑。随时检查挡板、板桩等挡土设施的稳定牢固状况。施工中，遇有流砂、涌沙或支撑变形等异常情况，应立即停止挖掘，撤出作业人员，在切实采取安全加固措施后，方可继续开挖。施工中发现围堰、支撑有松动、变形时，应及时加固。

基坑支护拆除时，应在现场技术负责人的指导下进行。拆除支撑可配合回填土进程，由低处向上拆除，严禁站在正在拆除的支撑上操作，若引起坑壁坍塌危险，必须采取安全措施。

钢板桩围堰施工技术成熟，可以反复使用，目前广泛应用于桥梁基础建设中。钢板桩围堰要根据施工条件和安全要求及水深、地质等情况适当选择桩长，确定围堰尺寸、钢板桩数量、打入位置、入土深度和桩顶高程，使之既不影响水上施工，又不会伤及水下桩基等构造物。

钢板桩打入前，应设置坚固的导向桩和足够强度的支撑框架，并将安设板桩的打入位置标示在导向框架上，以确保板桩的稳定和准确合龙。插打钢板桩（包括钢筋混凝土板桩）围堰前应对打桩机、卷扬机及其配套机具设备、绳索等进行全面检查，经试验、鉴定合格后方可施工。

钢板桩起吊应听从信号指挥，作业前应在钢板桩上拴好溜绳，防止起吊后急剧摆动。吊起的钢板桩未就位前，插桩桩位处不得站人。在桩顶作业，应挂吊篮、爬梯，作业人员必须系好安全带。钢板桩插进锁口后，因锁口阻力不能插放到位而需用桩锤压插时，应用卷扬机钢丝绳控制桩锤下落行程，防止桩锤随钢板桩突然下滑。钢板桩在锤击下沉时，初始阶段应轻打。桩帽(垫)变形时应及时更换。插打钢板桩，应从上游依次对称向下游插打，若是双层钢板桩，应先外侧后内侧，最后在下游处合龙。如插打钢板桩吊机高度不足，可改变吊点位置，但吊点不得低于桩顶以下1/3桩长位置。在转换吊点时，必须先挂后换，使新吊点吃力后，确定牢固，才能拆除原吊点。在受潮水影响的河流中作业时，应根据实际情况，制定插打方案及安全防护措施。

使用沉拔桩锤沉拔板桩时，桩锤各部件、连接件要确保完好，电气线路、绝缘部分要良好绝缘。每天使用前要认真检查，班后要进行保养。操作时，桩锤和板桩连接要牢固，系索人员要稳固地立足，佩戴安全帽和安全带。采用吊机船拔除钢板桩，应指派专人经常检查吊机船的吃水深度，视拔桩机或吊机受力情况，拔桩机和吊机应安装"限负荷"装置，以防超负荷作业。

单元二　桥梁墩台施工安全

一、认识桥梁墩台

桥梁墩台是桥梁的重要组成部分，承担着上部结构的荷载，并连同自身重力有效传递给基础。

桥墩是多跨（两跨以上）桥梁的中间支承结构物，并将荷载传递到基础上。它除承受上部结构的荷载外,还要承受流水压力、风力以及可能出现的地震力或浮冰、船只和漂流物的撞击力等。

桥台是设置在桥梁两端,支撑桥梁上部结构,衔接两岸接线路堤,并将荷载传递到地基的构筑物。桥台具有支撑、连接和挡土的功能,使桥梁和陆地连接匀顺,行车平稳。

1. 桥墩的类型

桥墩按其构造可分为实体式(重力式)桥墩、桩(柱)式桥墩、空心式桥墩(钢筋混凝土薄壁桥墩)、柔性排架式桥墩、框架式桥墩等。

(1)实体式(重力式)桥墩是实体的圬工墩,主要依靠自身较大的重力来平衡外力,保证桥墩的强度和稳定性。实体式(重力式)桥墩适用于荷载较大的大中型桥梁或流冰漂流物较多的河流中。

(2)柱式桥墩是指墩身由单根或多根柱状体组成的桥墩。若柱下是桩基础则称为桩柱式桥墩。柱式桥墩的形式主要有单柱式、双柱式、哑铃式,如图6-8所示。柱式桥墩广泛应用于公路桥梁中,特别是桥宽较大的城市桥梁和立交桥。采用这种桥墩,既能减轻墩身重量,节约圬工材料,又比较美观,但使用跨径一般不大于30m,且桥墩不宜过高。

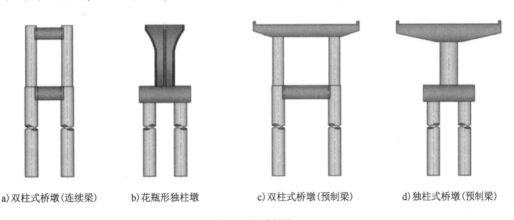

a)双柱式桥墩(连续梁)　　b)花瓶形独柱墩　　c)双柱式桥墩(预制梁)　　d)独柱式桥墩(预制梁)

图6-8　柱式桥墩

(3)空心式桥墩是实体式桥墩轻型化发展的产物,它能充分利用材料的强度,可节省材料,减轻桥墩自重,减少基础工程量。空心墩可以采用钢滑动模板施工,施工速度快、质量好,节约模板支架,特别对于高桥墩更显出其优越性。空心式桥墩,可以采用混凝土或钢筋混凝土,桥墩高度小于50m,一般采用钢筋混凝土材料,截面形式有圆形、长方形等。

(4)柔性排架式桥墩是由单排或双排钢筋混凝土桩与钢筋混凝土盖梁连接而成的,如图6-9所示。柔性排架式桥墩适用的桥长,应根据温度变化幅度决定,一般为50~80m,温度差大的地区,桥长应短些,温差小的地区,桥长可以适当长一些。

(5)框架式桥墩采用钢筋混凝土或预应力混凝土的压弯或弯曲构件组成平面框架代替墩身支撑上部结构,必要时可做成双层或多层框架。桥墩结构可采用顶部分开,底部连在一起的V形桥墩(图6-10)和顶部分开底部和直立桥墩连在一起的Y形桥墩(图6-10)。这类桥墩结构不仅轻巧美观,给桥梁建筑增添了新的艺术造型,而且使桥梁的跨越能力提高,缩短了主梁的跨径,降低了梁高,但其结构复杂,施工比较麻烦。

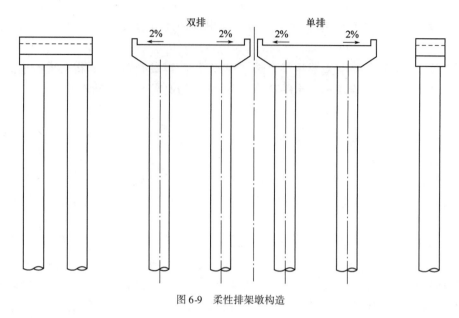

图 6-9 柔性排架墩构造

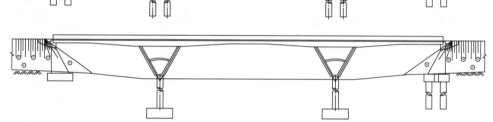

图 6-10 V 形桥墩和 Y 形桥墩

2. 桥台的类型

桥台按其形式可分为重力式桥台、轻型桥台、埋置式桥台、组合式桥台等。其中,梁桥和拱桥主要采用重力式桥台和轻型桥台,作用原理大致相同。

墩柱

(1)重力式桥台主要依靠自重来平衡台后的土压力,桥台本身多数由石砌、片石、混凝土或混凝土等圬工材料建造,并采用就地浇筑的方法施工。适用于填土高度为 4~10m 或跨度稍大的桥梁。梁桥和拱桥常用的重力式桥台为 U 形桥台,由台帽、台身和基础三部分组成,如图 6-11 所示。

(2)轻型桥台力求体积小、自重轻,借助钢筋混凝土结构的抗弯能力来减少圬工体积而使桥台轻型化。常用的轻型桥台有梁桥支撑梁轻型桥台和拱桥八字形轻型桥台。轻型桥台适用于小跨径桥梁,桥跨孔数与轻型桥墩配合使用时不宜超过三个,单孔跨径不宜大于 13m,多孔全长不宜大于 20m。

(3)埋置式桥台是将台身埋在锥形护坡中,只露出台帽,在外面安置支座及上部构造,这样桥台所受的土压力大为减小,桥台的体积也就相应地减少,如图 6-12 所示。

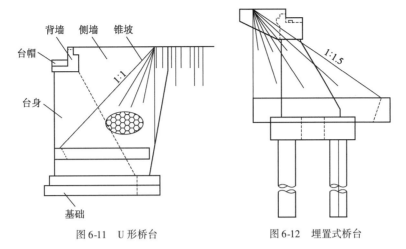

图 6-11 U 形桥台　　　　　图 6-12 埋置式桥台

(4)组合式桥台是将桥台本身作为主要承受桥跨结构传来的竖向力和水平力,而台后的土压力由其他结构来承受。

桥梁墩台施工方式有就地浇筑(砌筑)、预制拼装和滑升(爬升、翻升)模板施工。

现场就地浇筑(砌筑)法施工桥梁墩台的内容主要包括墩台定位与放样、在基础襟边上立模板和支架、浇筑(砌筑)墩台身、绑扎顶帽钢筋、浇筑顶帽混凝土并预留支座锚栓孔。该方法应用广泛,主要用于圬工墩台、钢筋混凝土墩台。

预制拼装法施工墩台又称装配式墩台。其施工包括拼装部分墩台身施工和现场就地浇筑实体部分墩台身施工两部分。该方法主要用于预应力混凝土、钢筋混凝土薄壁空心墩或轻型墩,或现场现浇施工有困难的地区。

滑动模板是将钢模板悬挂在工作平台上,沿着所施工的混凝土结构截面的周界组拼装配,并随着混凝土的灌注由千斤顶带动向上滑升,适用于各种类型的桥墩施工。

二、桥梁墩台施工主要事故类型

1. 桥梁墩台施工的主要事故类型(表 6-16)

墩柱施工的主要事故类型　　　　　　　表 6-16

施工内容	主要工序	致害物	主要事故类型	事故严重程度			
				一般	较大	重大	特大
墩台施工	墩台施工全过程,挂架爬升	施工中的各种工具、物料等	物体打击	√			
	混凝土运输和浇筑	混凝土搅拌运输车、混凝土泵车	车辆伤害	√			
	钢筋绑扎加工	钢筋加工设备、电焊机等	机械伤害		√		
	起重作业	汽车起重机、履带式起重机等起重设备,吊索、吊具等	起重伤害		√		
	墩台施工全过程	工作平台无防护,施工人员受自身的重力运动	高处坠落		√		
	墩台施工全过程	墩身支架或挂架垮塌,操作平台不牢固,安全措施不完善	坍塌	√			

2. 盖梁施工的主要事故类型(表6-17)

盖梁施工的主要事故类型　　　　表6-17

施工内容	主要工序	致害物	主要事故类型	事故严重程度			
				一般	较大	重大	特大
盖梁施工	施工准备,放置承重梁与分配梁,底模铺装	施工中的各种工具、物料等	物体打击	√			
	混凝土运输和浇筑	混凝土搅拌运输车、混凝土泵车	车辆伤害	√			
	钢筋绑扎加工	钢筋加工设备、电焊机等	机械伤害		√		
	起重作业	汽车起重机、履带式起重机等起重设备,吊索、吊具等	起重伤害		√		
	施工准备,钢筋安设,模板安装	工作平台无防护,施工人员受自身的重力运动	高处坠落		√		
	模板、支架安装和拆除	支护结构不达标,安全措施不完善	坍塌	√			

盖梁

三、桥梁墩台施工隐患排查

墩台施工隐患排查要点包括以下内容。

(1)施工前未搭设脚手架及作业平台或搭设不牢固,未按规定设置作业人员上下爬梯或通道。

(2)高墩柱施工作业层临边未按规定设置围挡防护,或者安全防护措施设置不到位。

(3)操作人员在上下同一个垂直面操作;安装高墩模板作业人员未系好安全带或安全带未拴在牢固地点;在高空安装模板时,工具未装入工具袋。

(4)钢筋绑扎安装操作不当,立模安装、拆除操作不当,模板质量不符合要求,模板焊缝损坏,有裂纹,螺栓疲劳磨损。立柱模板拼装螺丝数量短缺、连接不牢固。

(5)不符合三级配电三级保护,开关箱(末级)无漏电保护或保护器失灵,违反"一机一闸一箱一漏"规定。

(6)起重作业区域无人进行指挥,现场存在"三违"。轮胎式起重机起吊作业时,悬吊重物行走。

(7)墩高20m以上时未设置防雷电设施。

(8)爬模、滑模和翻模施工未编制专项施工方案,作业前未检查钢丝绳、离合器、制动器、保险棘轮、传动滑轮。

(9)对模板系统、液压爬升系统和爬架架体系统未进行安全验算和试验,未有足够的安全系数。未对滑模模板限位装置、爬模安全插销和翻模相邻围圈连接进行检查。滑模施工采用的液压千斤顶未同步提升,提升速度超过规定值,模板操作平台上集中堆载重物和作业人员。

(10)拆除模板设备时,未设警戒线或警戒线到建筑物距离小于10m。

(11)用吊斗浇筑混凝土时,吊斗的升降未设专人指挥;振捣时振动支撑杆和模板。

(12)模板提升时进行混凝土振捣,使用振捣器时电源线有破损和漏电。

(13)脚手架和作业平台上堆放的物品超过设计荷载;吊机、桅杆吊运砌筑材料时未听从指挥或无人指挥。

(14)砌筑墩台前未搭设好脚手架、作业平台、护栏、扶梯等安全防护设施;砌筑材料吊运到砌筑面时,作业人员未避让,砌筑材料未停稳就上前砌筑。

(15)人工、手推车推运石块或预制块件时,脚手跳板未铺满且宽度、坡度及强度不符合设计要求。

(16)下班时,已铺好而来不及钉牢的定型模板或散板、钢模板等未堆放稳妥。

案例导入

1. 事故基本情况

×年5月19日,柏某等3人在工地2号墩台处清理钢模板。由于模板和钢管妨碍爬升,木工王某擅自拆除钢模板,钢模板自行脱落,击中了正在该处下方清理钢模板的柏某头部,击破安全帽,造成柏某脑外伤。柏某经抢救无效死亡。

2. 事故原因

(1)直接原因

木工王某未按高处拆模的安全操作规程拆除钢模板,且未采取安全防护措施,是造成事故的直接原因。

(2)间接原因

现场管理协调不力,安全防护设施不到位是造成事故发生的间接原因。一是施工员未及时安排有经验的工人清除障碍;二是在上部有人作业的情况下,下部却安排工人作业,未实行交叉作业安全防护;三是未及时设安全挑网;四是地面人员作业无安全防护棚。

3. 事故防范措施

(1)加强安全生产教育,使施工现场的每位管理人员、每一个工人都能保持警觉,自觉按照规程作业,抵制和防止违章作业、违章指挥。

(2)强化安全生产检查,及时发现和消除事故隐患,确保安全施工。

4. 盖梁施工隐患排查要点

(1)盖梁、系梁施工时,支撑体系或抱箍螺栓未紧固或螺栓数量不足,导致盖梁坍塌。

(2)高空作业人员,未做好个人防护,没有戴安全帽、系安全带、穿防滑鞋、穿拖鞋等。高处作业时,作业人员工具未装入工具袋。

(3)盖梁作业支架的搭设未严格按技术交底实施,搭设钢管架不使用合格的构件,使用开裂、脱焊、焊头断裂变形及严重锈蚀的构件。

(4)支架没有根据搭设荷载要求验算立杆及横杆的承载能力,架体上面堆放物料。

(5)支立模板时没有按工序操作。整体模板合拢后,没有用对拉杆固定牢靠。支架拆除时,未划出安全区、设警示标志,没有专人看管。

(6)拆除模板时,没有按顺序分段拆除。

(7)起重机在雨、雪天气作业时,没有先经过试吊,检验制动器灵敏可靠度,直接进行起吊作业。

(8)进行电工操作时,未配备绝缘鞋、绝缘手套、电笔等电工专用防护用具及工具;混凝土泵、水泵、电焊机等用电机械的操作人员操作机械时未戴绝缘手套。

四、桥梁墩台施工风险控制

1.安全交底

(1)墩台施工安全技术交底(表6-18)

墩台施工安全技术交底　　　　　　表6-18

工程名称		施工单位	
交底内容	墩台施工	交底时间	
交底对象	墩台施工工区作业人员	交底人	

交底内容:

(1)参加施工的全体人员必须按规定佩戴安全防护用品及安全帽,高空作业人员必须佩戴安全带。施工场地平整到位,基坑周围开挖排水沟,保证排水系统畅通。

(2)模板内外均应安设稳固的支撑,落地处要加设垫木,并有防支点滑动措施。

(3)起重机械设备应设专人操作并配备指挥人员,定责定岗;上岗前进行技术培训,制定专项制度和指挥联络方法,考核合格后持证上岗。

(4)墩台施工时,在墩台身钢筋模板安装前,搭设脚手架平台、脚手板、栏杆并加设防护网及上下扶梯。

(5)墩台或支架上的作业人员穿着防滑鞋,佩戴安全带。患有高血压人员不得进行高空作业,防止意外事故发生。

(6)平台上应规定人群荷载和堆放材料的限量标准。材料均匀摆放,不得多人聚集一处。

(7)使用吊斗进行混凝土灌注时,先通知作业面操作人员避让,并不得倚靠栏杆推动吊斗,严禁吊斗碰撞模板和脚手架。混凝土浇筑,不得用大罐漏斗直接灌入,不得冲击模板。振捣时,不得振动支撑杆、钢筋及模板。

(8)在拆除模板时,应按规定的程序进行,利用吊车拆除模板时,要等模板与混凝土完全脱离后方能吊运,不可吊拉模板。拆除脚手架搭横杆、剪刀撑时,先拆除中间扣件,由中间操作人员往下顺杆。模板、材料、工具不得往下扔。

(9)主要机具、电器、运输设备等,应定机定人,严格执行交接班制度。接班时,必须对机具检查一次,并做好记录。

(10)夜间施工应有足够的照明。在人员上下及运输过道处,均应设置固定的照明设施。

(11)墩台靠近既有道路时,应采取可靠的安全防护措施,保证过往行人和车辆安全。

(12)墩台上养生人员必须系安全带,输水管及其他设备应捆绑牢固。

(13)临时用电设计符合"三相五线制"要求。配电线路老化、破损时应及时更换。严禁非电工进行电工作业。配电箱、开关箱应加锁并做好绝缘防护,并有危险警告标志。搬迁或移动用电设备,必须经电工切断电源并做妥善处理。

(14)每台机械设备一定要设置好可靠的安全接地,横过施工便道与交通要道的电缆一定要穿管下埋。

(15)工地使用的电缆连接接头要牢固可靠绝缘,接头处绑扎在站立的干木桩上,离开地面,以防漏电伤人。

交底人签字:

接受交底人员签字:

(2)盖梁施工安全技术交底(表6-19)

盖梁施工安全技术交底　　　　　　　　　　　　　　　　　　表6-19

工程名称		施工单位	
交底内容	盖梁施工	交底时间	
交底对象	盖梁施工工区作业人员	交底人	

交底内容:
(1)施工前必须按照专项安全施工方案搭设脚手架及作业平台,并在平台外侧设栏杆,加设安全网。若脚手架立杆基础不能满足承载力的要求,必须加垫木或地基处理。
(2)支撑起吊前先将钢锭横穿并固定于墩柱顶面预留孔内,工字钢提升由专人负责指挥起吊,吊装时均不得碰撞支架、钢模,要轻上缓下,吊装前必须试吊,吊臂下方不可站人,在其吊到位时,由墩柱顶端作业人员用四个紧线器交叉平衡固定于墩柱顶(紧线器固定于墩柱顶的预留钢筋上),如用钢管必须有足够根数以达到承重目的。
(3)工字钢架设好后必须以足够长度的人造木板铺设于工字钢上才能够开始桁但木(槽钢)和底模的铺设工作,并在铺设过程中注意防止桁但木(槽钢)的前后移动,避免因此造成底模不稳固,在底模铺设到有足够重量压制住桁但木(槽钢)的翘动时,须在底模外铺设人形走板并设置安全护栏及挂设安全网。
(4)盖梁钢筋采用提前制作、现场焊接的施工方案;由于盖梁的半成品钢筋较长,在其吊装及安装过程中,应有专人负责指挥吊装及安装,吊装时均不得碰撞支架、钢模,要轻上缓下,吊装前必须试吊,吊臂下方不可站人。
(5)在盖梁钢筋制作完成后才可进行盖梁的模板吊装及安装;盖梁的侧模吊装过程由专人负责指挥,吊装物品均不得碰撞支架、钢模,要轻上缓下,吊装前必须试吊,吊臂下方不可站人;在安装侧模时,作业人员必须将安全绳固定于盖梁钢筋上。
(6)在盖梁模板安装好并经过技术人员检查同意后方可进行盖梁(系梁)混凝土的浇筑,在浇筑过程中,严禁吊装物碰撞架管、模板及盖梁(系梁)钢筋,吊装全过程要有专人负责指挥,吊装前必须试吊,吊臂工作时下方严禁站人。
(7)在盖梁混凝土强度达到要求可以拆除盖梁的模板时,作业人员必须挂靠长安全绳,并将长安全绳一端固定于盖梁的预埋钢筋上。
(8)施工现场,电工、电焊工必须经有关部门技能培训考试合格后,持证上岗,无证人员不得从事电气设备及电气线路的安装及拆除。
(9)现场使用的电焊机,应设有防雨、防潮、防晒的机棚,并应装设相应的消防器材。高空焊接或切割时,必须系好安全带,焊接周围和下方应采取防护措施,并应有专人监护。

交底人签字:
接受交底人员签字:

2.安全检查与管控
(1)安全检查
①桥梁墩台施工安全检查记录表(表6-20)

桥梁墩台施工安全检查记录表　　　　　　　　　　　　　　　表6-20

项目(工程)名称					
检查时间					
施工地点					
序号	检查项目	检查情况	检查结果		
			符合	不符合及主要问题	整改要求	整改结果
1	施工方案				

续上表

序号	检查项目	检查情况	检查结果			
			符合	不符合及主要问题	整改要求	整改结果
2	文明施工					
3	安全防护					
4	梯笼安拆					
5	模板制作					
6	钢筋绑扎					
7	混凝土浇筑					
8	吊装作业					
9	施工用电					
10	应急预案					

检查方：　　　　　　　　　　　　　　　受检方：
检查人（签名）：　　　　　　　　　　　接收人（签名）：
　　　　　　年　月　日　　　　　　　　　　　　年　月　日

②盖梁施工安全检查记录表（表6-21）

盖梁施工安全检查记录表　　　　　　　　　　　表6-21

项目（工程）名称	
检查时间	
施工地点	

序号	检查项目	检查情况	检查结果			
			符合	不符合及主要问题	整改要求	整改结果
1	班前安全讲话					
2	劳动保护用品配备					
3	施工机械操作证持证					
4	模板制作					
5	钢筋绑扎					
6	混凝土浇筑					
7	吊装作业					
8	施工用电安全					
9	雨雪天防滑防冻措施					
10	夜间施工安全防护措施和照明措施					
11	施工现场安全警示标牌设置					

检查方：　　　　　　　　　　　　　　　受检方：
检查人（签名）：　　　　　　　　　　　接收人（签名）：
　　　　　　年　月　日　　　　　　　　　　　　年　月　日

(2)桥梁墩台施工安全管控措施

①就地浇筑墩台施工安全

a.施工前必须搭好脚手架及作业平台,并在平台外侧设栏杆。墩高在10m以上时,应加设安全网。墩台顶必须搭设安全护栏,施工人员应系好安全带作业。

b.模板就位后,应立即用撑木等固定其位置,以防模板倾倒砸人。用吊机吊模板合缝,模板底端用撬棍等工具拔移,不得徒手操作。每块模板支立完毕,在安好边结紧固器,支好内撑后,方可继续作业。

c.在架立高桥墩的墩身模板过程中,安装模板的作业人员必须系好安全带,并拴于牢固地点。穿模板拉杆应做到内外呼应。

d.用吊斗浇筑混凝土,应设专人指挥。升降时,周边作业人员必须躲开,人员不得身倚栏杆推吊斗,严禁吊斗碰撞模板及脚手架。

e.在围堰内浇筑墩台混凝土,应安设扶梯或设置跳板,供作业人员上下。

f.凿除混凝土浮浆及桩头,作业人员必须按规定佩戴防护用品。使用风镐凿除桩头,应先检查,确认安全可靠,方可作业。严禁风枪对人。

g.拆除模板,应划定禁行区,严禁行人通过。

②装配式墩台施工安全

a.预制墩身制作完成后,将会被运输至施工现场,有时需要在场地内二次转运预制构件。部分墩身体型巨大,会出现超高、超宽等情况,易在运输过程中造成事故,因此运输预制墩身的车辆需要满足构件尺寸和载重的要求,避免损坏或半路滑落,以保证运输安全。运输人员应做好安全防护措施,遵守安全文明施工的相关管理规定。

b.吊装大体积墩身构件时,需要根据其重量选择合适的起重机械。吊装作业前,需要对作业区域实施封闭管理,并设置警戒线和警戒标识;对于无法实施隔离封闭的区域,需要采取专项防护措施。起重机械作业前,需要进行机械检查和构件试吊,以确保机械性能良好,吊钩应带有安全闭锁保险装置。作业人员需要持证上岗,清楚吊装安全操作标准和指挥信号,信号工、司索工、起重机械驾驶员之间应协调作业,保持通信畅通,信号不明时不得吊运。

c.在墩身构件安装前,项目技术负责人应当根据专项施工方案和有关规范、标准的要求,对现场管理人员、操作班组、作业人员分别进行安全技术交底,并保留书面记录。当预制的墩身构件安装就位后,需要及时进行构件连接。

d.装配式桥梁墩台施工,高空坠落的事故风险主要体现在吊装过程中,因机械失效造成的起重伤害、打击伤害等因素也会带来高坠风险。高处作业平台的临边应当设有不低于1.2m的防护栏杆,并且采用密目式安全网或者工具式栏板来封闭;当作业的坠落高度大于或等于2m时,应设有可靠的防护措施;若墩身安装过程中有攀登作业,需要确保攀登作业的用具和设施可靠牢固。除了做好防高处坠落安全教育培训、安全监督管理等措施以外,施工人员可以通过设置安全母索和防坠安全网、佩戴安全带和安全绳等方式来防止高坠事故。

③液压爬模施工安全

爬升流程:

混凝土浇筑完后→拆模后移→安装附墙装置→提升导轨→爬升架体→绑扎钢筋→模板清理刷脱模剂→埋件固定模板上→合模浇筑混凝土。

安全操作注意事项：
a. 下平台与墙面接口处采用合页护栏，以确保不会有杂物从接口处掉落。
b. 夜间不得进行爬模升降作业，遇八级（含八级）以上大风不得进行提升或模板前后移动作业。
c. 模板拆除时应由上至下进行，所拆的材料不得抛扔。拆下的模板及木方运到指定地点清理干净，堆码整齐，不得乱堆乱放，平台上严防模板及木方的钉子朝天伤人。
d. 冬期施工，要注意大风后检查爬模架子的稳定性，防护措施是否有损伤，以及扣件紧固是否松动等内容，防止大风对架子安全造成的不利影响。
e. 遇到雨、雪天气，及时清理爬模架子，做到脚下安全、防滑。
f. 爬架自外墙主平台护栏以下设全封闭式防护栏，护栏杆件连接应使用合格的扣件，不得使用铅丝和其他材料绑扎，防护栏外围满设密目网。外墙模板主平台上方外围铺设大眼安全网。
g. 剪刀撑、斜杆等整体拉结杆件设置布局合理。
h. 设专人定期和不定期对爬模装置进行维修保养，保证万无一失。
④盖梁施工安全
a. 盖梁施工，不论采用何种形式的支架，都必须在施工组织设计中明确施工支架操作平台安全防护方案，做到有计算依据、设计图纸和技术要求。
b. 搭设施工必须由经专门安全培训的登高架设人员（持特殊工种操作证的架子工）负责实施，搭设现场需安全监护人员监护。
c. 钢管支架或钢结构桁架在现场搭设时，必须自下而上，同时应做好对单片桁架拼装时的拉结保险措施，防止倾翻，登高架设人员必须系好安全带，扣好安全钩，并正确使用好其他所规定的劳动防护用品。
d. 钢管支架或结构桁架登高措施，可采取支架内设挂钩登高梯，但必须做好逐级（步）登高平台。
e. 盖梁施工平台四周走道应与钢支架（桁架）作垂直或挑排式连接，净宽度满足 1～1.2m，成双排脚手架，其底部连接必须牢固、可靠，四周边必须采用 $\Phi 48*3.5mm$ 钢管，设置整体式临边安全防护栏杆，高度应超过施工面为1.2m，所有临边防护应和竹笆作全封闭（内环线以内区域施工应按规定用密目网封闭，外加踢脚板）。
f. 盖梁支架（桁架）及操作平台搭设完毕，需组织专业人员进行验收，合格后挂牌方可施工，支架外侧应设置醒目的安全警示牌，交通道路或施工通道的盖梁端头下方处应设置高度标志警示牌、反光标志和夜间警示灯（红色）。
g. 在搭设、拆除、浇捣时，严禁向下抛物和保持架空线的安全距离，并在地面或上空设警戒区和专业监护人员监护，以防意外事故发生。
h. 在支架搭设过程和使用过程中，应按规定距离、层面位置设置足够的防火消防器材。
i. 在浇筑混凝土之前必须保证所有模板螺栓全部安装并且紧固到位。
j. 现场使用的安全爬梯必须安装合格。作业人员必须将所需的安全防护用品穿戴到位。
k. 大雨、大雪、大雾及六级以上（含六级）等恶劣天气，必须停止露天起重吊装作业。严禁在带电的高压线下作业。汽车吊严禁吊人，在吊装作业时应由专人指挥。

l.使用起重机作业时,必须正确选择吊点位置,合理穿挂索具,试吊。除指挥及挂钩人员外,严禁其他人员进行吊装作业。

m.夜间施工必须配足照明灯光。

1.常见的桥梁基础的类型有哪些?
2.桥台的作用是什么?
3.简述装配式墩台施工安全要点。
4.简述滑模施工安全要点。

单元三 桥梁上部结构施工安全

一、了解桥梁上部结构

1.桥梁类型

桥梁上部结构包括承重结构和桥面系,是线路中断时跨越障碍(如河流、山谷等)的主要承重结构。

桥梁按受力体系划分,有梁式桥、拱式桥、刚架桥、悬索桥和组合体系桥(斜拉桥、梁拱组合体系桥等)。

(1)梁式桥

梁式桥是一种在竖向荷载作用下无水平反力的结构,如图 6-13 所示,主要以受弯为主,由于外力(永久作用和可变作用)的作用方向与承重结构的轴线接近垂直,因此与同样跨径的其他结构体系相比,梁桥内产生的弯矩最大,需要抗弯、抗拉能力强的材料来建造。对于中小跨径桥梁,目前在公路上应用广泛的是预制装配式的钢筋混凝土和预应力混凝土简支梁桥。梁式桥结构简单,施工方便,对地基承载力要求也不高,钢筋混凝土简支梁桥的常用跨径在 20m以下,大于 20m 通常采用预应力混凝土简支梁。

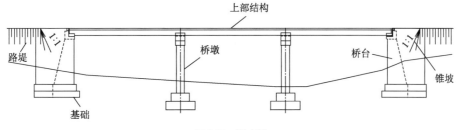

图 6-13 梁式桥

(2)拱式桥

拱式桥以受压为主,主要承重结构是拱圈或拱肋,如图 6-14 所示,在竖向荷载作用下,桥墩或桥台将承受水平推力。同时,这种水平推力将显著抵消荷载所引起的拱圈(或拱肋)内的弯矩作用。与同跨径的梁相比，拱的弯矩和变形要小很多，鉴于拱桥的承重结构，通常采用抗压能力强的圬工材料(如砖、石、混凝土)和钢筋混凝土等来建造。

图 6-14　拱式桥

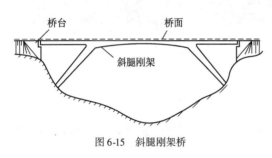

图 6-15　斜腿刚架桥

(3)刚架桥

刚架桥(也称刚构桥)，包括 T 形刚架桥、连续刚构桥、斜腿刚架桥(图 6-15)、门式刚架桥(图 6-16)等。连续刚构桥也是其中的一种，是连续梁和刚构桥的组合。连续刚构桥上部结构受力特点与梁桥类同(承受弯矩作用、剪力为主)。刚架桥的主要承重结构是梁(或板)和立柱(或竖墙)整体结合在一起的钢架结构，梁和立柱的连接处具有很大的刚性，这种结构在竖向荷载的作用下，梁部主要受弯，在柱脚处也具有水平反力，其受力状态介于梁式桥与拱式桥之间。

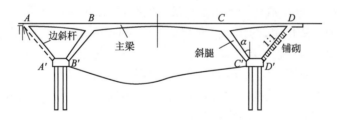

图 6-16　门式刚架桥

(4)悬索桥

悬索桥(也称吊桥)用悬挂在两边塔架上的缆索作为主要承重结构，以受拉为主。如图 6-17 所示，在竖向荷载作用下，缆索通过吊杆承受很大的拉力，通常需要在两岸桥台的后方修筑非常大的锚碇系统。它也是具有水平反力(拉力)的结构，现代悬索桥广泛使用高强钢丝成股编制的钢缆，以充分发挥其优异的抗拉性能，结构自重较轻，适用于大跨径桥梁。

(5)组合体系桥

①斜拉桥

斜拉桥由斜索、塔柱和主梁组成承重结构(图 6-18)，用高强钢材制成的斜拉索将主梁多点吊起，并将主梁的恒载和汽车荷载等传至塔柱，再通过塔柱基础传到地基。这样，跨度较大的主梁就像一根多点弹性支承(吊起)的连续梁一样工作,从而使主梁结构尺寸大大减小,结构自重显著减轻,既节省了材料,又大幅度增大桥梁的跨越能力。与悬索桥相比,斜拉桥的结构刚度大,在荷载作用下结构变形小,且其抵抗风振的能力也比悬索桥好,这也是斜拉桥在可能达到的大跨度情况下优于悬索桥的主要因素之一。

图 6-17 湖南矮寨特大悬索桥

图 6-18 斜拉桥

②梁拱组合体系桥

梁拱组合体系桥的主要承重结构梁和拱相互配合,共同受力,如图 6-19 所示,由于吊杆将梁向上(与荷载作用的挠度方向相反)吊住,梁中的弯矩作用显著减少,同时拱与梁连接在一起,拱的水平推力就传给梁来承受,这样梁既承受弯矩又承受拉力,对墩台没有推力作用。单跨梁拱组合体系桥是简支在墩台上的,其跨越能力比一般的简支梁桥大。

2. 桥梁上部结构的施工方法

桥梁上部结构的施工方法总体上分为就地浇注法和预制安装法。

(1)就地浇筑法

就地浇筑法是在桥位处搭设支架,在支架上浇筑桥体混凝土,达到强度后拆除模板、支架。就地浇筑法无须预制场地,而且不需要大型起吊、运输设备,梁体的主筋可不中断,桥梁整体性好。适用于旱地上的钢筋混凝土和预应力混凝土中小跨径连续梁桥的施工,特别适用于变宽度的异型桥、斜桥、弯桥等复杂桥梁的施工。

图 6-19 梁拱组合体系桥

现浇盖梁

(2) 预制安装法

在预制工厂或在运输方便的桥址附近设置预制场进行梁的预制工作,然后采用一定的架设方法进行安装。预制安装法施工一般是指钢筋混凝土或预应力混凝土简支梁的预制安装,分预制、运输和安装三部分。

预制安装法具体又可以划分整体施工法和节段施工法等两大类。整体施工法包括就地浇筑、预制安装、整孔架设(提升与浮运)(图6-20)。节段施工法包括悬臂施工(图6-21)、逐孔施工(逐孔安装、拼装预制节段、移动模架(图6-22)、逐孔现浇(图6-23)、顶推施工)。其他还有转体施工和劲性骨架施工等(图6-24、图6-25)。

图 6-20 整孔架设

图 6-21 悬臂施工

图 6-22 逐孔现浇施工

图 6-23 移动模架施工

图 6-24 转体施工

图 6-25 劲性骨架施工

二、桥梁上部结构施工主要事故类型

1. 预制梁板工程施工的主要事故类型（表 6-22）

预制梁板工程施工的主要事故类型　　　　表 6-22

施工内容	主要工序	致害物	主要事故类型	事故严重程度			
				一般	较大	重大	特大
预制梁板	梁板加工制作	施工中的各种工具、设备、材料、梁板（在张拉过程中坠落、倒塌）、飞溅物	物体打击	√			
	梁板构件运输	混凝土搅拌运输车、运梁车、吊车等	车辆伤害	√			
	钢筋绑扎加工	钢筋加工设备、电焊机等	机械伤害		√		
	起重作业	汽车起重机、履带式起重机等起重设备，吊索、吊具等	起重伤害		√		
	梁板架设	工作平台无防护，施工人员受自身的重力运动	高处坠落		√		
	梁板架设	龙门架垮塌，操作平台不牢固，安全措施不完善	坍塌	√			

预制钢箱梁架设施工

2. 现浇梁板工程施工的主要事故类型（表6-23）

现浇梁板工程施工的主要事故类型　　　　表6-23

施工内容	主要工序	致害物	主要事故类型	事故严重程度			
				一般	较大	重大	特大
支架现浇梁板	梁板加工制作	施工中的各种工具、设备、材料、梁板（在张拉过程中坠落、倒塌）、飞溅物	物体打击	√			
	梁板构件运输	混凝土搅拌运输车、运梁车、吊车等	车辆伤害	√			
	钢筋绑扎加工	钢筋加工设备、电焊机等	机械伤害		√		
	起重作业	汽车起重机、履带式起重机等起重设备、吊索、吊具等	起重伤害		√		
	梁板施工	现场堆放的易燃、可燃材料	火灾	√			
	梁板施工	工作平台无防护，施工人员受自身的重力运动	高处坠落		√		
	梁板支架架设、拆除	龙门架垮塌，操作平台不牢固，安全措施不完善	坍塌	√			

现浇箱梁施工

3. 悬索桥施工的主要事故类型（表6-24）

悬索桥施工的主要事故类型　　　　表6-24

施工内容	主要工序	致害物	主要事故类型	事故严重程度			
				一般	较大	重大	特大
主塔工程、索鞍安装、主缆工程	施工准备，主塔施工中	施工中的各种工具、物料、预应力钢绞线等	物体打击	√			
	混凝土运输和浇筑	混凝土搅拌运输车、混凝土泵车、平板运输车等	车辆伤害	√			
	钢筋绑扎加工	钢筋加工设备、电焊机等	机械伤害		√		
	起重作业	汽车起重机、履带式起重机、塔式起重机等起重设备、吊索、吊具等	起重伤害		√		
	电气作业	电焊机、发电机、配电箱、破损的电线、其他用电设备	触电	√			
	材料切割、电气焊作业、动火作业	现场堆放的易燃、可燃材料	火灾	√			
	施工准备，钢筋安设，模板安装，登高作业	工作平台无防护，施工人员受自身的重力运动、电梯与梯笼等登高设备	高处坠落		√		
	模板、支架安装和拆除	模板、电梯、塔式起重机、液压爬模、支架等	坍塌	√			

4. 斜拉桥施工的主要事故类型(表6-25)

斜拉桥施工的主要事故类型　　　　表6-25

施工内容	主要工序	致害物	主要事故类型	事故严重程度			
				一般	较大	重大	特大
混凝土索塔工程、主梁工程、拉索	施工准备,主塔施工中	施工中的各种工具、物料、拉索等坠落物	物体打击	√			
	混凝土运输和浇筑	混凝土搅拌运输车、混凝土泵车、平板运输车、吊车等	车辆伤害	√			
	钢筋绑扎加工	钢筋加工设备、电焊机等	机械伤害		√		
	起重作业	汽车起重机、履带式起重机、塔式起重机等起重设备,吊索、吊具等	起重伤害		√		
	电气作业	电焊机、发电机、配电箱、破损的电线、其他用电设备	触电				
	材料切割、电气焊作业,动火作业	现场堆放的易燃、可燃材料	火灾				
	施工准备,钢筋安设,模板安装,登高作业	工作平台无防护,施工人员受自身的重力运动、电梯及梯笼等登高设备	高处坠落		√		
	模板、支架安装和拆除	模板、电梯、塔式起重机、支架等	坍塌	√			

三、桥梁上部结构施工隐患排查

1. 预制梁板施工隐患排查要点

(1)大型预制构件运输无专人指挥。车辆运输构件时,速度过快,下坡未缓慢行驶,紧急刹车。构件运输下坡时,未以溜绳控制速度,未用人工拖拉止轮木块跟随前进。纵坡坡度加大时,未采取相应的安全措施就运输。

(2)简支梁的运输,未在横向加斜撑,平板车上的搁置点未设转盘。预制构件运输时,平板拖车上坐人。

(3)吊装偏心构件时,未使用可调整偏心的吊具进行吊装,预制构件安装时导梁刚度不够。

(4)施工前未搭设脚手架及作业平台或搭设不牢固,未按规定设置作业人员上下爬梯或通道。

(5)构件吊装时不稳定,大型吊车吊装梁板时,无专人指挥,两辆吊车提升速度、高度不一致,导梁组装时,各节点连接不牢固,墩顶(或临时墩顶)导梁通过的导轮支座不牢固。

(6)导梁上的轨道使用不同规格钢轨时接头未处理好,轨道有错台。墩顶龙门架使用托架时,托架两端不平衡。龙门架落位后未立即与墩顶预埋件连接,未系好缆风绳,龙门架顶横移轨道的两端未设置制动枕木。

(7)运输预制构件的平车到达安装位置后未楔紧车轮,构件起吊横移就位后,未加设支撑、垫木,构件不稳定。

(8)千斤顶使用前未做承载试验,千斤顶的升降未随时加设或抽出保险垫木,或构件底面与保险垫木间的距离超过6cm。

(9)顶升T梁、箱梁等大吨位构件时,未在梁两端加设支撑,构件两端同时顶起或下落。

(10)墩顶装载构件的滑移设备没有足够的强度和稳定性,牵引(或推顶)构件滑移时,施力不均匀。

(11)架桥机安装构件时,前后支点不稳定。构件在架桥机上移动时,速度过快,或卷扬机操作人员不按指挥信号协同操作。

(12)全幅宽架桥机吊装的边梁就位前,墩顶作业人员未避开。

(13)跨墩龙门架安装构件时,未根据龙门架的高度、跨度采取安全措施。

(14)安装大型盆式橡胶支座,墩上两侧未搭设操作平台。墩顶作业人员在支座吊至墩顶尚未稳定时就扶正就位。每片梁板安装就位后,未采取可靠的临时固定措施。

(15)拆除吊装设备时未切断电源。拆除龙门架时未将龙门架底部垫实,顶部未拉好缆风绳和安装临时连接梁。拆下的杆件、螺栓、材料等未捆好就吊放、随意抛掷。

2.现浇梁板施工隐患排查要点

(1)支架现浇梁时未做专项设计、安全验算,未编制安全专项方案。

支架钢管及配件未进行验收、确认质量合格。支架与道路交叉时,未按照规定净空,设置车(人)通道和防撞墩,未设置发光和反光警示标志,无专人负责交通管制。支架底部未铺设热板或混凝土垫块,未设置排水设施。

(2)支架未进行预压,或预压达不到设计要求。支架基础承载力未满足设计要求即开始施工,支架立柱未设水平撑或双向斜撑。

(3)支架立柱高于5m时,水平撑间距大于2m,且未在两水平撑之间加剪刀撑,或者剪刀撑设置欠缺、不连续,设置角度过大或过小。

(4)支架高度较高时,未设缆风绳,每搭完一步支架未进行校正。

(5)可调节底座的调节螺杆伸出长度超过30cm时,未采取可靠的固定措施。

(6)在同一支架上混用不同型号、规格钢管。支架现浇梁时未设置临时支撑等抗倾覆固定措施。支架搭设完成后,未对节点支撑进行检查、确认符合设计要求,未设置人员安全通道,利用支架或模板支撑上下攀登。

(7)对横、纵坡较大,曲率半径较小的结构物浇筑时未从低处往高处浇筑,混凝土浇筑过程中没有专人巡查模板、支架的变形情况。

(8)模板、支架变形、沉陷时未立即停工并采取校正或加固措施。混凝土浇筑时未设脚手板,作业人员站在模板和钢筋上操作。

(9)张拉压浆作业时,作业人员没有足够的作业平台进行操作。作业面未按照规定配备消防器材。

(10)支架拆除时,未按照施工设计要求的方法、程序进行拆除,采用机械牵引、推倒方法拆除,安全防护不到位。

(11)支架拆除时,混凝土强度未达到规定要求,拆除作业时进行上下多层交叉作业。

3.悬索桥、斜拉桥施工隐患排查要点

(1)使用的吊篮、平台等没有足够的强度,设置的防护围栏高度小于1.3m。

(2) 电气设备和线路没有良好绝缘措施,各种电机装置没有接地保护或接地电阻大于5Ω。

(3) 斜拉桥的斜拉索强度达不到设计要求。千斤顶、油泵等机具及测力设备未校验合格就投入使用。

(4) 浇筑塔身混凝土时未按规定挂好减速漏斗及保险绳,漏斗上口未堵严。

(5) 塔桥与桥墩铰接时,塔身建筑到一定高度未设置风缆。

(6) 索塔升高到20m以上时防雷设施未跟上、避雷系统不完善且未停止作业。大风、雷雨天气仍在作业。

(7) 缆索套筒内采用压注水泥浆防护,当索塔超过50m时未分段向上压注。

(8) 索夹采用高强度螺栓旋紧时,对螺栓的拧合扭矩未先经试验。索塔未设置上下扶梯和塔顶作业平台。

(9) 纵、横梁吊装时,不注意作业中的安全防护。

(10) 高处作业和交叉作业安全防护措施不完善。

四、桥梁上部结构施工风险控制

1. 安全交底

(1) 预制梁板施工安全技术交底(表6-26)

预制梁板施工安全技术交底　　　　表6-26

工程名称		施工单位	
交底内容	预制梁板施工	交底时间	
交底对象	预制梁板施工工区作业人员	交底人	

交底内容:
(1) 参加施工的全体人员必须按规定佩戴安全防护用品及安全帽,高空作业人员必须佩戴安全带。
(2) 模板施工。
根据施工现场总平面图,确定模板堆放区、配件堆放区及模板周转用地等。堆放场地应平整坚实、排水流畅,堆放区四周应有排水系统。
配件安装后,模板吊离码放区,对于安装支撑的模板,可将模板吊至使用部位附近堆放,开始清理板面及刷脱模剂。
模板堆放采取两块板面相对方式,也可采取临时拉结措施,以防模板倾倒,模板应用方木垫高,后支腿地角绳栓按要求调整平整且稳固。
现场设专职人员、专业施工班组负责大模板的施工,要求熟悉模板平面图及模板设计方案,熟悉大模板的施工安全规定。
模板起吊过程中,落钩应缓慢升降,禁止一次起吊两块或两块以上大模,风力超过4级及大雨雪天气,应停止吊装作业。
吊运模板应系牢绳、卡,必须采用自锁卡环,防止脱钩,零散材料应绑好或装入专用吊笼内起吊,吊车驾驶员、信号工、装卸工要协调好,严禁冒险违章作业,操作人员严禁随模板起落,吊运模板时下方严禁站人。
模块起吊前,应将吊车位置调整适当,做到稳起稳落,就位准确,禁止人力搬落大模板,严禁模板大幅度摆动或碰及其他物体,操作平台上禁止存放任何物体。
大模板合模或拆除时,指挥拆除和挂钩人员必须站在安全可靠的地方,方可操作。拆模起吊前,应复查穿墙螺栓是否拆净,检查模板上构配件是否连接牢固、有无混凝土块等块状散料,在确定无遗漏且模板与墙体完全脱离后方可起吊。

续上表

模板拆除:当混凝土强度达到设计及规范要求时方可以拆模;拆下的模板要及时清理和涂刷脱模剂;小钢模退场时严禁乱抛,装车时两人接应,不可超高超载码放,车厢上严禁坐人。

(3)钢筋施工包括钢筋绑扎、钢筋加工、钢筋焊接、成品堆放,应严格按规范操作。

(4)混凝土施工:

施工人员要严格遵守操作规程,振捣设备安全可靠。

振捣棒使用前检查各部位连接牢固,旋转方向正确,清洁。

混凝土振捣时,操作人员必须戴绝缘手套,穿绝缘鞋,防止触电。

振捣器接线必须正确,电机绝缘电阻必须合格,并有可靠的零线保护,必须装设合格漏电保护开关保护。

雨季施工要注意电气设备的防雨、防潮、防触电。

(5)预制梁张拉。

①张拉前的准备。

张拉人员必须详细了解张拉施工工艺及张拉设备操作规程。

张拉前张拉所用千斤顶和压力表要经过有资质的检测部门进行标定。

张拉前要检查油泵、千斤顶的机械性能,使之处于良好的使用状态。

对于张拉所用夹片和锚具、锚垫板,进场时,必须保证其具有出厂合格证和质量证明书,并按规范要求的抽检频率对其进行力学性能检测,使用前还要对其外观进行检查,杜绝使用外观有裂纹和其他缺陷的夹片、锚具。

对于张拉所用的预应力钢绞线除按规定要送检外,还要检查其外观,杜绝使用外观有裂纹和已受伤的钢绞线。

张拉前,梁板混凝土强度必须达到设计强度的90%以上。

②张拉时要求。

张拉时,张拉区域周围应设置明显的警示标志和标牌,严禁非操作人员进入张拉区。

张拉时,梁板两端严禁站人,并在梁板两端设置安全保护设施。

张拉操作人员在张拉时要严格按照张拉施工工艺进行张拉,并严格遵守张拉设备操作规程。

张拉时,油泵应徐徐加压,使千斤顶加载平稳、均匀、缓慢;卸载时,应慢慢打开油阀,使油压缓缓下降。

油泵运转时,若有不正常现象,应立即停车。

张拉时,严禁工作压力超过额定压力。

预应力钢绞线的锚固,应在张拉控制应力处于稳定状态下进行。

(6)工地临时用电。

施工现场配电应遵照现行《施工现场临时用电安全技术规范》(JGJ 46)的规定进行布置。三相五线制供电系统必须符合三级配电二级保护的要求。

每个电气设备必须符合"一机一闸一漏一箱"的要求,线路标志要分明,线头引出要整洁,各电箱要有门有锁,符合防雨防潮的要求,采用的电气设备应符合现行国家标准的规定,并应有合格证件,设备应有铭牌,使用中的电气设备应保持良好的工作状态。

配电室必须符合"四防和一通"的要求,即防火、防潮湿、防水、防动物和保持通风良好,室内应备有绝缘设备,还应备有匹配的电气灭火消防器材、应急照明等安全用具。

交底人签字:

接受交底人员签字:

(2)现浇梁板施工安全技术交底(表6-27)

现浇梁板施工安全技术交底 表6-27

工程名称		施工单位	
交底内容	现浇梁板施工	交底时间	
交底对象	现浇梁板施工工区作业人员	交底人	

续上表

交底内容：
(1) 参加施工的全体人员必须按规定佩戴安全防护用品及安全帽，高空作业人员必须佩戴安全带。
(2) 模板施工。
根据施工现场总平面图，确定模板堆放区、配件堆放区及模板周转用地等。堆放场地应平整坚实，排水流畅，堆放区四周应有排水系统。
配件安装后，模板吊离码放区，对于安装支撑的模板，可将模板吊至使用部位附近堆放，开始清理板面及刷脱模剂。
模板堆放采取两块板面相对方式，也可采取临时拉结措施，以防模板倾倒，模板应用方木垫高，后支腿地角绳栓按要求调整平整且稳固。
现场设专职人员、专业施工班组负责大模板的施工，要求熟悉模板平面图及模板设计方案，熟悉大模板的施工安全规定。
模板起吊过程中，落钩应缓慢升降，禁止一次起吊两块或两块以上大模，风力超过 4 级及大雨雪天气，应停止吊装作业。
吊运模板应系牢绳、卡，必须采用自锁卡环，防止脱钩，零散材料应绑好或装入专用吊笼内起吊，吊车驾驶员、信号工、装卸工要协调好，严禁冒险违章作业，操作人员严禁随模板起落，吊运模板时下方严禁站人。
模块起吊前，应将吊车位置调整适当，做到稳起稳落，就位准确，禁止人力搬运大模板，严禁模板大幅度摆动或碰到其他物体，操作平台上禁止存放任何物体。
大模板合模或拆除时，指挥拆除和挂钩人员必须站在安全可靠的地方，方可操作。拆模起吊前，应复查穿墙螺栓是否拆净，检查模板上构配件是否连接牢固、有无混凝土块等块状散料，在确定无遗漏且模板与墙体完全脱离后方可起吊。
模板拆除：当混凝土强度达到设计及规范要求时方可以拆模；拆下的模板要及时清理和涂刷脱模剂；小钢模退场时严禁乱抛，装车时两人接应，不可超高超载码放，车厢上严禁坐人。
(3) 钢筋施工包括钢筋绑扎、钢筋加工、钢筋焊接等，应严格按规范操作。
(4) 混凝土施工：
施工人员要严格遵守操作规程，振捣设备安全可靠。
振捣棒使用前检查各部位连接牢固，旋转方向正确，清洁。
混凝土振捣时，操作人员必须戴绝缘手套，穿绝缘鞋，防止触电。
振捣器接线必须正确，电机绝缘电阻必须合格，并有可靠的零线保护，必须装设合格漏电保护开关保护。
雨季施工要注意电器设备的防雨、防潮、防触电。
(5) 支架搭设及拆除。
门式脚手架进场前必须提供合格证及出厂检验报告单。钢管、扣件、螺栓的质量应符合规范规定。不准使用锈蚀、弯瘪、滑牙和有裂缝的金属杆件。
脚手架纵距、横距、步距应通过安全验算，满足结构安全需要，脚手架搭设前必须对门架、配件、加固件进行检查，不合格的严禁使用。脚手架搭设场地应清理、平整密实，并做好排水。
支架下基础全部采用 C20 混凝土硬化，厚度要保证不少于 20cm。
支架须经验算合格后方可布设。施工期间应与气象单位取得联系，避免恶劣天气，才可以吊装作业。
对高处作业人员要定期体检，不适合高处作业的患病者不得从事高处作业。饮酒后不得从事高处作业。高处作业时，必须使用安全带和安全绳，安全带和安全绳要拴在牢固的物体上。高处作业人员衣着要灵便，禁止赤脚或穿硬底鞋、拖鞋、高跟鞋以及带钉易滑的鞋从事高处作业。
作业人员上下通行必须经由人行斜道，不得攀登模板、脚手架、绳索上下，禁止跟随起重物件或井架等运送材料的设备上下。
拆除支架时，拆除顺序刚好跟搭设顺序相反，按先搭后拆、后搭先拆的原则自上而下逐步拆除，一步一清，不准采用踏步式拆法，纵向剪刀撑应先拆中间扣，然后拆两头扣；统一指挥，上下呼应，动作协调，当松开与另一人有关的结扣时应告知对方，以防坠落；由中间操作人员向下递管子，钢管扣件应分类堆放，零配件装入容器内，严禁高空抛掷；划出工作区标志，禁止行人入内；在拆除过程中，凡已松开连接的杆配件及时拆除运走，避免误扶和误靠已松脱连接的杆件。
(6) 梁张拉。
①张拉前的准备。
张拉人员必须详细了解张拉施工工艺及张拉设备操作规程。
张拉前张拉所用千斤顶和压力表要经过有资质的检测部门进行标定。

续上表

张拉前要检查油泵、千斤顶的机械性能,使之处于良好的使用状态。

对于张拉所用夹片和锚具、锚垫板,进场时,必须保证其具有出厂合格证和质量证明书,并按规范要求的抽检频率对其进行力学性能检测,使用前还要对其外观进行检查,杜绝使用外观有裂纹和其他缺陷的夹片、锚具。

对于张拉所用的预应力钢绞线除按规定要送检外,还要检查其外观,杜绝使用外观有裂纹和已受伤的钢绞线。

张拉前,梁板混凝土强度必须达到设计强度的90%以上。

②张拉时要求。

张拉时,张拉区域周围应设置明显的警示标志和标牌,严禁非操作人员进入张拉区。

张拉时,梁板两端严禁站人,并在梁板两端设置安全保护设施。

张拉操作人员在张拉时要严格按照张拉施工工艺进行张拉,并严格遵守张拉设备操作规程。

张拉时,油泵应徐徐加压,使千斤顶加载平稳、均匀、缓慢;卸载时,应慢慢打开油阀,使油压缓缓下降。

油泵运转时,若有不正常现象,应立即停车。

张拉时,严禁工作压力超过额定压力。

预应力钢绞线的锚固,应在张拉控制应力处于稳定状态下进行。

(7)工地临时用电。

施工现场配电应遵照现行《施工现场临时用电安全技术规范》(JGJ 46)的规定进行布置。三相五线制供电系统必须符合三级配电二级保护的要求。

每个电气设备必须符合"一机一闸一漏一箱"的要求,线路标志要分明,线头引出要整洁,各电箱要有门有锁,符合防雨防潮的要求,采用的电气设备应符合现行国家标准的规定,并应有合格证件,设备应有铭牌,使用中的电气设备应保持良好的工作状态。

配电室必须符合"四防和一通"的要求,即防火、防潮湿、防水、防动物和保持通风良好,室内应备有绝缘设备,还应备有匹配的电气灭火消防器材、应急照明等安全用具。

交底人签字:

接受交底人员签字:

2. 安全检查与管控

(1)安全检查

①预制梁板施工安全检查记录表(表6-28)

预制梁板施工安全检查记录表 表6-28

项目(工程)名称					
检查时间					
施工地点					
序号	检查项目	检查标准	检查结果		
			符合	不符合及主要问题	整改要求	整改结果
1	现场基本要求				
1.1	安全措施、职责	安全措施齐全,职责明确。要求高空作业、水上作业、施工用电有安全措施,有明确责任人			
1.2	特种工管理	架子工、电焊工、电工等特种工持证作业			

续上表

序号	检查项目	检查标准	检查结果			
			符合	不符合及主要问题	整改要求	整改结果
1.3	安全技术培训	施工人员经过安全培训				
1.4	现场人员劳动保护	现场人员按要求佩戴防护用品				
1.5	安全防护、安全标志	危险作业设防护、有警示标志				
2	高空作业					
2.1	防护措施	检查防护栏杆及作业人员是否佩戴防护用品				
2.2		严禁在连接件上和支撑件上攀登上下,严禁在同一垂直面上装拆模板				
2.3		搭设操作平台,区域内严禁非操作人员进入,两端须设置挡板				
3	施工用电					
3.1	配电箱	检查电源线、各种电器安装间距是否符合要求。检查漏电保护器安装是否合格、可靠。检查闸刀保险丝和距离、高度是否符合要求				
3.2	电焊作业	检查电源是否采用三相五线制,有无漏电保护,是否加装空载保护,是否配置灭火器材,作业人员是否佩戴防护用品,是否有专人监控				
3.3	用电设备	采用一机一闸并上锁,设备要有可靠接地,有警示标志				
3.4	操作人员	严禁非电工进行电工作业,操作人员经过岗前培训持证上岗				
4	机械设备作业					
4.1	操作人员	设备操作人员持证上岗				
4.2	设备状态	设备在使用前要进行检查,禁止设备带病作业				
4.3	作业安全	按章作业,设备作业时危险区设置标志,有专人管理				
5	制梁施工					
5.1	作业人员管理	着装、防护用品符合规定,经过岗前培训,严禁作业人员违章作业				

续上表

序号	检查项目	检查标准	检查结果			
			符合	不符合及主要问题	整改要求	整改结果
5.2	安全施工方案	有无安全施工方案,并进行安全交底				
5.3	安全措施	有专、兼职安全员现场巡查,设置警示标志,按规范搭设脚手架、挂安全网				

检查方: 受检方:
检查人(签名): 接收人(签名):
　　　　年　月　日 　　　　年　月　日

②现浇梁板施工安全检查记录表(表6-29)

现浇梁板施工安全检查记录表　　　　　　　　　　　表6-29

项目(工程)名称	
检查时间	
施工地点	

序号	检查项目	检查标准	检查结果			
			符合	不符合及主要问题	整改要求	整改结果
1	现场基本要求					
1.1	安全措施、职责	安全措施齐全,职责明确。要求高空作业、水上作业、施工用电有安全措施,有明确责任人				
1.2	特种工管理	架子工、电焊工、电工等特种工持证作业				
1.3	安全技术培训	施工人员经过安全培训				
1.4	现场人员劳动保护	现场人员按要求佩戴防护用品				
1.5	安全防护、安全标志	危险作业设防护、有警示标志				
2	高空作业					
2.1	防护措施	检查防护栏杆及作业人员是否佩戴防护用品				
2.2		严禁在连接件上和支撑件上攀登上下,严禁在同一垂直面上装拆模板				
2.3		搭设操作平台,区域内严禁非操作人员进入,两端须设置挡板				
3	施工用电					

续上表

序号	检查项目	检查标准	检查结果			
			符合	不符合及主要问题	整改要求	整改结果
3.1	配电箱	检查电源线、各种电器安装间距是否符合要求。检查漏电保护器安装是否合格、可靠。检查闸刀保险丝和距离、高度是否符合要求				
3.2	电焊作业	检查电源是否采用三相五线制,有无漏电保护,是否加装空载保护,是否配置灭火器材,作业人员是否佩戴防护用品,是否有专人监控				
3.3	用电设备	采用一机一闸并上锁,设备要有可靠接地,有警示标志				
3.4	操作人员	严禁非电工进行电工作业,操作人员经过岗前培训持证上岗				
4	机械设备作业					
4.1	操作人员	设备操作人员持证上岗				
4.2	设备状态	设备在使用前要进行检查,禁止设备带病作业				
4.3	作业安全	按章作业,设备作业时危险区设置标志,有专人管理				
5	制梁施工					
5.1	作业人员管理	着装、防护用品符合规定,经过岗前培训,严禁作业人员违章作业				
5.2	安全施工方案	有无安全施工方案,并进行安全交底				
5.3	安全措施	有专、兼职安全员现场巡查,设置警示标志,按规范搭设脚手架、挂安全网				
6	模板、支架安装拆除	应考虑便于安装和拆除,还要考虑安装钢筋、浇捣混凝土方便				
7	混凝土拌和浇筑	混凝土质量保证符合要求,浇筑梁、柱混凝土应设操作台,严禁直接站在模板支撑上操作,避免踩滑或踏断坠落				

续上表

序号	检查项目	检查标准	检查结果			
			符合	不符合及主要问题	整改要求	整改结果
8	预应力张拉	预应力张拉时混凝土强度不应低于设计强度等级的90%，且混凝土龄期不低于10天。锚具夹具均应设专人妥善保管，避免锈蚀、沾污、遭受机械损伤或散失				

检查方：　　　　　　　　　　　　　　　受检方：
检查人（签名）：　　　　　　　　　　　接收人（签名）：
　　　　　　　　年　月　日　　　　　　　　　　　　年　月　日

（2）桥梁上部结构施工安全管控措施

由桥梁上部结构施工方法可见，上部结构施工主要为混凝土浇筑、模板支架安装、普通钢筋与预应力钢筋加工、预制构件的运输吊装等关键工序。在施工过程中，要做好这些工序的安全管控。

桥梁机械设备安全

①架桥机安全要点

架桥机设备属桥梁施工大型专用设备，架桥机作业（图6-26）必须明确分工，统一指挥，要设专职操作人员、专职电工和专职安全检查员，要有严格的施工组织及措施，确保施工安全。

a. 架桥机组拼（或定型产品）、悬臂牵引中的平衡稳定及机具配备等，均应按设计要求进行。架桥机纵向走行轨道要保持对应水平，轨道应平顺，并严格控制轨道间距。

b. 由于桥梁纵坡，架桥机处于下坡架梁状态时，要有防滑措施，如使用三角楔铁辅助制动等措施。架桥机就位时，中腿距梁端距离很近，应严格控制其纵移速度。

c. 架桥机就位后，为保持前后支点的稳定，应用方木支垫。前后支点处，还应用缆风绳封固于墩顶两侧，以保持稳定安全。每孔梁架完后都要对架桥机的各部位进行检查，发现故障及时检修，不能带病作业。

d. 构件在架桥机上纵、横向移动时，应平缓行进，卷扬机操作人员应按指挥信号协同动作。横移不能一次到位的构件，操作人员应将滑道板、落梁架等准备好，待构件落入后，再进入作业点进行构件顶推（或牵引）横移等项工作。

e. 架梁施工过程中，桥下严禁进行任何作业。全幅宽架桥机吊装的边梁就位前，墩顶作业人员应暂时避开。

f. 五级以上的大风天气，不能进行架梁作业，以免发生意外事故。

②塔式起重机安全要点

塔式起重机（图6-27）的安装和拆除必须由取得建设行政主管部门颁发的拆除资质证书的专业团队进行，并应有技术和安全人员在场监护。

图 6-26　架桥机作业

图 6-27　塔式起重机

塔式起重机塔身升降时,应符合下列要求:

a. 升降作业过程必须有专人指挥、专人照看电源、专人操作液压系统、专人拆装螺栓。非作业人员不得登上顶升套架的操作台。操纵室内应只准一人操作,必须听从指挥信号。

b. 升降作业应在白天进行,特殊情况需在夜间作业时,应有充分的照明。

c. 风力在四级以上时,不得进行升降作业。风力突然增大达到四级甚至更高时,必须立即停止作业,并应紧固上、下塔身各连接螺栓。

d. 升降前应预先放松电缆,其长度宜大于顶升总高度,并应紧固好电缆卷筒。下降时应适时收紧电缆。

e. 升降时,必须调整好顶升套架滚轮与塔身标准节的间隙,并应按规定使其重臂和平衡臂处于平衡状态,并将回转机构制动住,当回转台与塔身标准节之间的最后一处连接螺栓(销子)拆卸困难时,应将其对角方向的螺栓重新插上,再采取其他措施。不得以旋转起重臂动作来松动螺栓(销子)。

f. 升降时,顶升撑脚(耙爪)就位后,应插上安全阀,方可继续下一动作。

g. 升降完毕后,各连接螺栓应按规定扭力紧固,液压操纵杆回到中间位置,并切断液压升降机构电源。

作业前,应进行空载转运,试验各工作机构是否运转正常,有无噪声及异响,各机构的制动器及安全防护装置是否有效,确认正常后方可作业。

起吊时,重物和吊具的总重量不得超过塔式起重机相应幅度下规定的起吊重量。

③门式起重机的安全要点

a. 工作前的检查工作:

对门式起重机(图 6-28)的制动器、吊钩、钢丝绳以及安全装置等部件按点检卡的要求检查,发现异常征象,应予排除。

操作人员必须在确认走台或者轨道上无人时,才可以闭合主电源。当电源断路器上加锁或者有告示牌时,应由原有关人除掉后方可闭合主电源。

b. 工作中的注意事项:

第一次起吊重物时(或者负荷达到最大重量时),应在吊离地面高度 0.5m 后,重新将重物放下,检查制动器性能,确认可靠后,再进行正常作业。

操作人员在起重机作业中,应按规定对下列各项作业鸣铃报警。

a）起升、降落重物时；开动大、小车行驶时。
b）起重机在视线不清楚情况下行驶时，要连续鸣铃报警。
c）起重机行驶接近跨内另外一起重机时。
d）吊运重物接近人员时。

操作应按统一划定的指挥信号进行。工作中突然断电时，应将所有的起重机控制器手柄置于"零"位，在重新工作前应检查起重机动作是否正常。

起重机大、小车在正常作业中，严禁开反车制动停车；变换大、小车运动方向时，必须将手柄置于"零"位，使机构完全停止运转后，方能反向开车。

有两个吊钩的起重机，在主、副钩换用时以及两钩高度相近时，主、副钩必须独自功课，以免两钩相撞。

两个吊钩的起重机禁止两钩同时吊两个物件；不工作的情况下调整起升机构制动器。

严禁利用极限位置限制器停车，严禁在有负载的情况下调整起升机构制动器。如发现异常，立即停机，检查原因并及时排除。

④轮式起重机（图6-29）的安全要点

开车或起吊时，必须响铃发出信号，作业过程中，驾驶员的手不准离开操作手柄，禁止驾驶员擅自离开岗位。

图6-28 门式起重机

图6-29 轮式起重机

禁止在有转动部位附近做检修及检查、清扫、加油等工作。

空载运行时，吊钩与地面距离必须保持2.5m以上。吊起重物后，禁止从作业人员和设备上通过。禁止将物件放在设备、工件等物体上，落物时，必须将物件放稳后，方可卸钩。若重物还吊在空中，驾驶员不准离开驾驶室，禁止在空中长时间停留。

吊车作业时，任何人发出停车信号，均要立即停车，吊车停止作业时吊钩上禁止悬挂重物，并将吊钩抬到接近极限位置。

风力超过六级及大雨、大雾等恶劣天气时，禁止作业。

禁止吊运各种压力气瓶，如有特殊情况，则必须将压力气瓶放在专设的吊具内方可吊运。被吊物件没有停稳时，禁止装卸吊物。禁止超负荷吊卸重物。

吊车上一切安全装置不准任意拆卸和移动。

禁止任何人员站在起吊物上或扶靠起吊物,禁止在起吊物件下作业或停留,禁止吊物行走。

车内作业人员必须服从地面指挥人员的指挥,互相联系好,密切配合。车辆行驶时,禁止任何人员乘坐在吊车平台上或控制室内。空车运行时,禁止载人,禁止吊运人员。

五、桥梁上部结构施工安全措施

1. 就地现浇上部结构安全

(1)钢筋混凝土或预应力混凝土就地浇筑作业前应对机具设备及防护设施等进行检查。对施工工艺及技术复杂的工程应编制安全技术措施及安全操作细则,并应向作业人员进行详细的技术交底。安全员应尽职尽责地做好相关工作。

(2)就地浇筑的桥涵上部结构,应先搭设好脚手架、作业平台、护栏及安全网等安全防护设施。施工中应随时检查支架和模板,发现异常状况应及时采取措施。支架、模板拆除,应按设计和施工的有关规定的拆除程序进行。

(3)就地浇筑的各类上部结构,应认真按照有关高处作业、水上作业等安全要求规定落实安全防护措施。

(4)采用混凝土罐车运送混凝土,不得超载、超速,停稳后方可翻转卸料或启斗放料。严禁在未停稳前翻斗或启斗。翻斗车行驶时,斗内不得载人。

2. 预制构件安装安全

(1)装配式构件(梁、板)的安装,应制定安装方案和安全技术措施。施工难度和危险性较大的作业项目应组织施工技术、指挥、作业人员进行培训。所有起重设备都应符合国家关于特种设备的安全规程,并进行严格管理。

拌合站

在实际作业中,要严格执行下列规定:

①吊装前,应检查安全技术措施及安全防护设施等准备工作是否齐备,检查机具设备,构件的重量、长度,以及吊点位置等是否符合设计要求,严禁无准备盲目施工。

②施工所需的脚手架、作业平台、防护栏杆、上下梯道、安全网必须齐备。深水施工,应备救护用船。

③旧钢丝绳,在使用前检查其破损程度。每一节距内折断的钢丝,不得超过5%。对大型构件、重构件的吊装宜使用新的钢丝绳,使用前也要检验。

④重大的吊装作业,应先进行试吊。按设计吊重分阶段进行观测,确定无误后,方可进行正式吊装作业。施工时,工地主要领导及专兼职安全员应在现场亲自指挥和监督。

⑤遇有大风及雷雨等恶劣天气时,应停止作业。

(2)根据吊装构件的大小、重量,选择适宜的吊装方法和机具,不准超负荷。

(3)吊钩的中心线,必须通过吊体的重心,严禁倾斜吊卸构件。吊装偏心构件时,应使用可调整偏心的吊具进行吊装。安装的构件必须平起稳落,就位准确,与支座密贴。

(4)起吊大型及有突出边棱的构件时,应在钢丝绳与构件接触的拐角处设垫衬。起吊时,离开作业地面0.1m后,暂停起吊,经检查确认安全可靠后,方可继续起吊。

(5)单导梁、墩顶龙门架安装构件时,应按照下列规定执行:

①导梁组装时,各节点应联结牢固,在桥跨中推进时,悬臂部分不得超过已拼好导梁全长

的1/3。墩顶或临时墩顶导梁通过的导轮支座必须牢固可靠。导梁接近导轮时,应采取渐进的方法进入导轮。导梁推进到位后,用千斤顶顶升,将导梁置于稳定的木垛上。

②导梁上的轨道必须平行等距铺设,使用不同规格的钢轨时,其接头处应妥善处理,不得有错台。

③墩顶龙门架使用托架托运时,托架两端应保持平衡稳定,行进速度应缓慢。龙门架落位后应立即与墩顶预埋件连接,并系好缆风绳。

④构件在预制场地起重装车后,牵引至导梁时,行进速度不得大于5m/min,到达安装位置后,平车行走轮应用木楔楔紧以防事故。

⑤构件起吊横移就位后,应加设支撑、垫木,以保持构件稳定。龙门架顶横移轨道的两端应设置制动枕木。

(6)千斤顶顶升构件装车及双导梁、桁梁安装构件时,应遵守下列规定:

①千斤顶使用前,要做承载试验。起重吨位不得小于顶升构件的1.2倍。千斤顶一次顶升高度应为活塞行程的1/3。

②千斤顶的升降应随时加设或抽出保险垫木,构件底面与保险垫木间的距离应控制在5cm之内。

③构件进入落梁或其他装载工具横移到位时,应保持构件在落梁时的平衡稳定。

④顶升T梁、箱梁等大吨位构件时,必须在梁两端加设支撑。构件两端不得同时顶起或下落,一端顶升时,另一端应支稳、稳牢。

⑤预制场和墩顶装载构件的滑移设备要有足够的强度和稳定性,牵引(或顶推)构件滑移时,施力要均匀。

⑥双导梁向前推进中,应保持两导梁同速进行。各岗位要精心工作,听从指挥,发现问题及时处理。双导梁进入墩顶导轮支座前、后,应采取与单导梁相同的措施。

(7)跨墩龙门架安装构件时,应根据龙门架的高度、跨度,采取相应的安全措施,确保构件起吊和横移时的稳定。构件吊至墩顶,应慢速、平稳地缓落。

(8)吊车吊装简支梁、板等构件时,应符合起重吊装的有关安全规定。

(9)安装大型盆式橡胶支座,墩上两侧应搭设操作平台,墩顶作业人员应待支座吊至墩顶稳定后再扶正就位。

(10)龙门架、架桥机等设备拆除前应切断电源。拆除龙门架时,应将龙门架底部垫实,并在龙门架顶部拉好缆风绳和安装临时连接梁。拆下的杆件、螺栓、材料等应捆好向下吊放。

(11)安装涵洞预制盖板时,应用撬棍等工具搬移就位。单面配筋的盖板上应标明起吊标志。吊装涵管应绑扎牢固。

(12)各种大型吊装作业,在连续紧张作业一阶段后(如一孔梁、板或一较大工序等)应适当进行人员休整,避免作业人员长时间处于高度紧张状态,并检查、保养、维修吊装设备等。

3. 悬臂浇筑法施工安全

悬臂浇筑采用桁架挂篮施工时,应遵守下列规定:

(1)施工前,应组织有关人员进行安全技术交底,制定安全技术措施。挂篮组拼后,要进行全面检查,并做静载试验。

(2)在墩上进行零号块施工并以斜拉托架作施工平台时,在平台边缘处,应设安全防护设施。墩身两侧斜拉托架平台之间搭设的人行道板必须连接牢固。零号块拆模后,应保留一部分平台,为养生及其他作业使用。

(3)使用的机具设备(如千斤顶、滑车、手拉葫芦、钢丝绳等),应进行检查,不符合规定的严禁使用。

预制桥面板工艺优点

(4)检查墩身预埋件和斜拉钢带的位置及坚固程度,是否符合设计要求。

(5)双层作业时,操作人员必须严守各自岗位职责,防止疏漏和掉落铁件工具等。

(6)挂篮使用时,应经常检查后锚固筋、千斤顶、手拉葫芦、张拉平台及保险绳等是否完好可靠。挂篮在安装、行走及使用中,应严格控制荷载,防止过大冲击、振动。如需在挂篮上另行增加设施(如防雨棚、立井架、防寒棚等),不得损坏挂篮结构及改变其受力形式。挂篮拼装及悬臂组装中,危险性较大,在高处及深水处作业时,应设置安全网,满铺脚手板,设置临时护栏。操作人员必须按规定佩戴安全防护用品,配备救生设施。

(7)底模高程调整时,应设专人统一指挥。作业人员脚下应铺设稳固的脚手板,身系安全带。在底模荡移前,必须详细检查挂篮位置、后端压重及后吊杆安装情况是否符合要求。应先将上横梁两条吊带与底模下横梁连接好,确认安全后,方可挪移。

(8)挂篮行走前,应认真检查后锚固及各部受力情况,有无隐患及不安全因素。行走时,应密切注意有无异状,并应慢速稳步到位,速度应控制在 0.1m/min 以内,以防坍落事故发生。挂篮后部,各设一组溜绳,以保安全。滑道要铺设平整、顺直,不得偏移,并随时注意观察,发现问题及时处理。

(9)浇筑混凝土时,挂篮桁架后端,应锚固在已完成的梁段上,并配重使之与浇筑的混凝土重量保持平衡状态。挂篮桁架行走和浇筑混凝土时,其稳定系数不得小于1.5。

(10)浇筑合龙段混凝土时,在悬臂端预加压重,随浇筑进程,加载逐步撤出时,应自上而下进行。撤出压重时,应注意防止砸伤。

(11)箱梁混凝土接触面的凿毛工作,要有安全防护设施,所用手锤柄应牢固。作业人员之间,应有一定的安全距离。

4.悬臂拼装法施工安全

龙门架或起重吊机进行悬臂拼装时,应遵照下列安全规定进行作业:

(1)吊机的定位、锚固应按设计进行,并进行静载试验。龙门架起重吊机及轨道的下面必须具有坚实的基础,不得有下沉、偏斜。

(2)预制构件运至现场后,如需暂时存放,应放置在平整坚实的场地上,并按设计设置支点及支撑。不得使吊装构件在设备上滞留时间过长,吊具必须在构件正式就位,经检查确认无误后,方可拆卸。

(3)现场拼装机具设备后,必须经过检查验收,如有隐患及不符合安全规定时,不得使用。

(4)构件起吊前,应对起吊机具设备及构件进行全面检查、验收,并进行起吊试验。如发现吊环部位有损伤,结合面有突出外露物,构件上有浮置物件等情况时,不得起吊。

(5)构件应垂直起吊,并保持平衡稳定。在接近安装部位时,不得碰撞已安装的构件和其他作业设施。

(6)运送构件的车辆(或船只),构件起升后应迅速撤出。

(7)通过栈桥、码头,用吊机或龙门架吊装预制构件时,栈桥、码头应根据构件吊装的需要进行设置。

(8)遇有下列情况时,必须停止吊装作业:指挥信号系统失灵;天气突然变化,影响作业安全;卷扬机、电机过热,起重吊机或托梁部件变形,或其他机械设备、构件等发现有异常情况。

(9)拆除硫磺砂浆临时支座,除要采取防止高处坠落的安全防护措施外,还要特别注意符合下列规定要求:融化硫磺砂浆垫块采用电热法时,电热丝不得与其他金属物接触;作业时人员应站在上风处操作,并应佩戴安全防护用品;人工凿除时,人员站位要拉开距离。

5. 顶推法施工安全

钢箱组合梁架设施工

(1)采用顶推法施工,除在桥台后面设置适当的预制场地外,在墩台上,也要有足够的工作面,以便更换滑道及留出安装支座的空间,并应验算在偏压情况下墩台结构的安全度。

(2)顶堆施工所用的机具设备、材料(如拉锚器、工具锚、连接件、油压千斤顶、高压油泵、油管、压力表及滑动装置等)在使用前,应全面检查、验收和试验。

(3)使用油压千斤顶,应附有球形支承垫、保险圈及升程限孔。共同作用的多台千斤机,应选用同一类型。

(4)顶推施工中,应有统一的指挥信号。随时进行监测,必要时,应备有便利的现场通信设备,以控制施工安全。

(5)采用多点顶推或单点顶推,其动力均应有统一的控制手段,使其能达到同步、纠偏、灵活和安全可靠。

(6)上下桥墩和梁上作业时,应设置扶梯、围栏,悬挂安全网等安全防护设施。使用的工具、材料等,均应吊运传递,不得向下抛掷。

(7)落梁完毕,拆除千斤顶及其他设备时,应先用绳拴好,并用吊机吊出。在吊运时,应防止吊装物撞击梁体。

(8)在各顶推点,应派专人进行测量,随时将墩顶的位移情况报告给指挥人员。

6. 移动模架施工安全

(1)移动模架的墩旁托架及落地支架,应具有足够的强度、刚度和稳定性,基础必须坚实稳固。

(2)用于整孔支架的移动模架和用于节段拼装的移动支架每次拼装前,必须对各零部件的完好情况进行检查。拼装完毕,均应进行全面检查和试验,符合设计要求后方可投入使用。

(3)移动模架、移动支架纵向前移的抗倾覆稳定系数不得小于1.5。

(4)移动模架和移动支架,(湿接缝和干接缝)前移时应对桥墩及临时墩主桁梁采用稳定措施,其滑道应具有足够的强度、刚度和长度、宽度。

(5)牛腿的组装:牛腿为钢箱梁形式,吊装牛腿时在牛腿顶面用水准仪抄平,以便使推进平车在牛腿顶面上顺利滑移。

(6)主梁安装:主梁在桥下组装根据现场起吊能力可采用搭设临时支架将主梁分段吊装在牛腿和支架上。组成整体后拆除临时支架。也可将全部主梁组装完成后用大吨位吊机整体吊装就位。

(7)横梁及外模板的拼装:主梁拼装完毕后,接着拼装横梁,待横梁全部安装完成后,主梁在液压系统作用下,横桥向、顺桥向依次准确就位。在墩中心放出桥轴线,按桥轴线方向调整横梁,并用销子连接好。然后铺设底板和外腹板、肋板及翼缘板。

(8)模板拼装顺序。移动支撑系统按如下工序进行拼装:牛腿的组装、主梁的组装及有关施工设备、机具的就位—牛腿的安装—主梁吊装、同步横移合龙—横梁安装—铺设底板、安装模板支架—安装外腹板及翼缘板、底板—内模安装(在绑扎钢筋后)。

7.缆索吊装法施工安全

吊装前应制定安全措施,向施工人员进行安全教育和安全交底。安装时要有统一指挥信号。登高作业人员应携带工具袋,并佩戴安全帽和安全带,且安全带不得挂在主索、扣索、缆风绳等上面。

缆索吊装所使用的缆绳主索扣索、卷扬机等器具均应进行严格检查,不符合设计规定要求的不得使用,在施工使用过程中应经常注意检查其可靠性,发现问题应及时处理。

牵引卷扬机启动要缓慢,行进速度要平稳。构件在吊运时,起重卷扬机要协调配合,并控制好构件在空中的位置。构件吊运到安装部位时,作业人员要等构件稳定后再进行操作。

缆索吊装大型构件时,作业前应认真检查塔架、地锚、扣架、滑车、钢丝绳等机具设备的安全性能。正式吊装前应进行吊载试运行,符合要求后,方可进行正式作业。

缆索跨越公路、铁路时,应搭设架空防护支架。在靠近街道和村庄的地方应设立警告标志。

在主航道上空吊装重大构件时,宜采用临时封航措施,以确保安全。暴雨、大雾及六级大风以上等恶劣天气和夜间不得进行缆索吊装作业。

8.预应力张拉施工安全

(1)预应力钢束(钢丝束、钢绞线)张拉施工前,应遵守下列规定:张拉作业区应设警示标志,无关人员不得进入。检查张拉设备、工具(如千斤顶、油泵、压力表、油管、顶楔器及液控顶压阀等)是否符合施工及安全的要求。压力表应按规定周期进行检定。锚环及锚塞使用前应经检验合格后方可使用。高压油泵与千斤顶之间的连接点,各接口必须完好无损。油泵操作人员要戴防护眼镜。油泵开动时,进、回油速度与压力表指针升降,应平稳、均匀一致。安全阀要经常保持灵敏可靠。张拉前,操作人员要确定联络信号。张拉两端相距较远时,宜设对讲机等通信设备。

(2)在已拼装或悬浇的箱梁上进行张拉作业,其张拉作业平台、拉伸机支架要搭设牢固,平台四周应加设护栏。高处作业时,应设上下扶梯及安全网。施工的吊篮,应安挂牢固,必要时可另备安全保险设施。张拉时千斤顶的对面及后面严禁站人,作业人员应站在千斤顶的两侧,以防钢绞线及夹片等飞出伤人。

(3)先张法张拉施工时,除遵守张拉作业一般安全规定外,还应做到:张拉前,对台座、横梁及各种张拉设备、仪器等进行详细检查;浇筑混凝土时,严防振动,振捣器不得撞击钢丝(钢束)。用卷扬机滑轮组张拉小型构件时,张拉完成后应切断电源和卡固钢丝绳。现浇混凝土不得停放时间过长。养生期内应妥善防护,确保安全。

(4)后张法张拉时,应检查混凝土强度,必须达到设计要求强度后,方可进行张拉。

(5)张拉操作中若出现异常现象(如油表振动剧烈、发生漏油、电机声音异常、发生断丝、滑丝等),应立即停机进行检查。

(6)精轧螺纹钢筋张拉前,除对张拉台座检查外,还应对锚具、连接器进行检查、试验。张拉完毕后,对张拉施锚两端应妥善保护,不得压重物。管道尚未灌浆前,两端应设围护和挡板。严禁撞击锚具、钢束及钢筋。不得在梁端附近作业或休息。

(7)预应力钢筋冷拉时,在千斤顶的端部及非张拉端部,均不得站人。钢筋张拉或冷拉时,螺丝端杆、套筒螺丝必须有足够的长度。夹具应有足够的夹紧能力,防止锚夹不牢而滑出伤人。

(8)管道压浆时,应严格按规定压力进行,操作人员戴防护眼镜和其他防护用品。施压前应调整好安全阀。关闭阀门时,作业人员应站在侧面以确保安全。

9.拱桥施工安全

(1)拱架制作与安装应按设计要求,具有足够的强度、刚度和稳定性。拱架须经验算,必须经试验或预压,并满足防洪、流水、排水、航运等安全要求。采用土牛拱架时,应采取相应的安全措施,保证拱圈砌筑的安全。

(2)砌筑石拱工程时,除按规定穿戴安全防护用品外,还应注意锤头或飞石伤人,作业人员之间应保持一定的安全距离。

(3)圬工(石、砖及混凝土预制块)拱桥施工前,拱架支立安装方法、拆除拱架程序、机械设备等,均应经检查符合安全技术规定后方可施工。人工抬运上坡,应平行前进,落肩同步。抬运石料时,应用绳索捆扎结实,不宜装得过满。

(4)拱石或预制块砌筑时,下面严禁站人,操作人员的手指不得伸入砌筑面,拱石或预制块就位时,应用撬棍或绳索工具等扶稳,缓慢堆放。

(5)砌筑拱圈,应按施工要求搭设脚手架及作业平台,严禁用拱架代替脚手架。主拱、拱上建筑施工,必须严格按设计加载程序分段、对称、同时进行。严禁拱下站人,并应随时注意观测拱架变形状况。必要时,须进行调整,以控制拱圈变形过大。卸架装置应有专人负责检查。

(6)拱圈卸架前,应检查砌筑砂浆强度是否达到设计要求。拆除工作必须按设计程序进行。当拱架脱离拱圈后,经检查确认安全后,方可继续进行拱架拆除工作。拆除拱架时,应听从统一指挥。严禁在拱架上、下同时进行双重作业。拱架拆除,严禁锤击或用机械强拽拱架使之脱离或倾倒的做法。

(7)采用无支架施工修建拱桥时,应按设计和施工方法选定适宜的吊装机具设备。采用吊装机具施工,除按吊装机具的有关安全要求加以控制外,还应做到以下几点:

①大中跨径拱桥施工,应验算拱圈的纵、横向稳定性。分段吊装单肋合龙后应用缆风绳稳固,并须采取悬扣边肋和次边肋,用横夹木临时横向联结等措施。

②双曲拱、箱形拱桥施工时,在墩、台顶设置的扣架,底部固定应牢靠,架顶应设缆风绳,缆风绳设置必须对称,缆风地锚环应埋设坚固。

③拱肋分段拼装时,基肋应设置固定缆风,拱肋接头处应加横向联结,以保证其横向稳定。

④多孔装配式拱桥上部安装时,除要遵守一般安全规定外,还必须按加载程序,由桥台或制动墩起,逐孔吊装;相邻两孔安装进度不应相差过大,以减少对相邻桥墩产生的单向推力。

⑤在河流中设置缆风绳时,必须采取可靠的防护措施。

10. 斜拉桥、悬索桥施工安全

斜拉桥和悬索桥(吊桥)的索塔施工,属于高处或超高处作业,应根据结构、高度及施工工艺的不同情况,制定相应的专门的安全施工组织设计、安全作业指导书(操作细则)。

施工期间,应与当地气象站建立联系,密切注意天气变化,遇大风、雷雨时,应立即停止作业。高处作业,其风力应根据作业高处的实际风力确定。

(1)电气设备和线路的绝缘必须良好,各种电动机械必须接地。电气设备和线路检修时,应先切断电源。施工现场要制定防火措施并备有消防器材,要防止电焊火花溅落在易燃物料上。

(2)斜拉桥的塔底与桥墩固结时,脚手架必须在墩上搭设。当索塔与悬臂段同时交错施工,并分层浇筑索塔时,脚手架不得妨碍索塔的摆动。塔底与桥墩为铰接时,施工中,必须将塔底临时固定。塔身修筑到一定高度后,必须设置风缆。斜缆索全部安装并张拉完成后,方可撤除风缆并恢复铰接。

(3)索塔分节立模浇筑前,应搭好脚手架、扶梯、人行道及护栏。每层脚手架的缝隙处,应设置安全网。两层脚手架间距不得超过8m。浇筑塔身混凝土,应按规定挂好减速漏斗及保险绳,漏斗上口应堵严,以防石子下落伤人。

(4)索塔升高(到20m以上,或高度不足20m的索塔但在郊区或平原区施工或附近无高大建筑物提供防雷保护)时,防雷电设施必须相应跟上,避雷系统未完善前,不得开工。

(5)缆索套管内采用压注水泥浆防护时,水泥浆应从下往上压入。索塔超过50m时,应分段向上压注,以防灌注压力过大,套管破裂伤人。

(6)缆索的制作与安装作业,应该做到:缆索施工时,不得撞伤锚头。锚头发生移位时,不得用铁锤强击复位。悬索桥的主索及斜拉桥的斜缆索,应进行破断试验。锚具、套筒,应用超声波或射线探伤仪检查,内部有损伤者不得使用。主索及斜缆索顶张拉时,应选择适当场地,埋设足够强度的地锚,并在张拉台前设置防护墙。采用成品斜拉索时,放索时应有制动设施,并防止卷盘的缆索自由散开时造成伤害。放开展平的缆索应防止在地面上拖磨。锚头应加设防护,防止碰撞。

(7)悬索桥施工中,临时架设的工作索、牵引索安装完毕后,应对索具、吊具等进行全面、仔细检查。索夹如采用高强螺栓旋紧,螺栓的拧合扭矩,应先试验。

(8)悬索桥采取重力式锚碇时,对锚碇体的施工,应按照有关安全规定浇筑混凝土或砌体工程。锚碇体必须达到坚实牢固。

(9)斜拉桥、悬索桥在施工中应配备水上救护船只。

11. 跨线桥及通道桥涵施工安全

(1)公路桥跨越铁路或其他线路时,施工前应编制专门的安全施工组织设计,并与铁路或其他有关部门协商有关事宜,并签订必要的安全协议。内容包括:利用列车间隔时间进行安装的计划、安全防护以及在发生紧急情况时的应急处理措施等。

(2)公路桥跨越铁路或其他线路时,施工期间,特别是梁体吊装阶段,应在施工现场及两端足够远处适宜地点设置人员和通信设备,与两端火车站进行联系,以便在发生紧急情况时,立即通知停车,要避免在列车通过的情况下进行吊梁安装作业。

(3)跨越铁路或公路的立交桥施工时,上面作业,下面通行车辆或行人,应设置遮盖设施,并设岗哨监视管理。当为电气化铁路时,设置的遮盖设备应具有高压绝缘作用,以保证施工安全。

(4)对结构复杂、施工期较长的大型立交桥施工时,必须做到以下几方面:

①施工前,应编制专门的安全施工组织设计,做好施工准备及安全防护设施的安装、验收工作,确保不发生影响通车及坠物伤人事故。

②制定架梁吊装施工方案及安全技术措施,向作业人员进行安全技术交底和培训。

防撞墙

③配备通信设施。确保在紧急情况下,能够妥善处理发生的事故。

1. 桥梁上部结构的施工方法主要有哪些?
2. 架桥机作业时的安全要点有哪些?
3. 钢箱梁吊装可以采用哪些安全措施?
4. 简述预应力张拉施工安全要点。
5. 简述斜拉桥施工安全要点。

单元四 桥梁工程施工事故介绍

施工单位发生生产安全事故,应当按照国家有关伤亡事故报告和调查处理的规定,及时、如实地向负责安全生产监督管理的部门、建设行政主管部门或者其他有关部门报告;特种设备发生事故的,还应当同时向特种设备安全监督管理部门报告。接到报告的部门应当按照国家有关规定,如实上报。实行施工总承包的建设工程,由总承包单位负责上报事故。

事故报告应当包括下列内容:

(1)事故发生单位的名称、地址、性质、产能等基本情况。

(2)事故发生的时间、地点以及事故现场情况。

(3)事故的简要经过。

(4)事故已经造成或者可能造成的伤亡人数(包括下落不明的人数)和初步估计的直接经济损失。

(5)已经采取的措施。

(6)其他应当报告的情况。

×××出具的事故调查报告应当包括下列内容:

(1)事故发生单位概况。

(2)事故发生经过和事故救援情况。

(3)事故造成的人员伤亡和直接经济损失。

(4)事故发生的原因和事故性质。

(5)事故责任的认定以及对事故责任者的处理建议。
(6)事故防范和整改措施。

一、物体打击事故

1.事故经过

20××年4月××日下午,某公司在预制梁施工过程中,发生一起钢绞线滑出事故,造成1人死亡,直接经济损失20万多元。施工人员刘某在预制梁施工过程中,在和班组人员在一片箱梁张拉完毕后,去拿放于箱梁端头地下的张拉记录,这时N2束钢绞线突然滑出,穿过刘某胸部,刘某于当晚医治无效死亡。

2.事故原因分析

(1)事故的直接原因
①夹片质量有问题。
②刘某违反操作规程去拿放于箱梁端头地下的张拉记录。
(2)事故的间接原因
①施工单位安全技术交底不详细、不全面,对一线员工的安全教育不到位。
②没有有效的安全防护措施,安全检查不细致。

二、高处坠落事故

(一)事故经过

20××年8月××日下午,某公司在盖梁施工过程中,发生一起高处坠落事故,造成1人重伤,直接经济损失5万多元。项目技术员肖某在23号墩盖梁骨架施工中,检查盖梁模板后下扶梯时,因抱箍滑落致使扶梯脱落,造成肖某从离地面10m高处坠落,摔成重伤。

(二)事故原因分析

1.事故的直接原因

(1)肖某安全意识淡薄,个人未穿戴安全防护服,在现场没有任何安全防护设施及抱箍未进行承载试验的情况下,登高作业。
(2)抱箍未进行承载试验,抱箍螺栓未用专用扳手进行作业,致承载力不足。

2.事故的间接原因

(1)施工单位安全技术交底不详细、不全面,对一线员工的安全教育不到位。
(2)没有有效的安全防护措施,安全管理有漏洞。

三、机械伤害事故

1.事故经过

20××年1月××日9时10分左右,福建省××县某基础打桩施工现场发生一起机械伤害事故,导致1死1伤。

1月××日7时左右,分包单位4名工人开始使用简式柴油打桩机进行基础打桩。施工作业至9时10分左右,当第三节管桩沉入地下约2m时发现第二节管桩爆头,该打桩机司机郭某立即向现场管理员(施工员)战某打电话请求派一部挖掘机,协助把拔起的第三节管桩(14m)卸回地面。挖掘机司机阚某依照战某的安排,驾驶挖掘机到现场配合卸桩,且在张某、刘某的指挥下,通过套在挖掘机斗齿上的钢丝绳往后推拉管桩,郭某则通过打桩机卷扬机的钢丝绳把机架上的管往下放。当阚某往后拉出5~6m时,其他人发现打桩机的机架开始向前倾斜,驾驶室的底盘也跟着翘起,就立即向阚某发出停拉手势并大声喊"停",但阚某关闭了挖掘机窗户,且戴着耳机没有作出反应,继续往后退拉。大约不到1min,打桩机的机架连同管桩就向前倾覆,驾驶室的底盘翘起悬在空中,导致郭某被甩出驾驶室受伤。紧接着,机架折断造成底盘向左侧侧翻,又导致正在躲避的曾某被当场压死。

2.事故原因分析

(1)事故的直接原因

在卸桩过程中,挖掘机倒退速度过快形成的水平拉力和桩自身重力作用,对桩机产生的倾覆力矩之和大于桩机自重形成的抵抗力矩,造成桩机向前倾覆并侧翻,导致了事故发生。

(2)事故的间接原因

①总包单位安全管理不到位,以包代管,未制定卸桩安全操作规程,未安排专人进行卸桩现场安全管理,卸桩作业人员相互配合不到位。

②总包单位使用变换工种的且未经安全教育培训的挖掘机司机参与卸桩作业。

③总包及分包单位对打桩作业人员,打桩技术交底不到位培训教育不到位,导致其安全知识缺乏,对卸桩作业环境存在的危险因素认识不足。

④日常安全检查、巡查不到位,未及时发现并消除卸桩未按技术交底(异常情况停打)而违章作业的事故隐患。

【任务实施】

实训任务1 桥梁施工汛期安全检查

1.实训目的

熟悉桥梁施工的防汛工作内容;

掌握防汛专项检查内容;

能进行安全隐患检查以及制定整改措施。

2.实训内容

实训日期:

实训班级:

成员组成:

实训成绩:

(1)完成汛期安全隐患检查下表,明确检查内容。

续上表

汛期安全隐患检查表

序号	检查项目	检查内容	检查情况
1	周边情况调查及防汛方案	是否对工程周边雨、污水管线进行了调查,是否对工程周边有压自来水管道及无压污水管道进行了调查	
		是否编制了防汛方案及应急预案	
		是否对汛情风险点进行了评估分析	
		汛情风险点措施是否有针对性	
		防汛方案、应急预案内容是否全面,有无针对性	
		是否进行防汛应急演练,演练记录、评价是否真实	
2	现场巡查与值班	现场排水系统是否畅通	
		汛期内是否安排专人每天进行巡视,巡视发现的安全隐患是否及时处理,巡视记录是否真实	
		所有敞口工程周边挡水墙高度是否满足要求	
		是否建立防汛值班制度和雨前检查、雨中巡视和雨后总结制度,记录是否齐全、真实	
3	防汛物资与设备	防汛物资是否到位,现场防汛措施落实是否到位,水泵的数量、排水量是否满足要求,水泵是否已试运行,水泵所需的配套设施(水管、配电箱、电线等)是否齐全有效	
		防汛设备、物资是否满足现场需要,质量是否符合要求,是否建立台账,台账是否与现场相符	

施工单位负责人:　　　　　　　　　　单位名称:

监理单位负责人:　　　　　　　　　　单位名称:

(2)根据相关资料,按照下表编制桥梁施工汛期工作计划。

桥梁施工汛期工作计划

序号	工作计划	简要内容	负责人	工作时间	检查方式	检查地点	备注
1							
2							
3							
4							

实训考评

实训成绩考核表见下表。

模块六实训任务 1 成绩考核表

序号	考核内容	分值	自评	小组评分	教师评分
1	是否按要求完成实训内容	20			
2	是否掌握桥梁施工汛期安全工作的内容	40			
3	是否会编制日常检查计划和检查内容	20			
4	实训态度	10			
5	团队协作	10			
	小计				
	总评(小计平均分)				

实训任务 2 桥梁施工高处作业临边防护

1. 实训目的

熟悉桥梁施工高处作业临边防护内容；

掌握防临边防护的措施；

能进行临边防护的检查以及制定整改措施。

2. 实训内容

实训日期：

实训班级：

成员组成：

实训成绩：

(1)根据桥梁盖梁施工高处作业临边防护,完成下表,明确检查内容。

盖梁施工临边防护

临边作业检查表

检查项目	扣分标准	分数值	扣分	实得分数
临边防护	是否搭设标准临边防护,满挂安全网,并设置安全警示标识牌(缺失任一项扣2分)	10		
	操作平台未满铺脚手板(扣2分)			
	抱箍、工字钢型号经过安全受力验算合格后方可使用(不符合扣2分)			
	采用架设好的预制梁作为运梁通道时,在两片预制梁间及梁端铺设钢板(不符合扣2分)			
	夜间施工时有足够照明装置,人员穿着标准反光服(不符合扣2分)			

(2)假设你是建设单位安全管理人员,发现施工单位在临边防护工作中有安全隐患,安全网挂设不严实,操作平台只铺设部分脚手架,要下发整改通知单,请完成整改通知单的填写,见下表。

整改通知单

编号:　　　　年　月　日

检查标段、位置		检查日期	
检查人员			
存在问题描述			
整改意见	1.对于以上检查中存在问题要求　年　月　日前整改(或落实)完成。 2.整改完毕后填写整改回复单,报建设单位安全部门。 3.附安全会议纪要、相关整改方案和图片资料。		
施工单位负责人:		单位名称:	
监理单位负责人:		单位名称:	

实训考评

实训成绩考核表见下表。

模块六实训任务2成绩考核表

序号	考核内容	分值	自评	小组评分	教师评分
1	是否按要求完成实训内容	20			
2	是否掌握桥梁施工临边防护的内容	40			
3	是否会编制日常检查计划和检查内容	20			
4	实训态度	10			
5	团队协作	10			
	小计				
	总评(小计平均分)				

模块七 MODULE SEVEN
隧道工程施工安全

知识目标

1. 了解公路隧道施工原理、工序及关键技术；
2. 掌握公路隧道各工序操作安全规程；
3. 掌握公路隧道施工关键技术安全保障措施；
4. 熟悉公路隧道施工作业中事故的处理原则。

技能目标

1. 能根据安全员岗位职责完成隧道项目安全管理；
2. 会运用 VR 虚拟实训平台正确排查隧道施工安全隐患；
3. 会针对不同的隧道施工制定安全控制措施。

建议课时：6 课时。

案例导入

某高速公路隧道进行开挖施工。2014 年 12 月 4 日 20:30 左右,某集团分公司 A3 项目部 17 名开挖人员进洞作业(其中:8 人钻孔、3 人清孔、4 人安装风管及水管、1 人为装载机驾驶员、1 人为带班人员);22:30,4 名支护人员进洞进行喷浆作业,现场专职安全员罗某、兼职安全员李某在洞口位置进行安全监控。开挖过程中,隧道发生坍塌。12 月 6 日 11:40 左右,21 名被困人员通过逃生通道成功获救。

根据案例,请大家想一想：
(1)案例中发生事故的直接和间接原因是什么？
(2)隧道开挖施工安全保障措施有哪些？
(3)通过本案例我们应汲取怎样的事故教训？
案例分析：

1. 事故原因

(1)直接原因

①坍塌段地质条件差,坍塌前遭遇连续降雨。坍塌段为全、强风化花岗岩,结构松散,力学性质差,围岩自稳能力差,且存在偏压现象。同时,2014年11月29日至12月4日连续降雨(累积降雨量为43.0mm,是常年同期降雨量的7倍),雨水渗入土体,加大土体自重,进一步削弱围岩的自稳能力,增加对初期支护的压力。

②违规进行换拱作业。一是施工单位换拱施工方案不合理,措施细化不到位;施工班组施工操作不规范,在未采取有效临时加固措施的情况下实施换拱作业,导致拱部围岩变形增大,加大初期支护受力,最终导致初期支护失稳而产生坍塌。二是监理单位对换拱方案的审查把关不严,未经认真会审即予批复;对现场作业监控不到位,对违反施工方案和操作规程的行为没有制止。

③其他导致坍塌的直接原因。一是二次衬砌距掌子面的距离过大,初期支护承受围岩压力的时间过长,初期支护的有效支撑能力降低。二是施工单位违规擅自改变开挖施工方法,致使土体扰动变大,减弱围岩自稳能力,增加初期支护的受力。三是换拱前后相关各方均没有对坍塌段落进行监测,未能发现异常现象并及时采取应急措施。

(2)间接原因

施工单位项目部安全管理机构不健全,安全生产制度不落实,对风险认识与管控不足;总监理工程师缺乏隧道施工的专业经验,对隧道施工危险识别和判定标准不明晰,对隧道施工的监管不熟悉;监控测量单位工作不到位;设计单位常驻项目设计代表组后续服务不到位。

2. 隧道开挖施工安全保障措施

(1)隧道洞身开挖作业应考虑下列主要危险源、危害因素:①开挖方法选择不当;②开挖循环进尺过大,支护不及时;③找顶不彻底;④开挖作业台架防护措施不到位;⑤爆破作业时无安全防护,爆破作业违章操作。

(2)隧道开挖前,施工单位应编制开挖专项技术方案,方案应包括:开挖方法、工艺流程、安全技术措施等内容。

(3)隧道开挖方法应根据其他地质条件、断面大小、施工装备、工期等条件的变化,在施工过程中进行调整适应。

(4)钻爆开挖应采用光面爆破或预裂爆破技术,控制循环进尺,减少对围岩的扰动,且不应对初期支护、衬砌结构和施工设备造成损伤。

(5)两座平行的隧道开挖时,其两个同向开挖工作面应保持合理的纵向距离,间距小的隧道,必须采取措施防止后行洞开挖对先行洞产生的不良影响。隧道双向开挖接近贯通面时,两端施工应加强联系与统一指挥,当隧道两个开挖工作面距离接近15m时,必须采取一端掘进另一端停止作业并撤走人员和机具的措施,同时在安全距离处设置"禁止入内"的警示标志。

(6)隧道采用钻爆法开挖必须进行钻爆设计,钻爆设计应考虑爆破振动和噪声对周围环境的影响,应采取减少振动和降低噪声的措施。

(7)隧道采用机械开挖时,应根据其断面和作业环境合理选择机型,划定安全作业区域,并设置警示标志,非作业人员不得入内。

(8)隧道采用人工开挖时,作业人员应保持必要的安全操作距离,并设专人指挥。

(9)隧道开挖使用的作业台架进行强度、刚度和稳定性验算,经验收合格后方可使用,台架四周必须设置安全防护栏杆。

(10)隧道在开挖下一循环作业前,必须对照设计检查初期支护施作情况,确保施工作业环境安全。

(11)隧道找顶必须在通风后进行,并有专人指挥,照明应有充足的光照度,找顶后必须进行安全确认,合格后其他作业人员方可进入开挖工作面作业。

3. 事故教训

(1)施工单位要严格按照有关规定编制切实可行的施工方案,严格按照设计、规范及专项施工方案施工,规范开挖和衬砌施工,避免掌子面距仰拱、二次衬砌的距离过长;对超前小导管、锚杆、拱架、初喷、仰拱等隐蔽工程应按设计施作到位并留有影像资料。要强化应急救援预案的编制和演练,对项目危险源进行分级动态管理,严格执行安全检查制度,及时掌控安全生产形势。要加大安全设施投入,严格按相关规定设置救生通道及应急包等应急救援设施;加强安全教育培训,切实增强安全防范意识,培养作业人员的风险意识和应急反应能力。

(2)建设单位、监理单位对危险作业条件下的施工方案应予以重点审查,把好审批关,提高审查能力,认真执行设计和施工规范,加强现场质量安全监督管理。监理单位对施工过程中的重点部位和关键环节要加强旁站、巡视和平行检验,切实加强现场监控和技术指导,制止各类违规操作行为。

(3)加强超前地质预报和监控量测工作管理。地质预报和监控量测单位应编制预报和量测实施方案,并按有关规定审查。在具体实施中,要严格按照设计、规范和指南的要求落实监测断面的设置、频次和时间。加强预警预报,做到将超前地质预报成果和监控量测结果在第一时间反馈给施工、监理、设计和建设单位,发现数据超标应立即停工撤离人员,严禁冒险施工作业,杜绝类似事故再次发生。

认识提升

培养学生的安全意识。通过隧道施工安全的教育和培训,使学生深刻认识到隧道施工过程中存在的各种安全隐患和风险,并意识到安全工作是至关重要的,强化责任意识。隧道施工安全不仅仅是施工单位和管理者的责任,也是每个参与者的责任。教育学生认识到自己在隧道施工中所承担的责任,明白只有积极履行职责,才能降低事故发生频率。

加强学生的团队合作意识。在隧道施工中,往往需要多个工种、多个部门的密切配合才能完成任务,因此,团队合作精神至关重要。培养学生的团队意识和合作精神,使他们能够在工作中充分发挥团队的力量,共同应对各种挑战。

培养学生的法律法规意识。隧道施工安全需要严格遵守相关的法律法规和规章制度。教育学生认识到法律法规的重要性,强调遵纪守法,严格执行相关规定,以确保施工过程的合法合规,保障工程的安全进行。

单元一　隧道掘进与出渣施工安全

一、隧道掘进与出渣介绍

1. 洞口施工

(1) 积极推广"零开挖"进洞理念

隧道洞口开挖前,施工单位应对洞口段地形地貌进行复测,认真调查地质情况,并提出隧道"零开挖"进洞专项施工方案,严禁大开大挖,项目业主应组织设计、监理单位专项审查。如图7-1所示,隧道洞顶截水沟以内植被禁止砍伐破坏,分离式隧道中间山体和连拱隧道中导洞开挖时两侧山体应尽可能保护。

(2) 初步形成畅通的洞口排水系统

如图7-2所示,完成洞顶截水沟并设置了必要的临时排水措施,永临结合,初步形成畅通的洞口排水系统。

图7-1　分离式连拱隧道　　　　　图7-2　临时排水系统

(3) 洞口量测

完成隧道进出口联测,且贯通误差符合规范要求,测放出进洞控制桩,并保护良好,边仰坡开挖边线、明暗洞交界里程等测量放样按规范完成,洞顶沉降观测点、基点布设完成,并取得第一组数据。

隧道洞口施工

2. 明洞施工

明洞是采用明挖法修建的隧道,它的施工方法不同于一般隧道,不是在地层内先挖出坑道,然后修建结构物,而是在露天的路堑地面上或是在敞口的基坑内,先修筑结构物,再回填覆盖土石,如图7-3所示。

明洞是隧道洞口或线路上起防护作用的重要建筑物,一般修筑在隧道的进出口处。当遇到地质状况差且洞顶覆盖层较薄,在隧道开挖后顶部围岩容易坍塌,难以采用暗挖法时,或洞口路堑边坡上有落石可能危及行车安全,或铁路、公路、河渠必须在交通线上方通过且不宜做立交桥或涵渠时,均需要修建明洞。

明洞主要包括拱式明洞(一般简称明洞)和棚式明洞(一般简称棚洞)两大类。此外还有特殊结构明洞,以适应特殊场合,如泥石流导槽、框架明洞、箱型明洞(图7-4)等。另外在城市平原地区,地铁区间隧道通过地表空旷的地段或道路隧道、越江隧道的出入口段,常可能会有矩形框架结构、U形槽结构。通常根据明洞的用途、地形、地质条件、荷载分布情况、运营安全、施工难易以及经济条件等具体分析比较,确定明洞形式。

3. 开挖施工

(1) 隧道开挖的基本原则

隧道施工就是要挖除坑道范围内的岩体,并尽量保持坑道围岩的稳定。显然,隧道开挖是隧道施工的第一道工序,也是关键工序。隧道开挖的基本原则是:在保证围岩稳定或减少对围岩的扰动的前提条件下,选择恰当的开挖方法和掘进方式,并应尽量提高掘进速度,即在选择开挖方法和掘进方式时,一方面应考虑隧道围岩地质条件及其变化情况,选择能很好地适应地质条件及其变化,并能保持围岩稳定的方法和方式,另一方面应考虑坑道范围内岩体的坚硬程度,选择能快速掘进,并能减少对围岩的扰动的方法和方式。

(2) 全断面开挖法

全断面开挖法是按设计轮廓线一次爆破开挖成型,再施作支护和衬砌的施工方法。全断面开挖法施工工序示意图见图7-4。

图7-3 明洞

图7-4 全断面开挖法施工

①使用条件

全断面开挖法一般适用于Ⅰ、Ⅱ、Ⅲ级围岩,Ⅳ、Ⅴ级围岩在采取有效措施稳定开挖面后,也可采用全断面开挖法。它具体适用于:铁路隧道单线Ⅰ~Ⅳ级围岩、双线Ⅰ~Ⅲ级围岩,高速铁路双线Ⅰ~Ⅱ级围岩,公路隧道两车道Ⅰ~Ⅲ级围岩,三车道隧道Ⅰ~Ⅱ级围岩。

②特点

a. 开挖一次成形,可以减少开挖对围岩的扰动次数,有利于围岩天然承载拱的形成。

b. 全断面开挖法有较大的作业空间,有利于采用大型配套机械化作业,提高施工速度,防水处理简单,且工序少,便于施工组织和管理。

c. 对地质条件要求高,围岩必须有足够的自稳能力。

d. 由于开挖面较大,围岩相对稳定性降低,且循环工作量相对较大。

e. 当采用钻爆法开挖时,每次深孔爆破振动较大,因此要进行精心的钻爆设计和严格的控制爆破作业。

③施工工艺流程

全断面开挖法施工工艺流程如图 7-5 所示。

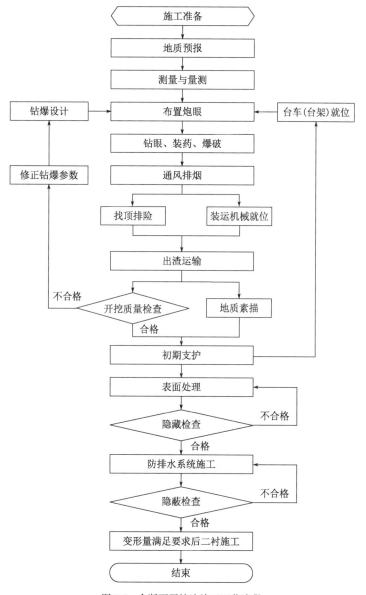

图 7-5　全断面开挖法施工工艺流程

4. 装渣与运输

坑道开挖后,要把开挖的石渣运出洞外,还要把支护材料运进洞内,这种作业叫装渣运输。为了使整个隧道施工有条不紊,对装渣运输,要根据条件和可能尽量选择一些高效率的装渣运输机具,并进行合理组织,妥善安排,这样才能加快施工进度。尤其因为装渣作业是隧道掘进循环中占用时间最多,又是对其他作业干扰较大的一项作业。所以,提高装渣效率、缩短装渣时间、加强运输管理及调度工作,对提高隧道施工进度有着非常重要的意义。

装渣运输作业按其采用的装渣运输机具和设备的不同主要分为三类:①有轨装渣—有轨运输;②无轨装渣—无轨运输;③无轨装渣—有轨运输。另外还可采用皮带运输机,皮带长度达2~3km。将石渣铲装在皮带运输机上,经由皮带运输到洞外石渣仓,再以重型翻斗车运至指定的卸渣场所。有的采用装运卸联合机,实现装、运、卸联动化、自动化。

二、隧道掘进与出渣施工主要事故类型

1. 洞口施工的主要事故类型(表7-1)

洞口施工的主要事故类型　　　　　　　　表7-1

序号	工序	风险等级	可能造成的后果	
			事故类型	伤害形式
1	施工准备	I	坍塌	洞口坍塌造成人员伤亡,损坏机械设备
2	地表处理	II	坍塌、物体打击	危石、浮土等砸伤下方作业人员,山体滑坡、坍塌,掩埋作业人员、损坏机械设备
3	修筑防排水系统	II	坍塌	雨季山体被冲刷而滑塌,掩埋人员和设备
		II	坍塌	积水渗入,导致围岩变形、洞口坍塌,砸伤作业人员、损坏机械设备等
4	开挖	II	高处坠落	作业人员摔落,造成人员伤亡
		II	坍塌	脚手架或平台坍塌
		I	坍塌、物体打击	土石方坍塌,砸伤作业人员
		II	坍塌	洞口坍塌,造成人员伤亡、机械损害
		II	物体打击、坍塌	片石掉落,砸伤人员,发生坍塌事故
		II	坍塌	洞口坍塌,造成人员伤亡、机械损害

2. 明洞施工的主要事故类型(表7-2)

明洞施工的主要事故类型　　　　　　　　表7-2

序号	工序	风险等级	可能造成的后果	
			事故类型	伤害形式
1	开挖	III	坍塌	水流冲刷洞顶,破坏其稳定性
		II	坍塌	边坡失稳而坍塌
		I	坍塌	软土坍塌
		II	坍塌	失稳坍塌
		I	坍塌	爆破影响范围大,造成坍塌
		II	物体打击、坍塌	危石掉落砸伤人员,软弱夹层坍塌,造成伤害

续上表

序号	工序	风险等级	可能造成的后果	
			事故类型	伤害形式
2	浇筑	Ⅲ	物体打击	模板失稳砸伤人员
		Ⅱ	坍塌	掌子面失稳坍塌
		Ⅲ	坍塌	坍塌造成大面积伤亡事故
3	回填	Ⅲ	坍塌	回填物损坏衬砌的稳定性
		Ⅱ	其他伤害	外界活动影响明洞的安全性
		Ⅲ	坍塌	明洞出现偏压,失稳坍塌
		Ⅲ	坍塌	回填物损坏拱圈的稳定性
		Ⅱ	其他伤害	作业混乱造成伤亡

3. 开挖施工的主要事故类型(表7-3)

开挖施工的主要事故类型　　　　表7-3

序号	工序	风险等级	可能造成的后果	
			事故类型	伤害形式
1	施工组织	Ⅲ	物体打击、触电	被洞内掉落围岩等砸伤;线路漏电,造成人员触电
		Ⅲ	其他伤害	事故后人员无法被准确营救
		Ⅱ	其他伤害	交接不清,造成施工事故
		Ⅱ	坍塌	坍塌掩埋
		Ⅱ	物体打击	爆破物飞出砸伤人员
		Ⅲ	坍塌	开挖坍塌,掩埋作业机械及作业人员
		Ⅱ	其他伤害	群死群伤事故
2	监控监测及辅助设施	Ⅰ	冒顶片帮	围岩失稳,造成人员伤亡、设备损坏
		Ⅲ	其他伤害	人员无法及时撤离危险区域
		Ⅱ	其他伤害	无法及时联络外界,无法获得救助
		Ⅱ	其他伤害	被困人员无法及时获取救生物资
		Ⅱ	其他伤害	人员无法及时撤离危险区域
3	钻眼凿岩	Ⅲ	冒顶片帮	围岩失稳,造成人员伤亡、设备损坏
		Ⅲ	机械伤害	凿岩机故障,伤害操作人员
		Ⅱ	机械伤害	钻机伤害作业人员
		Ⅱ	机械伤害	支架不稳,钻机伤害操作人员
		Ⅲ	机械伤害	风钻卡钻未关风即拆除钻杆引发钻机伤害作业人员
		Ⅱ	机械伤害	在工作面拆卸修理风钻引发钻机伤害作业人员
		Ⅲ	火药爆炸	操作人员被炸伤
		Ⅰ	透水	淹溺作业人员及设备设施

续上表

序号	工序	风险等级	可能造成的后果	
			事故类型	伤害形式
4	双向开挖	II	坍塌	开挖坍塌,掩埋作业机械及作业人员
	全断面法开挖	II	坍塌	爆破范围增大,围岩失稳造成坍塌,掩埋作业人员和施工机械
		I	冒顶片帮	围岩失稳坍塌,掩埋人员和施工机械
	台阶法、环形开挖	II	冒顶片帮	围岩失稳坍塌,掩埋人员和施工机械
		I	冒顶片帮	围岩失稳坍塌,掩埋人员和施工机械
	中隔壁法开挖	I	冒顶片帮	围岩失稳坍塌,掩埋人员和施工机械
	双侧壁导坑法	I	冒顶片帮	围岩失稳坍塌,掩埋人员和施工机械
	仰拱开挖	II	冒顶片帮	围岩失稳坍塌,掩埋人员和施工机械

4. 装渣与运输的主要事故类型(表7-4)

装渣与运输的主要事故类型　　　　表7-4

序号	工序	风险等级	可能造成的后果	
			事故类型	伤害形式
1	装渣	II	物体打击 机械伤害	掉落片石物体打击,机械碰撞伤害
		III	物体打击	渣料掉落砸伤人员
		III	冒顶片帮	塌方砸伤人员、损坏机械设备
		II	火药爆炸	炸伤作业人员
2	爆破器材运输	II	火药爆炸	使用自卸车运输爆破器材引发爆炸事故
		II	火药爆炸	硝化甘油类炸药未用专用箱保存引发爆炸事故
		I	火药爆炸	雷管与炸药一起运输引发爆炸事故
3	渣土与人员运输	III	车辆伤害 物体打击	人员被料压伤或物件摆动伤人
		III	其他爆炸	发生爆炸事故
		II	车辆伤害	造成作业人员伤亡
		III	车辆伤害	撞伤洞内施工人员
		III	车辆伤害	人员从车辆掉下,摔伤
		II	车辆伤害	运输车辆撞到坑壁
		III	车辆伤害	车辆碰撞而撞伤人员
		II	车辆伤害	人员被装运渣料伤害
		II	车辆伤害	车辆碰撞,人员被撞伤
		III	车辆伤害	撞伤洞内施工人员或损坏设备设施
		II	车辆伤害	发生火灾或其他事故
		I	车辆伤害 物体打击	车辆侧翻,物体掉落

续上表

序号	工序	风险等级	可能造成的后果	
			事故类型	伤害形式
4	卸载	Ⅰ	车辆伤害 物体打击	掉落片石物体打击,翻车或碰撞
		Ⅱ	高处坠落	作业人员不慎掉落,发生伤害
		Ⅰ	车辆伤害	塌陷、翻车

三、隧道掘进与出渣施工隐患排查

1. 洞口施工隐患排查要点

(1) 未制定专项施工方案或方案不完善;
(2) 施工前未处理地表危石,防护措施不全面;
(3) 洞口边、仰坡上方的排水系统修筑不及时或防排水措施不当;
(4) 洞口顶部表面凹坑未进行防水处理;
(5) 洞口开挖未设置专用通道;
(6) 施工作业平台不牢固;
(7) 洞口开挖方式不当,交叉作业;
(8) 危险段的隧道洞口未采取安全防护措施;
(9) 爆破作业不当或爆破后未进行处理即进行后续施工作业;
(10) 不良天气进行洞口开挖施工作业。

2. 明洞施工隐患排查要点

(1) 开挖前,洞顶及四周未设防排水设施;
(2) 开挖后未立即施作边坡防护;
(3) 松软地层未随挖随支护;
(4) 明洞槽遭雨水浸泡;
(5) 石质地段开挖未控制爆破炸药用量;
(6) 爆破后未及时排除危石或夹层;
(7) 仰拱混凝土未达到设计强度90%就安装明洞模板;
(8) 开挖的掌子面无封闭措施;
(9) 模板及支架与脚手架之间相互连接,衬砌模板及支(拱)架安装不牢固;
(10) 衬砌强度未达到设计要求或防水层未完成就回填;
(11) 明洞顶未进行土石回填;
(12) 两侧回填土高差大于0.5m;
(13) 拱圈混凝土强度未达到设计要求,就开始回填拱背土方;
(14) 回填完成后,拆除拱架无专人指挥和监管。

3. 开挖施工隐患排查要点

(1) 进入隧道人员未佩戴安全防护用品;

(2)隧道进出登记制度落实不到位;
(3)隧道施工各班组之间未建立完善的交接班制度;
(4)人工开挖作业未保持安全操作距离;
(5)爆破位置与起爆站距离太近;
(6)机械开挖未划定作业区域,或未按施工设计划定作业区域;
(7)隧道开挖面作业人员超标;
(8)当发现量测数据有不正常变化或突变,洞内拱顶下沉或地表下沉位移大于允许值,洞内或地表出现裂缝,喷层出现异常裂缝时,未立即组织人员撤离现场或及时上报;
(9)长隧道未安装声光报警系统和视频监控系统;
(10)长隧道开挖面未配备应急通信设备;
(11)长大隧道开挖面至二次衬砌之间未设置救生管道;
(12)不良地段处,在开挖面与二次衬砌之间未设置逃生通道;
(13)凿孔过程中,未派专职安全员随时检查工作面安全状况;
(14)机械凿岩时,机身、螺栓、卡套、弹簧或支架出现故障;
(15)电钻钻眼时,作业人员未穿戴绝缘手套、绝缘胶鞋;
(16)用手导引回转钢钎;
(17)带支架的风钻钻眼时,支架安置不稳;
(18)风钻卡钻时,进行敲打或未关风即拆除钻杆;
(19)在工作面内拆卸、修理风钻和电钻;
(20)在残眼中继续钻进;
(21)发现涌水、突泥时,未及时处理仍继续开挖作业;
(22)双向开挖,未按设计方案预留充足的贯通距离;
(23)未严格控制一次同时起爆的炸药量;
(24)Ⅳ级、Ⅴ级、Ⅵ级围岩,采用全断面开挖;
(25)地质条件较差地段,未对围岩进行超前支护或预加固;
(26)台阶长度超标,台阶上、下部开挖循环进尺超标,落底后未及时施作初期支护,未及时安装钢架并喷射混凝土,拱脚悬空;
(27)采用中隔壁法、交叉中隔壁法开挖隧道时,同层左、右两侧沿纵向错开距离超标,同侧上、下层开挖工作面距离超标;
(28)未经围岩量测确定围岩变形情况,就拆除中隔壁;
(29)采用双侧壁导坑法时,侧壁导坑、中槽部位开挖台阶长度超标;
(30)底板欠挖硬岩采用强爆破方式开挖;
(31)开挖后未立即做初期支护。

4. 装渣与运输隐患排查要点

(1)装渣机械作业时,其回转范围内有人通过;
(2)装渣高于车厢;
(3)装渣过程中,发现松动岩石或有塌方征兆时,未先处理再装渣;
(4)装渣时,发现渣堆中有残留炸药、雷管,未立即上报处理;

(5)利用翻斗车、自卸汽车、拖车等运送爆破器材;
(6)硝化甘油类炸药、雷管未用专用箱保存;
(7)雷管与炸药一起运输;
(8)违规运载人员与货物;
(9)燃烧汽油的车辆机械进入洞内;
(10)洞内机械作业未派专人指挥;
(11)洞内运输车辆超载、超车、超速行驶,洞内无车辆限速标志;
(12)进出隧道的作业人员扒车、追车或强行搭车;
(13)双线运输时,错车车距过小;
(14)停放在洞内的机械设备处、洞口、平交道口及施工狭窄地段未设置安全警示标志;
(15)长、特长隧道采用轨道运输时,违规载人;
(16)无轨运输未设置会车场地、转向场所及行人的安全通道;
(17)洞内照明亮度不够;
(18)运输车辆带故障运行;
(19)运输线路或道路上堆放废渣和杂物、平整度差;
(20)自卸汽车边卸渣边行驶;
(21)卸渣场地边缘未设置挡木及标志;
(22)违规在坑洼、松软、倾斜的地面卸渣。

四、隧道掘进与出渣施工风险控制

1. 安全交底

(1)洞口施工安全技术交底(表7-5)

洞口施工安全技术交底　　　　　　表7-5

工程名称		施工单位	
交底内容	洞口施工	交底时间	
交底对象	洞口施工工区作业人员	交底人	

交底内容:
(1)依据施工组织方案制定专项施工方案,配备与施工方案相匹配的安全生产设备设施以及材料;
(2)尽量避开雨季开挖,施工前先清理洞口上方及侧方可能滑塌的表土、灌木及山坡危石,对堆积层、断层破碎带、砂砾土石等不良地质进行加固,设置安全警示牌和防护网,禁止人员在下方站立或作业;
(3)及时设置洞口坡顶截水沟、洞口排水沟、路堑排水沟,形成排水系统,土质天沟要随挖随砌,疏通流水沟渠,排除积水;
(4)将洞顶表面凹坑填平,进行防渗处理;
(5)布置人员专用上下通道,设置防护栏杆、防护网等临边防护,保护周围建(构)筑物、既有管线、道路等;
(6)技术负责人现场验收脚手架搭设,定期检查施工作业平台;
(7)洞口应先支护后开挖、自上而下分层开挖、分层支护,不得掏底开挖或上下重叠开挖;
(8)陡峭、高边坡的洞口应根据设计和现场需要设安全棚、防护栏杆或安全网,对危险段进行加固,加强边、仰坡变形监测;

续上表

(9)洞口附近存在建(构)筑物且使用爆破掘进的,应采用控制爆破技术,并检测振动波及建(构)筑物的沉降和位移,爆破后及时清除松动危石或夹层;
(10)洞口开挖宜避开雨季、融雪期及严冬季节。

交底人签字:
接受交底人员签字:

(2)明洞施工安全技术交底(表7-6)

明洞施工安全技术交底　　　　　　　　表7-6

工程名称		施工单位	
交底内容	明洞施工	交底时间	
交底对象	明洞施工工区作业人员	交底人	

交底内容:
(1)开挖前严格交底,加强管控,及时在洞顶及四周施防排水设施,尽量避开雨季开挖;
(2)根据施工图设计及施工规范编制详细的施工方案,根据围岩情况,严格按施工规范及施工方案组织施工;
(3)加强监控量测工作,做好量测记录,在围岩软弱地段,密切观察洞内初期支护变形情况,加大监控量测频率,发现异常后及时反馈;
(4)明洞槽不宜在雨天开挖;
(5)与具备爆破资质的专业公司签订合同,由其负责爆破现场监管和指导,加强爆破作业人员专业培训;
(6)爆破完成后严格执行"一炮三检"制度,及时用机械清除松动危石或夹层;
(7)检查试件,混凝土强度满足要求后,方可进行明洞模板安装;
(8)严格按照工序施工,对开挖掌子面进行初喷混凝土封闭;
(9)模板及支架安装应进行现场验收;
(10)制作同条件混凝土试件,检查试件强度满足要求,防水层施作完成后,方可进行回填;
(11)严格按施工规范及施工方案组织施工;
(12)由专人指挥和监管拆除拱架。

交底人签字:
接受交底人员签字:

(3)开挖施工安全技术交底(表7-7)

开挖施工安全技术交底　　　　　　　　表7-7

工程名称		施工单位	
交底内容	开挖施工	交底时间	
交底对象	开挖施工工区作业人员	交底人	

交底内容:
(1)严格执行洞口24h值班进出登记制度,人员进入隧道前洞口值班人员检查其安全防护用品是否正确佩戴;
(2)各班组间建立交接班制度,明确交接时间、内容、人员等详细信息;
(3)安全员跟班作业,作业人员听从指挥;
(4)长度小于300m的隧道,起爆站应设在洞口侧面50m以外,其余隧道洞内起爆站距爆破位置不得小于300m;

续上表

(5)根据断面和作业环境划定安全作业区域,设置警示标志;
(6)严格落实《隧道施工安全九条规定》,隧道开挖面作业人员不得超过9人;
(7)对量测数据及时回归分析,出现异常时,立即组织人员撤离现场,监控量测结果并及时上报带班领导;
(8)严格按规范要求配备、安装声光报警系统、视频监控系统和应急通信设备,监督落实现场检查;
(9)严格按规范要求配备、安装声光报警系统、视频监控系统和应急通信设备,现场检查,监督落实;
(10)按要求设置内径不小于50mm的钢管救生管道;
(11)在开挖面与二次衬砌之间设置直径800mm、壁厚不小于11mm的钢管,作为安全逃生通道,逃生通道随开挖进尺不断前移,距离开挖掌子面不得大于20m;
(12)派专职安全员跟班作业,认真填写检查记录;
(13)进行安全技术教育和培训,班前先检查机身、螺栓、卡套、弹簧和支架的状况;
(14)班前检查作业人员安全防护用品,严禁用手导引回转钢钎,应采用电钻处理被夹住的钎子;
(15)支架设在渣堆上进行钻眼时,渣堆应稳定,安全员加强现场检查;
(16)风钻卡钻时应用扳钳松动拔出,禁止敲打,未关风前不得拆除钻杆;
(17)对作业人员进行安全教育,加大现场检查力度,在工作面内不得拆卸、修理风、电钻;
(18)制定应急预案,作业现场设置专人监控,发现异常,立即停止钻进,按应急预案的要求分级响应,有序撤离,开挖前严格交底,加强管控,及时在洞顶及四周施防排水设施,尽量避开雨季开挖;
(19)开挖面间距15~30m时,改为单向开挖,停挖端的作业人员和机具及时撤离,遇土质或软弱围岩时,加大预留贯通的安全距离;
(20)执行爆破专项方案,确定炸药种类与爆破专项方案一致,装药前安全员进行检查;
(21)严格按照设计图纸施工,安全、技术员现场监督;
(22)加大监控量测频率,监控量测数据及时反馈给施工现场负责人,根据洞内围岩情况和超前地质预报资料,严格按施工规范及施工方案施工;
(23)台阶长度不宜超过隧道开挖宽度的5倍,台阶下部断面一次开挖长度应与上部断面相同,且不得超过5m,拱脚开挖后立即安装拱架、施作锁脚锚杆,锁脚锚杆数量、长度、角度应符合设计要求,并及时喷射混凝土,钢拱架底部接触面不得有虚渣,应采取垫块扩大承载面积等有效措施,确保坚实可靠,充分发挥钢架刚性支护,保障施工安全;
(24)左右两侧导坑开挖工作面的纵向间距不宜大于15m,同侧上下层开挖工作面应保持3~5m距离,一次拆除长度根据变形监控量测信息确定,但不宜超过15m,并加强拆除过程监控量测;
(25)及时施工初期支护并尽早封闭成环,左右导坑前后距离不小于15m,导坑与中间土体同时施工时,导坑要超前30~50m,导坑跨度宜为整个隧道跨度的1/3;
(26)底板欠挖硬岩采用人工钻眼松动、弱爆破方式开挖;
(27)进行安全技术交底,加大安全检查。

交底人签字:

接受交底人员签字:

(4)装渣与运输安全技术交底(表7-8)

表7-8 装渣与运输安全技术交底

工程名称		施工单位	
交底内容	装渣与运输	交底时间	
交底对象	装渣与运输作业人员	交底人	

交底内容:
(1)专人指挥,无关人员不得进入装载区,装渣机械在操作中,其回转范围内严禁人员通过;
(2)严控装载方量,不得超载、超宽、超高运输;

续上表

(3)设专人检查开挖面围岩稳定情况,发现松动岩石及时进行机械排险,发现塌方征兆时,立即组织人员撤离;
(4)发现残留炸药或雷管立即上报,交由爆破人员处理,拒爆的炸药就地销毁,拒爆的雷管装入防爆箱交还炸药库,分别存放,统一销毁;
(5)使用专用民爆车辆运送爆破器材,加大检查力度;
(6)硝化甘油类炸药、雷管采用带盖的木质专用箱保存;
(7)炸药与雷管应分别装在两辆车内专车运送,两辆车间距大于50m,并派专人护送;
(8)进行安全教育培训,严禁人料混载,严禁车辆携带工具和物件露在车外,严格执行洞口24h值班进出登记制度,人员进入隧道前洞口值班人员检查其安全防护用品是否正确佩戴;
(9)隧道内施工不得使用以汽油为动力的机械设备;
(10)专人指挥,机械转弯处设醒目标识,提供适当照明,出入此区域的人员穿反光衣;
(11)行车速度,在施工作业段和错车时不应大于15km/h,成洞段不宜大于20km/h;
(12)双线运输时,错车车距大于0.4m或车辆距坑壁、支撑边缘的净距大于0.2m;
(13)设置明显警示标志,必要时安排专人指挥交通,凡接近车辆限界的施工设备与机械均应在其外缘设置低压红色闪光灯,显示限界;
(14)长、特长隧道有轨运输配备载人列车,设专人操作;
(15)设立人行专用通道,会车时,两车间的安全距离应大于50cm,并应关闭大灯,改用近光灯或小灯,同向行驶的车辆,两车间的距离应大于20cm,洞内能见度较差时两车间距应加大,后视镜和车灯定期清洗,损坏时及时更换;
(16)工作面和通道均应提供足够的照明,危险地段设特殊照明灯,定期检查、维修、清洁;
(17)作业前检查车辆,定期维修、保养车辆;
(18)定时清除路面杂物,保持路面干净整洁。

交底人签字:

接受交底人员签字:

2.安全检查与管控

(1)安全检查

①洞口施工安全检查记录表(表7-9)

洞口施工安全检查记录表　　　　　　　表7-9

项目(工程)名称	
检查时间	
施工地点	

序号	检查项目	检查情况	检查结果		整改要求	整改结果
			符合	不符合及主要问题		
1	班前安全讲话					
2	作业人员防护用品佩戴情况					
3	爆破作业					
4	洞口地表及危石处理					
5	天沟施作					
6	洞口边、仰坡土石方开挖					
7	洞口端墙处土石方开挖					

续上表

序号	检查项目	检查情况	检查结果			
			符合	不符合及主要问题	整改要求	整改结果
8	洞口土石方堆弃					
9	洞口危险段防护					
10	施工机具（挖掘机、风动钻机等大型设备和大型支架）					
11	脚手架、工作平台					

检查方：　　　　　　　　　　　　受检方：
检查人（签名）：　　　　　　　　接收人（签名）：
　　　　　　　年　月　日　　　　　　　　　　　年　月　日

②明洞施工安全检查记录表（表7-10）

明洞施工安全检查记录表　　　　　　　　　　　　　　表7-10

项目（工程）名称	
检查时间	
施工地点	

序号	检查项目		检查情况	检查情况			
				符合	不符合及主要问题	整改要求	整改结果
1	班前安全讲话						
2	作业人员防护用品佩戴情况						
3	雨天施工的安全及防护措施						
4	洞顶及四周的防排水措施						
5	土石方开挖						
6	明洞衬砌安全措施	模板及支架安全性能检验及验收					
		模板及支架的安装稳固性					
		脚手架、安全平台的安全防护					
		衬砌钢筋临时支撑					
		起重吊装作业					
7	明洞防水施工						
8	明洞回填						

检查方：　　　　　　　　　　　　受检方：
检查人（签名）：　　　　　　　　接收人（签名）：
　　　　　　　年　月　日　　　　　　　　　　　年　月　日

③开挖施工安全检查记录表(表7-11)

开挖施工安全检查记录表　　　　　　　　　表7-11

项目(工程)名称	
检查时间	
施工地点	

序号	检查项目	检查情况	检查情况			
			符合	不符合及主要问题	整改要求	整改结果
1	班前安全讲话					
2	作业人员防护用品佩戴情况					
3	开挖作业平台安全防护措施					
4	现场开挖循环进尺、炸药用量					
5	地质条件较差时,对围岩进行超前支护或预加固					
6	地质条件变化后开挖方法及时变换					
7	爆破找顶					
8	两并行隧道开挖工作面之间的距离及防护措施					
9	隧道贯穿前的安全措施					

检查方：　　　　　　　　　　　　　　　受检方：
检查人(签名)：　　　　　　　　　　　接收人(签名)：
　　　　　年　月　日　　　　　　　　　　　　　　　年　月　日

④装渣与运输安全检查记录表(表7-12)

装渣与运输安全检查记录表　　　　　　　表7-12

项目(工程)名称	
检查时间	
施工地点	

序号	检查项目	检查情况	检查情况			
			符合	不符合及主要问题	整改要求	整改结果
1	班前安全讲话					
2	作业人员劳动保护用品佩戴情况					
3	作业前环境监测					
4	作业区域防护					
5	配备专人指挥					
6	作业场所照明亮度					

续上表

序号	检查项目	检查情况	检查情况			
			符合	不符合及主要问题	整改要求	整改结果
7	装渣作业					
8	卸渣作业					

检查方：　　　　　　　　　　　　　　受检方：
检查人（签名）：　　　　　　　　　　接收人（签名）：
　　　　　　　年　月　日　　　　　　　　　　　年　月　日

（2）隧道掘进与出渣施工安全管控措施

①洞口施工安全管控措施

a. 洞口土石方施工宜避开降雨期。有条件的隧道应积极推广前置式洞门施工方法。

b. 当洞口可能出现地层滑坡、崩塌时，应采取相应的预防和稳定措施。

c. 偏压洞施工应做好支挡、反压回填等工作后再进行开挖，洞口仰坡宜采取锚喷网支护形式。

d. 进洞辅助措施施工要求：

a）及时完成临时套拱＋超前支护的棚架体系；

b）超前支护所用的钢筋、钢管等材质，环向间距及纵向搭接长度、方向等布设参数，以及锚固所用的材料均须符合设计及规范要求；

c）对有采用注浆施工的，施工单位应认真分析围岩性质，选择合理的注浆设备和施工工艺。监理单位应认真进行旁站，记录压浆压力和单孔实际注浆量等。

e. 如图7-6所示，洞口施工、洞口场地施工二衬台车必须同步到位。

图7-6　洞口施工、洞口场地施工二衬台车同步到位

f. 洞口设明洞，且洞口地质情况相对较好的隧道，可先进暗洞，由内向外施作洞口明洞模筑衬砌，再进行洞身段开挖、初支、二衬施工。

g. 当洞口围岩条件很差时，要严格控制进洞施工顺序。应在完成套拱和超前大管棚后，立即进行明洞主体模筑衬砌施工，然后进行暗洞浅埋段施工。

h. 有条件的隧道,应及时进行洞门的施工。隧道洞口场地必须进行混凝土硬化处理,要求使用20cm厚石渣垫层,采用20cm厚的C15混凝土做面层。

i. 洞口范围内的涵洞等相关工程应及时安排施工,为隧道提供施工场地。

j. 两车道土质和类土质、含水量大、承载力低的围岩必须按单侧壁导坑法。

②明洞施工安全管控措施

明洞大多数修筑于地质较差、地形陡峻的地段,受力条件复杂。施工中应特别注意安全和结构的稳定,做到符合下列各项要求:

a. 开挖前要做好全部临时排水系统,适当选择施工方法,要按设计要求正确测定中线和高程,放好边桩和内、外墙的位置。

b. 认真处理基础。必须保证明洞边墙基础承载力达到设计要求,有地下水流时,要相应采取措施,如夯填厚度不小于10cm的碎石层或扩大基础,以提高其承载力,若为岩石地基,则应挖至表面风化层0.25m以下。

c. 明洞衬砌其拱圈要按断面要求,制作定型挡头板、内模、外模及骨架,加强各部内、外模支撑,防止变形及位移。采用墙拱交错法施工时,要有保证拱脚稳定,防止拱圈沉落的措施。

d. 明洞顶回填土石主要是起缓和边、仰坡上的落石、坍塌和支挡边坡稳定的作用。应按设计厚度和坡度进行施工。应在做好防水层,衬砌达到设计强度的70%时,才能开始回填土石施工。路堑式明洞拱背回填应对称分层夯实,每层厚度不宜超过0.3m,其两侧回填土的土面高差不得大于0.5m,回填至拱顶后须满铺分层填筑,拱顶填土高达0.7m以上时才能拆除拱架。采用推土机等大型机械回填时,应先用人工夯填一定的厚度后,方可使用机械在顶部进行作业,并于机械回填全部完成后才能拆除拱架。回填土石与边坡接触处,要挖成台阶,并用粗糙透水材料填塞,防止回填土石沿边坡滑动。

e. 明洞与隧道衔接的施工方法,有先做明洞后进隧道和先进隧道后做明洞两种。在明洞长度不大和洞口地层松软,开挖仰坡和边坡时易引起塌方,或在已塌方的地段,一般是先做明洞后进隧道,在地层较为稳定或工期较紧的长隧道设有较长明洞,或是洞口路堑开挖后可能发生坍塌时,则可采用先进隧道后做明洞的施工方法。

无论是"先隧后明",还是"先明后隧",隧道部分的拱圈都应由内向外和明洞拱圈衔接。必须确保仰坡的稳定和内外拱圈连接良好。一般情况下,明洞与隧道的衔接部位是结构防水的薄弱部位,施工时应把隧道的洞身衬砌向明洞方向延长一定距离,以达到整体防水效果。

③开挖施工安全管控措施

隧道开挖一般规定:

a. 隧道洞身开挖作业应考虑下列主要危险源、危害因素:

a)开挖方法选择不当;

b)开挖循环进尺过大,支护不及时;

c)找顶不彻底;

d)开挖作业台架防护措施不到位;

e)爆破作业时无安全防护,爆破作业违反规程(图7-7)。

图 7-7　正确的开挖作业

b.隧道开挖前,施工单位应编制开挖专项技术方案,方案应包括:开挖方法、工艺流程、安全技术措施等内容。

c.隧道开挖方法应根据其他地质条件、断面大小、施工装备、工期等条件的变化,在施工过程中进行调整适应。

d.钻爆开挖应采用光面爆破或预裂爆破技术,控制循环进尺,减少对围岩的扰动,且不应对初期支护、衬砌结构和施工设备造成损伤。

e.两座平行的隧道开挖时,其两个同向开挖工作面应保持合理的纵向距离,间距小的隧道,必须采取措施防止后行洞开挖对先行洞产生的不良影响。隧道双向开挖接近贯通面时,两端施工应加强联系与统一指挥,当隧道两个开挖工作面距离接近 15m 时,必须采取一端掘进另一端停止作业并撤走人员和机具的措施,同时在安全距离处设置"禁止入内"的警示标志。

f.隧道采用钻爆法开挖必须进行钻爆设计,钻爆设计应考虑爆破振动和噪声对周围环境的影响,应采取减少震动和降低噪声的措施。

g.隧道采用机械开挖时,应根据其断面和作业环境合理选择机型,划定安全作业区域,并设置警示标志,非作业人员不得入内。

h.隧道采用人工开挖时,作业人员应保持必要的安全操作距离,并设专人指挥。

i.隧道开挖使用的作业台架进行强度、刚度和稳定性验算,经验收合格后方可使用,台架四周必须设置安全防护栏杆。

j.隧道在开挖下一循环作业前,必须对照设计检查初期支护施作情况,确保施工作业环境安全。

k.隧道找顶必须在通风后进行,并有专人指挥,照明应有充足的光照度,找顶后必须进行安全确认,合格后其他作业人员方可进入开挖工作面作业(图 7-10)。开挖作业违反规程如图 7-11 所示。

④装渣与运输施工安全管控措施

装渣设备应选用能在隧道开挖断面内发挥高效率的机械,其装渣能力应与每次开挖土石方量及运输车辆的容量相适应。装渣机械应具有移动方便、污染小的特点。

装渣作业应符合下列规定:

a.装渣前及装渣过程中,应检查开挖面围岩的稳定情况。发现有松动岩石或塌方征兆时,必须先处理后装渣。

b.装渣作业应由专人指挥。要注意爆后残留在掌子面上和埋在爆渣之中的拒爆残药,发现拒爆残药,必须立即通知专业人员进行处理。

图7-8 装渣作业

c. 人工装渣时,应将车辆停稳并制动。漏斗装渣时,漏斗处应有防护设备和联络信号,装渣结束后漏斗处应加盖,接渣时,漏斗口下不得有人通过。

d. 机械装渣时,装载机械应能在开挖断面内安全运转,装渣机操作时其回转范围内不得有人通过,机械装渣作业应严格按操作规程进行,并不得损坏已有的支护及设施。

e. 采用有轨式装渣机械时,轨道应紧贴开挖面,调车设备应及时向前移动。

装渣作业对比如图7-8所示。

卸渣作业应符合下列规定:

a. 应根据弃渣场地形条件、弃渣利用情况、车辆类型,妥善布置卸渣路线。卸渣应在规定的卸渣路线上依次进行,不得干扰任何施工作业或其他设施。

b. 卸渣宜采用自动卸渣或机械卸渣设备和平渣设备。机械卸渣时应有专人指挥,及时平整;人工卸渣时,应将车辆停稳制动,严禁站在斗车内扒渣。

c. 所有弃渣堆顶面及坡脚处,或与原地面衔接处,均应按设计要求修筑永久排水设施和其他必要的防护工程。

d. 轨道运输卸渣时,卸渣码头应搭设牢固,并设挂钩、栏杆,轨道末端应设置可靠的挡车装置和标志,以及足够宽的卸车平台。

运输作业应符合下列规定:

a. 隧道施工时,应建立运输调度系统,并编制运输计划,统一指挥,确保车辆运输安全,提高运输效率。

b. 采用有轨式运输时,洞外应根据需要设置调车、编组、出渣、进料、设备整修等作业线路。洞内宜铺设双道,在单道地段,应根据装渣作业时间和行车速度的大小合理布设错车道、调车设备,增加岔线和岔道等。

有轨式运输线路铺设应符合下列规定:

a) 同一线路必须使用同一型号钢轨,钢轨质量不宜小于38kg/m。钢轨配件、夹板、螺栓必须按标准配齐,且与轨型相符。

b) 道岔型号应与钢轨类型相配合,不得低于6号道岔,并安装转辙器。

c) 轨枕的规格及数量应符合标准规定,间距不宜大于0.7m,间距偏差不得超过50mm,长度为轨距加0.6m。轨枕的上下面应平整。

d) 平曲线半径,洞内不应小于机动车或车辆轴距的7倍,洞外不应小于10倍。使用有转向架的梭式矿车时,最小曲线半径应不小于车辆技术文件的要求,并应尽量采用较大的曲线半径。

e) 道床、道砟应采用不易风化的碎石,粒径应符合标准规定,不宜过大。道床厚度不应小于150mm。

f) 双道的线间距,应保持两列车间净距大于 0.2m,错车线处应大于 0.4m。

g) 车辆距坑道壁或支撑边缘的净距不应小于 0.2m,单道一侧的人行道宽度不宜小于 0.7m。

h) 机动车牵引时,纵坡不宜大于 2.5%,皮带运输机输送时,纵坡不宜大于 25%。洞外卸渣线末端应设 1%~3% 的上坡段。

i) 线路铺设轨距允许误差为 +6mm、-4mm,曲线地段应按规定加宽和设超高,钢轨接头间隙、顶面的高低差,以及曲线段外轨按设计加高后与内轨顶面的高低偏差,不得大于 5mm。钢轨配件应齐全牢固。

j) 当采用新型轨式机械设备时,线路铺设标准应满足机械规格、性能的要求,保证运输安全。

有轨运输作业应符合下列规定:

a. 机动车牵引不得超载。

b. 车辆装载的高度,斗车不应超过顶面 0.5m,宽度不应超过车宽。

c. 列车连接必须良好,必须采用不能自行脱钩的连接装置。利用机车进行车辆的调车、编组和停留时,必须有可靠的制动装置,严禁溜放。

d. 车辆在同方向行驶时,相邻两组列车间的距离不应小于 100m。人推斗车的间距不应小于 20m。

e. 在洞内施工地段、视线不良的弯道上或通过道岔和洞口平交道等处,机动车牵引的列车运行速度不宜超过 10km/h,其他地段在采取有效的安全措施后,最大速度不宜超过 20km/h。

f. 轨道旁的料堆,距钢轨外缘不应小于 0.8m,高度不应大于 0。

g. 洞内在曲线区间、转辙器、人行横道处等应设"慢行"标志。车辆的限制速度、注意或危险提示等必须用交通标志及标灯明示出来。

h. 长隧道施工应有载人列车供施工人员上、下班使用,并应制定保证安全的措施。严禁非专职人员开车。

无轨运输作业应符合下列规定:

a. 洞内宜铺设简易路面,路面的平整度、强度等指标应满足出渣车辆运行要求,并做好排水及路面的维修工作。

b. 从隧道的开挖面到弃渣场地,必须按需要设置会车场所、转向场所及行人的安全通路。

c. 在洞口、平交道口、狭窄的施工场地,必须设置明显的警示标志,必要时应设专人指挥交通。

d. 单车道净宽不得小于车宽加 2m,并应隔适当距离设置错车道,双车道净宽不得小于 2 倍车宽加 2.5m,会车视距宜大于 40m。

e. 行车速度,在施工作业地段和错车时不应大于 15km/h,成洞地段不宜大于 20km/m。

f. 车辆行驶中严禁超车,洞内倒车与转向应由专人指挥。

g. 洞内应加强通风,洞内作业环境应符合职业健康标准。

运输作业对比如图 7-9 所示。

图 7-9 运输作业

思考题

1. 简述隧道开挖的基本原则。
2. 装渣运输作业按其采用的装渣运输机具和设备的不同可以分为哪几类?
3. 简述开挖施工的安全要点。

单元二　支护与衬砌施工安全

一、认识支护与衬砌施工

1. 支护作业

隧道支护作业中的安全要点

隧道是围岩与支护结构的综合体。隧道开挖破坏了地层的初始应力平衡,产生围岩应力释放和洞室变形,过量变形将导致围岩松动甚至坍塌。在开挖后的洞室周边,施作钢、混凝土等支撑物,向洞室周边提供抗力,控制围岩变形,这种隧道内的支撑体系,称为隧道支护。为控制围岩应力适量释放和变形,增加结构安全度和方便施工,隧道开挖后施作刚度较小并作为永久承载结构一部分的结构层,称为支护。

支护是一个总称,它有不同组合形式,包括喷射混凝土、锚杆、钢架、钢筋网等及其组合。支护参数(喷层厚度、锚杆长度、钢筋网直径、钢拱架间距等)和形式的选择比较灵活,应根据工程所处的工程地质和水文地质条件等因素合理选择。支护的主要方式是喷射混凝土和锚杆支护。

(1) 喷射混凝土

①喷射混凝土的作用

喷射混凝土具有可与围岩密贴并能快速和围岩共同承载、形成支护结构、共同变形等特性,能很快抑制地层变位。

a. 支撑作用。喷层能与围岩密贴和黏贴,并施予围岩表面以抗力和剪力,从而使围岩处于三向受力状态,防止围岩强度弱化。此外,喷层本身的抗冲切能力可阻止不稳定块体的滑塌(图7-10)。

b. "卸载"作用。喷层属柔性,能使围岩在不出现有害变形的前提下,发生一定程度的变形,从而使围岩"卸载",同时喷层中的弯曲应力减小,有利于混凝土承载。

图7-10　加固作用

c. 填平补强围岩。喷射混凝土可射入围岩张开的裂隙,填充表面凹穴,使裂隙分割的岩层面黏结在一起,保护岩块间的咬合、镶嵌作用,提高其间的黏结力、摩阻力,并避免或缓和围岩应力集中。

d. 覆盖围岩表面。喷层直接黏贴在岩面上,形成风化和止水的保护层,并阻止节理裂隙中充填物流失。

e. 阻止围岩松动。喷层能紧跟掘进进程并及时进行支护,早期强度较高,因而能及时向围岩提供抗力,阻止围岩松动(图7-10)。

f. 分配外力。通过喷层把外力传给锚杆、钢拱架等,使支护结构受力均匀。

② 喷射混凝土的施工流程

喷射混凝土的施工流程如图 7-11 所示。

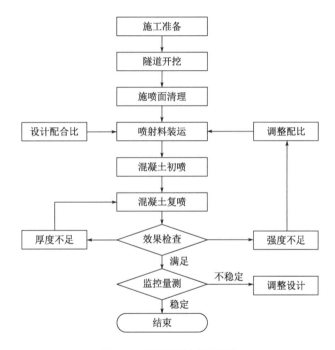

图 7-11　喷射混凝土施工流程

(2) 锚杆支护

① 锚杆的支护作用

锚杆(索)是用金属或其他高抗拉性能的材料制作的一种杆状构件。使用某些机械装置和黏结介质,通过一定的施工操作,可将锚杆安设在地下工程的围岩或其他工程结构体中。

锚杆的支护作用一般认为有如下几种:

a. 悬吊作用。悬吊作用是指为防止个别危岩的掉落或滑落,用锚杆将其与稳定围岩联结起来,这种作用主要表现为加固局部失稳的岩体锚杆的锚固种类见图7-12。

b. 减跨作用。在隧道顶板岩层中插入锚杆,相当于在顶板中增加了支点,使隧道跨度减小,从而使顶板的围岩应力减小,起到维护围岩稳定的作用。

c. 组合梁作用。对于水平或缓倾斜的层状围岩,用锚杆群能把数层岩层连在一起,增大层间摩阻力,从结构力学观点来看就是形成"组合梁"。

d. 挤压加固围岩作用。由于系统锚杆的加固作用,围岩中,尤其是松动区中的节理裂隙、破裂面得以连接,因而增大了锚固区围岩的强度,锚杆对加固节理发育的岩体和围岩松动区是十分有效的,有助于裂隙岩体和松动区形成整体,成为"加固带"。锚杆能约束围岩变形,并向围岩施加压力,使处于二轴应力状态的洞室内表面附近的围岩保持三轴应力状态,从而提高了围岩的强度和稳定性。

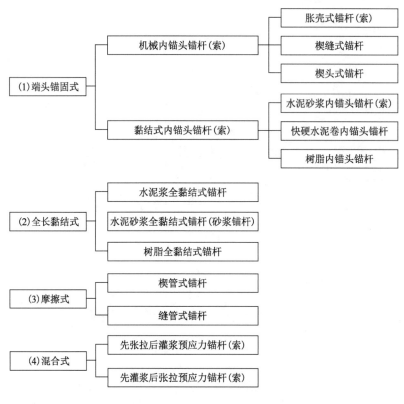

图 7-12　锚杆的锚固种类

② 锚杆的种类

锚杆的种类很多,锚杆按其与被支护体的锚固形式来分,大致可分为端头锚固式、全长黏结式、摩擦式以及混合式等类型,各种类型又包括不同的亚类。

2. 衬砌作业

在矿山法施工的隧道中,永久性的衬砌形式常用以下三种:整体式衬砌、锚喷衬砌和复合式衬砌。整体式衬砌即为永久性的隧道模筑混凝土衬砌,常用于传统的矿山法施工。锚喷衬砌适用于Ⅲ级及以上围岩条件,其设计施工基本上同喷射混凝土支护一致,不再赘述。复合式衬砌由锚喷初期支护和二次衬砌组成,这里主要介绍模筑二次衬砌,其施工方法也基本适用于整体式衬砌。

二次衬砌多采用模筑混凝土作为内层衬砌结构,在隧道纵向需要分段衬砌,拱墙衬砌分段长度一般为 6~12m。二次衬砌施工的方法是仰拱超前,然后隧道主洞拱墙衬砌采用模板台车,拱墙混凝土应一次连续浇筑,不得采用先拱后墙浇筑,也不得先浇矮边墙。二次衬砌施工工艺流程如图 7-13 所示。

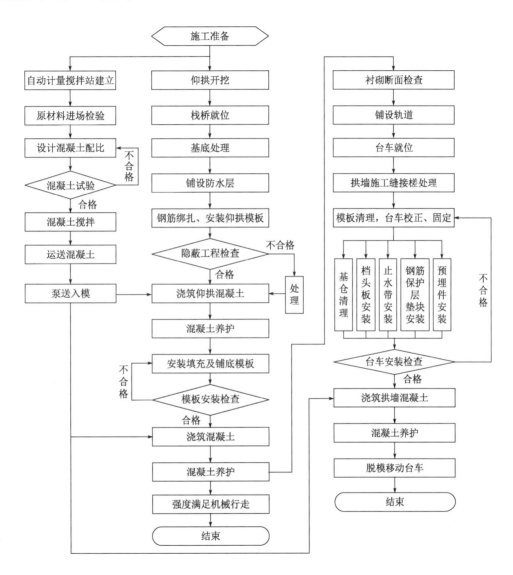

图 7-13　二次衬砌施工工艺流程

在全断面开挖时,应尽量采用全断面金属模板台车、自动计量的机械化拌和站、搅拌输送车或输送管道运输、混凝土泵送入模的机械化流水作业线,以加快施工进度,保证施工质量。

二、支护与衬砌施工主要事故类型

1. 支护作业的主要事故类型(表7-13)

支护作业的主要事故类型　　　　　　表7-13

序号	工序	风险等级	可能造成的后果	
			事故类型	伤害形式
1	管棚与超前小导管	Ⅱ	其他伤害	人员被喷射物伤害
2	喷射混凝土	Ⅱ	物体打击	危石砸伤作业人员
		Ⅰ	机械伤害	人员被绞伤
3	换拱	Ⅱ	坍塌	换拱前未确认工作面安全情况导致人员被砸伤,机械设备损坏
		Ⅰ	物体打击	砸伤下方人员
		Ⅰ	冒顶片帮	人员被砸伤,机械设备被损坏
		Ⅱ	冒顶片帮	人员被砸伤,机械设备被损坏
		Ⅰ	坍塌	二次砌衬未及时跟进导致人员被砸伤,机械设备被损坏
		Ⅱ	坍塌	未对支护稳定情况进行测量导致人员被砸伤,机械设备被损坏
		Ⅰ	其他伤害	人员无法及时撤离危险区域
4	钢支撑	Ⅱ	物体打击	钢架滑落,砸伤作业人员
		Ⅰ	坍塌	钢架砸伤作业人员
		Ⅱ	高处坠落	作业人员从高处摔落
		Ⅱ	塌方	坍塌造成作业人员被砸伤,机械设备被损坏
		Ⅱ	冒顶片帮	人员被砸伤,机械设备被损坏
		Ⅱ	坍塌	钢拱架砸伤人员,损坏机械设备
		Ⅲ	火灾	人员被炸伤、烧伤
		Ⅱ	冒顶片帮	钢架砸伤作业人员
		Ⅱ	机械伤害	人员被施工场所的设备伤害
		Ⅰ	冒顶片帮	掉落物砸伤作业人员
		Ⅱ	物体打击	吊装物掉落,砸伤作业人员
5	喷锚支护	Ⅲ	物体打击	围岩砸伤人员,损坏机械设备
		Ⅱ	物体打击	危石砸伤人员,损坏机械设备
		Ⅱ	其他伤害	喷射物掉落,砸伤人员
		Ⅱ	中毒和窒息	作业人员呼吸困难
		Ⅱ	物体打击	砸伤人员,损坏机械设备
		Ⅱ	其他伤害	人员被喷射物或喷枪伤害

续上表

序号	工序	风险等级	可能造成的后果	
			事故类型	伤害形式
5	喷锚支护	Ⅱ	其他伤害	人员被喷射物或喷枪伤害
		Ⅱ	物体打击	作业人员被砸伤
		Ⅲ	物体打击	砸伤人员
		Ⅰ	物体打击	围岩砸伤人员,损坏机械设备
		Ⅰ	其他伤害	人员被喷射物伤害
		Ⅲ	其他伤害	人员被喷射物伤害
		Ⅱ	物体打击	石块飞溅,砸伤作业人员
		Ⅱ	物体打击	孔内飞出物伤害作业人员
		Ⅱ	物体打击	孔内飞出物伤害作业人员
		Ⅱ	高处坠落	作业人员从高处摔落
		Ⅰ	物体打击	碎石砸伤作业人员
		Ⅱ	物体打击	混凝土失稳掉落,砸伤作业人员
		Ⅰ	冒顶片帮	支护物掉落或围堰坍塌,砸伤作业人员

2. 衬砌作业的主要事故类型(表7-14)

衬砌作业的主要事故类型　　　　表7-14

序号	工序	风险等级	可能造成的后果	
			事故类型	伤害形式
1	衬砌台车(台架、作业平台)	Ⅲ	其他伤害	视线不足造成人员从作业平台摔落等伤害
		Ⅱ	触电	设备漏电,造成作业人员触电
		Ⅱ	触电	设备、线路漏电,造成损坏设备、作业人员触电
		Ⅲ	机械伤害	机械设备或工具碰撞台车
		Ⅱ	高处坠落	作业人员坠落,造成伤害
		Ⅱ	高处坠落、物体打击	人员从作业台架或平台摔落
		Ⅱ	火灾	不能及时灭火,人员烧伤、设备损坏
		Ⅲ	其他伤害	损坏钻架
		Ⅱ	机械伤害	台车失稳,伤害作业人员
		Ⅱ	物体打击	工具掉落,砸伤作业人员
		Ⅱ	车辆伤害	车辆剐碰台车
		Ⅰ	机械伤害	台车滑动,伤害作业人员
2	防水板	Ⅰ	火灾、中毒和窒息	防水板着火,作业人员烧伤,有害气体中毒
		Ⅱ	火灾	不能及时灭火,人员烧伤、设备损坏
		Ⅱ	火灾	人员烧伤、设备损坏
		Ⅱ	火灾	灯具热量引燃防水板

续上表

序号	工序	风险等级	可能造成的后果	
			事故类型	伤害形式
3	钢筋网安装	Ⅲ	物体打击	钢筋掉落,伤害人员
		Ⅱ	高处坠落	作业人员坠落,造成伤害
		Ⅱ	物体打击	砸伤下方作业人员
		Ⅱ	机械伤害	机械伤害人员
		Ⅲ	高处坠落	作业人员坠落,造成伤害
		Ⅱ	触电	电焊机漏电,作业人员触电
4	仰拱施工	Ⅱ	车辆伤害、物体打击	车辆侧翻,物体掉落打击下方人员
		Ⅱ	车辆伤害、物体打击	车辆打滑、跑偏、侧翻,物体掉落打击下方人员
		Ⅲ	车辆伤害、物体打击	车辆跑偏、侧翻,造成物体掉落
		Ⅲ	车辆伤害	车辆跑偏、侧翻,造成物体掉落
		Ⅰ	冒顶片帮	围岩失稳,掩埋作业人员,损坏设备
		Ⅱ	冒顶片帮	围岩失稳,掩埋作业人员,损坏设备

三、支护与衬砌施工隐患排查

1. 支护作业隐患排查要点

(1)管棚钻孔作业时,作业人员站立在孔口正面;

(2)喷射混凝土作业前,未清除工作面危石;

(3)人员进入拌和机检修时,无专人值班;

(4)换拱前,未确认工作面安全情况;

(5)凿除的石块及各种工具直接往下抛扔;

(6)换拱作业区段拱腰及拱顶喷射混凝土起壳、开裂、掉块,未立即停止作业、撤离作业人员;

(7)换拱作业未逐榀进行,前一榀未完成就进行下一榀拆换作业;

(8)换拱作业完成地段,二次衬砌未及时跟进;

(9)拆换后未对初期支护稳定情况进行量测;

(10)换拱作业现场未预留安全紧急疏散通道;

(11)隧道内搬运钢架固定不牢固;

(12)采用分部法开挖时,下部开挖后钢架未及时接长落地,底脚悬空或两侧同时开挖接长;

(13)利用装载机作为钢架安装作业平台;

(14)钢架背后的空隙填充片石等其他材料;

(15)钢拱架、锁脚锚杆设置不符合设计要求;

(16)钢拱架底脚置于废渣、活动的石头上或悬空;

(17)钢支撑加工焊接前未清除四周易燃易爆物,防火工作不到位;

(18)在本排钢架未完成安装,未与相邻的钢架、锚杆连接稳妥之前,取消临时支撑;

(19)无关人员进入危险区;

(20)当钢架限界需要更换时,未采取先做临时安全措施后逐榀更换或先立新钢架后拆除废钢架的方法;

(21)钢支撑搬运、吊装过程中未采取相应的保护措施;

(22)掌子面开挖后,未及时封闭围岩;

(23)危石未清除即进行喷锚支护;

(24)采用机械手喷锚时,喷嘴距受喷面的距离大于5m;

(25)喷锚作业等粉尘浓度大时,作业人员未采取有效的防尘措施;

(26)喷射混凝土作业中如发生风、水、输料管路堵塞或爆裂时,未依次停止风、水、料的输送;

(27)喷射混凝土机调试或停歇时,喷射口对人;

(28)喷射时,前方或左右5m内站人;

(29)作业台架下作业人员逗留、通行;

(30)作业前未对管道连接处进行检查;

(31)受喷面有松动滑块现象时,继续喷射;

(32)高压灌浆时输送管破裂;

(33)喷射混凝土时,施工人员未抓稳喷嘴;

(34)使用钻机的现场,未按照要求清除孔位周围的石块等障碍物;

(35)锚杆安装前未将眼孔内的积水、岩粉吹扫干净;

(36)吹扫眼孔时,眼孔方向有人;

(37)锚杆安装时,作业人员未使用台车或工作平台;

(38)隧道岩石较破碎时,打锚杆眼未在前探支架的掩护下进行;

(39)锚固材料终凝前悬挂重物;

(40)发现支护体系变形、开裂等险情时,未立即撤出人员,未及时采取补救措施。

2.衬砌作业隐患排查要点

(1)作业面照明不足,光线昏暗;

(2)衬砌作业台车、台架和作业平台各类用电设备无绝缘保护装置;

(3)用电线路不符合洞内临时用电安全要求;

(4)作业台车未安装防护彩灯或反光标志;

(5)衬砌作业台架、作业平台四周未设栏杆、密闭式安全网和人员上下工作梯;

(6)衬砌作业台架、作业平台未铺满底板,有探头板;

(7)衬砌台车未按要求配置灭火器(数量、性能等);

(8)台车在行走或待避时,未将钻架机具收拢;

(9)衬砌台车组装完毕后未安排专业人员检查,支撑系统、驱动系统未经调试合格即投入使用;

(10)台车上堆放撬棒、铁锤、锚杆等物品;

(11)台车下净空不能保证车辆顺利通行；

(12)衬砌台车就位后,未按规定设置防溜车装置；

(13)防水板施工时有火种；

(14)钢筋焊接作业时,未设临时阻燃挡板；

(15)防水板的铺设地段与临时存放点未设置消防器材、防火安全警示标志,或消防器材数量不足；

(16)洞内衬砌时,防水材料的使用数量超过当班数量；

(17)照明灯具与防水板距离小于50cm；

(18)钢筋捆绑不牢固；

(19)作业平台四周临边防护不到位,无人员上下工作梯；

(20)钢筋在安装过程中发生倾倒；

(21)挂设钢筋网未远离机械作业区；

(22)操作人员未使用操作平台或台车；

(23)钢筋焊接不遵守施工用电和焊接施工的安全规定；

(24)仰拱施工栈桥搭接长度不够,下部未垫实；

(25)仰拱施工栈桥桥面未做防侧滑处理；

(26)仰拱作业时无专人监护,未设警示标志；

(27)仰拱施工栈桥两侧无限速警示标志；

(28)仰拱距开挖面距离大于规范要求；

(29)二次衬砌与开挖面距离大于规范要求。

四、支护与衬砌施工风险控制

1. 安全交底

(1)支护作业安全技术交底(表7-15)

支护作业安全技术交底　　　　表7-15

工程名称		施工单位	
交底内容	支护作业	交底时间	
交底对象	支护作业工区作业人员	交底人	

交底内容：
(1)对作业人员进行安全教育及技术交底,加大现场检查力度；
(2)采用机械找顶,找顶完成前人员不得处于被清除物的正下方,作业前,安全员检查验收现场作业环境的安全状态；
(3)设备维护作业前,关闭配电箱,悬挂"严禁合闸"警示牌,设专人监护；
(4)制定可行施工方案,按批复施工方案进行施工并逐级交底,换拱作业时,掌子面应停止作业,严禁先拆后立；
(5)进行安全教育,安全员跟班作业；
(6)制定应急预案,作业现场设置专人监控,发现异常,立即停止喷射混凝土,按应急预案的要求分级响应,有序撤离；
(7)制定可行施工方案,按批复施工方案施工,将施工方案逐级交底；
(8)换拱后及时组织进行二次衬砌施工,封闭成环；
(9)根据情况增加量测频率并对量测数据及时分析,将监控量测结果及时反馈给施工现场负责人员；

续上表

(10)制定应急预案,作业现场设置专人监控,现场预留紧急疏散通道,确保通道畅通,无杂物;
(11)钢丝绳捆绑固定或运输车辆安装防滑落装置;
(12)严格按规范要求施工,现场进行检查,及时接长钢架落地,两侧错位开挖;
(13)使用工作篮或工作平台、掘进台车进行钢架安装作业;
(14)安全员跟班作业,超挖部分采用喷射混凝土填充密实,严禁挂板施工或填充片石;
(15)严格按照设计图纸施工,技术员现场指导施工;
(16)拱脚不得脱空,不得有积水浸泡,钢架底部接触面不得有虚渣及其他杂物,应采取垫块扩大承载面积等有效措施,确保坚实可靠,充分发挥钢架刚性支护作用,保障施工安全;
(17)按要求配备消防器材,并设专人巡视,清除周围易燃易爆物及杂物;
(18)钢架及钢筋网的安装,作业人员之间应协调动作,临时钢架支护在隧道钢架支撑封闭成环并满足设计要求后拆除;
(19)危险区应设警示标识,提供适当照明;
(20)制定可行施工方案,按批复施工方案施工,将施工方案逐级交底;
(21)设专人指挥,正确佩戴个人安全防护用品,吊装区域严禁人员活动;
(22)掌子面开挖后,及时喷混凝土封闭围岩;
(23)采用机械找顶,找顶完成前人员不得处于被清除物的正下方,作业前,安全员检查验收现场作业环境安全状态;
(24)进行安全技术交底,严格按要求施工,加大检查力度;
(25)喷锚人员应穿防护衣,佩戴硬质安全帽、乳胶手套、呼吸器、防护眼镜、防尘面具;
(26)作业前,检查机具设备和风水电等管线路,并试运转,喷射作业完成后,及时清洗机具;
(27)严禁将喷枪对准施工人员,以免突然出料伤人,采用机械手喷锚时,喷嘴距受喷面的距离不得大于5m,避免喷料回弹伤人,用振动疏通的方法处理喷管时,喷射手和辅助操作人员要紧握喷枪,控制好喷管端部,以防送风时喷枪甩动伤人;
(28)进行安全技术交底,加大检查力度;
(29)进行安全教育培训,设置安全警示标志,加大检查力度;
(30)进行安全技术交底,作业前进行送电空载试运转,紧固好摩擦板,不得出现漏风现象;
(31)制定应急预案,作业现场设置专人监控,发现异常,立即作业,按应急预案的要求分级响应,有序撤离;
(32)尽可能避免90°和S形弯,以减少泵送混凝土的阻力,中途停止作业时间不宜过长,喷射混凝土配合比应通过试验确定,并满足设计强度和喷射工艺的要求,喷射压力宜控制在 0.15～0.2Mpa;
(33)进行安全技术交底,喷射手和辅助操作人员要紧握喷枪,控制好喷管端部,以防送风时喷枪甩动伤人;
(34)进行安全技术交底,正确佩戴个人安全防护用品,作业前检查孔位附近安全状态;
(35)进行安全技术交底,正确佩戴个人安全防护用品,现场检查验收;
(36)进行安全技术交底,正确佩戴个人安全防护用品,站立在眼孔两侧;
(37)对作业人员进行安全教育,使用工作篮或工作平台、台车进行安装作业;
(38)进行安全技术交底,安全员跟班作业;
(39)全长黏结式锚杆安设后不得敲击,其端部3d内不得悬挂重物;
(40)制定应急预案,作业现场设置专人监控,发现异常时,立即停止作业按应急预案的要求分级响应,有序撤离。

交底人签字:
接受交底人员签字:

(2)衬砌作业安全技术交底(表7-16)

衬砌作业安全技术交底　　　　　　　表7-16

工程名称		施工单位	
交底内容	衬砌作业	交底时间	
交底对象	衬砌作业工区作业人员	交底人	

续上表

交底内容:
(1) 工作面和通道均应提供足够的照明,危险地段设特殊照明灯,定期检查、维修、清洁;
(2) 每台用电设备独立设置开关箱,开关箱必须装设隔离开关短路、过载、漏电保护器,严禁设置分路开关,配电箱、开关箱的电源进线端严禁用插头和插座做活动连接;
(3) 成洞地段固定输电线路应采用绝缘良好的胶皮线架设,施工地段的临时电线路应采用橡套电缆,动力干线上的每一分支线必须装设开关及保险装置,严禁在动力线路上加挂照明设施,架空铺设电缆应沿墙做绝缘固定,供电线路架设应遵循"高压在上、低压在下、干线在上、支线在下、动力线在上、照明线在下"的原则,110V 以下线路距地面不得小于 2m,380V 线路距地面不得小于 2.5m,6~10kV 线路距地面不得小于 3.5m;
(4) 隧道台车、台架等危险区域,应设置明显的警示标志,台车安装 LED 轮廓警示灯;
(5) 衬砌工作台上应设置不低于 0m 的栏杆、跳板、梯子应安装牢固并进行防滑处理,护栏挂设密闭式安全网,高处作业上下通道应根据现场情况选用钢斜梯、钢直梯、人行塔梯,各类梯子安装应牢固可靠(具体参数按有关规定执行);
(6) 工作台的任何部位不得有钉子露头或突出的尖角,台车工作台上应满铺地板;
(7) 衬砌台车配备 4 台干粉灭火器;
(8) 对作业人员进行安全教育,现场检查验收;
(9) 衬砌台车应经专项设计,衬砌台车、台架组装调试完成应组织验收,并应试行走;
(10) 对作业人员进行安全教育,工作台和通道无杂物,无松动材料,加大检查力度;
(11) 拱墙模板架及台车下应留足施工净空,衬砌作业点应有明显的限界及缓行标志;
(12) 对作业人员进行安全教育,现场检查验收;
(13) 对作业人员进行安全教育,设置安全警示标志,加大检查力度;
(14) 进行安全技术交底,钢筋焊接作业在防水板一侧设阻燃挡板,安全员跟班作业;
(15) 配备干粉灭火器,设置明显的安全警示标志,设专人负责;
(16) 严格按规范要求设置,不得烘烤防水板;
(17) 进行安全技术交底,现场检查验收;
(18) 衬砌钢筋安装应设临时支撑,临时支撑应牢固可靠并有醒目的安全警示标志;
(19) 设专人指挥作业,设置明显警示标志,优化作业工序;
(20) 对作业人员进行安全教育,使用工作篮或工作平台、台车进行安装作业;
(21) 对作业人员进行安全操作规程教育培训,加大检查力度;
(22) 仰拱开挖预留栈桥搭接面,现场检查验收;
(23) 栈桥桥面焊接螺纹钢,防止侧滑;
(24) 进行安全技术交底,设专人指挥车辆通过栈桥,仰拱开挖处设置安全警示标志,加大检查力度;
(25) 栈桥两侧安装红色警示灯,设置 5km/h 限速警示牌;
(26) 仰拱与掌子面的距离,Ⅲ级围岩不得超过 90m,Ⅳ级围岩不得超过 50m,Ⅴ级及以上围岩不得超过 40m;
(27) 二次衬砌距掌子面的距离,Ⅳ级围岩不得大于 90m,Ⅴ级及以上围岩不得大于 70m。

交底人签字:

接受交底人员签字:

2. 安全检查与管控

(1) 安全检查

① 支护作业安全检查记录表(表 7-17)

支护作业安全检查记录表　　　　　　　表 7-17

项目(工程)名称	
检查时间	
施工地点	

续上表

序号	检查项目	检查情况	符合	不符合及主要问题	整改要求	整改结果
			\multicolumn{4}{c}{检查情况}			
1	班前安全讲话					
2	劳动保护用品佩戴					
3	施工照明					
4	作业面危石清除					
5	作业前初喷支护					
6	超前支护与初期支护连结					
7	作业台架					
8	施工机具					
9	临时用电及照明					
10	工作面安全状态确认					
11	作业区安全防护					
12	锚杆的设置及调整					
13	锚杆钻进					
14	专人安全观测					
15	特殊情况下隧道支护作业					
16	支护作业过程中的观察和记录					

检查方： 受检方：
检查人(签名)： 接收人(签名)：
　　　　　年　月　日　　　　　　　　　　　　　　　年　月　日

②衬砌作业安全检查记录表(表7-18)

衬砌作业安全检查记录表　　　　　　　表7-18

项目(工程)名称	
检查时间	
施工地点	

序号	检查项目	检查情况	符合	不符合及主要问题	整改要求	整改结果
1	班前安全讲话					
2	劳动保护用品佩戴					
3	作业台架安全性能					
4	临时用电及照明					
5	工作面安全状态确认					

续上表

序号	检查项目	检查情况	检查情况			
			符合	不符合及主要问题	整改要求	整改结果
6	作业区安全防护					
7	设备绝缘					
8	衬砌台车安全防护设施					
9	混凝土输料管堵塞或爆管					
10	混凝土输料管路的经常性检查					
11	有水地段作业					
12	安全观测人员					
13	衬砌作业过程中的观察和记录					

检查方：　　　　　　　　　　　　　受检方：
检查人(签名)：　　　　　　　　　　接收人(签名)：
　　　　　　　　年　月　日　　　　　　　　　　　年　月　日

（2）支护与衬砌施工安全管控措施

①支护作业安全管控措施

喷射混凝土安全措施：

a．喷射混凝土应采用湿喷工艺进行施工，液体速凝剂应采用环保无碱速凝剂。

b．喷射混凝土细集料要求采用级配良好、质地坚硬、颗粒洁净、粒径小于4.75mm的河砂或机制砂，其含泥量≤50%，严禁采用"水洗砂"；粗集料应采用坚硬耐久的碎石，最大粒径不应大于13.2mm，其压碎值应≤16%，针片状颗粒含量≤25%，含泥量≤20%。

c．软岩地段施工必须坚持先支护（强支护）、后开挖（短进尺、弱爆破）、快封闭、勤量测的施工原则，初期支护紧跟掌子面。Ⅱ、Ⅲ类围岩初期支护必须保证尽早封闭成环。

d．硬岩地段施工开挖后及时初喷，复喷作业距离掌子面不得大于50m。

e．喷射混凝土施工工艺安全要点：

a）喷射作业应分段、分片由下而上进行，每段长度不宜超过6m。

b）一次喷射厚度应根据设计厚度和喷射部位确定，初喷厚度不小于4cm，首层喷混凝土时，要着重填平补齐，将小的凹坑喷圆顺，岩面有严重坑洼处采用锚杆吊模模喷处理。

c）喷射作业应以适当厚度分层进行，后一层喷射应在前一层混凝土终凝后进行，若终凝后间隔1h以上且初喷表面已蒙粉尘时，受喷面应用高压风水清洗干净。

d）喷头距岩面距离以0.6~1.2m为宜，与受喷面基本垂直，应使喷射料束螺旋形运动。

e）在受喷面设置喷射混凝土厚度标记，以确保最小厚度满足设计要求。

f）当局部出水量较大时采用埋管、凿槽、树枝状排水盲沟等措施，将水引导疏出后再喷混凝土。

g）钢架与壁面之间的间隙应用混凝土充填密实，喷射混凝土应由两侧拱脚向上对称喷射,并将钢架覆盖。

h)拱脚基础喷射混凝土要密实,严禁悬空。

i)喷混凝土终凝 2h 后,应喷水养护,养护时间不小于 7d;气温低于 5℃时,不得喷水养护。

f. 质量要求:

a)喷混凝土均匀密实,表面平顺光亮,无干斑或流淌现象,表面不平顺需补喷,施工过程可采用直尺进行平整度检查。

b)项目业主应委托有资质的专业检测单位对初期支护的混凝土强度、厚度、空洞情况进行检测,凡喷混凝土厚度不足的,施工单位应对取芯点 20m 范围内自费进行补喷,强度不够的应进行返工处理。

c)喷射混凝土应采用湿喷工艺进行施工,液体速凝剂应采用环保无碱速凝剂。

d)喷头与岩面距离以 0.6~1.2m 为宜,与受喷面基本垂直,喷射料束与受喷面垂线成 5°~15°夹角时最佳;喷射时,应使喷射料束螺旋形运动。

喷射混凝土施工示例见图 7-14。

图 7-14 喷射混凝土施工

g. 锚杆施工安全措施:

a)为保证拱部锚杆施工质量,要求对拱部锚杆采用专门锚杆机进行施作,锚杆机性能必须符合硬岩条件下的钻孔要求。

b)所有锚杆都必须安装垫板,当锚杆不垂直于岩面时可用垫片调整,垫板密贴岩面,锚杆安装后外露长度不得超过 10cm。

c)锚杆施作位置用红漆进行标识。

d)隧道现场监理工程师应准备锚杆验收专用记录本。对每次锚杆的检查验收,应详细注明锚杆施作的里程桩号、围岩等级、锚杆施作情况、设计数量、实做数量。每期锚杆计量必须附隧道现场监理工程师签认的锚杆验收记录复印件。

e)对中空锚杆的注浆,监理必须有旁站记录,严禁未注浆行为。

锚杆安装及双层钢筋网安装施工如图 7-15 所示。

图 7-15 锚杆安装及双层钢筋网安装施工

②衬砌作业安全管控措施

随着隧道各部开挖工作的推进,应及时进行衬砌或压浆,特别是洞门建筑的衬砌必须尽早施工,地质不良地段的洞口必须首先完成。因隧道的坍塌与落石最易引发事故,衬砌使用的脚手架、工作平台、跳板、梯子等应安装牢固,不得有露头的钉子和突出的尖角。靠近通道的一侧应有足够的净空,以保证车辆、行人安全通过。由于洞内场地狭窄,在洞内作业地段倾卸衬砌材料时人员和车辆不得穿行,以免出现事故。衬砌用的石料及砌块,应采用车辆运送,装卸车或安装砌块时宜使用小型机械提升。当砌筑高度在 1.5m 以下时,允许使用跳板抬运,但跳板应架到与隧道平行的位置。所用跳板、抬杆、绳具等必须检查,达到使用可靠的条件后才可使用。用石料砌筑边墙时,应间隙进行。

当砌筑高度至 2~3m 时,应停止 4h 才能继续砌筑,以确保安全。若墙后超挖过大,回填层应逐层用干(浆)砌料填塞,以免坍塌而造成事故。采用模板台车进行全断面衬砌时,台车距开挖面的距离不得小于 260m,台车下的净空应能保证运输的顺利通行,混凝土灌注时,必须两侧对称进行。台车上不得堆放料具,工作台应满铺底板,并设安全栏杆。拆除混凝土输送软管时必须停止混凝土泵的运转。隧道的初砌与二次初砌作业如图 7-16 所示。

图 7-16 隧道的衬砌与二次衬砌作业

二次衬砌施工安全措施：

对于二次衬砌施工，应根据通过模板台车内部车辆的限界，加适当的安全富余量，以确定模板台车内部的净空尺寸。大型车辆应在调车人员指挥下通过模板台车，此时在台车内部作业的人员应暂时离开，不得站在模板台车内部，避免事故发生。模板台车上应有足够的照明设施；新式模板台车为全液压及具有纵向移动的功能。灌注二次衬砌混凝土的作业人员应站在稳定的脚手架上，并应佩戴安全带。应注意防止异物混入混凝土料斗中，当有异物进入料斗时，首先应使拌和机停止运转，然后取出异物，以免损坏机械设备。当压送混凝土的管路或接头发生堵塞时，首先应消除管道中的压力，然后方可拆卸接头，进行疏通作业。此时，在接头前方（依照混凝土压送方向确定）不得站有其他作业人员，以免发生压送混凝土伤人事故。

二次衬砌施工的安全控制措施见表7-19。

二次衬砌施工的安全控制措施　　　　　表7-19

项目	安全技术要求
仰拱与铺底施工	仰拱顶上的填充层及铺底应在二次衬砌施工前完成，以利于衬砌台车模筑混凝土施工，铺底与掌子面距离不超过50m
	仰拱开挖应严格按已审批的开挖方案进行，仰拱钢支撑数量必须满足设计要求，与边墙拱架的牛腿要进行认真连接
	仰拱二次衬砌钢筋的绑扎必须保证双层钢筋的层距和每层钢筋的间距符合要求，层距的定位一般通过焊接钢筋来确定
	仰拱二次衬砌两侧边墙部位的预埋钢筋的弯曲弧度应与隧道断面设计的弧度相符，伸出长度应满足二次衬砌环向钢筋焊接的要求（搭接长度不小于1m，同时钢筋间距应均匀并满足设计要求）
	Ⅱ、Ⅲ级围岩地段隧底应和全断面一次开挖成型，铺底混凝土应及时进行浇注，以改善洞内交通状况和施工环境
	仰拱、铺底施工时，应按图纸要求预埋路面下横向盲沟、拱脚纵、横向排水管等排水设施
	洞口段仰拱应尽快封闭成环，有条件的仰拱应全幅施工
	仰拱、铺底施工过程中应采取措施保证洞内临时交通畅通，可采用搭过梁，设临时车辆通行平台保证不中断运输
	仰拱下设初期支护时，其喷射混凝土强度、厚度及钢架安装质量等应符合设计及规范要求，同时项目业主应委托有资质的专业检测单位进行检测
	仰拱开挖应严格按已审批开挖方案进行，仰拱钢支撑的数量必须满足设计要求，与边墙拱架的牛腿要进行认真焊接，确保焊接质量
	仰拱二次衬砌钢筋的绑扎必须保证双层钢筋的层距和每层钢筋的间距符合要求，层距的定位一般通过焊接钢筋来确定

续上表

项目	安全技术要求	
矮边墙施工	矮边墙顶面高程按台车侧模底部高程确定；施工时按规定预埋连接钢筋或榫石，并对与二次混凝土接触面进行凿毛，在围岩变化处设置好沉降缝；二次衬砌混凝土浇注前用水将其表面湿润，清除杂物。边墙模板采用一次成型的弧形钢模	
	注意按设计布设纵向透水盲管及其与沉砂井的连接管，预留环向软式透水盲管和防水板接头，以及设置预埋件和预留洞室等	
	对设计有二次衬砌钢筋的段落，预埋的接地扁铁应与钢筋焊接，无二次衬砌钢筋的也应尽量与锚杆头焊接，以确保接地电阻满足设计要求	
二次衬砌台车施工	二次衬砌台车必须在进洞前拼装到位，两车道二次衬砌台车钢板厚度应不小于10mm，三车道二次衬砌台车钢板厚度应不小于12mm，四车道二次衬砌台车钢板厚度必须经过计算，邀请有关专家研究审查后定制；对已使用过的台车必须经过专业模板厂家整修合格后方可进场。为减少二次衬砌模板间痕迹，每块钢板宽度应不小于3m，板间接缝按齿口搭接或焊接打磨；改善二次衬砌台车的支撑体系，避免由于模板局部受力过大造成变形，影响二次衬砌外观	
	台车模板支撑桁架门下净空应满足隧道衬砌前方施工所需大型设备通行要求；桁架各层平台的高度要满足混凝土施工要求，利于工人进行安管、混凝土捣等施工作业，必须有上下行爬梯	
	衬砌台车工厂制造，现场拼装，衬砌前对模板表面彻底打磨，清除锈斑，涂油防锈；对模板板块拼缝进行焊联并将焊缝打磨平整，抑制使用过程中模板翘曲变形，避免板块间拼缝处错台。台车长度直线隧道宜为10~12m，曲线隧道宜为6~10m	
	台车模板的液压支顶、收缩系统应布置合理，满足衬砌施工需要；衬砌台车应满足自动行走要求，并有闭锁装置，保证定位准确。如图7-17所示为砌台车、钢筋保护层施工示例	
二次衬砌钢筋制作安装	若设计图纸中设计有衬砌钢筋，钢筋制作则必须按设计轮廓进行大样定位	
	为确保二次衬砌钢筋定位准确，钢筋保护层厚度符合要求	先由测量人员用坐标放样在调平层及拱顶防水布上定出自制台车范围内前后两根钢筋的中心点，确定好法线方向，确保定位钢筋的垂直度及与仰拱预留钢筋的准确连接。钢筋绑扎的垂直度采用三点吊垂球的方法确定
		用水准仪测量调平层上定位钢筋中心点高程，推算出该里程处圆心与调平层上中心点的高差，采用自制三脚架定出圆心位置
		圆心位置确定后，采用尺量的方法检验定位钢筋的尺寸是否满足设计要求，对不满足要求位置重新进行调整，全部符合要求后固定钢筋。钢筋固定采用自制台车上由钢管焊接的可调整支撑杆控制
		定位钢筋固定好后，根据设计钢筋间距在支撑杆上用粉笔标出环向主筋的位置，在定位钢筋上标出纵向分布筋安装位置，然后开始绑扎此段范围内钢筋，各钢筋交叉处均应绑扎
	钢筋保护层全部采用高强砂浆垫块来控制，不得使用塑料垫块	
	要求主筋纵向间距、分布筋环向间距、内外层横向间距、保护层厚度符合设计要求	
	焊接接头长度区段内是指35d长度范围内，但不得小于500mm，绑扎接头长度区段是指1.3倍搭接接头长度。搭接长度区段内受力钢筋接头面积的最大百分率见表7-20。	
	钢筋探测仪检测钢筋分布情况、钢筋的保护厚度、确定钢筋位置、间距和直径	准确高效
		快速扫描，精度可达±1mm
		四种探测功能可选，满足不同的探测目的
		真实图像显示，实时显示钢筋分布情况，让检测更为直观可靠
		一次采集探测面数据可逐点分析，便于建立整体的判断，而非对某一点的判断

续上表

项目	安全技术要求	
二次衬砌安全要点	为保证衬砌工程质量,隧道一般地段(含洞身、明洞、加宽段)的二次衬砌施工必须采用全断面模板台车和泵送作业。如加宽围岩条件较差,可采用小模板台车及时进行二次衬砌施工,确保安全	
	隧道洞口段二次衬砌必须及时施作,掘进超过50m的,必须停止开挖进行二次衬砌施工,洞身段二次衬砌与掌子面距离不得超过200m;二次衬砌作业面与铺底作业面距离不得少于100m,距矮边墙作业面距离不得少于60m,保证二次衬砌施工进度	
	复合式衬砌结构的二次衬砌施工应在监控量测数据指导下,选择适当时机进行;二次衬砌施工前须对初期支护断面进行激光量测,对不符合要求的应进行处理	
	施工过程中,输送泵应连续运转,泵送连续灌注宜避免停歇造成"冷缝",间歇时间超过规范要求时,按施工缝处理	
	隧道衬砌起拱线以下的反弧部位是混凝土浇注作业的难点部位,应对混凝土性能、坍落度及捣固方法进行有效控制,以减少反弧段气泡,有效改善衬砌混凝土表面质量	
	止水条、止水带、预埋件安装质量要符合设计及规范要求	
	项目业主要委托有资质的专业检测单位对二次衬砌钢筋、保护层厚度、空洞情况进行检测。对检查不合格的项目,施工单位必须进行整改处理	
	拆模后,若发现缺陷,不得擅自修补,经监理工程师批准后方可处理	
	二次衬砌拆模时间由最后一盘封顶混凝土试件达到强度来控制,不得过早拆模	
	二次衬砌外观质量要求见右侧	达到"六无"(无错台、无漏浆、无冷缝、无气泡、无色差、无渗漏)
		结构轮廓线条直顺美观,无跑模、露筋现象
		节段接缝处错台小于10mm,表面无渗水印迹
		任一延长米的隧道面积中,蜂窝麻面面积不超过0.5%,深度不超过10mm
		每节衬砌均检查一个断面,混凝土厚度不小于设计值,用激光断面仪或钢尺检验确定
	预留洞室:预留洞室尺寸要符合设计,棱角整齐,外观质量好	
	拱顶预留接线盒:拱顶预留接线盒的位置要准确,电缆钢管要安放在两层钢筋的中间,其平面线形要与隧道线形相一致	

图7-17 砌台车、钢筋保护层施工示例

搭接长度区段内受力钢筋接头面积的最大百分率   表7-20

接头形式	接头面积最大百分率(%)	
	受拉区	受压区
主钢筋绑扎接头	25	50
主钢筋焊接接头	50	不限制

1. 锚杆的支护效应有哪些?
2. 矿山法施工的隧道中,永久性的衬砌形式有哪几种?
3. 简述支护作业的安全要点。
4. 简述衬砌作业的安全要点。

单元三　隧道附属设施施工安全

一、了解隧道附属设施

1. 防水和排水

隧道和地下工程处于岩土层中,隧道穿过或靠近含水地层时,时刻受到地下水的渗透作用,如果衬砌的防排水设施不完善,地下水就会侵入隧道,发生隧道渗漏水病害。为了改善隧道渗漏水的状况,提高隧道防排水能力,有关部门针对本行业内隧道防水状况提出了防排水要求。

(1)隧道防水措施

①洞外防水措施

当隧道地表沟谷、坑洼积水、渗水对隧道有影响时,宜采用疏导、勾补、铺砌和填平等处治措施。废弃的坑穴、钻孔等应填实封闭。应采取措施防止或减少隧道附近的水库、池沼、溪流、井泉水、地下水渗入隧道。

②洞内防水措施

a. 隧道采用复合式衬砌时,在初期支护与二次衬砌之间应设置防水板及无纺布。防水板应采用易于焊接的防水卷材,厚度不小于1.0mm,接缝搭接长度不小于100mm。所采用无纺布密度要求不小于300g/m²。

b. 隧道二次衬砌应满足抗渗要求。混凝土的抗渗等级,有冻害地段及最冷月份平均气温低于－15℃的地区不低于S8,其余地区不低于S6。

c. 隧道二次衬砌的施工缝、沉降缝、伸缩缝是防渗漏水的薄弱环节。设计时常采用不同止水带、止水条等结构防水材料和构造形式。

d. 有侵蚀性地下水时,应针对侵蚀类型,采用抗侵蚀混凝土,压注抗侵蚀浆液,或铺设抗侵蚀防水层。

e. 对于围岩破碎、涌水易坍塌地段,可采用向围岩内预注浆进行堵水加固。

f. 隧道位于常水位以下,又不易排泄时,隧道衬砌应采用抗水压衬砌。

(2) 洞内防水层施工方法

①施工准备及基面处理

彻底清除各种异物,如石子、沙粒等,做到初期支护表面平整干净。不能出现酥松、起砂,无大的明显的凹凸起伏。

铲除各类尖锐突出物体,如钢筋头、铁丝、凸出在作业面上的各种尖锐物体。

根据图纸高程尺寸,定好基准线,准确无误地按线下料。

施工设备如焊接机、检漏器、热风枪、电闸箱等,在工作前要做好检查和调整。确保设备正常运行,达到焊接要求,保证工程质量。

②防水板材的焊接

板材采用双缝热熔自动焊接机焊接。依据板材的厚度和自然环境的温差调整好焊接机的速度和焊接温度进行焊接。焊接完成后的卷材表面留有空气道,用以检测焊接质量。防水板焊接示意图如图7-18所示。

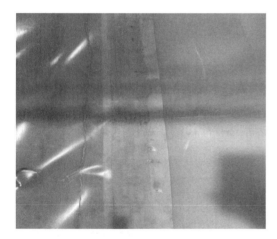 

图7-18 防水板焊接示意图

检查方法:用5号注射针与压力表相接,用打气筒进行充气,在0.2MPa压力作用下5min不小于0.16MPa。否则补焊至合格为止。

③防水板材的铺设、固定

根据实际情况下料,按基准线铺设防水板;用防水板材专用塑料垫和钢钉把缓冲层固定在基面上,应用暗钉圈焊接固定塑料防水板,最终形成无钉孔铺设的防水层,如图7-19所示。

在清理好的基面上铺设固定土工布垫层。在喷射混凝土隧道拱顶部标出隧道纵向的中心线,再使裁剪好土工布垫层中心线与喷射混凝土上的标志相重合,从拱顶部开始向两侧下垂铺设,用射钉固定垫片将土工布固定在喷射混凝土面上。水泥钉长度不得小于50mm,平均拱顶3~4个/m²,边墙2~3个/m²。

铺设固定防水板。先在隧道拱顶部的土工布上标出隧道纵向的中心线,再使防水卷材的横向中心线与这一标志相重合,将拱顶部的防水卷材与热熔衬垫片焊接,再同土工布垫层一样从拱顶开始向两侧下垂铺设,边铺边与热熔衬垫焊接。铺设时要注意与土工布密贴,并不得拉得太紧,一定要留出余量。将防水板专用熔热器对准热熔衬垫所在位置进行热合,一般 5s 即可。两者黏结剥离强度不得小于防水板抗拉强度。

图 7-19　防水板固定示意图

(3)隧道排水措施

①隧道内排水应符合下列规定

a.路面两侧应设纵向排水沟,引排营运清洗水、消防水和其他废水;

b.隧道纵向排水坡宜与隧道纵坡一致;

c.路侧边沟可设置为开口式明沟(图 7-20)或暗沟(图 7-21),当边沟为路沟时,应设沉砂池、滤水算,其间距宜为 25~30m;

图 7-20　开口式明沟　　　　　　图 7-21　暗沟

d.检修道或人行道的道面应考虑排水,可酌情设 0.5%~1.5% 的横坡,亦可在墙脚与检修道交角处设宽 50mm、深 30mm 的纵向凹槽,以利于清洁排水。

②路面结构底部排水设施的设置要求

a.路面结构下宜设纵向中心排水沟(管),引排地下水,中心水沟(管)断面积应通过水力计算确定。

b. 中心排水沟(管)纵向应按间距 50m 设沉砂池,并根据需要设检查井。

c. 隧道应设横向导水管,以连接中心水沟(管)与衬砌墙背排水盲管;横向导水管的直径不宜小于 100mm,横向坡度应不小于 2%,其纵向间距应根据地下水量确定,一般可按 30～50m 设置;当不设隧底中心水沟(管)时,横向导水管的纵向间距不宜小于 10m。

d. 路面底部应设不小于 1.5% 的横向排水纵坡。

e. 寒冷和严寒地区有地下水的隧道,最冷月份平均温度低于 -10℃时,应采用深埋中心水沟;最冷月份平均气温低于 -25℃时,应在隧道下设防寒泄水隧洞。

2. 通风及防有害气体

隧道通风可分为施工期间的通风和运营期间的通风。施工期间的通风是临时性的,隧道施工中,由于炸药爆炸、内燃机械的使用、开挖时地层中放出有害气体,以及施工人员呼吸等因素,洞内空气十分污浊,对人体的影响较为严重。通风可以有效地降低有害气体的浓度,供给足够的新鲜空气,稀释并排除有害气体和降低粉尘浓度,降低洞内温度、湿度,改善劳动条件,保障作业人员的身体健康。隧道运营期间的通风则应满足铁路或公路隧道运营通风设计规范的相应要求。

实际隧道施工中,最常采用的是轴流式风机配软管压入式通风,较少采用自然通风。

(1) 作业环境标准

① 空气中氧气含量,体积浓度不得小于 20%。

② 粉尘容许浓度,每立方米中含有 10% 以上的游离二氧化硅的粉尘不大于 2mg。

③ 瓦斯隧道装药爆破时,爆破地点 20m 内,风流中瓦斯浓度必须小于 1.0%;总回风风道内瓦斯浓度应小于 0.75%;开挖面瓦斯浓度大于 1.5% 时,人员必须撤至安全地点。

④ 有害气体最高容许浓度:一氧化碳为 $30mg/m^3$,在特殊情况下施工人员必须进入工作面时为 $100mg/m^3$,但工作时间不得超过 30min;二氧化碳为 0.5%;氮氧化物为 $5mg/m^3$。

⑤ 隧道内气温不得超过 28℃。

⑥ 隧道内噪声不大于 90dB。

(2) 隧道通风方式与选择应用

施工通风方式应根据隧道的长度、掘进坑道的断面大小、施工方法和设备条件等诸多因素来确定。在施工中,有自然通风和强制机械通风两类,其中自然通风是利用洞室内外的温差或风压差来实现通风的一种方式,一般仅限于短直隧道,且受洞外气候条件的影响极大,因而完全依赖于自然通风是较少的,绝大多数隧道均应采用强制机械通风。

隧道施工的通风方式

① 自然通风

300m 以下的短隧道(穿过岩层不产生有害气体)及导坑贯通后的隧道施工,可利用自然通风,主要靠洞内外的温差及高程差等所形成的自流风来通风。

② 强制机械通风

a. 风管式通风

风管式通风包括压入式(图 7-22)、吸出式(图 7-23)和混合式(图 7-24)。混合式通风适用于较长隧道,主要特点是污浊空气经由隧道上部抽出洞外,新鲜空气由下部进入隧道,再经风管到工作面。要求吸出风机的工作能力大于压入风机。

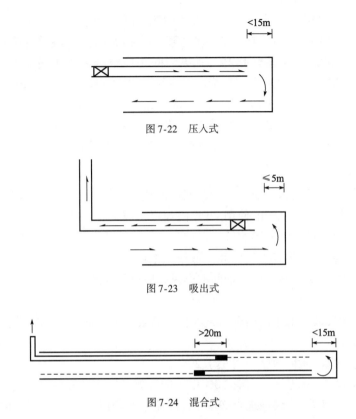

图 7-22　压入式

图 7-23　吸出式

图 7-24　混合式

b. 巷道式通风

巷道式通风适用于平行导坑的长隧道。它是通过最前面的横洞使正洞和平行导坑组成一个风流循环系统,在平行导坑洞口附近安装通风机后,即将污浊空气由平行导坑抽出,新鲜空气由正洞流入,从而形成循环风流。对平行导坑和正洞前面的独头巷道再辅以局部的内管式通风。其安全控制主要是:正确地在平行导坑洞口选择最佳位置安装通风机,通风机必须运转有效。应有专人管理、操作和维修,正确地布置局部内管式通风,确保其辅助效果充分发挥,以确保洞内所有部分通风有效。

c. 风墙式通风

风墙式通风比较适于一般管道通风难以解决,又无平行导坑可以利用的较长隧道。利用隧道成洞部分较大的断面,用砖砌或木板隔出一条 2~3m² 的风道,以减小风管长度,增大风量来满足通风要求。其安全控制主要是砖砌必须牢稳,避免倒塌伤人,木板拼钉应牢靠。在选择通风方式时,必须根据地质情况及施工方法、施工条件等,编制通风除尘安全措施,正确选用适合的风机和通风方式,以确保在隧道施工中环境质量达到规定的要求标准。这里还必须指出,为达到要求,对风量和风压必须进行计算,以确保安全。

(3)通风方式的选择原则

通风方式的选择应针对污染源的特性,尽量避免成洞地段的二次污染,且应有利于快速施工。因而在选择通风方式时应遵循以下原则:

①自然通风因其影响因素较多,通风效果不稳定且不易控制,故除短直隧道外,应尽量避免采用。

②压入式通风又称为射流纵向式通风,它能将新鲜空气直接输送至工作面,有利于工作面施工,但污浊空气将流经整个坑道。若采用大功率、大管径,其适用范围较广。

③吸出式通风的风流方向与压入式相反,但其排烟速度慢,且易在工作面形成炮烟停滞区,故一般很少单独使用。

④混合式通风机集压入式和吸出式的优点于一身,但管路、风机等设施较多,在管径较小时可采用,若有大管径、大功率风机时,其经济性不如压入式。

⑤利用平行导坑做巷道通风,是解决长隧道施工通风的方案之一,其通风效果主要取决于通风管道的好坏。若无平行导坑,如断面较大,可采用风墙式通风。

⑥选择通风方式时,一定要选用合适的通风机和风管等设备,同时要解决好风管的连接,尽量减少漏风率。

⑦做好施工中的通风管理工作,对设备要定期检查,及时维修,加强环境监测,使通风效果更加经济合理。

3. 风、水、电供应

(1) 压缩空气的供应

隧道施工中的开挖、支护和衬砌三条主要作业线所采用的机械设备,均应向电气化、液压化、自动化方向发展。但在现阶段,以压缩空气为动力的风动机械设备仍广泛应用于隧道施工。压缩空气俗称高压风,即经空气压缩机(图7-25、图7-26)压缩后的具有一定压力的空气。要保证风动机械设备正常运转,压缩空气必须具有一定的风量和风压。

图7-25　大型电动式空气压缩机

图7-26　小型内燃式空气压缩机

①空压机的选择

根据计算确定的空压机站的供风能力,选择合适的空压机和适当容量的储风筒。当一台空压机不能满足供风需要时,可选择多台空压机组成空压机组。为便于操作和维修,宜采用同类型的空压机,考虑到在施工中风量负荷的不均匀,为避免空压机的回风空转,可选择一台小容量(一般为其他空压机容量的一半)的空压机进行组合。空压机一般分为电力和内燃两类。一般短隧道采用内燃空压机,长隧道采用电动空压机。当施工初期电力缺乏时,长隧道也可用内燃空压机过渡。

②风管的选择

风管的选择应满足工作风压不小于 0.5MPa 的要求。为保证工作风压,钢管终端的风压不得小于 0.6MPa,通过胶皮风管输送至风动机具的工作风压不得小于 0.5MPa。空压机生产的压缩空气在运输过程中,由于管壁摩擦、接头、阀门等产生阻力,其压力会损失,尤其是连接钢管与风动机具的胶皮风管,其压力损失较大,一般应尽量缩短其使用的长度。根据达西公式可计算钢管的风压损失,计算后所得的终端风压符合上述要求即可。

(2)施工供水

①选择水源

隧道施工常用的水源有高山自然水、山上泉水、河水、钻井抽水、洞内地下水源等。应根据工程的实际情况选用水源,原则如下:

a. 当生活、生产用水位置高差很大,系统供水有困难时,可分别选择水源。

b. 施工生产用水,应尽量利用自然水头,引用高处的水源;枯水季节,可考虑设机具抽水。

c. 不同季节分别采用两个水源供水,如洪水季节,采用河水;枯水季节,采用浅井或管井取地下水。

②确定供水方式

供水方式主要根据水源情况而定。通常应尽量利用自流水源,以减少抽水机械设备。一般是把山上流水或泉水、河水或地下水(打井)用水管或抽水机引或扬升到位于山顶的蓄水池中,然后利用地形高差形成水压,通过管路送达使用地点。在高寒山区及缺水地区,则可采用汽车安装水箱运水,或分级抽水长距离管路供水。

③蓄水池

蓄水池一般修建在洞口附近上方,但应避免设在隧道顶上或其他可危及隧道安全的部位,其高差应能保证最高用水点的水压要求。当采用机械或部分机械提升时,应备有抽水机。水池结构应尽量简单,确保不漏水,一般采用石砌,根据地形条件用埋置式或半埋置式。当地形条件受限制,不能埋置时,也可采用修建水塔或用钢板焊接水箱等方式。水池的容积大小应与抽水设备、集中用水量相配合,并应有一定的储备量,以满足施工的需要。

(3)施工供电

①施工用电量估算

在施工现场,电力供应首先要确定总用电量,以便选择合适的发电机、变压器、各类开关设备和线路导线,做到安全可靠地供电,节约开支,减少投资。

②供电方式

供电方式有自设发电站(为辅)和地方电网供电(为主)。在有些重要施工场所还应设置双回路供电网,以保证供电的稳定性。

a. 变压器选择

根据估算的施工总用电量来选择变压器,其容量应等于或略大于施工总用电量,变压器承受的用电负荷达到额定容量的 60% 左右为佳。

b. 变压器位置确定

变压器位置应选择在高压进线方便处,且应尽量接近高压线;必须安设在其供电范围的负荷中心,使其投入运行时的线路损耗最小,且能满足电压要求;洞内变压器应安设在干燥的避车洞或不用的横通道处。

③供电线路布置及导线选择

隧道施工供电电压一般采用三相四线 400/230(V)。长大隧道可用 6~10kV,动力机械的电压标准是 380V;成洞地段照明可采用 220V;工作地段照明和手持电动工具按规定选用安全电压供电。供电线路布置和安装的技术要求如下:

a. 成洞地段固定输电线路,应使用绝缘良好的胶皮线架设;施工地段的临时电线路宜采用橡套电缆;竖井、斜井宜采用铠装电缆;瓦斯地段的输电线必须使用密封电缆,不得使用皮线。

b. 照明和动力线路安装在同一侧时,必须分层建设。电线悬挂高度距人行地面的距离,110V 以下时,不应小于 2m;400V 时,应大于 2.5m;6~10kV 时,应大于 3.5m。瓦斯地段的电缆应沿侧壁铺设,不得悬空架设。

c. 涌水隧道的电动排水设备、瓦斯隧道的通风设备和斜井、竖井内的电气装置,应采用双回路输电,并有可靠的切换装置。

d. 36V 低压变压器应设在安全、干燥处,机壳接地,输线路长度不应大于 100m。

e. 动力干线上的每一支线,必须装设开关及保险丝具。严禁在动力线路上加挂照明设施。

f. 输电干线或动力、照明线路安装,在同一侧分层架设的原则是:高压线在上,低压线在下,支线在下;动力线在上,照明线在下,且应在风、水管路相对的一侧。

二、隧道附属设施施工主要事故类型

1. 防水和排水施工的主要事故类型(表 7-21)

防水和排水施工的主要事故类型　　表 7-21

序号	工序	风险等级	可能造成的后果	
			事故类型	伤害形式
1	洞内防排水系统	Ⅱ	坍塌	边墙垮塌
		Ⅱ	坍塌	洞顶坍塌
		Ⅰ	坍塌	洞内坍塌
2	有水地段用电管理	Ⅰ	触电	高压电线未按有关要求铺设导致作业人员被电击伤(亡),设备被损坏
		Ⅱ	触电	照明未采用安全电压,未选用防水灯头和灯罩导致作业人员被电击伤(亡),设备被损坏
		Ⅰ	触电	有水地段电缆破损漏电导致作业人员被电击伤(亡),设备被损坏
		Ⅰ	触电	抽水机电机绝缘失效导致作业人员被电击伤(亡),设备被损坏

2. 通风及防有害气体的主要事故类型(表7-22)

通风及防有害气体的主要事故类型 表7-22

序号	工序	风险等级	可能造成的后果 事故类型	可能造成的后果 伤害形式
1	管线布设与设备配备	Ⅱ	高处坠落	安装人员摔伤
		Ⅲ	其他伤害	施工机械设备碰撞管线
		Ⅱ	中毒和窒息	漏风导致工作面供风量不足
		Ⅰ	中毒和窒息	隧道内供风不足,人员晕倒、窒息
		Ⅱ	中毒和窒息	隧道内供风不足,人员患尘肺病
		Ⅱ	中毒和窒息	工作面空气质量差
		Ⅱ	中毒和窒息	漏风导致工作面供风量不足
2	通风设备运行管理	Ⅱ	中毒和窒息	工作面无法正常通风
		Ⅱ	其他伤害	杂物进入通风机,影响洞内空气质量
		Ⅲ	机械伤害	人员被吸入通风机
		Ⅱ	容器爆炸	气压过大,引起爆炸
		Ⅱ	火灾	润滑油着火
3	空气质量管理	Ⅱ	中毒和窒息	隧道内供风不足,人员晕倒、窒息
		Ⅲ	中毒和窒息	隧道内供风不足,人员患尘肺病
		Ⅱ	中毒和窒息	头昏、呼吸不畅
		Ⅱ	其他伤害	造成人员中暑或耳背、耳聋

3. 风、水、电供应的主要事故类型(表7-23~表7-25)

供风的主要事故类型 表7-23

序号	工序	风险等级	可能造成的后果 事故类型	可能造成的后果 伤害形式
1	常规管理	Ⅱ	其他伤害	杂物影响空压机查看与检修
		Ⅱ	其他伤害	隧道内通风不畅,人员中毒;隧道内通风不足,人员窒息
		Ⅱ	火灾	人员被烧伤(亡),设备损坏
		Ⅲ	机械伤害	人员靠近空压机,造成伤亡
2	运行	Ⅰ	机械伤害	部件飞出,造成人员伤亡
		Ⅱ	机械伤害	空压机故障,伤害作业人员
		Ⅰ	机械伤害	压力异常,伤人
3	检修	Ⅱ	机械伤害	作业人员被空压机伤害

供水的主要事故类型　　　　表 7-24

序号	工序	风险等级	事故类型	伤害形式
			可能造成的后果	
1	管道	Ⅱ	其他伤害	漏水,影响正常施工
		Ⅱ	其他伤害	管道冻坏,无法正常供水
		Ⅲ	其他伤害	管线掉落,砸伤人员
2	电机	Ⅰ	触电	抽水机漏电,作业人员被电击伤(亡)
3	水池	Ⅱ	其他伤害	影响蓄水池稳定性
		Ⅱ	淹溺	人员坠入,造成淹溺事故
4	线路设置	Ⅱ	触电	线路漏电,作业人员被电击伤(亡)
		Ⅱ	触电、火灾	作业人员被电击伤(亡),过载造成火灾
		Ⅲ	触电、火灾	线路短路,无法散热,造成火灾;作业人员被电击伤(亡)
5	照明电压	Ⅰ	触电	作业人员被电击伤(亡)
6	照明	Ⅰ	触电	线路短路,作业人员被电击伤(亡)
		Ⅱ	机械伤害、触电、车辆伤害	光线差,作业人员被机械、车辆伤害,操作触电

供电的主要事故类型　　　　表 7-25

序号	工序	风险等级	事故类型	伤害形式
			可能造成的后果	
1	线路设置	Ⅱ	触电	线路漏电,作业人员被电击伤(亡)
		Ⅱ	触电、火灾	作业人员被电击伤(亡),过载造成火灾
		Ⅲ	触电、火灾	线路短路,无法散热,造成火灾;作业人员被电击伤(亡)
2	照明电压	Ⅰ	触电	作业人员被电击伤(亡)
3	照明	Ⅰ	触电	线路短路,作业人员被电击伤(亡)
		Ⅱ	机械伤害、触电、车辆伤害	光线差,作业人员被机械、车辆伤害,操作触电

三、隧道附属设施施工隐患排查

1.防水和排水施工的隐患排查要点

(1)洞内排水系统不完善,积水浸泡拱墙脚基础;

(2)洞内施工排水沟淤塞,排水不畅;

(3)在膨胀岩、土质地层、围岩松软地段,水浸泡地基;

(4)高压电线未按有关要求铺设;

(5)照明未采用安全电压,未选用防水灯头和灯罩;

(6)有水地段电缆线破损漏电;

(7)抽水机电机绝缘失效漏电。

2.通风及防有害气体的隐患排查要点

(1)通风管安装作业平台不牢固;

(2)通风管沿线未按要求设警示标志或色灯;

(3)通风管管材不合格,供风管使用中有破损,隧道工作面供风量不足;

(4)长及特长隧道施工无备用通风设备和备用电源;

(5)独头掘进长度超过150m时,无机械通风;

(6)压入式通风管的送风口距开挖面距离过大;

(7)供风管敷设不平顺,使用中有破损、漏风;

(8)通风机运行不正常;

(9)通风机5m范围内堆放杂物;

(10)通风机停止或者运转过程中,有人员在风管的进出口附近停留;

(11)超过空压机的额定气压;

(12)长时间未检查,润滑油泄漏继续作业;

(13)隧道内CO等有毒、有害气体超标;

(14)主风机间歇时,粉尘量过大而继续作业;

(15)隧道内供风量不足,作业人员人均供风量小于规范要求;

(16)隧道内气温超过28℃,噪声超90dB。

3.风、水、电供应的隐患排查要点

1)供风的隐患排查要点

(1)空压机房内堆放杂物;

(2)空压机高压风管有漏风现象;

(3)空压机站未按要求配备消防器材;

(4)机房未设置围挡、安全警示标志;

(5)运转过程中违规更换附件、接头;

(6)使用前未检查空压机的安全状况,带故障运行;

(7)储气罐、安全阀、压力表未按规定进行检验;

(8)检查维护时,未将配电箱锁闭。

2)供水的隐患排查要点

(1)供水管道有裂纹或闸阀失效;

(2)冬季施工时,供水管道无防冻措施;

(3)供水管路敷设不平顺,接头安装不牢固;

(4)抽水机电机绝缘失效,电缆线漏电;

(5)蓄水池无防渗漏措施;

(6)蓄水池顶部未设防护棚,四周无防护栏。

3) 供电的隐患排查要点

(1) 电缆线破损或线头裸露;
(2) 在动力线路上加挂照明设施;
(3) 配电箱未设专人管理,箱内放杂物;
(4) 洞内未结合施工情况采用安全电压;
(5) 隧道漏水地段使用普通照明灯具;
(6) 洞内主要交通道路、抽水机站等场所照明不足。

四、隧道附属设施施工风险控制

1. 安全交底

(1) 防水和排水施工安全技术交底(表7-26)

防水和排水施工安全技术交底　　　　　　表7-26

工程名称		施工单位	
交底内容	防水和排水施工	交底时间	
交底对象	防水和排水施工工区作业人员	交底人	

交底内容:
(1) 开挖临时排水沟,采用抽排水设备,排除积水,密切监测拱脚下沉情况;
(2) 定期检查排水系统,发现堵塞及时疏通;
(3) 完善现场排水设施,围岩变形设专人监测;
(4) 架空铺设沿边墙固定,电线绝缘良好并具有防水功能,电线接头必须经防水处理;
(5) 潮湿场所,电源电压不得大于24V,特别潮湿场所,电源电压不得大于12V,潮湿或特别潮湿场所,选用密闭型防水照明器或配有防水灯头的开启式照明器;
(6) 进行安全教育,电工加大巡检力度;
(7) 设备使用前进行安全检查,定期检查、维护,使用合格的配件。

交底人签字:

接受交底人员签字:

(2) 通风及防有害气体安全技术交底(表7-27)

通风及防有害气体安全技术交底　　　　　　表7-27

工程名称		施工单位	
交底内容	通风及防有害气体	交底时间	
交底对象	通风及防有害气体工区作业人员	交底人	

交底内容:
(1) 安装人员正确佩戴安全带,通风管安装作业台架应稳定牢固,并经验收合格;
(2) 通风管沿线每50~100m设警示标志或色灯;
(3) 采购高品质通风管管材,设专人负责通风管安装维修;
(4) 根据现场实际情况,配备相应规格、型号的发电机及通风设备;
(5) 进行安全教育培训,及时配备安装通风设施,现场检查验收;
(6) 压入式通风管的送风口距开挖面不得大于15m,排风式风管吸风口不得大于5m,加大检查力度;

续上表

(7)通风管道安装应做到平顺,接头严密,每100m平均漏风率不得大于2%,弯管半径不小于风管直径3倍,通风管设置专人定期维护、修理,如有破损,必须及时修补或更换,采用软风管时,靠近风机部分,采用加强型风管,严禁在通风机和通风管上放置或悬挂任何物件;
(8)隧道施工通风纳入工序管理,由专人负责,安装时装备保险装置,现场检查验收;
(9)进行安全教育培训,通风机支架上设置安全警示标志,加大检查力度;
(10)操作人员持证上岗,进行安全技术交底,按照空压机操作规程作业;
(11)操作前进行检查,确保注油器内的油量不低于刻度线值;
(12)配备气体监测设施,隧道内CO低于$30mg/m^3$,CO_2低于0.5%,加大检查力度;
(13)进行安全教育及技术交底,主风机间歇时,受影响的工作面应停止工作,现场检查;
(14)隧道施工通风应能提供洞内各项作业所需要的最小风量,风速不得大于6m/s,每人供应新鲜空气不小于$3m^3/min$,内燃机作业供风量不小于$4.5m^3/(min·kW)$,全断面开挖时风速不小于0.15m/s,导洞内风速不得小于0.25m/s;
(15)进行安全教育培训,配备防噪耳塞、降温降暑药品及物品,严格按规范要求控制洞内供风量。

交底人签字:
接受交底人员签字:

(3)风、水、电供应安全技术交底(表7-28~表7-30)

供风安全技术交底　　　　表7-28

工程名称		施工单位	
交底内容	供风	交底时间	
交底对象	供风安全工区作业人员	交底人	

交底内容:
(1)安排专人管理空压机房,设置安全警示标志,经常对机房打扫清理,不得在机房存放杂物;
(2)安排维修工人对风管漏洞进行修理,保证正常供气,安排专人每天对设备进行巡查;
(3)合理设置空压机房,设置防水、降温和防雷击设施,机房四周设置围挡,设置必要的安全警示标志;
(4)合理配置消防器材,安装消防安全警示标志,定期检查消防器材是否损坏、失效,专人负责管理;
(5)空压机维修必须在停机后进行,操作台挂设禁止开机的警示标志牌,专人监管,专业维修人员进行维修;
(6)操作人员每天开机前对空压机进行检查,发现故障及时排除;
(7)按规范对储气罐、安全阀、压力表进行检验,获得检验合格证书后,方可使用;
(8)设备维护前,关闭配电箱,悬挂"严禁合闸"警示标志,设专人监护。

交底人签字:
接受交底人员签字:

供水安全技术交底　　　　表7-29

工程名称		施工单位	
交底内容	供水	交底时间	
交底对象	供水安全工区作业人员	交底人	

交底内容:
(1)更换或维修有裂纹的管道及失效的闸阀,清除维修现场的积水;
(2)依据冬季施工方案,给供水管道包裹保温材料或加热设施,设专人监管;

续上表

(3)管道安装由专业人员架设,确保管道保持平顺,接头安装密封垫,确保严密不漏水;
(4)专职电工定期检查电机绝缘情况,有电机绝缘失效、电缆线漏电时及时停电检修,检修期间电闸箱上锁,挂设安全警示标志;
(5)蓄水池使用前进行验收,对蓄水池内壁进行防水、防渗漏处理,定期对蓄水池清理、检查;
(6)蓄水池顶部安装防护棚,孔口安装盖板并上锁,蓄水池四周设置防护围栏,设置安全警示标志牌。

交底人签字:
接受交底人员签字:

供电安全技术交底　　　　　　　　　　　　　表 7-30

工程名称		施工单位	
交底内容	供电	交底时间	
交底对象	供电安全工区作业人员	交底人	

交底内容:
(1)电工进行班前检查,设置安全警示标志牌,及时处理破损的电缆和裸露的线头;
(2)隧道供电采用三相五线制,动力干线上的每一分支线必须设开关及保险装置,照明设施挂在照明线路上;
(3)配电箱设置在干燥、通风及常温的场所,配电箱箱门关闭上锁,由专职电工管理,保持箱内无杂物;
(4)作业地段照明电压不宜大于36V,成洞段和不作业地段宜采用220V,照明等宜采用冷光源,作业现场负责人随时与电工沟通,电工应进行现场检查,对不合规定的应及时更换,保障作业地段用电安全;
(5)隧道内供电线路和照明设备安排专人检查,漏水地段施工照明,应安装防水灯具;
(6)隧道洞内主要交通道路安装照明灯具,每隔50m安装一处应急指示灯,抽水机站安装照明灯具和警示指示灯,应及时更换损坏的灯具。

交底人签字:
接受交底人员签字:

2. 安全检查与管控
(1)安全检查
①防水和排水施工安全检查记录表(表 7-31)

防水和排水施工安全检查记录表　　　　　　　表 7-31

项目(工程)名称					
检查时间					
施工地点					
序号	检查项目	检查情况	检查情况		
			符合	不符合及主要问题	整改要求	整改结果
1	班前安全讲话					
2	劳动保护用品佩戴					

续上表

序号	检查项目	检查情况	检查情况			
			符合	不符合及主要问题	整改要求	整改结果
3	洞口防排水系统					
4	洞内排水沟畅通					
5	反坡排水抽水设备、集水坑、管线					
6	不良地段防排水					
7	有水地段用电管理					
8	施工废水综合排放					

检查方： 受检方：
检查人(签名)： 接收人(签名)：
年 月 日 年 月 日

②通风及防有害气体安全检查记录表(表7-32)

通风及防有害气体安全检查记录表　　表7-32

项目(工程)名称	
检查时间	
施工地点	

序号	检查项目	检查情况	检查情况			
			符合	不符合及主要问题	整改要求	整改结果
1	班前安全讲话					
2	风量					
3	风速					
4	作业环境卫生标准					
5	备用风机及备用电源					
6	通风机保险装置					
7	安全警示标志(灯)					
8	作业台架					
9	防尘和有害气体检测					

检查方： 受检方：
检查人(签名)： 接收人(签名)：
年 月 日 年 月 日

③风、水、电供应安全检查记录表(表7-33~表7-35)

供风安全检查记录表 表7-33

项目(工程)名称	
检查时间	
施工地点	

序号	检查项目	检查情况	检查情况			
			符合	不符合及主要问题	整改要求	整改结果
1	班前安全讲话					
2	劳动保护用品佩戴					
3	空压机站防护措施					
4	空压机附件					
5	空压机安全状况					
6	持证上岗					
7	交接班记录					
8	空压机运行					
9	空压机维修					
10	供风系统维护					

检查方： 受检方：
检查人(签名)： 接收人(签名)：
　　　　年　月　日　　　　　　　年　月　日

供水安全检查记录表 表7-34

项目(工程)名称	
检查时间	
施工地点	

序号	检查项目	检查情况	检查情况			
			符合	不符合及主要问题	整改要求	整改结果
1	班前安全讲话					
2	劳动保护用品佩戴					
3	水质					
4	水池防护					
5	抽水管理					
6	电机防护					
7	供水管道检查					
8	供水系统维护					

检查方： 受检方：
检查人(签名)： 接收人(签名)：
　　　　年　月　日　　　　　　　年　月　日

供电安全检查记录表 表7-35

项目(工程)名称	
检查时间	
施工地点	

序号	检查项目	检查情况	检查情况			
			符合	不符合及主要问题	整改要求	整改结果
1	班前安全讲话					
2	劳动保护用品佩戴					
3	供电电压					
4	洞内线路设置					
5	洞内变电站					
6	隧道施工照明					
7	自备电与外电联锁					

检查方： 受检方：
检查人(签名)： 接收人(签名)：
　　　　年　月　日 　　　　年　月　日

(2)隧道附属设施施工安全管控措施

①防水和排水施工安全管控措施

防水材料质量要求：

a. 为确保隧道营运期间有良好的防水效果，高速公路隧道防水卷材不得使用复合片，要求采用均质片+无纺土工布的防水层结构形式或者直接采用点粘片。

b. 均质片、点粘片的厚度不低于1.2mm，无纺土工布规格不低于$300g/m^2$。

c. 对第一次进场的防水卷材，厂家必须提供合格的型式检验证书，采用均质片或点粘片的防水板性能必须符合《高分子防水材料　第1部分：片材》(GB/T 18173.1—2012)标准，无纺土工布性能必须符合《土工合成材料　短纤针刺非织造土工布》(GB/T 17638—2017)标准。防水板、无纺土工布必须分别检测，其规格、材质指标必须同时符合设计要求。

d. 防水板、土工布、止水带、塑料排水盲沟、PVC排水管等特殊材料应由项目业主统一现场抽检，执行盲样送检的制度，送检的检验项目应至少包括规格尺寸、外观质量、常温拉伸强度、常温扯断伸长率、撕裂强度、低温弯折、不透水性能。

防水板施工：

a. 防水板的拼焊及铺挂采用热熔焊接吊环铺挂工艺。

b. 防水板的挂点应采用木钉以防刺破防水板。木钉的密度在拱部为0.5~0.7m，侧墙为1.0~1.2m。

c. 防水板铺挂前应认真进行基面处理，严格检查验收制度；对超挖较大的部位必须挂网喷锚；基面明水应提前设盲管引排；对于洞顶的大面积渗水，可用防水板集中引排到临时排水边沟。

d. 采用简易台车进行防水板挂设,防水板铺挂应松紧适度,松弛率一般按环向10%、纵向按6%控制,并根据初喷面的平整度适当进行调整,以保证灌注混凝土时板面与喷射混凝土面密贴。

e. 防水板必须采用双缝焊接,搭接宽度不得小于10cm,焊缝强度应不低于母材,通过抽样试验检测,防水板焊接采用"气密性检验法"检查。

f. 安装止水带时,一定注意将其设在二衬厚度的中间,并且使止水带的中线位于二衬的施工缝上,不得有较大偏位,对止水带的定位钢筋应认真设置。

结构防排水施工:

a. 环向盲沟:严格按照设计间距设置洞内环向盲沟,环向盲沟的底部插入"三通接头"并与拱脚纵向排水管相连。

b. 拱脚纵、横向排水管:纵向排水管与三通接头连接后,要用土工布进行包裹,如图7-27所示。

图7-27 隧道结构防排水设施示例

c. 用防水板将纵向排水管进行反包,并在防水板上剪一圆孔,将三通接头的出水口穿过该孔,要做好纵向排水管的高程控制,确保排水畅通。

d. 将横向排水管与三通接头的出水口相连,横向排水管直通隧道排水边沟。

e. 防水板铺挂前应认真进行基面处理,严格检查验收制度;对超挖较大的部位必须挂网喷锚;基面明水应提前设盲管引排;对于洞顶的大面积渗水,可用防水板集中引排到临时排水边沟。

f. 二衬止水带按设计提供的型号购买和安装,安装止水带时,一定注意将其设在二衬厚度的中间,并且使止水带的中线位于二衬的施工缝上,不得有较大偏位,对止水带的定位钢筋应认真设置。

g. 拱脚的横向排水沟要能够及时有效地将二衬背后的水排入边沟,施工过程中要经常检查,以确保整个排水系统的通畅。

h. 隧道排水边沟:排水边沟的几何尺寸和沟底纵坡要严格按设计施工,以使洞内水顺利排出。

施工防排水：

a. 在有地下水排出的隧道，必须挖凿排水沟，当下坡开挖时，应根据涌水量的大小，设置大于20%涌水量的抽水机具予以排除。抽水机械的安装地点应设于导坑的一侧或另开偏洞安装，并用栅栏与隧道隔开。

b. 抽水设备宜采用电力机械，不得在隧道内使用内燃抽水机。

c. 抽水设备应备有一定数量的备用台数。

d. 专人负责抽水，并检查维修抽水设备，确保其正常工作。

e. 隧道开挖中如预计要穿过涌水地层，应采用超前钻孔探水，查清含水层厚度、岩性、水压等，为防治涌水提供依据。涌水地段，由于涌水往往会带来某些地质情况变化，可能具有很大危险，因此必须制定可靠的安全施工与预防措施。

f. 如发现工作面有大量涌水，应立即命令工人停止作业，撤至安全地点。

g. 对抽出来的水的流向，应根据实际情况处理，注意不影响和破坏自然平衡环境，以免造成其他问题。

②通风及防有害气体安全管控措施

a. 瓦斯隧道装药爆破时，爆破地点20m内风流中瓦斯浓度必须小于1.0%；总回风道风流中瓦斯浓度必须小于0.75%。开挖面瓦斯浓度大于1.5%时，所有人员必须撤至安全地点。

b. 隧道施工独头掘进长度超过150m时，必须使用机械通风。其通风方式应根据隧道长度、断面大小、施工方法、设备条件等综合确定。当主风流的风量不能满足隧道掘进要求时，应设置局部通风系统，并应尽量利用辅助坑道。

c. 隧道施工通风应能提供洞内各项作业所需要的最小风量，每人应供应新鲜空气$3m^3/min$。采用内燃机械作业时，供风量不宜小于$4.5m^3/(min·kW)$。全断面开挖时风速不应小于0.15m/s，导洞内不应小于0.25m/s，但均不应大于6m/s。

d. 通风管的安装应符合下列规定：

a) 送风式的进风管口应设在洞外，宜在洞口里程30m以外。

b) 集中排风管口应设在洞外，并应做成烟囱式。

c) 通风管靠近开挖面的距离应根据开挖面大小确定，送风式通风管的送风口距开挖面不宜大于15m，排风式风管吸风口距开挖面不宜大于5m。

d) 采用混合通风方式时，当一组风机向前移动时，另一组风机的管路应相应接长，并始终保持两组管道相邻端交错20~30m。局部通风时，排风式风管的出风口应引入主风流循环的回风流中。

e) 通风管道安装应做到平顺，接头严密，每100m平均漏风率不得大于2%，弯管半径不小于风管直径的3倍。

f) 通风管应设置专人定期维护、修理，如有破损，必须及时修补或更换。当采用软风管时，靠近风机部分，应采用加强型风管。

g) 送风管宜采用软管，排风管应采用硬管。

h) 通风机的功率、风管的直径应根据隧道独头掘进长度、运输方式、断面大小和通风方式等计算确定。通风管应与风机配套，同一管路的直径宜一致，对长、大隧道宜选用大直径风管。当通风管较长，需要提高风压时，可采用多台通风机串联；巷道式通风无大功率通风机时，亦可采用数台通风机并联。串联与并联的通风机应采用同一型号。

e.通风机的安装与使用应符合下列规定：

a)主风机安装应符合通风设计要求。洞内辅助风机应安装在新鲜风流中。

b)通风机应装有保险装置，当发生故障时能自动停机。

c)通风机应有适当的备用量，宜为计算能力的50%。

d)主风机应保持经常运转，如需间歇时，因停止供风而受影响的工作面必须停止工作。

f.隧道施工必须采用综合防尘措施并符合下列规定：

a)隧道施工应采取通风、洒水等防尘措施，并按规定时间测定粉尘和有害气体的浓度。

b)钻眼作业应采用湿式凿岩，当水源缺乏、容易冻结或岩性不适于湿式凿岩时，可采用带有捕尘设备的干式凿岩，采用防尘措施后应达到规定的粉尘浓度。

c)凿岩机钻眼时必须先送水后送风。

d)放炮后必须进行喷雾、洒水，出渣前应用水淋湿石渣和附近的岩壁。

e)施工人员均应佩戴防尘口罩。

g.洞内施工环境检查应符合下列规定：

a)应测试通风的风量、风速、风压，检查通风设备的供风能力和动力消耗。

b)应检测粉尘的浓度，测定方法应符合现行《工作场所空气中有害物质监测的采样规范》(GBZ 159)规定。

h.放射性地层隧道施工应符合下列规定：

a)施工单位应建立有效的防辐射监测和监督制度，严格控制无关人员进入隧道施工现场。

b)现场施工人员必须穿戴防辐射衣具，工作场所应设置更衣室、淋浴室和污染监测装置。

c)不得在隧道内抽烟、吃饭、喝水，洞内施工人员应定期体检。

d)严格控制可能存在放射性的施工污染物排放和废弃，应在得到辐射防护和环境防护有关部门批准后方可排放和废弃。

e)隧道施工完成后，应对施工人员进行体检。施工机械应经过去污，且其污染水平达到《可免于辐射防护监管的物料中放射性核素活度浓度》(GB 27742—2011)的规定后，方可确定为正常设备使用。

③风、水、电供应安全管控措施

供风和供水的安全措施：

a.空气压缩机站设置应合理，压风站应在洞口旁边选址修建，并宜靠近变电站，应有防水、降温、保温、防雷击设施。

b.压风站供风能力须满足隧道正常施工需要，供风管路布置应尽量避免压力损失，保证工作面使用风压不小于0.5MPa；并配备一定数量的内燃压风机满足隧道前期施工需要。

c.高压风管的直径应通过计算确定。

d.高压风、水管路的安装使用，应符合下列规定：

a)洞内风、水管不宜与电缆电线敷设在同一侧。

b)在空气压缩机站和水池总输出管上必须设总闸阀；主管上每隔300~500m应分装闸阀。高压风管长度大于1000m时，应在管路最低处设置油水分离器，定时放出管中的积油和水。

c) 高压风、水管在安装前应进行检查,有裂纹、创伤、凹陷等现象时不得使用,管内不得保留有残余物和其他脏物。

d) 供风管前端至开挖面距离不应大于20m。

e) 充足的通风。隧道供风管道如图7-28所示。

图7-28　隧道供风管道

f) 定期对空气进行检测并采取措施。

g) 避免排到洞口的空气再流通。

h) 延伸到施工面。

i) 避免通风管扭曲。

j) 对损坏部位立即进行修补。

④供电与照明的安全措施:

a. 非瓦斯隧道施工供电应采用400/230V三相五线系统。

b. 瓦斯隧道供电照明应符合《煤矿安全规程》的有关规定。

c. 洞外变电站应设置防雷击和防风装置。

d. 洞内供电线路布置和安装应符合下列规定:

a) 成洞地段固定输电线路,应采用绝缘良好的胶皮线架设。施工地段的临时电线路应采用橡套电缆,竖井、斜井宜使用铠装电缆。瓦斯地段的输电线必须使用密封电缆,不得使用皮线。

b) 涌水隧道的电动排水设备、瓦斯隧道的通风设备以及斜井、竖井内的电气装置应采用双回路输电,并有可靠的切换装置和防爆措施。

c) 动力干线上的每一分支线,必须装设开关及保险装置。严禁在动力线路上加挂照明设施。

e. 洞内变电站设置应符合下列规定:

a) 成洞地段洞内设置6~10kV变电站时,应有保证安全的措施。

b) 洞内变电站,应设置在干燥的紧急停车带或不使用的横通道内,变压器与周围及上下洞壁的最小距离,不得小于300mm,同时应按规定设置灯光、轮廓标等安全防护设施。

c)洞内高压变电站应采用井下高压配电装置或相同电压等级的油开关柜,不应使用跌落式熔断器,应有防尘措施。

f. 对各种电气设备和输电线路应有专人经常进行检查维修、调整等工作,其作业要求应符合现行《建设工程施工现场供用电安全规范》(GB 50194)、《用电安全导则》(GB/T 13869)及《电力建设安全工作规程 第2部分:电力线路》(DL 5009.2)的有关规定。

g. 施工现场电力线路应采用 TN-S 接法、三级配电和两级漏电保护,保险丝应按用电负荷量装设。

h. 线路应用瓷瓶分开悬挂固定,高度在 2m 以上。电线接头应牢固,并用绝缘胶带包扎,潮湿地段电路应使用防水胶带,防止漏电,保险丝应按用电负荷量装设。

i. 隧道内的开挖面、衬砌支护地段和手提式照明必须采用 36V 以下电压。所有施工现场的照明在潮湿地段必须采用 24V 以下电压(如井下作业)。

j. 电器设备必须放置于安全、干燥处,并保证其防水防尘。

k. 对绝缘情况进行经常性检查(尤其是潮湿地段)。

l. 承包人向业主申请用电应包括以下内容:
a)临时用电负荷的计算;
b)临时用电线路的平面布置图;
c)临时用电的安全使用方案;
d)临时用电的安全组织机构。

m. 变电站宜设在洞口附近,并应靠近负荷集中地点和设在电源来线的一侧。

n. 隧道施工作业地段必须有充足的照明。

o. 漏水地段照明应采用防水灯头和灯罩,瓦斯地段照明应采用防爆灯头和灯罩。

p. 供电、照明线路布置应符合有关规范要求。

a)所有电力设备的安装、更换和维修应由具备资质的电工来进行:贴上国家使用标准和要求;使用的接地故障断路器≤30mA;用固定支座来固定电缆和管道,防止由碰撞、弯曲、磨耗、张拉过紧而带来的风险;使用适当的固定和连接系统(图7-29)。

b)保证所有施工地点和通道的照明;在危险区域安装特种光源设备;在危险场所使用闪光的警示光源;所有的照明装置应防止雨水浸入;定期对照明装置进行检查、维护和清洗。安全照明系统(应急照明)如图7-30所示。

图 7-29 适当的固定和连接系统

图 7-30 安全照明系统(应急照明)

1. 常见的隧道通风方式有哪些？通风方式的选择应遵循哪些原则？
2. 简述隧道防水和排水的施工安全要点。
3. 简述隧道供电的施工安全要点。

单元四 隧道工程施工事故介绍

一、洞口施工

1. 事故基本情况

某隧道洞口位于国道上方陡崖上，施工中洞口边坡突然垮塌，垮塌石块约3000m³，最大的一块是900m³，造成现场施工人员3人死亡、1人受伤，在国道行驶中的大客车被掩埋，车内32人遇难。

2. 事故原因分析

(1) 直接原因

隧道洞口边坡岩体在长期表生地质作用下，受施工爆破动力作用，沿原生隐蔽节理面与母岩分离，在其自身重力作用下失稳向坡外滑出，岩体瞬间向下崩塌解体，造成事故发生。

(2) 间接原因

①地质勘察与现场实际不符，勘察人员对该隧道进口段边坡岩体的隐蔽节理认识不足，对桥隧相连、与国道相交的高边坡洞口施工风险重视不够，未采取切实有效的措施探明不稳定岩体所处的位置和具体构造。地质勘察工作深度不够，进口下部没有设锚索，而采取锚杆支护，对坍塌的巨石和边坡的稳定性没有起到加固和防护作用。边坡设计中也没有充分考虑隧道施工爆破对边坡岩体稳定性的影响。

②施工单位对隧道进口超前地质探测工作不到位，没有采取水平钻探取岩芯做进一步探测分析；在施工过程中，对掌子面地质编录与观察记录深度不够，使得研究分析和正确判断地质变化等缺少依据；洞口段未按照批准的设计方案组织爆破施工，高边坡防护工程技术措施不到位；没有严格按照施工设计图纸的有关要求和工程措施组织施工；火工品管理混乱，爆破设计人员没有相应的资质。

③监理单位部分监理人员不具备隧道监理资质，对关键工序未做到旁站监理；监理人员违规行使职权，代替监理工程师签名和签发指令；监理基础工作薄弱，履行职责不力，监理日志记录不全面、不规范。

④建设管理单位和安全监管单位履行职责不力，安全监管不到位。建设管理单位和安全监管单位对勘察设计的技术管理不严格；隐患排查治理和安全监管不到位；对监理单位的合同履约疏于监管。

3. 事故防范建议

(1) 安全监管部门要加强施工安全管理。一是要继续加大对重点工程安全检查的力度，对发现的安全隐患和问题必须督促整改到位。二是对一些高风险、特殊地质条件下的工程建设项目进行安全评估和论证,提出并落实有针对性的防范措施。三是对涉及交通运输安全的高风险工程,要逐步推行风险评估,加强重点监控。

(2)隧道施工领域要进一步深入开展安全检查和隐患排查,对重点工程,尤其是风险大、地质条件特殊的工程要逐一核查。要加强对高风险隧道和高危工点施工安全的监管,建立并落实相应的责任制,严格实行,责任到人。建设单位要加强对勘察设计、监理和施工单位安全管理合同履约的考核。

(3)设计单位要抓紧对在建工程的安全设计进行复查。一是对地质状况进行深入复查,确保地质勘察工作做到位,尤其是对存在突水突泥、溶腔溶洞、滑坡、沉陷、岩崩、高陡边坡等危险地段,以及靠近既有铁路、公路、住宅、工厂、油气管线和其他重要公共设施的地段,要运用综合考察手段,强化勘察,查明地况、弄清疑点、提早处理、不留后患。二是对设计方案、工程措施进行全面复查,及时加强薄弱环节,尤其是安全防护措施的设计,必须有可靠的理论计算和必要的试验、验证作为支撑。三是设计单位认真做好与现场施工的配合工作,根据现场施工所揭示的地质情况变化,对工程设计进行动态优化,及时加强安全技术措施。

(4)监理单位要认真履行安全监理职责。要严格执行监理规范,健全安全监理制度,落实安全监理责任,严把安全方案审查、安全措施落实、施工过程监控、施工人员持证上岗等关口,及时发现和纠正现场安全风险问题。发现重大安全隐患要及时报告建设单位,并及时进行整改。

(5)加强高风险隧道施工安全应急管理工作。对于爆破、高边坡施工、高桥、长隧、地质复杂工点以及可能对交通运输和居民生活、生产有影响的工点,要有针对性地制定应急救援预案和有效的安全保障措施,配备必要的逃生和自救设施、装备。要加强应急救援培训和演练,提高作业人员的避险、逃生和自救互救能力。要建立健全施工安全监测、预警和指挥系统,提高应对事故灾害的能力。

洞口边坡垮塌如图7-31所示。

图7-31 洞口边坡垮塌

二、明洞施工

1. 事故基本情况

某隧道明洞段在开挖基坑时边坡开裂,施工队未向任何单位报告,自行加固。×年6月19日1:40左右隧道发生坍塌;10:50现场监理得知塌方事故,立即上报监理站;16:25发现被埋人员,发生人员伤亡。

2. 事故原因分析

(1) 直接原因

塌方段边坡为流沙层,地质情况复杂;边坡支护有多处开裂,其中最大裂缝宽度已达8cm,深度为90cm。边坡地表植筋锚入长度设计值为3m,而施工时为1.5m;边坡支护钢筋网格设计值为Φ8mm,而施工所用钢筋为Φ6mm;设计锚杆为4m长的螺纹钢,而施工用2m长的螺纹钢。塌方段地质情况与设计资料基本相符,人为偷工减料致使工程质量降低是造成边坡坍塌事故的直接原因。

(2) 间接原因

现场监理没有严格按照设计和验收标准进行工程质量检查、验收。

3. 事故防范建议

(1) 承包单位编制专项抢险施工方案,按照国家规定程序报审,经批准后组织实施,监理实施全过程监控。

(2) 增强现场监理人员质量意识,要加强监理单位人员安全生产管理的危机感、紧迫感和责任感,熟悉安全法规。

三、支护作业

1. 事故基本情况

×年5月2日22:30左右,某隧道支护班共10人到达施工现场,完成排险后进行钢拱架安装(隧道一次支护)。平台上方的隧道顶板(中间靠右)有一块6m×3m×3m不规则楔形围岩突然冒落,造成工作面8人被困,工作平台被砸垮,造成6人死亡。

2. 事故原因分析

(1) 直接原因

施工隧道围岩为中风化到微风化的变质砂岩,饱和抗压强度低,节理裂隙发育,综合评价为四级围岩,即围岩自稳能力一般,顶板、侧壁在无支护情况下,易失稳产生坍塌。事故段无任何支护是造成事故发生的直接原因。

(2) 间接原因

施工单位在组织施工作业时与设计方的施工组织方案有偏差,对施工现场管理责任落实不到位、技术管理不到位、监管不到位;监理单位在施工单位未严格按照设计方的施工组织方案组织施工的情况下,履行监理职责不认真,未按照规定下达停工整改通知,对工程施工监理不到位,建设单位对施工单位的安全管理仅采用定期和不定期巡回检查,没有在项目部设驻点专职安全管理人员,安全管理存在薄弱环节和漏洞。

3. 事故防范建议

(1)施工、监理和建设单位要认真贯彻落实《中华人民共和国安全生产法》《建设工程安全生产管理条例》等法律法规规定,切实落实安全生产主体责任,加强施工现场安全管理,健全规章制度,层层落实安全生产责任,加大隐患排查力度,消除安全管理盲区和死角,切实提高各方安全生产管理水平。要重视复杂地质构造对隧道围岩稳定性的影响,制定切实可行的安全防范措施,确保施工质量和施工人员的安全。

(2)施工单位要严格按照《公路隧道工程施工安全技术规范》的要求,加强对各类人员的安全教育培训力度,切实增强作业人员的安全意识和安全技能,强化监测监控和巡检工作。加强施工现场的组织管理,提高标准化作业水平,合理编制施工组织和安全技术方案,落实技术交底制度,制定并落实安全保障措施,确保安全施工。

(3)监理单位要认真履行监理职责,加强对现场监理人员的监督管理,落实现场监理责任,对隧道施工过程中的重点部位和重点环节要加强巡查、巡检,切实加强现场监控和技术指导,对危险性较大隧道施工工程要实行旁站式监管,并提出切实可行的监管整改措施,使项目各工序、各项措施严格按照设计和规范、规程、标准的要求进行施工,确保工程施工安全。

(4)建设单位要加强应急救援预案的编制和演练。组织施工、监理单位制定预防隧道坍塌、冒落等应急预案,增强隧道施工管理及作业人员风险意识和应急反应能力,强化责任落实,完善应急措施,配备必要的抢险机械、物资,明确组织和人员分工,通过各种培训手段,保证隧道施工安全、持续、可控。

隧道支护作业如图 7-32 所示。

图 7-32 隧道支护作业

四、衬砌作业

1. 事故基本情况

×年 10 月 25 日 12:30,工人开始进行喷射混凝土作业。15:15 左右,DK221+362～DK221+336 段顶部突然发生大块岩石滑落,将该处已施作好的支护结构砸垮,五榀钢拱架顶部被砸断,拱架背后管径为 96mm、壁厚为 6mm 的管棚被砸断 5 根、砸弯 4 根,钢拱架和管棚严重扭曲,坍塌造成 1 人死亡、1 人受伤。

2. 事故原因分析

(1) 直接原因

施工单位未严格按照技术规范施工,施工现场技术措施失当,技术管理薄弱,未果断采取更强有力的措施遏制围岩变形的发展,是造成事故发生的直接原因。

(2) 间接原因

施工单位安全意识淡薄,没有正确处理好安全、质量、进度、效益的关系;现场监理工程师和总监理工程师监管不到位,现场监理工程师没有及时向总监理工程师汇报隧道围岩变化情况;围岩测量数据未反映围岩的真实变形情况,未起到指导施工的作用。

3. 事故防范措施建议

加强监控量测工作,在隧道围岩自稳性较差的地段应增设量测断面,量测数据应准确可靠,起到指导施工作用;现场施工技术人员和管理人员要认真研究隧道所处地区的实际围岩条件,不能拘泥于设计图纸的地质描述,做好预防坍塌的措施,根据地质情况的变化调整施工参数,采取支护措施,及时将围岩变化的情况报建设单位、监理单位和设计单位。

五、防水和排水施工

1. 事故基本情况

某新建隧道,设计多座斜井辅助施工,斜井到底后,向两侧双向施工。作业人员切割挂电线的钢筋,其余人员陆续上到台架顶部进行挂防水板的准备工作。17:40 左右,台架二层左侧部位着火,现场人员立即利用灭火器进行扑救,并切断台架上的电源。该事故造成 4 人死亡、2 人受伤。

2. 事故原因分析

(1) 直接原因

①割除的钢筋头灼热,掉落在软式透水盲沟上,引起燃烧,继而引燃防水板、脚手板等其他可燃物。

②对透水盲沟、防水板等可燃材料性质及其燃烧产生的有毒、有害气体可能引发严重后果的预见性不强,未制定有针对性的防范措施。

(2) 间接原因

①(电)气焊工王某违规作业,未执行相关的安全交底、技术交底,没有注意下方有软式透水盲沟等可燃物,也没有跟踪检查钢筋头的安全状态,切割钢筋时无人监护。

②透水盲沟、防水板等材料燃烧产生的有毒、有害气体,加重了本次事故的危害程度;应急、自救的培训工作流于形式,使员工对事故及发生后的逃生、抢险、救护知识运用不够熟练,同时现场避险、逃生设施不完备,加重了事故的危害程度。

3. 事故防范措施建议

(1)加强安全培训与教育,增强安全意识。开展安全意识、安全责任教育,使广大员工认识到安全生产、遵章守纪的重要性,树立"三不伤害"的意识。同时,开展针对性的安全技术培训,开展员工自救能力、消防器材使用、灭火方法等实用知识培训,提高员工的自我防范能力。

(2)加强施工现场消防安全技术管理。划定易燃、易爆、危险品的存放地点,保持与明火25m防火间距;制定报警专项管理制度,完善应急照明和报警系统。在斜井井底、正洞等作业面上设置报警装置,在斜井井底、正洞各开挖仰拱作业面,衬砌台车、作业台架上设应急照明灯。

(3)开展应急演练,完善应急救援体系。剖析应急措施、救援器材、人员应对等方面存在的问题,建立预警机制、信息传递机制,有针对性地完善、提高现场防范风险和处理紧急情况的能力,提升项目管理和运行水平,夯实安全质量管理基础。

六、通风、防尘及防有害气体

1. 事故基本情况

某隧道正在进行开挖施工。5:00左右,李某等4人前往掌子面进行爆破作业;6:00左右,4人退到洞外进行起爆作业。起爆后,姜某等3人前往民用爆炸物品运输车清退剩余的炸药、雷管,李某独自一人前往掌子面。姜某等3人将炸药、雷管退回火药库后,前往隧道掌子面,发现李某瘫倒在地,李某经抢救无效死亡。

2. 事故原因分析

(1)直接原因

隧道爆破作业后未及时开启通风设备,未对洞内有害气体浓度进行监测,李某违章单独进入掌子面危险作业场所,且无人监护,吸入炮烟(含CO)而中毒死亡。

(2)间接原因

作业人员违反安全技术操作规程,单人、单岗作业;施工单位安全教育培训工作不到位,对职工进行安全教育不够,职工自主保安、相互保安意识差。

3. 事故防范措施建议

(1)加强安全教育和培训。组织员工进行"三项制度"的学习、教育和岗位操作技能培训,加强职工自主保安和相互保安意识教育,使职工克服习惯性、随意性思想,确保每位职工生命、财产安全。

(2)加强从队长到班组长的安全意识教育和管理技能培训,全面落实安全生产主体责任和一岗双责制度,使其深刻认识安全管理工作的重要性、必要性和长期性;建立长效机制,使其提高对安全管理工作的重视程度。

(3)安全管理部门要进一步健全项目部领导现场带班制度,巡查必须全面到位,及时发现并消除各类事故隐患,确保安全生产;加大对隧道安全员的监督、检查和考核力度,建立奖惩机制。

隧道爆破作业如图7-33所示。

图 7-33 隧道爆破作业

请根据所提供的案例回答以下问题。

1. 事故基本情况

2011 年 6 月 26 日,某隧道正在开展掘进、支护等施工作业。完成初期支护变形区域换拱作业,出渣时掌子面已出现渗水和流水现象。安全员在听到作业面方向有异常响声时,立即吹哨警告人员快速撤离。随后大量泥石涌出,3min 内突水涌泥达 6000m³,涌泥长度达 78m,挖掘机和运渣车等 5 台施工设备被涌泥掩埋损坏,造成 2 人死亡,直接经济损失约 200 万元。

2. 事故原因分析

（1）直接原因

当地降雨增多,大雨持续时间较长,尤其自 2011 年 6 月 10 日至 6 月 26 日期间连降大雨。该隧道地段地貌为黄土梁峁,地形平缓,略为低洼,地表为种植土,土质疏松,易于地表水汇集下渗,连降大雨使隧道拱部围岩受到长时间浸泡,使岩体软化并处于饱和状态,恶化围岩条件,导致掌子面失稳及涌水突泥的发生。

（2）间接原因

①高风险隧道施工安全管理有缺陷,风险评估不到位。该隧道初期支护已发生变形,并进行了换拱作业,施工单位指挥部和项目部未对已处理的区段高度重视;现场施工管理人员实际经验缺少,未聘请相关专家对处理方案进行有效论证和风险安全评估。

②隧道监控量测不规范,技术管理存在缺失。项目部按照常规做法对变形换拱区段进行监控量测,未根据实际特点编制专项量测方案,未增加量测断面和频次。项目部未组织相关人员对量测数据及时分析,未对下一步施工安全状况做出正确判断,未按要求签发施工作业书面指令,违反软弱围岩隧道施工管理相关规定。

③现场应急资源配备不到位,呼救手段受限,应急逃生演练不足。

请根据事故基本情况和事故原因分析,列出掘进、支护作业的安全控制要点。

请列出对于此类事故的防范措施建议。

【任务实施】

实训任务1 事故预测和预防

1. 实训目的

能熟悉隧道施工常见安全事故；

了解事故的预防措施；

掌握事故处理的程序。

2. 实训内容

实训日期：

实训班级：

成员组成：

实训成绩：

（1）列举隧道工程施工中易发事故及易发部位，完成下表。

隧道施工现场易发事故

序号	事故名称	易发部位
1	坍塌	洞口工程、边坡工程……
2	物体打击	
3	高处坠落	
4	冒顶片帮	
5	机械伤害	
6	火药爆炸	
7	车辆伤害	
8	透水	
9	火灾	
10	中毒和窒息	

（2）通过头脑风暴法，结合前面所学内容，小组分别讨论安全事故预防的常见有效措施。

步骤：以小组为单位，组长主持，小组成员分别列出安全事故预防的措施。建议根据下表提示进行讨论。

安全事故预防措施提示

序号	检查项目		内容	有效措施
1	设置安全装置	安全防护	"四口"、"五临边"、基坑、机械设备"轮有罩,轴有套"、施工用电	
		信号装置	颜色信号、仪表信号、音响信号	如指挥起重工的红、绿手旗,城内道路上的红、绿、黄灯,压力表、水位表、温度计等
		保险装置	锅炉、压力容器的安全阀;供电设施的漏电保护器;各种提升设备的断绳保险器等	
		危险警示标志		
2	预防性的机械强度试验		施工用的丝绳、钢材、钢筋、机件吊篮架、脚手架	
3	电气绝缘检验			
4	机械设备的维修保养			使用后需及时加油清洗;对每类机械设备应建立档案,进行定期的大、中、小检修
5	合理使用劳动保护用品		个人防护	
6	文明施工			平面布置合理;原材料、构配件堆放整齐;各种防护齐全有效;各种标志醒目;规范化、标准化管理现场
7	安全教育、安全交底			
8	安全生产责任制			

实训考评

成绩考核表见下表。

模块七实训任务1成绩考核表

序号	考核内容	分值	自评	小组评分	教师评分
1	是否按要求完成了实训内容	20			
2	是否掌握施工现场易发事故	25			
3	是否掌握施工现场易发事故预防措施	25			
4	实训态度	10			

续上表

序号	考核内容	分值	自评	小组评分	教师评分
5	团队合作	10			
6	扩展知识	10			
	小计				
	总评(取小计平均分)				

实训任务 2　安全事故处理

1. 实训目的

掌握安全事故处理程序。

2. 实训内容及实训步骤

实训日期：

实训班级：

成员组成：

实训成绩：

(1)坠落事故处理应急演练。

步骤 1:材料准备,如口哨、电话、消毒纱布、绷带、布带或橡皮带、夹板、简易担架。

步骤 2:演练开始。

①由发现者大声呼叫,并立即打电话报告应急救援指挥部,总指挥立即发出救援信号,并将事故内容上报项目安全部门,同时联系安全责任人立即开始联络各施工队和准备对外联系。组织人员设立警哨,维护现场秩序,指导施工人员疏散。

②工地卫生员到达事故发生地点,立即为伤者止血、扎绷带,进行现场紧急救护。

③拨打 120,请求医院救助。

④组织人员用担架将伤员按规定抬至安全区域等候救护车,救护车到达后,立即按预定路线送伤员到医院治疗。

(2)实训安全事故处理程序。

步骤 1:迅速抢救伤员、保护事故现场。

①抢救伤员,排除险情,防止事故蔓延扩大。

②在事故排险、伤员救援过程中,要保护好事故现场,确因抢救伤员或为防止事故继续扩大必须移动现场设备、设施时,应留存原始影像资料。任何单位和个人不得以抢救伤员等名义故意破坏或者伪造事故现场。

步骤 2:伤亡事故报告。施工项目发生伤亡事故,负伤者或者事故现场有关人员应立即直接或逐级报告。

①事故发生后各级应急指挥中心第一时间以口头形式(电话)速报,之后补充书面(电子邮件或传真)报告:生产安全事故报告单。

②填写生产安全事故报告单。

生产安全事故报告单

(1) 事故单位概况

项目名称		项目经理及联系电话	
建筑面积		工程类别	
合同额		施工阶段	
总承包单位		资质等级	
劳务分包单位		资质等级	
专业分包单位		资质等级	

(2) 事故摘要

事故时间	年 月 日 时	事故具体地点/部位	
事故后果	□伤亡人数:死亡　　人,重伤　　人,轻伤　　人 □直接经济损失　　万元 □直接后果:		
事故等级	□特别重大事故　　□重大事故　　□较大事故 □A级一般事故　　□B级一般事故　　□C级一般事故		
事故类别	□人员伤亡事故　　□财产损失事故　　□损坏隧道设施/构筑物事故 □媒体曝光时间　　□有负面影响的安全事件　　□其他		
	□高处坠落　□物体打击　□坍塌　□机械伤害　□冒顶片帮　□触电 □机械伤害　□中毒与窒息　□火灾　□车辆伤害　□火药爆炸　□其他		

(3) 伤亡人员情况

姓名	性别	年龄	工种	籍贯	伤亡程度	用工形式
						直聘/劳务分包/专业分包/甲方指定分包

(4) 事故经过及救援情况

事故简要经过及原因初步分析	
已采取的救援行动及控制措施	
后续拟采取的行动	
报告单位(章)		拟稿人及联系电话	
报告时间	年 月 日 时	签发	

步骤3:现场勘察,主要包括现场笔录、现场拍照、现场绘图、收集事故资料等。

步骤4:组织事故调查组。

事故调查组成员条件:

①与所发生事故没有直接利害关系。

②具有事故调查所需要的某一方面业务的专长。

③满足事故调查中涉及企业管理范围的需要。

步骤5:分析事故原因。

步骤6:制定事故预防措施。

步骤7:事故责任分析及结案处理。

①事故责任分析。在查清伤亡事故原因后,必须对事故进行责任分析,目的在于使事故责任者、单位领导和广大职工群众吸取教训,接受教育,改进工作。

②事故报告书。事故调查组在查清事实、分析原因的基础上,组织召开事故分析会,按照"四不放过"的原则,对事故原因进行全面调查分析,制定出切实可行的防范措施,提出对事故有关责任人员的处理意见,填写"企业职工因工伤亡事故调查报告书"。

企业职工因工伤亡事故调查报告书

一、企业详细名称　　　　地址

　　企业法人　　　　委托人　　电话

二、企业类型

　　国民经济行业

　　隶属关系

　　直接主管门

三、事故发生时间

四、事故发生地点

五、事故类别

六、事故全部原因

　　其中主要原因

七、事故级别

八、死亡人员情况

九、本次事故损失工作日总数

十、本次事故经济损失

　　其中直接经济损失

十一、事故经过

十二、事故原因分析

十三、预防同类事故重复发生的措施

十四、事故调查的有关资料

1.事故现场平面示意图;2.事故现场模拟照片;3.企业营业执照及资质证书复印件;4.死者个人证件、受安全教育情况;5.安全技术交底书;6.见证人的证明材料;7.事故死亡诊断书及证明;8.与家属签订的经济补偿协议书。

十五、事故调查小组成员名单

十六、善后处理小组人员名单

十七、善后处理初步意见

步骤8:问责。依据事故等级,对应安全生产岗位职责,按照"四不放过"原则,逐级追究全员安全生产责任。

步骤9:结案处理。根据政府机关的结案批复后,填写下表,进行事故建档。

工程安全事故处理结果

项目名称：_____ 编　号：_____
单位名称：_____ 合同段：_____

事故发生单位		事故发生时间		年 月 日 时 分
项目名称及合同段		事故发生地点部位		
事故类型		伤亡情况		
事故性质	□重大　　□一般	事故直接经济损失		
事故发生简要经过：				
事故责任鉴定：				
事故处理情况：				
有关责任人处理情况：				
整改措施及要求：				
处理单位		处理日期		年　月　日

实训考评

实训成绩考核表见下表。

模块七实训任务2成绩考核表

序号	考核内容	分值	自评	小组评分	教师评分
1	是否按要求完成实训内容	20			
2	是否掌握事故上报流程	25			
3	是否能填写事故处理表格	25			
4	实训态度	10			
5	团队协作	10			
6	拓展知识	10			
	小计				
	总评(小计平均分)				

模块八
季节性施工与夜间施工安全

知识目标

1. 了解季节性施工安全的基本要求；
2. 熟悉高温季节施工安全控制措施；
3. 掌握公路工程雨季、台风天气施工安全基本要求；
4. 掌握公路工程夜间施工安全基本要求。

技能目标

1. 根据相关施工标准进行特殊情况下施工现场安全管理；
2. 会查找特殊季节与夜间公路施工现场的安全隐患；
3. 能对特殊季节与夜间公路施工现场突发事件采取相应处治措施。

建议课时：6课时。

案例导入

20××年×月×日，"顺兴"船于马骝洲水道6号标附近水域从事水下喷浆作业，对横琴新区马骝洲交通隧道工程进行加固。约18:00，工人换班，由2号高压旋喷机的5名工人开始夜间作业。

约23:00，喷浆作业暂停，机长通知包括孙某华在内的3名移泊作业工人移船，约半小时后，船舶移动到指定位置开始新的喷浆作业，移泊工人陆续回房间休息。

8月23日约0:00时，喷浆工人吃夜宵，约1小时后重新开工。

约2:00，2号机暂停作业，机长准备再次将机器通过人工移动到下一钻孔，机长和一名操作工人将高压旋喷机靠船尾一侧空挡位置的木板掀开，将机器的预留轨道露出来，预留出长约1m，宽约0.6m的空当，此时并未发现施工现场附近有其他无关人员。随后两人用撬棍将机器靠近船头一侧撬动，让机器在钢管上向船尾方向移动。在移动机器期间，机长发现孙某华出现在船头位置，后又发现其走到船尾阴影位置观察工人工作。

约 2:10,机长和操作工人在移动 2 号机器时,眼角余光发现孙某华出现在 1 号和 2 号高压旋喷机之间区域,然后听到"扑通"一声,抬头时,却未看到孙某华。发现孙某华落水后,两名工人立即朝水面观察,由于水面照明不够,并未发现孙某华人影,且二人均不会游泳,机长立即通知船上其他工人帮忙搜救,有工人找来手电筒向水面照射,仍未发现落水人员。随后,工人借用停靠在"顺兴33"船旁边的"乐昌0303"船的工作艇,在落水位置附近水域附近寻找,并报警。约 2:17 时,珠海市海上搜救中心接到报警电话称"顺兴33"船在横琴大桥西面 1km 附近水域 1 名人员落水,请求救助。接警后,搜救中心立即通知湾仔海事处派船前往事发水域搜救。

约 2:43,"海巡09192"抵达事发水域展开搜救工作,工作艇返回。8 月 24 日约 13:00,孙某华尸体在澳门氹仔北安码头对开水域被发现。

根据案例,请大家想一想:
(1)案例中事故的发生原因是什么?
(2)夜间施工安全保障措施有哪些?
(3)通过本案例应汲取怎样的事故教训?

案例分析

1. 事故原因

(1)施工作业现场存在安全隐患,缺少安全警示标识和充足照明,且未进行有效隔离。

据现场调查了解,"顺兴33"船在从事水下喷浆作业期间,仅部分高压旋喷机预留空当用木板或铁架网进行临时遮盖,且遮盖部分未采取任何固定措施,存在较大安全隐患,此次事故孙某华就是在 1 号和 2 号机之间的轨道空当处落水;施工作业场地相对开放,任何人员能轻易进入施工区域;由于事发时只有 2 号机工作,船上施工作业照明灯只有对着 2 号机的正常开启,事发区域由于照明不充分和机器遮挡较为昏暗,造成孙某华未及时发现轨道挡板已被挪开;施工区域无任何安全警示标识,未引起船上其他人员对施工区域的足够警惕和戒备。

(2)工作人员安全意识淡薄。

①孙某华在夜间休息期间,在未穿着救生衣及携带手电等照明设备的情况下,在船上随意走动,并擅自进入 2 号高压旋喷机作业区域,最终落水溺亡。其未对船上工作环境有足够警惕,安全意识淡薄。

②喷浆工人工作期间,在已挪开 1 号和 2 号机之间轨道空当处木板的前提下,对孙某华的出现未能引起足够警惕,未对其进行必要提醒或警示,让其不要靠近作业区域。

(3)工作人员缺少必要培训,未能采取有效应急措施应对突发状况。船舶经营单位的管理人员对工作人员上船时除进行简单安全教育外,并未开展消防、救生演习;在事发时,目击人员除呼救和水面查看外(据目击人员称,由于照明不足,水面太黑,看不清楚),并未按照人员落水情况的应急处置要求,现场迅速抛下救生圈,错失施救的黄金时间。

2. 夜间施工安全保障措施

(1)充分考虑施工安全问题。

(2)施工现场设置明显的交通标志、安全标牌、护栏、警戒灯等标志。保证行人、施工机械和施工人员的施工安全。

（3）做好夜间施工防护，在作业地点附近设置警示标志，悬挂红色灯，以提醒行人和驾驶员注意，并安排专人值守。

（4）夜间施工用电设备必须有专人看护，确保用电设备及人身安全。

（5）夜间气候恶劣的情况下严禁施工作业。

（6）夜间施工时，各项工序或作业区的结合部位要有明显的发光标志。施工人员需穿戴反光警示服。

（7）各道工序夜间施工时除当班的安全员、质检员必须到位外，还要建立治安主管人员巡查制度，发现问题必须立即解决。

（8）实施具有重大危险源的工程项目时，必须根据重大危险源的应急救援预案措施，做好随时启动应急预案的准备。

（9）夜间施工时，执行晚交班早点名制度，应根据作业内容，制定周密的安全措施，进行针对性的安全技术交底，责任落实到人。

（10）所有参加夜间施工的作业人员必须认真贯彻夜间作业安全措施，安检人员进行监督、检查落实；尽量避免同一作业范围内安排交叉施工的工序同时在夜间进行，如确需交叉施工时，必须细化作业范围，采取防止交叉施工安全问题的针对性措施。

（11）施工现场设置明显的交通标志、安全标牌、警戒灯等标志，标志牌具备夜间荧光功能，保证施工机械和施工人员的施工安全。

（12）在人员安排上，夜间施工人员白天必须保证睡眠，不得连续作业。

（13）施工处各部门建立夜间施工领导值班和交接班制度，加强夜间施工管理与调度。在施工处设置夜间值班室；在施工现场安排现场值班室。

（14）夜间施工用电设备必须有专人看护，确保用电设备及人身安全。

（15）各道工序夜间施工时除当班的安全员、质检员必须到位外，还要建立质安主管人员巡查制度，发现问题必须立即解决。

3．事故教训

（1）加强夜间施工安全管理，强化施工现场监管，对施工作业区域进行有效隔离并提供明显警示标识和充足照明，采取更为安全有效措施对作业空当处进行遮挡，严格落实夜间施工安全生产主体责任。

（2）加强施工人员培训，尤其是新员工的培训，定时开展消防救生、人员落水等演习，切实增强员工安全意识和应急反应能力，督促夜间水上施工的工作人员在甲板作业和巡视期间按规定穿戴救生衣、防滑鞋、安全帽等保护用品，保障员工人身安全。

认识提升

夜间施工安全教育必须秉持以人为本的理念，培养学生的社会责任感和专业荣誉感。第一，应从法律法规的角度，让学生了解和掌握夜间施工的相关法规，明白违规施工的严重后果，进一步强化遵守法规的意识。第二，从企业安全责任的角度，让学生认识到企业对于员工安全的责任和义务，理解在施工过程中，每一个环节的安全都关系到整个施工的顺利进行。第三，从施工安全事故的代价角度,让学生深刻知晓安全事故可能带来的生命财产损失,提高他们的风险识别和防范能力。第四,针对施工安全管理的漏洞,引导学生发现和填补这些漏洞,提高他们的问题解决能力。第五,强调施工工作者的职责担当,让学生明白自己在保障施工安全中的角色和责任,激发他们的职业荣誉感。通过对夜间施工安全的深度思考和多维度分析,增强学生的安全防范意识和社会责任感,让他们用更高的视角解读施工安全的重要性,强化学生的责任与担当。

单元一 冬季、高温季节施工安全

一、冬季施工安全

由于现代工程技术的不断进步,冬季施工已经突破了季节的限制,但是冬季施工受到寒冷或是冰冻的影响较大,人在寒冷天气下容易麻痹大意,为确保在冬季也能够安全建设各类工程,必须加强冬季安全施工管理。

1. 冬季施工的概念

根据气象资料统计,当室外日平均气温连续5天稳定低于5℃即进入冬季施工;当室外日平均气温连续5天高于5℃时解除冬季施工。冬季施工大体积混凝土养护如图8-1所示。

图8-1 冬季施工大体积混凝土养护

2. 冬季施工安全基本要求

(1)冬季施工应采取以防火、防煤气中毒、防冻、防滑、防春融坍塌为重点的安全技术措施。

(2)入冬前,对施工临时设施采取防寒、保暖措施。采用电气设备供暖时,使用前必须进行检验,电气接线、拆卸应符合要求。采用煤炉供暖时,必须采取防火、防煤气中毒措施。确认消防措施落实,方可生火供暖。

(3)冬季应对施工现场外露和冻土层内的输水管道等采取防冻保护措施。混凝土施工中需使用外掺剂时,外掺剂必须集中管理,专人领取,正确使用,余料回库,严防误食。人工破冻土时,严禁掏窑挖土;使用锤锲破冻土时,作业前应检查锤头、锤把,确认牢固;作业时应避开人员。

(4)使用冷却水的机械设备停用后,应在水温降至60℃以下后,及时将其内存水放尽,放尽前操作人员不得离开,存水放尽后,放水阀应保持开启状态。

(5)施工中,应对道路、安全梯、斜道、土坡道、作业现场采取防滑措施。雪霜后应及时清扫作业平台、安全梯、斜道、土坡道的积雪、霜和结冰。

(6)春融季节必须检查沟槽边坡等的稳定状况,并采取防土方坍塌伤人的措施。

冬季施工安全的基本要求

3. 冬期安全施工准备要求

(1) 编制冬期施工组织设计

冬期施工组织设计,一般应在入冬前编审完毕。冬期施工组织设计,应包括下列内容:确定冬期施工的方法、工程进度计划、技术供应计划、施工劳动力供应计划、能源供应计划;冬期施工的总平面布置图(包括临时建筑、交通、管线布置等)、防火安全措施、劳动用品;冬期施工安全措施;冬期施工各项安全技术经济指标和节能措施。

(2) 组织冬期施工安全教育培训

应根据冬期施工的特点,重新调整好机构和人员,并制定好岗位责任制,加强安全生产管理。主要应当加强保温、测温,冬期施工技术检测机构、热源管理等机构应充实相应的人员。安排气象预报人员,了解近期、中长期天气,防止寒流突袭。对测温人员、保温人员、能源工(锅炉和电热运行人员)、管理人员组织专门的技术业务培训,学习相关知识。各人员明确岗位责任,经考核合格方可上岗。

(3) 物资准备

物资准备的内容如下:外加剂、保温材料;测温表计及工器具、劳保用品;现场管理和技术管理的表格、记录本;燃料及防冻油料;电热物资等。

(4) 施工现场准备

① 场地要在土方冻结前平整完工,道路保持通畅,并有防止路面结冰的具体措施。

② 提前组织有关机具、外加剂、保温材料等实物进场。

③ 生产排水系统应采取防冻措施,并设专人管理,生产排水系统应畅通。

④ 搭设加热用的锅炉房、搅拌站,敷设管道,对锅炉房进行试压,对各类加热材料设备进行检查,确保安全可靠,蒸汽管道应保温良好,保证管路系统不被冻坏。

⑤ 按照规划落实职工宿舍、办公室等临时设施的取暖措施。

4. 冬期施工安全具体要求(表 8-1)

冬期施工安全具体要求　　　　表 8-1

安全事项		具体要求
土方与地基基础工程冬期施工的安全事项	爆破法破碎冻土应当注意的安全事项	爆破施工要在建筑物 50m 以外,距高压电线 200m 以外
		爆破工作应在专业人员指挥下,由受过爆破知识和安全知识教育的人员担任
		爆破之前应有技术安全措施,经主管部门批准
		现场应设立警告标志、信号、警戒哨和指挥站等防卫危险区的设施
		放炮后要经过 20min 才可以前往检查
		遇到瞎炮,严禁掏挖或在原炮眼内重装炸药,应该在距离原炮眼 60cm 以外的地方另行打眼放炮
		硝化甘油类炸药在低温环境下凝固成固体,当受到振动时,极易发生爆炸,酿成严重事故,因此,冬期施工不得使用硝化甘油类炸药
	人工破碎冻土应当注意的安全事项	注意楔头打出的飞刺,以免伤人
		掌铁楔的人与掌锤的人不能脸对着脸,应当互成 90°角
	机械挖掘时应当采取的措施	注意行进和移动过程中的防滑,在坡道和冰雪路面应当缓慢行驶,上坡时不得换挡,下坡时不得空挡滑行,冰雪路面行驶不得急刹车

续上表

安全事项		具体要求
土方与地基基础工程冬期施工的安全事项	机械挖掘时应当采取的措施	发动机应当做好防冻,防止水箱冻裂
		在边坡附近使用、移动机械应注意边坡可承受的荷载,防止边坡坍塌
	针热法融解冻土时应注意的安全事项	应防止管道和外溢的蒸汽、热水烫伤工作人员
	电热法融解冻土时应注意的安全事项	此法进行前,必须有周密的安全措施
		应由电气专业人员担任通电工作
		电源要通过有计量器、电流、电压表、保险开关的配电盘
		工作地点要设置危险标志,通电时严禁人员靠近
		进入警戒区内工作时,必须先切断电源
		通电前工作人员应退出警戒区,再行通电
		夜间应有足够的照明设备
		当含有金属夹杂物或钢矿石时,禁止采用电热法
	烘烤法融解冻土时应注意的安全事项	烘烤法会出现明火,由于冬天风大、干燥,易引起火灾,因此施工作业现场周围不得有可燃物
		制定严格的责任制,在施工地点安排专人值班,务必做到有火就有人,不得离岗
		现场要准备一些沙子或其他灭火物品,以备不时之需
	春融期间在冻土地基上施工应当采取的措施	春融期间开工前必须进行工程地质勘测,以取得地形、地貌、地物、水文及工程地质资料,确定地基的冻结深度和土的融沉类型
		对有坑洼、沟槽、地物等特殊地貌的建筑场地应加点测定
		开工后,对坑槽沟边坡和固壁支撑结构应当随时进行检查,深基坑应当派专人进行测量、观察边坡情况,如果发现边坡有裂缝、疏松、支撑结构折断、移动等危险征兆,应当立即采取措施
钢筋工程冬期施工的安全事项	冷拔、冷拉钢筋时,防止钢筋断裂伤人	
	检查预应力夹具有无裂纹,由于负温下有裂纹的预应力夹具,很容易出现碎裂飞出伤人	
	防止预制构件中钢筋吊环发生脆断,造成安全事故	
砌体工程冬期施工的安全事项	脚手架、马道要有防滑措施,及时清理积雪,外脚手架要注意经常检查加固	
	施工时接触气源、热水,要防止烫伤	
	现场使用的锅炉、火炕等用焦炭时,应有通风条件,防止煤气中毒	
	现场应当建立防火组织机构,设置消防器材	
	防止亚硝酸钠中毒,亚硝酸钠是冬期施工常用的防冻剂、阻锈剂,人体摄入10mg亚硝酸钠,即可导致死亡。由于亚硝酸钠外观、味道、溶解性等许多特征与食盐极为相似,人很容易将其误作为食盐食用,导致中毒。因此要采取措施,加强使用管理,以防误食	在施工现场尽量不单独使用亚硝酸钠作为防冻剂
		使用前应当召开培训会,让有关人员学会辨认亚硝酸钠(亚硝酸钠为微黄或无色,食盐为纯白色)
		工地应当挂牌,明示亚硝酸钠为有毒物质
		设专人保管和配制,建立严格的出入库手续和配制使用程序

续上表

安全事项	具体要求
冬期混凝土施工的安全事项	当温度低于-20℃时,严格对低合金钢筋进行冷弯,以避免在钢筋弯点处发生强化,造成钢筋脆断
	蓄热法加热砂石时,若采用炉灶烘焙,操作人员应穿隔热鞋,若采用锯末生石灰蓄热,则应选择安全配合比,经试验证明无误后方可使用
	电热法养护混凝土时,应注意用电安全
	采用暖棚法以火炉为热源时,应注意加强消防和防止煤气中毒
	调拌化学附加剂时,应戴口罩、手套,防止吸入有害气体和刺激皮肤
	蒸汽养护的临时采暖锅炉应有出厂证明。安装时,必须按标准图进行,三大安全附件应灵敏可靠,安装完毕后,应按各项规定进行检查,经验收合格后方允许正式使用;同时,锅炉的值班人员应建立严格的交接班制度,遵守安全操作规程,司炉人员应经专门训练,考试合格后方可上岗;工作人员值班期间严禁饮酒、打牌、睡觉和离岗
	各种有毒的物品、油料、氧气、乙炔(电石)等应设专库存放、专人管理,并建立严格的领发料制度,特别是亚硝酸钠等有毒物质,要加强管理,以防误食中毒
	混凝土必须满足强度要求方准拆模

5. 冬期施工防火要求

冬期施工现场使用明火处较多,管理不善很容易发生火灾,必须加强用火管理,具体防火要求见表8-2。

冬期施工防火具体要求　　　　　　　　　　　　　　表8-2

要求	具体内容
施工现场临时用火	要建立用火证制度,由工地安全负责人审批。用火证当日有效,用后收回
明火操作地点要有专人看管	看火人的主要职责:注意清除火源附近的易燃、易爆物。不易清除时,可用水浇湿或用阻燃物覆盖。检查消防器材的配置和工作状态情况,落实保温防冻措施。检查木工棚、库房、车间等场所,不得用火炉取暖,周围15m内不得有明火作业。施工作业完毕后,对用火地点详细检查,确保无死灰复燃,方可撤离岗位
供暖锅炉房及操作人员的防火要求	供暖锅炉房宜选在施工现场的下风方向,远离在建工程、易燃、可燃建筑,露天可燃材料堆场、料库等
	锅炉房应不低于二级耐火等级
	锅炉房的门应向外开启,锅炉正面与墙的距离应不小于3m,锅炉与锅炉之间应保持不小于1m的距离
	锅炉房应有适当通风和采光,锅炉上的安全设备应有良好照明
	锅炉烟道和烟囱与可燃物应保持一定的距离,金属烟囱距可燃结构不小于100m
	已做防火保护层的可燃结构不小于70m
	砖砌的烟囱和烟道,其内表面距可燃结构不小于50cm,其外表面不小于10cm
	未采取消烟除尘措施的锅炉,其烟囱应设防火星帽
	严格值班检查制度,锅炉点火以后,司炉人员不得离开工作岗位,值班时间绝不允许睡觉或做无关的事
	司炉人员下班时,须与下一班人员做好交接班,并记录锅炉运行情况
	炉灰倒在指定的地点(不能带余火倒灰),随时观察水温及水位,严禁使用易燃、可燃液体点火
炉火安装与使用的防火要求	加热法施工与采暖应尽量用暖气,如果用火炉,必须事先提出方案和防火措施,经消防保卫部门同意后方能开火,在木工房、料库等禁止使用火炉取暖
	各种火炉的炉身、烟囱和烟囱出口等部分与电源线和电气设备应保持50cm以上的距离

续上表

要求	具体内容
炉火安装与使用的防火要求	炉火使用和管理的防火要求:炉火必须由受过安全消防常识教育的专人看守,每人看管火炉的数量不宜过多。移动加热火炉时,必须先将火熄灭后方可移动。掏出的炉灰必须用水浇灭后倒在指定地点。禁止用易燃、可燃液体点火。加的煤不应过多,以不超出炉口上沿为宜,防止热煤掉出引起可燃物起火。不准在火炉上熬炼油料、烘烤易燃物品
易燃、可燃材料的使用及管理	合理安排施工工序及网络图,一般是将明火作业安排在前,保温材料安排在后
	照明线路、照明灯具应远离可燃的保温材料
冬期消防器材的保温防冻	冬期施工工地,应尽量安装地下消火栓,在入冬前应进行一次试水,加少量的润滑油,消火栓用草帘、锯末、防冻罩(图8-2)等覆盖,做好保温工作,以防冻结。冬天下雪时,应及时扫除消火栓上的积雪,以免雪化后将消火栓井盖冻住
	入冬前,应做好消防水池的保温工作,随时进行检查,发现冻结时应进行破冻处理。一般方法是在水池上盖上木板,木板上再盖上不小于40~50cm厚的稻草、锯末等
	入冬前应将泡沫灭火器、清水灭火器等放入有采暖的地方,并套上保温套
防火教育	加强冬季防火安全教育,增强全体人员的防火意识。将普遍教育与特殊防火工种的教育相结合,根据冬期施工防火工作的特点,入冬前对电气焊工、司炉工、木工、油漆工、电工、炉火安装和管理人员、警卫巡逻人员进行有针对性的教育和考试
建筑保温材料的使用及管理	冬期施工中,国家级重点工程、地区级重点工程、高层建筑工程及起火后不易扑救的工程,禁止使用可燃材料作为保温材料,应采用不燃或难燃材料进行保温
	一般工程可采用可燃材料进行保温,但必须进行严格管理。使用可燃材料进行保温的工程,必须设专人进行监护、巡视检查。人员的数量应根据使用可燃材料的数量、保温的面积而定
	冬期施工中,保温材料定位以后,禁止一切用火、用电作业,且照明线路、照明灯具应远离可燃的保温材料
	冬期施工中,保温材料使用完后,要随时进行清理,集中进行存放保管

6. 冬期施工防滑要求

(1)冬期施工中,在施工作业前,对斜道、通行道、爬梯等作业面上的霜冻、冰块、积雪要及时清除。

(2)冬期施工中,现场脚手架搭设接高前必须将钢管上的积雪清除,等到霜冻、冰块融化后再施工。

(3)冬期施工中,若通道防滑条有损坏要及时补修。

7. 防冻要求

(1)入冬前,按照冬期施工方案材料要求提前备好保温材料,对施工现场怕受冻的材料和施工作业面(如现浇混凝土)按技术要求采用保温措施。

(2)冬期施工工地(指北方的),应尽量安装地下消火栓,在入冬前应进行一次试水,加少量润滑油。

(3) 消火栓用防冻罩(图 8-2)草帘、锯末等覆盖，做好保温工作，以防冻结。

(4) 冬天下雪时，应及时扫除消火栓上的积雪，以免雪化后将消火栓井盖冻住。

(5) 临时消防软管应进行保温或将水放空，消防水泵内应考虑采取采暖措施，以免冻结。

(6) 入冬前，应做好消防水池的保温工作，随时进行检查，发现冻结时应进行破冻处理。一般方法是在水池上盖上木板，木板上再盖上不小于 40cm 厚的稻草、锯末等。

(7) 入冬前应将泡沫灭火器、清水灭火器等放入有采暖的地方，并套上保温套。

图 8-2 防冻罩

8. 冬期施工机械设备使用

(1) 大雪、轨道电缆结冰和 6 级以上大风等恶劣天气，应当停止垂直运输作业，并将吊笼降到底层(或地面)，切断电源。

(2) 遇到大风天气应将俯仰变幅塔机的臂杆降到安全位置并与塔身锁紧，轨道式塔机应当卡紧夹轨钳。

(3) 暴风天气塔机要做加固措施，风后经全面检查，方可继续使用。

(4) 风雪过后作业，应当检查安全保险装置并先试吊，确认无异常方可作业。

(5) 井字架、龙门架、塔机等缆风绳地锚应当埋置在冻土层以下，防止春季冻土融化，地锚锚固作用降低，地锚拔出，造成架体倒塌事故。

(6) 塔机路轨不得铺设在冻胀性土层上，防止土壤冻胀或春季融化，造成路面起伏不平，影响塔机的使用，甚至发生安全事故。

(7) 春季冻土融化，应当随时观察塔机等起重机械设备的基础是否发生沉降。

二、高温季节施工安全

1. 高温季节施工安全的基本要求

高温季节施工，应按劳动保护规定做好防暑降温措施。适当调整作息时间，尽量避开高温时间。有条件的应搭设凉棚，供应冷饮，准备防暑药品等。

夏季天气炎热，高温时间持续较长，应制定防火防暑降温安全措施，高温施工现场如图 8-3 所示。

(1) 合理调整作息时间，避开中午高温时间工作，严格控制工人加班加点，工人的工作时间要适当缩短，保证工人有充足的休息和睡眠时间。

图 8-3 高温施工

(2)对容器内和高温条件下的作业场所,要采取措施,做好通风和降温。

(3)对露天作业集中和固定的场所,应搭设歇凉棚,防止热辐射,并要经常洒水降温。对高温、高处作业的工人,经常进行健康检查,发现有职业禁忌症者应及时调离高温和高处作业岗位。

(4)要及时供应合乎卫生要求的茶水、清凉含盐饮料、绿豆汤等。

(5)要经常组织医护人员深入工地进行巡回医疗和预防工作。重视年老体弱、患过中暑和血压较高的工人的身体情况的变化。

(6)及时给职工发放防暑降温的急救药品和劳动保护用品。

2. 高温季节人员中暑

在公路施工现场,由于施工条件和环境的限制,工人经常需要在高温环境中施工,极易发生中暑。中暑指在高温(气温34℃以上)或强辐射(特别是湿度大、无风)环境下,由于体温调节失衡和水盐代谢紊乱产生的以心血管和中枢神经系统功能障碍为主要表现的急性综合病症。轻症经及时处理可很快恢复。

(1)交通建设过程中中暑发生的条件

在高温作业的车间工作(室温>35.9℃),如桥梁施工、预制板施工、烧窑等,极易发生中暑。在烈日暴晒环境下劳动,且没有足够的防护措施,常诱发中暑。即使环境温度不是很高,但空气中湿度很大,通风不良时也易引起中暑。此外,缺乏锻炼者、老年人、肥胖者、慢性病患者易中暑、过度劳累、睡眠不足、过度劳累等也均易诱发中暑。

(2)中暑的症状

中暑的症状有先兆中暑(患者在高温环境中劳动过程中,有轻微头晕、头疼、眼花、耳鸣、心悸、脉搏频数高、恶心、口渴、多汗、全身疲乏、四肢无力、注意力不集中、动作不协调等症状,体温正常或略升高,不超过38℃,但尚能勉强坚持工作)、轻度中暑(体温升高至38.5℃以上,还出现面色潮红、胸闷、皮肤灼热、脉搏快速等表现或有循环衰竭的早期症状,如面色苍白、大量出汗、血压下降等。患者一度被迫停止工作,但经短时休息,症状消失,并能恢复工作)、重度中暑(指在上述表现的基础上,进一步出现昏厥、昏迷、痉挛、高热。作业人员具有前述中暑症状被迫停止工作,并在该工作日未能恢复工作或在工作中出现突然晕厥及热痉挛)。

(3)中暑的预防措施

①组织措施

合理安排作息时间,实行工间休息制度,早晚干活,中午延长休息时间;民工宿舍保持通风,宿舍要配备电风扇,确保工人有良好的休息条件。避开高温时段,严格控制室外作业,39℃以上高温时,不得安排职工进行室外作业,严格控制加班加点,适当减轻劳动强度,确保职工的身体健康和作业安全。

②技术措施

改革工艺,减少工人与热源接触的机会,疏散、隔离热源。

③通风降温

可采用自然通风、机械通风和阻挡措施等。

④卫生保健措施

做好医疗保健工作。各施工现场都准备好人丹、十滴水、藿香正气丸等防暑降温用药品,发生紧急情况要及时对工人进行救助,严禁工人带病上岗操作。供给含盐饮料,补偿高温作业工人因大量出汗而损失的水分和盐分,施工现场供应符合卫生标准的饮用水,不得多人共用一个饮水器皿,保证工人的饮食卫生,从食物采购、制作等多个环节进行把关,防止变质的食品流入食堂,同时改善饮食质量,保证饭菜可口卫生,防止集体食物中毒和各类传染病的发生。

(4)发生中暑的应急措施

①当发生先兆中暑或轻症中暑时,如何应急?

立即将中暑者移送到清凉通风处,给予清凉含盐饮料,或十滴水、藿香正气水、人丹等,在其额部涂清凉油。解开中暑者衣服,用冷水擦其面部、四肢或全身,尤其是要在其头部冷敷,使其头部迅速散热,以维护中枢神经系统的功能。对体温维持在38.5℃以上者可给予口服解热药。对经救护后仍存在循环衰竭表现者,可静脉注射5%葡萄糖盐水。

②当发生重症中暑时,如何处理?

当发生重症中暑时,关键是降温,如果有条件,应立即送往医院。

降温方式主要有:

a.体外降温。立即撤离高温环境至阴凉通风处,进行皮肤肌肉按摩,促进血液循环,加速散热。应用空调或电风扇吹风,室内置冰块等,使环境温度低于人体皮肤温度,以便辐射散热。尤其注意头部降温以保护大脑,腋下和腹股沟处可放置冰袋。

b.体内降温。体外降温无效者,用冰盐水(4~10℃)进行胃或直肠灌洗,也可将自体血液体外冷却后回输体内而降温。

c.药物降温。药物降温与物理降温同时进行时效果较好。

3.高温季节施工过程中分部分项工程安全施工基本要求

(1)高温天气下混凝土浇筑安全施工措施

高温天气下混凝土浇筑极易发生质量病害,影响结构安全和使用,为做好高温天气下混凝土的安全施工,必须采取有效措施组织施工。高温天气下混凝土浇筑安全控制措施主要可分为两个部分。

对于商品混凝土,由商品混凝土厂家或现场混凝土拌合站完成混凝土的降温工作,包括以下几点。

①冷却混凝土拌和水,降低混凝土温度

通过降低拌和水的温度可以使混凝土冷却至理想温度,采用该种方法,混凝土温度的最大降幅可以达到6℃。但是在施工过程中应注意冷却水的加入量不能超过混凝土拌和水的需求量,需求量的多少与混凝土集料的湿度和配合比例有关。

②用冰替代部分拌和水

用冰替代部分拌和水可以降低混凝土温度,其降低温度的幅度受到用冰替代拌和水数量的限制,对于大多数混凝土,可降低的最大温度为11℃。为了保证正确的配合比例,应对加入混凝土中冰的重量进行称重。如果采用冰块进行冷却,需要使用粉碎机将冰块粉碎,然后加入混凝土搅拌器中。使用冰块最大的一个障碍是供应量不足。

该种降温方法的费用包括:块冰的运输费用、冷库建设费、破碎及处理设备费,以及其他劳务费、块冰的称重与供应等费用。

③粗集料的冷却

粗集料冷却的有效方法是用冷水喷洒或用大量的水冲洗。由于粗集料在混凝土搅拌过程中占有较大的比例,降低粗集料1℃±0.5℃的温度,最后混凝土的温度可以降低0.5℃。采用此冷却方法时,要求施工现场有大量的冷却水和必要的水冷装置。由于粗集料可以被集中在筒仓内或箱柜容器内,因此粗集料的冷却可以在很短时间内完成,在冷却过程中要控制水量的均匀性,以避免不同批次之间形成的温度差异。

集料的冷却也可以通过向潮湿的集料内吹空气来实现。粗集料内空气流动可以加大其蒸发量,从而使粗集料降温在1湿球温度范围内。该方法的实施效果与环境温度、相对湿度和空气流动的速度有关。如果用冷却后的空气代替环境温度下的空气,可以使粗集料降低7℃,但是需要增加相当高的安装费用。

④混凝土拌制和运输

混凝土拌制时应采取措施控制混凝土的升温,并一次控制附加水量,减小坍落度损失,减少塑性收缩开裂。在混凝土拌制、运输过程中可以采取以下措施:使用减水剂或以粉煤灰取代部分水泥以减少水泥用量,同时在混凝土浇筑条件允许的情况下增大集料粒径;如混凝土拌和物的运输距离较长,可以用缓凝剂控制混凝土的凝结时间,但应注意缓凝剂的掺量应合理,对于大面积的混凝土地坪工程尤其如此;如需要较高坍落度的混凝土拌和物,应使用高效减水剂。有些高效减水剂产生的拌和物其坍落度维持2h。高效减水剂还能够减少拌和过程中集料颗粒之间的摩擦,减缓拌和筒中的热积聚;在满足施工规范要求的情况下,尽量使用矿渣硅酸盐水泥、粉煤灰硅酸盐水泥;向集料堆中洒水,降低混凝土集料的温度;如有条件用地下水或井水喷洒,冷却效果更好;在炎热季节或大体积混凝土施工时,可以用冷水或冰块来代替部分拌和水;对于高温季节里长距离运输混凝土的情况,可以考虑搅拌车的延迟搅拌,使混凝土到达工地时仍处于搅拌状态。

(2)施工现场的施工方法与措施

夏季气温高,干燥快,新浇筑的混凝土可能出现凝结速度加快、强度降低等现象,这时进行混凝土的浇筑、修整和养护等作业时应特别细心。在炎热气候条件下浇筑混凝土时,要求配备足够的人力、设备和机具,以便及时应对预料不到的不利情况。

①检测运到工地上的混凝土的温度,必要时可以要求搅拌站予以调节。

②夏季混凝土施工时,振动设备较易发热损坏,故应准备好备用振动器。浇筑混凝土之前,一定要将模板浇水湿透。

③与混凝土接触的各种工具、设备和材料等,如浇筑溜槽、输送机、泵管、混凝土浇筑导管、钢筋和手推车等,不要直接受到阳光暴晒,必要时应洒水冷却。

④浇筑混凝土地面时,应先湿润基层和地面边模。

⑤夏季浇筑混凝土应精心计划,混凝土应连续、快速地浇筑。混凝土表面如有泌水时,要及时进行修整。

⑥根据具体气候条件,判断混凝土有塑性收缩开裂的可能性时,应采取措施(如喷洒养护剂、麻袋覆盖等),以控制混凝土表面的水分蒸发。若混凝土表面水分蒸发速度超过$0.5kg/m^2/h$,就可能出现塑性收缩裂缝;超过$1.0kg/m^2/h$,就需要采取适当措施,如冷却混凝土,向表面喷水或采用防风措施等,以降低混凝土表面蒸发速度。

⑦应做好施工组织设计,以避免在日最高气温时浇筑混凝土。在高温干燥季节,晚间浇筑混凝土受风和温度的影响相对较小,且可在接近日出时终凝,而此时的相对湿度较高,因而早

期干燥和开裂的可能性最小。

(3)混凝土的养护

夏季浇筑的混凝土,如养护不当,会造成混凝土强度降低或表面出现塑性收缩裂缝等,因此,必须加强对混凝土的养护。

①在修整作业完成后或混凝土初凝后立即进行养护。

②优先采用麻袋覆盖养护方法,连续养护。在混凝土浇筑后的1~7天,应保证混凝土处于充分湿润状态,并应严格遵守国家标准规定的养护龄期。

③当完成规定的养护时间后拆模时,最好为其表面提供潮湿的覆盖层。

(4)钢梁与钢筋混凝土梁安装工程

高温季节,钢梁和钢筋混凝土梁容易热胀,在安装时应采取避开高温时段、人为降温措施或安排夜间施工等做法,控制梁体变形,防止产生偏差造成梁体内存在不利的结构应力。

(5)无机结合稳定混合料路基、路面

无机结合稳定混合料路基、路面主要包括石灰土、水泥土、石灰粉、粉煤灰稳定类粒料、水泥稳定粒料等。在高温季节施工中,必须注意做好洒水湿润养护工作,防止产生温缩、干缩裂缝,影响路基、路面结构安全。

4. 高温天气施工安全技术交底及安全教育

(1)为了避免意外发生,现场管理安排好工地的防护措施,对工人进行安全技术交底及安全教育,工人必须遵守各项规章制度,坚持以"安全第一"的原则,不能麻痹施工。发现隐患及时上报,解除隐患后方可上岗。尽量做到不伤害自己,不伤害别人,不被别人伤害。

(2)要求从业人员了解高温季节安全施工注意事项,知道高温季节作业的危险性。提高施工人员对高温天气作业的危险源、危险区域的认识及预防、措施的能力。加强对高温天气施工的预防措施,及时了解天气的变化和温度,做好相应的防护。通过现场隐患案例分析,进一步增强施工人员安全意识。

5. 高温季节施工安全注意事项

进入盛夏高温季节,施工现场环境温度高,工作条件相对恶劣,施工人员劳动强度大,易出现过度疲劳、中暑现象。为确保高温季节安全施工,结合往年高温季节施工情况,总结出以下几项重点安全事项:

(1)各队应合理安排作息时间,不得为赶工期随意加班加点,要采取"做两头、歇中间"的方法或轮换作业的办法,避免高温日照暴晒、疲劳作业和防止职工中暑。气温在38℃以上应停止施工。同时应积极主动关心施工人员的身体状况,防止施工过程中因高温天气引发工人中暑和各类生产安全事故,为施工一线人员定时发放绿豆汤、纯净水、西瓜、饮料、藿香正气水、风油精、毛巾等防暑降温物品。各队可根据天气变化情况及时调整作息时间,避开高温时段,趁早晚较为凉爽的时间抓紧施工。

(2)对工人进行防暑降温知识的宣传教育,使职工知道中暑症状。

(3)对在高温季节中暑的人员,首先应将其迅速转移至阴凉通风的地方,解开其衣服,脱掉其鞋子,让其平卧,头部放低,保持患者呼吸畅通;用凉水或50%酒精擦其全身,直到其皮肤发红,血管扩张,以促进散热、降温;对于能饮水的患者应鼓励其多喝凉开水或其他饮料,对于不能饮水者,应将其及时送往医院进行治疗。

(4)施工现场严禁赤膊和穿拖鞋上岗作业,加强对安全防护用品佩戴使用的检查,确保劳动防护措施的真正落实。

(5)遇高温、大雨、雷电和六级以上大风天气时,禁止高处与野外作业。加强暴雨期间(尤其是夜间)对门吊、深基坑和工人宿舍等临时设施的巡查,落实重大安全事故应急救援措施。

(6)定期对临时用电进行检测,每个电器设备必须满足"一机一箱一闸一漏"的要求,配电箱要搭防雨棚;每天下班由电工拉断电源,并巡查施工现场。

(7)厨房应干净卫生,应配有纱门、纱窗,严格做到生、熟食分开。同时要积极落实工地灭蚊蝇、灭鼠、灭蟑螂等措施,每天应对餐具进行高温消毒,确保餐饮卫生,严防食物中毒事件的发生。各类生活垃圾要每天按时清运出场,确保工人饮食健康和有良好的休息环境。

(8)严禁在宿舍内使用电炉、煤炉、燃气灶。施工现场要加强对易燃易爆物品如油漆清涂料、氧气瓶等的管理,严格执行消防制度及监护制度。施工现场必须配备足够的灭火器材,对职工进行灭火器材使用的培训,制定应急措施,消除火灾隐患。

(9)施工现场电焊时在下层火花着落处要设有围板,防止火花扩散,严禁吸烟和使用明火;在使用氧气乙炔瓶过程中应严格遵守安全操作规程,做好防曝晒工作。

(10)暴雨前后对工地基坑沟槽支护状况,工地用电线路、电箱等进行专项检查,发现隐患要整改,保证其完好有效;要严密监控工地围墙、基坑沟槽支护等施工机械的安全状况以及现场排水等情况。

(11)特别是要加强对重大危险源、特种设备等领域的安全监督,从严落实高温气候的日常监控、监督措施。

6.安全用电应注意事项

夏季到来,气温逐渐升高,温度变化大,雨天雷电频发,针对施工现场的实际情况,为防止用电故障发生,请牢记以下安全用电注意事项:

(1)对施工用电中存在的线路老化、破皮处包扎、部分线路接头较多等安全隐患要及时整改,消除施工用电隐患。

(2)临时电源线搭接混乱。在实际施工中,经常会有一些施工机具需要临时搭接电源短时工作,而工地电工往往忽视这类临时负荷的用电安全,贪图方便省事不按规范操作接线。实际检查中发现较多的就是将闸刀开关胶木盖取下后把电源线直接挂在保险丝上,这一方面造成闸刀开关保险丝裸露,容易造成触电事故,另一方面电源搭接点容易氧化,导线发热等。

(3)定期对临时用电进行检测,每个电气设备必须符合"一机一闸一漏一箱"的要求,线路标志要分明,线头引出要整洁,各电箱要有门有锁,有个别配电箱开关罩壳破损的要及时更换。使用中的电气设备应保持良好的工作状态。熔断器的熔体更换时,严禁用不符合原规格熔体或铁丝、铜丝、铁钉等金属体代替使用。

(4)不得在用电设备旁堆放杂物,影响设备散热,容易造成安全隐患。

(5)遇到打雷天气,及时关闭用电设备,切断电源,以免造成设备损坏或造成安全事故。

夏季施工安全用电注意事项

7. 高温季节施工安全控制措施(表8-3)

高温季节施工安全控制措施 表8-3

类别	措施	
充分重视高温酷暑安全生产工作	加强组织领导,落实各项安全责任。高度重视夏季高温期间防暑降温工作,着力增强一线人员的安全生产意识和安全防护能力	
	始终坚持"安全第一、预防为主、综合治理"的安全生产方针,进一步增强职工责任意识,加强安全生产监督检查,防止因高温天气引发工人中暑和各类生产安全事故	
采取有效措施,确保施工人员安全	广泛宣传中暑的防治知识,使职工掌握防暑降温的基本常识	
	心血管器质性疾病,高血压,中枢神经器质性疾病,明显的呼吸、消化或内分泌系统疾病,肝、肾疾病应列为高温作业禁忌症	
	在夏季高温作业中,做好职工防暑降温工作,提供含盐0.3%清凉饮料,消暑降温药品发放要及时到位,教育作业人员不饮生水,保证职工身体健康	
	根据夏季高温施工特点,结合实际,组织编制有针对性的夏季施工方案,采取有效的防暑降温措施,合理安排工作时间,避开中午高温时段高空及露天作业,根据条件在作业场所增设遮阴设施;长时间露天作业的要发遮阳帽,防止作业人员中暑	
	改善作业区、生活区的通风和降温条件,确保作业人员宿舍、食堂、厕所、淋浴室等临时设施符合标准要求和满足防暑降温工作需要	
	加强夏季高温期间施工安全监管	严格加强各类易燃、易爆物品管理,合理配置消防器材,防范火灾、爆炸事故的发生
		现场设安全员,电工负责检查电机械设备及露天架设的线路,防止由于暴晒引起过热、自燃等安全隐患
		在夏季高温期间,项目部管理人员定期到生产现场进行巡回检查,发现有关问题及时进行解决和处理
		高温时段发现有身体不适职工,及时按防暑降温知识及急救方法处理或请医生诊治
	切实做好施工现场的卫生防疫工作,加强对饮用水、食品的卫生管理,严格执行食品卫生制度,避免食品变质引发的中毒事件。要加强对夏季易发疾病的监控,现场作业人员发生传染病、食物中毒时,应及时向有关主管部门报告	
	合理安排夏季高温期间的施工作业时间。根据气温变化及时调整夏季高温作业的劳动和休息时间,减轻作业人员劳动强度,减少高温时段作业时间,严格控制加班加点。气温达到37℃以上时,11:00~15:00应暂停在阳光直射下作业,并安排作业人员午休,每天工作时间原则上不超过8小时,保证作业人员有足够的休息时间	
	着力改善作业人员休息环境。施工现场要严格按照《建筑施工现场环境与卫生标准》(JGJ 146—2004)规定,在落实工地现场临时生活设施建设标准的同时,改善作业人员的生活居住条件。作业人员住宿的活动板房的屋顶要采取降温措施。宿舍要做到洁净、通风,宿舍内应配置电扇或空调,同时加强宿舍的卫生管理,保证作业人员有较好的生活休息环境	
突出重点,开展夏季高温安全生产专项检查	针对夏季施工作业人员易疲劳、易中暑、易发生事故的特点,认真开展安全生产检查,做到防患于未然。认真抓好安全生产责任制等各项规章制度的落实,积极开展自查自纠工作,重点做好防中暑、防触电、防雷击、防食物中毒、防火灾工作	

思考题
1. 冬季施工安全基本要求有哪些？
2. 冬季施工防冻要求有哪些？
3. 高温季节施工如何防止人员中暑？

单元二　雨季、台风天气施工安全

一、雨季施工安全

由于雨期（汛期）施工持续时间较长，而且大雨、大风等恶劣天气具有突然性，因此应认真编制好雨期（汛期）施工的安全技术措施，做好雨期（汛期）施工的各类准备工作。

雨量是用积水的高度来表示的，即假定所下的雨既不流到别处，又不蒸发，也不渗到土里，其所积累的高度。一天雨量的多少称为降水强度。降雨等级的划分见表8-4。

降雨等级的划分　　　　　　　　　　　　　　　表8-4

降雨等级	现象描述	降雨量(mm)	
		一天内总量	半天内总量
小雨	雨能使地面潮湿,局部泥泞	1~10	0.2~5
中雨	雨降到屋顶上有淅沥声	10~25	5.1~15
大雨	降雨如倾盆,落地四溅	25~50	15.1~30
暴雨	降雨比大雨还要猛,能造成山洪暴发	50~100	30.1~70
大暴雨	降雨比暴雨还大,或持续时间长,造成洪涝灾害	100~200	70.1~140
特大暴雨	降雨比大暴雨还大,能造成洪涝灾害	>200	>140

雨期施工安全的基本要求

1. 雨期施工安全的基本要求

（1）不宜在低洼地区施工，不宜进行浸水道路施工。

（2）施工应采取以防汛、防触电、防雷击、防坍塌为重点的安全技术措施。

（3）施工前应建立防汛指挥系统，成立抢险队伍，明确岗位责任，及时掌握天气预报信息，应急物资应到现场。在现场建立完整有效的排水系统，水泵等排水设备应安装就位，并经试运转，确认正常。

（4）砌体施工应采取防雨水冲刷砂浆造成砌体倒塌事故的措施。雷雨天气时不得在高压线路、大树下停留和作业。

雨期施工时，应根据环境状况对临时道路、作业场地、斜道、土坡道等采取防滑措施。施工机械和电动工具作业完毕，应停放在较高的坚实地面上，并应对蛙式夯实机、电焊机等机械的电动机进行覆盖，禁止振动冲击夯、蛙式夯实机等电动机具冒雨作业。雨后必须由电工检测电气设备，确认完好不漏电并记录，方可使用。

（5）必须派人巡视现场，排除积水，消除安全隐患。遇水患等突发事件必须组织抢救，并采取防护措施,保证安全。现场应采取防雷击措施,高耸临时设施和重要库房应设避雷装置。现场应建立施工管理人员值班制度,随时处理安全隐患。

(6)需打开排水检查井和雨水口的井盖(箅)排水时,必须在其周围设牢固的护栏和安全标志,并设专人值守,严禁离开。夜间和天色阴暗时,在该处还需设警示灯。排水结束后,必须立即将井盖(箅)盖牢,拆除相应的防护设施,恢复原地貌。

2. 雨季施工安全施工准备要求(表8-5)

雨季安全施工准备要求 表8-5

要求	具体内容
合理组织施工	根据雨季施工的特点,将不宜在雨季施工的工程提前或者延后安排,对必须在雨季施工的工程制定有效的措施
	晴天抓紧室外作业,雨天安排室内作业
	注意天气预报,做好防汛准备
	遇到大雨、大雾、雷击和6级以上大风等恶劣天气,应当停止进行露天高处、起重吊装和打桩等工作
	暑期作业应当调整作息时间,从事高温作业的场所应当采取通风和降温措施
做好施工现场的排水	根据施工总平面图、排水总平面图,利用自然地形确定排水方向,按规定坡度挖好排水沟,确保施工场地的排水畅通
	应严格按防汛要求,设置连续、通畅的排水设施和其他应急措施,防止泥浆、污水、废水外流或堵塞下水道和排水河沟
	若施工现场临高地,应在高地的边缘(现场的上侧)挖好截水沟,防止洪水进入现场
	雨期前应做好傍山的施工现场边缘的危石处理,防止滑坡、塌方威胁工地
	雨期应设专人负责,及时疏浚排水系统,确保施工现场排水通畅,如图8-4所示
运输道路	临时道路应起拱0.5%,两侧做宽300mm、深200mm的排水沟
	对路基易受冲刷部分,应铺石块、焦渣、砾石等渗水防滑材料,或者设涵管保证路基的稳固
	雨期应指定专人负责维修路面,对路面不平或积水处应及时修好
	场区内主要道路应硬化
临时设施	施工现场的大型临时设施,在雨季前应整修加固完毕,应保证不漏、不塌、不倒、周围不积水,严防水冲入设施内。选址要合理,避开滑坡、泥石流、山洪坍塌等灾害地段。大风和大雨后,应当检查临时设施地基和主体结构情况,发现问题及时处理
	雨季前应清除边沟多余弃土,减轻坡顶压力
	雨后应及时对坑、槽、边坡和固壁支撑结构时进行检查,深基坑应当派专人进行认真测量、观察边坡情况,如果发现边坡有裂缝、疏松、支撑结构折断、走动等危险征兆,应当立即采取措施
	雨季施工中遇到气候突变,发生暴雨、水位暴涨、山洪暴发或因雨发生坡道打滑等情况应当停止土石方机械作业施工
	雷雨天气不得露天使用电力爆破土石方,如中途遇到雷电,应当迅速将雷管的脚线、电线主线两端连成短路
	大风大雨后作业,应当检查起重机械设备的基础、塔身的垂直度、缆风绳和附着结构以及安全保险装置并先试吊,确认无异常方可作业。若使用轨道式塔机,还应对轨道基础进行全面检查,检查轨距偏差、轨顶倾斜度、轨道基础沉降、钢轨不直度和轨道通过性能等

续上表

要求	具体内容
临时设施	落地式钢管脚手架底应当高于地面50mm,并夯实整平,留一定的散水坡度,在周围设置排水措施,防止雨水浸泡脚手架
	遇到大雨、大雾、高温、雷击和6级以上大风等恶劣天气,应当停止脚手架的搭设和拆除作业
	大风、大雨后,要组织人员检查脚手架是否牢固,如有倾斜、下沉、松扣、崩扣和安全网脱落、开裂等现象,要及时进行处理

图 8-4　雨季施工排水措施

3. 雨季分部分项工程安全施工要求(表 8-6)

雨季分部分项工程安全施工要求　　　　　表 8-6

分部分项工程	安全施工要求
土方与地基基础工程的雨季施工	坑、沟边上部不得堆积过多材料,雨期前应清除沟边多余的弃土,减轻坡顶压力
	雨季开挖基坑(槽、沟)时,应注意边沟稳定,在建筑物四周做好截水沟或挡水堤,严防场内雨水倒灌,防止塌方
	雨季雨水不断向土壤内部渗透,土壤内含水率增大,黏聚力急剧下降,土壤抗剪切强度降低,易造成土方塌方,所以,凡雨水量大、持续时间长、地面土壤已饱和的情况下,要及早加强对边坡坡角、支撑等的处理
	土方应集中堆放,并堆置于坑边3m以外;堆放高度不得过高,不得靠近围墙、临时建筑;严禁使用围墙、临时建筑作为挡土墙堆放;若坑外有机械行驶,应距槽边5m以外,手推车应距槽边1m以外
	雨后应及时对坑槽边坡和固壁支撑结构进行检查,深基坑应当派专人进行认真测量,并观察边坡情况,如果发现边坡有裂缝、疏松、支撑结构折断、走动等危险征兆,应立即采取措施
	雨季施工中遇到天气突变,发生暴雨、水位猛涨、山洪暴发或因雨发生坡道打滑等情况,应当停止土石方机械作业施工
	雷雨天气不得露天进行电力爆破土石方,如中途遇到雷雨,应当迅速将雷管的脚线、电线主线两端连成短路
砌体工程的雨季施工	砌块在雨季应集中堆放
	独立墙与迎风墙应加设临时支撑保护,以避免倒墙事故发生
	内外墙要尽可能同时砌筑,转角及丁字墙间的连接要同时跟上
	稳定性较差的窗间墙、砖柱应及时浇注圈梁或加临时支撑,以增强墙体的稳定性
	雨后继续施工,应当复核已完工砌体的垂直度

续上表

分部分项工程	安全施工要求
模板工程的雨季施工	模板的支撑与地基的接触面要夯实,并加垫板,防止产生较大的变形,雨后要检查有无沉降和变形
起重吊装工程的雨季施工	堆放构件的地基要平整坚实,周围应做好排水
	轨道塔式起重机的新垫路基,必须用压路机逐层压实,石子路基要高出周围地面
	应采取措施防止雨水浸泡塔吊路基和垂直运输设备基础,并装好防雷设施
	履带式起重机在雨季吊装时,严禁在未经夯实的泥土或低洼处作业;在雨后吊装时,应先进行试吊
	遇到大雨、大雾、高温、雷击和6级以上大风等恶劣天气,应当停止起重吊装作业
	大风大雨后作业,应当检查起重机械设备的基础、塔身的垂直度、缆风绳和附着结构以及安全保险装置并先试吊,确认无异常方可作业。若使用轨道式塔机,还应对轨道基础进行全面检查,检查轨距偏差、轨顶倾斜度、轨道基础沉降、钢轨不直度和轨道通过性能等
脚手架工程的雨季施工	落地式钢管脚手架应当高于地面50mm,并夯实整平,留一定的排水坡度,在周围设置排水措施,防止雨水浸泡脚手架
	施工层应当满铺脚手板,有可靠的防滑措施,应当设置踢脚板和防护栏杆
	应当设置上人马道,马道上必须钉好防滑条
	应当挂好安全网并保证有效可靠
	架体应当与结构有可靠的连接
	遇到大雨、大雾、高温、雷击和6级以上大风等恶劣天气,应当停止脚手架的搭设和拆除作业
	大风、大雨后,要组织人员检查脚手架是否牢固,如有倾斜、下沉、松扣、崩扣和安全网脱落、开裂等现象,要及时进行处理
	在雷暴季节,还要根据施工现场情况给脚手架安装避雷针
	搭设钢管扣件式脚手架时,应当注意扣件开口的朝向,防止雨水进入钢管使其锈蚀
	悬挑架和附着式升降脚手架在汛期来临前要有加固措施,将架体与建筑物按照架体的高度设置连件或拉结措施

4. 雨季施工机械设备使用、用电与防雷要求(表8-7)

雨季施工机械设备使用要求　　　　　　　　　　　表8-7

雨季施工的机械设备使用		机电设备应采取防雨、防淹措施,安装接地装置
		在大雨后,要认真检查起重机械等高大设备的地基,如发现问题要及时采取加固措施
	雨季施工的塔式起重机的使用	自升式塔吊有附着装置的,在最上一道以上自由高度超过说明书设计高度的,应朝建筑物方向设置两根钢丝绳拉结
		自升式塔吊未附着的,但已达到设计说明书最大独立高度的,应设置4根钢丝绳对角拉结
		拉结应用$\phi 15$以上的钢丝绳,拉结点应设在转盘以下第一个标准节的根部,拉结点处标准节内侧应采用大于标准节角钢宽度的土方支撑,以防拉伤塔身钢结构;4根拉结绳与塔身之间的角度应一致,控制在45°~60°;钢丝绳应采用地锚、地锚筐固定或与建筑物已达到设计强度的混凝土结构联结等形式进行锚固;钢丝绳应有调整松紧度的措施,以确保塔身处于垂直状态

续上表

雨季施工的机械设备使用	雨季施工的塔式起重机的使用	塔身螺栓必须全部紧固，塔身附着装置应全面检查，确保无松动、无开焊、无变形
		严禁对塔吊前后臂进行固定，确保自由旋转。塔机的避雷设施必须确保完好有效，塔吊电源线路必须切断
	雨期施工的龙门架和施工用电梯的使用	有附墙装置的龙门架(井字架)物料提升机和施工用电梯，应采取措施强化附墙拉结装置
		无附墙装置的物料提升机，应加大缆风绳及地锚的强度，或设置临时附墙设施等做加固处理
	雨天不宜进行现场的露天焊接作业	
雨季施工用电	各种露天使用的电气设备应选择较高的干燥处放置	
	机电设备(配电盘、闸箱、电焊机、水泵等)应有可靠的防雨措施，电焊机应加防护雨罩	
	雨季前应检查照明和动力线有无混线、漏电，电杆有无腐蚀、埋设是否牢靠等，防止触电事故发生	
	雨季要检查现场电气设备的接零、接地保护措施是否牢靠，漏电保护装置是否灵敏，电线绝缘接头是否良好	
	暴雨等险情来临之前，施工现场临时用电除照明、排水和抢险用电外，其他电源应全部切断	
	雨季施工到来之前，应对现场每个配电箱、用电设备、外敷电线、电缆进行一次彻底的检查，采取相应的防雨、防潮保护	
	配电箱必须防雨、防水，电器布置符合规定，电器元件不应破损，严禁带电明露。机电设备的金属外壳，必须采取可靠的接地或接零保护	
	外敷电线、电缆不得有破损。电源线不得使用裸导线和塑料线，也不得沿地面敷设，防止因短路造成起火事故	
	雨季到来前，应检查手持电动工具漏电保护装置是否灵敏。工地临时照明灯、标志灯，其电压不超过36V。特别潮湿的场所以及金属管道和容器内的照明灯不超过12V	
	阴雨天气，电气作业人员应尽量避免露天作业	
雨季施工防雷	防雷装置的设置范围	施工现场高出建筑物的塔吊、外用电梯、井字架、龙门架以及较高金属脚手架等高架措施，如果在相邻建筑物、构筑物的防雷装置保护范围以外，在表规定的范围内，则应当按照规定设防雷装置，并经常进行检查，见表8-8
	防雷装置的构成及制作要求	施工现场的防雷装置一般由避雷针、接地线和接地体三部分组成
		避雷针，装在高出建筑物的塔吊、人货电梯、钢脚手架等的顶端。机械设备上的避雷针(接闪器)长度应当为1~2m
		接电线，可用截面积不小于16mm²的铝导线，或用截面积不小于12mm²的铜导线，或者用直径不小于φ8的圆钢，也可以利用该设备的金属结构体，但应当保证电气连接
		接地体，有棒形和带形两种。棒形接地体一般采用长度1.5m、壁厚不小于2.5mm的钢管或5mm×50mm的角钢，将其一端垂直打入地下，其顶端离地平面不小于50cm。带形接地体可采用截面积不小于50mm²、长度不小于3m的扁钢，平卧于地下500mm处
		防雷装置的避雷针、接地线和接地体必须焊接(双面焊)，焊缝长度应为圆钢直径的6倍或扁钢厚度的2倍以上
		施工现场所有防雷装置的冲击接地电阻值不得大于30Ω

	续上表
雨季施工防雷	闪电打雷的时候,严禁连接导线,并应停止露天焊接作业
	雨季到来前,塔式起重机、外用电梯、钢管脚手架、井字架、龙门架等高大设施,以及在施工的高层建筑工程等应安装可靠的避雷设施
	塔式起重机的轨道,一般应设两组接地装置;对较长的轨道应每隔20m补做一组接地装置
	高度在20m及以上的井字架、门式架等垂直运输的机具金属构架上,应将一侧的中间立杆接高,高出顶端2m作为接闪器,在该立杆的下部设置接地线与接地极相连,同时应将卷扬机的金属外壳可靠接地
	在施高大建筑工程的脚手架,沿建筑物四角及四边利用钢脚手本身加高2~3m做接闪器,下端与接地极相连,接闪器间距不应超过24m。如施工的建筑物中都有突出高点,也应做类似避雷针。随着脚手架的升高,接闪器也应及时加高。防雷引下线不应少于两处
	雷雨季节拆除烟囱、水塔等高大建(构)筑物脚手架时,应待正式工程防雷装置安装完毕并已接地之后再进行
	塔式起重机等施工机具的接地电阻应不大于4Ω,其他防雷接地电阻一般不大于10Ω
雨季施工防坍塌	暴雨、台风前后,应检查工地临时设施,脚手架、机电设备有无倾斜、基土有无变形、下沉等现象,发现问题及时修理加固,有严重危险的,应立即排除
	雨季中,应尽量避免挖土方、管沟等作业,已挖好的基坑和沟边应采取挡水措施和排水措施
	雨后施工前,应检查沟槽边有无积水,坑槽有无裂纹或土质松动现象,防止积水渗漏,造成塌方
防火要求	雨季中,生石灰、石灰粉的堆放应远离可燃材料,防止因受潮或雨淋产生高热引起周围可燃材料起火
	雨季中,稻草、草帘、草袋等堆垛不宜过大,垛中应留通气孔,顶部应防雨,防止因受潮、遇雨发生自燃
	雨季中,电石、乙炔瓶、氧气瓶、易燃液体等应在库内或棚内存放,禁止露天存放,防止因受雷雨、日晒发生起火事故

5. 施工现场内机械设备需要安装防雷装置的规定

施工现场内机械设备需要安装防雷装置的规定　　　　表8-8

地区平均雷暴日(d)	机械设备高度(m)
≤15	>50
>15,<40	>32

二、台风天气施工安全

台风是一种突发性强、破坏力大的自然灾害,对施工现场人身及设备安全构成很大威胁。因此防御台风并降低其对工程施工的危害是项目部的重要职责。台风天气施工安全具体措施见表8-9。

台风天气施工安全措施　　　　表8-9

台风天气施工的基本要求	台风暴雨季节应提前做好防台风、暴雨的各项技术准备工作和相应的物资准备,随时注意气象预报。台风来临前由项目部组织一次安全检查
	塔吊、施工电梯、井架等施工机械,要采取加固措施。塔吊吊钩收到最高位置,吊臂处于自由旋转状态
	在建工程作业面和脚手架上的各种材料应堆放、绑扎固定,以防止被风吹落伤人
	施工临时用电除保证生活照明外,其余供电一律切断电源

续上表

台风天气施工的基本要求		做好工地现场围墙和工人宿舍生活区安全检查,疏通排水沟,保证现场排水畅通
		台风、暴雨后,应进行安全检查,重点是施工用电、临时设施、脚手架、大型机械设备,发现隐患,及时排除
	对于特大台风、暴雨要做的工作	成立防台风、暴雨领导小组,安排人员值班
		密切与上级部门保持联系,随时掌握台风动向
		对工人宿舍要进行加固,确保安全,对可能吹倒或吹翻顶部的宿舍,要提前安排工人至其他安全可靠场所
		若出现险情应及时报告上级部门并组织人员进行抢险
		台风、暴雨过后,应组织人员进行检查,将台风、暴雨造成的影响和损失报告上级部门
台风前的准备		做好防台风前期准备,施工期间安全环保部密切注意天气预报,有何异常及时跟领导汇报,且要与有关单位密切联系,确保信息传递的可靠性,做好汛情防范工作
		当出现险情时,项目部的有关人员必须及时到位,并针对实际情况采取相应的防护和加固措施
		配备足够的防汛材料和设备,包括潜水泵、塑料薄膜、彩条布、雨衣等
		台风到来前,应停止高处作业
		检查各排水管、排水渠的通畅,使排水畅通,严禁积水过多
		露天怕潮湿的材料、设备应搭设防雨棚,或者搬运到仓库防水
		台风前需要提前检查各施工工棚、操作室、仓库、宿舍等区域的易吹散情况,发现漏水位置,立即组织整改
		高度在20m及以上的脚手架、机具等均应设置避雷针,避雷针的接地电阻不得大于10Ω,并与电房的接地网连接
		台风暴雨来临之前,由机电部门组织相关部门、班组对施工现场的电焊机、电箱、龙门吊等用电机具以及避雷针做接地电阻试验,并做好记录
		暴雨、台风、防洪、汛期后,应对工地大门的泡沫板围墙、黑旋风操作平台、焊工加工棚、机电维修棚、龙门吊设备、搅拌站罐体、办公楼、居住区临建设施、脚手架、机电设备、电源线路、缆风绳、地锚等进行检查并及时修理加固,有严重危险的应立即排除险情
		现场施工便道以及脚手架、跳板和走道,应及时清除积水及采取防滑措施
		要提前加强相关人群的安全教育和提前告知,确保在灾害性天气来临前安全防范措施得到有效落实,做到有备无患
		立即暂停大型起重机械设备使用及有关的安装、顶升、拆除作业,重点检查设备基础、附墙装置、缆风绳以及主要金属结构的紧固连接情况,保持设备基础排水通畅
		全面清理脚手架上的建筑材料、建筑垃圾以及架体外张设的各类广告牌、宣传标语等附属设施、物品,必要时要临时卸除脚手架安全网,减少风荷载,确保脚手架整体稳定性
台风来临期间的措施		灾害性天气停工期间,要加强作业人员的安全管理,安排好人员的正常生活,防止发生社会治安事件和投诉上访事件。要严格实行建筑工地和作业区域的封闭管理,防止外来人员进入
		对施工现场尚未完成施工的部位,如:打桩施工后形成的桩孔,尚未完成安装的钢结构构件,正在搭设的机械设备、设施,建筑施工形成的临边洞口等,要及时采取回土填以及临时固定、支撑、围护等安全措施,设置警示标志,防止发生意外

续上表

做好现场的排水系统	施工现场四周的排水沟内垃圾清理干净,保证雨水能通畅地排往城市地下管道
	在生活区、钢筋加工场、周转料具堆场、仓库、机棚以及大型机械基础周边设置排水沟,防止雨水堆积
	施工场地内道路两旁要做好排水沟,排水沟与总排水沟相通,并向排水方向找坡,确保路面不积水
	对于工地内地面最低点、隧道蓄水点,在台风来临前,及时用潜水泵抽干积水,并监控好积水情况,积水过多时及时抽干积水
机电设备检测与防护	机电设备的电闸要采取防雨、防潮措施,并应安装接地保护装置,以防漏电、触电
	对外脚手架尤其是附墙点及施工电梯、塔吊等设备进行检查加固
	加强施工电缆、电线的检查加固,对台风暴雨期间不使用的电器设备,将其电源全部切断
	机动电掣箱要有防雨措施,漏电保护装置要安全可靠
	现场所有用电设备,如闸箱、输电线路等均做好相应的防雨防潮措施,并符合用电安全规则,保证安全用电。大型机械设备及脚手架应设置好防护措施
施工材料	现场的施工材料及防护材料,如水泥要垫高码放并要通风良好,以防受潮
	现场设备、材料避免堆放在低洼处,露天存放的垫高加彩条布盖好。堆在现场的零星材料要归堆固定好
	临时设施检修:对工人宿舍、办公室等进行全面检查,对危险建筑物应进行全面翻修加固
防台风预案	布置防台风工作,项目经理应根据台风的风力大小预报,必要时拆除部分密目网,卸除部分风载,确保外脚手架安全
	台风到来后应停止一切施工作业,切断施工电源
	项目部在台风来临前应加强对外脚手架的巡查,逐个查看各个杆件之间的连接是否牢固,密目网是否绑扎牢固,连墙件是否锁牢
	对各楼层的堆放材料进行全面清理,在堆放整齐的同时必须有可靠的压重和固定,防止台风来到时将材料吹散
	台风期间,如风力很大,住在临设中的工人全部撤离,搬至在建建筑物中进行住宿,并派专人进行统一管理。住宿的楼层房间做好相应防风、防雨的措施,确保人员的安全
台风后的技术措施	台风过后应对脚手架、塔吊、施工电梯等设施认真检查,发现问题整改加固并经专业人员检查合格后方可投入使用
	认真检查现场各种用电设施是否完好,确保不受水淹时方可投入使用。如发现被水浸泡或受潮,必须重新测试
	认真检查生活区及办公区板房是否牢固,现场钢筋加工棚等是否安全,如发生不安全因素需处理后方可进入
	灾害性天气过后,项目管理人员要开展全面、细致的安全检查,做好有关设备、设施的检修、维护和调试工作,确保安全隐患彻底消除后,方可恢复施工。切不可在未检查或者只是觉得设备看上去没有损坏而贸然恢复施工,防止设备被强风和降雨损坏或者松动造成人员伤亡。台风带来的强降雨可能对于一些施工工期比较紧张的工程带来较大的影响,但是决不能因为要赶工期而冒险在台风这种恶劣的天气里工作,否则很有可能得不偿失,人财两空
台风天气安全交底	台风到来前进行全面检查,及时收听天气预报,加强台风天气施工时的信息反馈工作,并及时做好防范措施

续上表

台风天气安全交底	对堆放的材料进行全面清理,在堆放整齐的同时必须进行可靠的固定,防止台风将材料吹散及砸伤人
	对所有工棚及临时屋进行检查,未加固的四角用防风绳进行固定,屋顶用沙袋加重,防止被台风掀翻
	台风到来时,所有施工人员应进入建筑物躲避,不能处在有安全隐患的位置,如搅拌站、龙门吊、钢筋棚、模板堆放区等位置,防止坠物伤人
	台风来临时,所有电气设备要拉闸断电,并做好加固工作。施工人员远离电线杆、配电箱、电线等物,防止电击伤害
	台风来临之前检查龙门吊制动装置,行走钢轮下用木楔塞住,做好龙门吊的固定工作
	台风到来时各机械停止操作,人员停止施工
	台风过后对各机械和安全设施进行全面检查,没有安全隐患时方可恢复施工作业

思考题

1. 如何防止雨季施工发生坍塌事故?
2. 在台风来临期间如何进行机电设备检测与防护?

单元三 夜间及雾霾天气施工安全

一、夜间施工安全

夜间施工光线不好,人员注意力不集中,特别容易诱发安全事故,如果工程必须在夜间开展施工,就必须做好夜间施工管理的各项工作。夜间施工安全具体措施见表8-10。

夜间施工安全措施 表8-10

夜间施工安全的基本要求		夜间施工时,现场必须有符合操作要求的照明设备。施工驻地要设置路灯
		施工中的小型桥涵两侧及穿越路基的管线等临时工程,应设置围栏,并悬挂红灯示警标志
		大型桥梁攀登扶梯处应设有照明灯具
		夜间作业船只或在通航江河上长期停泊的锚船、码头船等应按港航监督部门规定,配置齐全的夜航、停泊标志灯,船只停靠码头应设照明灯。夜间作业船只如图8-5所示
夜间施工组织措施		非特殊原因不得夜间作业,若确需夜间作业,必须经项目分管安全领导同意,并将参与施工的所有人员名单及施工管理人员联系电话书面上报项目部工程技术科
	夜间施工必须参加的人员	管理人员:项目部桥梁工程师、桥梁一队分管项目副经理、项目总工、桥梁一队施工员、安全员、施工班组长
		特种设备作业人员:吊车驾驶员、吊车指挥员、挖掘机驾驶员
		特种作业人员:电工、模板工、架子工
		一般操作人员:浇筑工、水泥罐车司机

续上表

夜间施工组织措施		各参与施工人员必须恪尽职守、严守规程、令行禁止、步调一致
		管理人员做好施工前的准备工作、安全确认、隐患排查、施工工序安全质量控制、收尾工作,清点所有参加施工的人员
		管理人员加强施工信息交流,及时发现施工进程中的安全问题,查找质量隐患,防止因质量事故引发安全事故
		各岗位人员按职责进行设备、工具、线路、环境的安全检查,确保夜间施工安全
		各管理人员及各工种对所属起重、高处、电气、机械等措施进行落实后方可进行夜间施工作业
夜间安全施工前的准备工作	编制夜间施工组织设计	夜间施工组织设计,一般应在开工前编审完毕
	组织好夜间施工安全教育培训	应根据夜间施工地的特点,重新调整好机构和人员,并制定好岗位责任制,加强安全生产管理
		主要应当加强照明、防火等,并充实相应的人员
		对相关人员组织专门的技术业务培训,学习相关知识
		相关人员明确岗位责任,经考核合格方可上岗
	物资准备	物资准备的内容如下:照明器具、防火设备
	施工现场的准备	夜间施工时,现场必须有符合操作要求的照明设备,施工地要设置路灯
		施工中小型桥涵两侧及穿越路基的管线等临时工程,应设置围栏,并悬挂红灯警标志
		大型桥梁攀登扶梯处应设有照明灯具
		夜间作业船只或在通航江河上长期停置的锚船、码头船等应按港航监督部门规定,配置齐全的夜航、停泊标志灯。船只停靠码头应设照明灯
夜间安全作业管理		夜间施工照明采用3.5kW的投光灯,设置若干个,固定在塔吊塔身或专门的独立灯架上。局部夜间施工照明采用临时的碘钨灯,随用随设,确保夜间施工照明和施工安全
		夜间施工时间安排一般不得超过23:00,夜间施工一般只安排噪声小的工作,如钢筋的绑扎等。如施工噪声可能超出限值,应向建设行政主管部门和环保部门申报,核准后方能施工
		夜间施工要注意安全,严禁操作人员酒后作业,作业前由班组长对所有人员进行安全交底
		夜间施工应有安全人员跟随值班,对作业现场安全防护设施进行全面检查
		加强工人的安全生产教育培训工作,提高工人的安全技术水平和安全意识,杜绝违章指挥、违章作业和违反劳动纪律等现象发生
夜间施工的安全保证措施		充分考虑施工安全问题,不安排交叉施工的工序同时在夜间进行
		施工现场设置明显的交通标志、安全标牌、护栏、警戒灯等标志。保证行人、施工机械和施工人员的施工安全
		做好夜间施工防护,在作业地点附近设置警示标志,悬挂红色灯,以提醒行人和驾驶员注意,并安排专人值守
		夜间施工用电设备必须有专人看护,确保用电设备及人身安全
		夜间天气恶劣的情况下严禁施工作业
		夜间施工时,各项工序或作业区的结合部位要有明显的发光标志。施工人员需穿反光警示服

续上表

夜间施工的 安全保证措施	各道工序夜间施工时除当班的安全员、质检员必须到位外,还要建立质安主管人员巡查制度,发现问题必须立即解决
	实施具有重大危险源的工程项目时,必须根据重大危险源的应急救援预案措施,做好随时启动应急预案的准备
	夜间施工时,做到晚交班早点名制度,应根据作业内容,制定周密的安全措施,进行针对性的安全技术交底,责任落实到人
	所有参加夜间施工的作业人员必须认真贯彻夜间作业安全措施,安检人员进行监督、检查落实;尽量避免同一作业范围内安排交叉施工的工序同时在夜间进行,如确需交叉施工时,必须细化作业范围,采取防止交叉施工安全问题的针对性措施
	施工现场设置明显的交通标志、安全标牌、警戒灯等标志,标志牌具备夜间荧光功能,保证施工机械和施工人员的施工安全
	在人员安排上,夜间施工人员白天必须保证睡眠,不得连续作业
	施工处各部门建立夜间施工领导值班和交接班制度,加强夜间施工管理与调度。在施工处设置夜间值班室;在施工现场安排现场值班室
安全技术 保证措施	夜间施工时,工器具、设备(施工车辆、发电机等)悬挂具有反光的黄色标志牌。
	进入作业现场所有人员必须穿反光防护服装
	雷雨、大风天气禁止夜间作业,禁止夜间高空作业,禁止夜间涉水作业
	夜间作业人员配备有效的照明设备、通信设备;现场作业点采用日光色镝灯作为主要照明灯具,在场地适当位置装足够的照明设备,保证整个施工场地均有较好的照明,保证夜间施工有良好的照明条件
	施工中的深基坑、开挖沟槽等临时工程,应设置围栏,行人、车辆等交通要道必须设置反光警示、悬挂红灯警示标志
	做好夜间施工防护,在危险地段作业附近设置警示标志,以提醒行人和驾驶员注意,必要时并安排专人值守
夜间施工的 环境保护措施	夜间施工现场周围有噪声敏感区域,要取得居民的谅解;使用机械时尽量选择低噪声的设备,必须采用大噪声的设备时,必须采用降噪措施
	在居民区附近进行夜间施工时必须了解当地相关部门对建筑工地监督管理的规定,如需办理夜间施工许可证时,必须提前办理手续

图 8-5 夜间作业船只

二、雾霾天气施工安全

雾霾天气是一种大气污染状态,雾霾是对大气中各种悬浮颗粒物含量超标的笼统表述,尤其是PM2.5(粒径小于2.5μm的颗粒物)被认为是造成雾霾天气的"元凶"。雾霾的源头多种多样,如汽车尾气、工业排放、建筑扬尘、垃圾焚烧等。雾霾施工如图8-6所示。

图8-6 雾霾施工

按照《中华人民共和国突发事件应对法》有关规定,依据空气质量预测结果,综合考虑空气污染程度和持续时间,将空气重污染预警分为4个级别,由轻到重依次为蓝色预警(预警四级)、黄色预警(预警三级)、橙色预警(预警二级)和红色预警(预警一级)。

(1)蓝色预警(预警四级):预测空气重污染将持续1天(24小时)。

(2)黄色预警(预警三级):预测空气重污染将持续2天(48小时)。

(3)橙色预警(预警二级):预测空气重污染将持续3天(72小时)。

(4)红色预警(预警一级):预测空气重污染将持续3天以上(72小时以上)。

其中针对施工工地的应急措施如下:

(1)蓝色预警(预警四级)

建议性应急措施:对施工工地、裸露地面、物料堆放等场所加大扬尘控制措施力度。

(2)黄色预警(预警三级)

建议性应急措施:对施工工地、裸露地面、物料堆放等场所加强扬尘控制措施和强制性应急措施;停止土石方、建筑拆除等施工作业。

(3)橙色预警(预警二级)

强制性应急措施:停止土石方、建筑拆除、混凝土浇筑、建筑垃圾和渣土运输、喷涂粉刷等施工作业;对施工工地、裸露地面、物料堆放等场所采取防尘措施;建筑垃圾和渣土运输车、混凝土罐车、砂石运输车等重型车辆禁止上路行驶。

(4)红色预警(预警一级)

强制性应急措施:建筑垃圾和渣土运输车、混凝土罐车、砂石运输车等重型车辆禁止上路行驶。施工工地停止室外施工作业。

1. 雾霾天气施工防护措施

(1)成立雾霾应急指挥小组、气象信息小组,确定分包责任人,当遇雾霾时进行统一的预防治理。提前做好局部乃至全面停工的应急预案。

(2)前期施工阶段,对施工道路、料场等进行硬化,降低裸土面积,对裸露场地和集中堆放的土方采取覆盖措施,对建筑施工区域采取覆盖绿化等措施,施工现场出口应设置洗车槽。

(3)土方作业阶段,运送土方、垃圾、设备及建筑材料等,不污损场外道路。运输容易散落、飞扬、流漏的物料的车辆,采取全面覆盖密目网的措施,以减少扬尘,土方运输车辆采用全封闭车斗,保证车辆清洁,采取洒水、覆盖等措施,达到作业区目测扬尘高度小于1.5m,不扩散到场区外的要求。达不到要求暂停土石方开挖、运输作业。

(4)结构施工、安装装饰装修阶段,作业区目测扬尘高度小于0.5m。对易产生扬尘的堆放材料应采取覆盖措施;对粉末状材料应封闭存放,场区内可能引起扬尘的材料降尘措施,如覆盖、洒水等,浇筑混凝土前清理灰尘和垃圾时尽量使用吸尘器,避免使用吹风器等易产生扬尘的设备;机械剔凿作业时可用局部遮挡、掩盖、水淋等防护措施;高层建筑清理垃圾应搭设封闭性临时专用道或采用容器吊运。

(5)施工现场非作业区达到目测无扬尘的要求。对现场易飞扬物质材料仓库采用全封闭库房,针对性采取有效措施,如洒水、地面硬化、围挡、密网覆盖、封闭等,防止扬尘产生。

(6)机械设备与机具,定期保养机械设备,减少废气排放,控制空气污染。机械拆除前,做好扬尘控制计划。

(7)建筑垃圾控制。对现场废物处理进行监控,每天进行不少于两次的全场清理,主要针对可能增加扬尘的材料、废物;对施工现场生活区设置封闭式垃圾容器,施工场地生活垃圾实行袋装化,及时清运。对建筑垃圾进行分类,并收集到现场封闭式垃圾站,集中运出。

(8)制定综合应对雾霾天气的专项应急预案。应对严重的雾霾天气,很重要的一点是制定综合应对雾霾天气的专项应急预案。联合开展雾霾天气影响的研究,并在此基础上先做好顶层设计,使预案内容精细化、人性化和公众化,真正制定出操作性强的综合应对雾霾灾害的部门联动专项应急预案,明确各部门应对措施,有效应对不利影响。

(9)加强人员的培训教育宣传工作,聘请检测公司到现场测试空气质量,对检查发现问题区域,分析原因,制定控制措施。

2.雾霾天气工人防护措施

(1)施工人员作业时需戴口罩,这样可以有效防止粉尘颗粒进入体内。

(2)雾天必须停止起重作业、高空作业等危险性较高的施工;要停止使用噪声大的施工设备。

(3)封闭道路并设立相关警示牌,在车辆确实需要通过时,安质环保部门要安排人员现场指挥车辆缓慢行驶。

1.夜间施工组织措施有哪些?
2.我们国家依据空气质量预测结果,综合考虑空气污染程度和持续时间,将空气重污染预警分为4个级别,由轻到重依次为蓝色预警(预警四级)、黄色预警(预警三级)、橙色预警(预警二级)和红色预警(预警一级),请说明每一级所对应的污染持续时间。
3.雾霾天气工人采取的防护措施有哪些?

【任务实施】

实训任务1　应急管理

1. 实训目的

熟悉应急预案的编制；

能组织应急演练。

2. 实训内容

实训日期：

实训班级：

成员组成：

实训成绩：

(1)编写防火灾事故应急预案。

步骤1：成立工作组。

结合本单位部门职能分工，由项目经理组织，项目总工程师会同各部门编制，明确编制人员、职责分工，制订工作计划。

步骤2：资料收集。

收集应急预案编制所需的各种资料。

步骤3：危险源与风险分析。

在危险因素分析及事故隐患排查、治理的基础上，确定本单位的危险源、可能发生事故的类型和后果，进行事故风险分析并指出事故可能产生的次生事故，形成分析报告，将分析结果作为应急预案的编制依据。

步骤4：应急能力评估。

对本单位应急装备、应急队伍等应急能力进行评估，并结合本单位实际，加强应急能力建设。

步骤5：应急预案编制。

针对可能发生的事故，按照有关规定和要求编制应急预案。应急预案编制过程中，应注重全体人员的参与和培训，使所有与事故有关人员均掌握危险源的危险性、应急处置方案和技能、应急预案充分利用的社会应急资源，与地方政府预案、上级主管单位以及相关部门的预案相衔接。

步骤6：应急预案的评审与发布。

评审由本单位主要负责人组织有关部门人员进行。外部评审由上级主管部门或地方政府负责安全管理的部门组织审查。评审后，按规定报有关部门备案，并将生产经营单位主要负责人签署发布。

(2)以班级为单位组织全班同学进行消防应急演练。

步骤1：教师组织学生认真学习消防应急演练实施方案，指导学生编制消防应急演练方案,制订消防应急演练计划。

步骤2:参演学生编写应急演练脚本。

步骤3:班长发布应急演练通知。

步骤4:班委成员组织开展应急演练。①现场用少量木材浇汽油进行点燃。②现场目击者呼救,同时打电话给项目负责人,说清楚事情发生的具体地点、燃烧物、目前火势情况。③项目负责人接到电话后,第一时间拨打119,讲清起火单位、所在地区、街道、房屋门牌号码、起火部位、燃烧物、火势大小、报警人姓名以及电话号码,同时必须告知工程附近醒目标志建筑物,以便消防队员迅速判断方位。④项目负责人报警后,通知现场应急相关人员赶赴现场,组织并参与灭火救人。⑤消防逃生演练。演练学生分别从安全出口处疏散,按规定路线,从指定安全出口引导人员有序逃生,避免拥挤摔倒现象发生;撤离人员用湿毛巾等物品捂住口鼻,弯腰从火场撤出;学生按照指令疏散至开阔安全地点,列队清点人数。

步骤5:填写应急演练记录。

步骤6:应急演练评价与总结。

实训考评

成绩考核表见下表。

模块八实训任务1成绩考核表

序号	考核内容	所占分值	自评评分	小组评分	教师评分
1	是否按要求完成了实训内容	20			
2	是否会编写防火灾事故应急预案	25			
3	是否会组织实施火灾应急预案	25			
4	实训态度	10			
5	团队合作	10			
6	扩展知识	10			
	小计				
	总评(取小计平均分)				

实训任务2 急救应用

1. 实训目的

熟悉现场突发紧急事件的急救处理方法。

2. 实训内容

实训日期:

实训班级:

成员组成:

实训成绩:

(1)现场演练止血急救。

步骤1:准备材料,如绷带(或手帕、毛巾)、创可贴、红色墨水、纱布、止血带(粗绳或橡皮筋)等。

步骤2:一位同学饰演伤员,用红色墨水涂在小臂上,其他同学进行止血操作。

步骤3:按视频演示进行实训操作。

(2)演练骨折急救。

步骤1:准备材料,如硬木板、绷带、棉布等。

步骤2:按视频演示进行实训操作。

(3)触电应急抢救(心肺复苏急救)。

步骤1:发现有人触电,事故现场人员立即关掉电闸或拔掉插头,尽快用绝缘材料(如干燥的木棍、橡胶棒等)使触电者脱离电源,并打电话通知安全负责人。

步骤2:立即拨打120急救电话,并把伤者放在坚硬地面躺平。

步骤3:将伤者头部仰起,使其下颌角与耳垂连线垂直地面,打开气道确保呼吸无阻。

步骤4:心肺复苏。①一位同学饰演伤员,一位同学饰演事故发现者,拨电话呼救120,上报负责人等;②拍打伤员肩部并大声呼叫,观察伤员有无应答;③其他同学为伤员实施心肺复苏。

(4)中暑应急抢救。

步骤1:准备材料,如温度计、毛巾、水、风油精、淡糖盐水。

步骤2:把中暑人员转移到阴凉处,为其扇风散热。

步骤3:用体温计测量伤者体温,高于37℃为发热。

步骤4:用湿毛巾敷其颈部、腋窝、大腿根部、腹股沟等处为其降温。

步骤5:将风油精擦在其额头或太阳穴处帮助其降温,用大拇指按压其人中、合谷穴部位,帮助其苏醒。

步骤6:苏醒后,喝淡盐水补充水分。

实训考评

成绩考核表见下表。

模块八实训任务2 成绩考核表

序号	考核内容	所占分值	自评评分	小组评分	教师评分
1	是否按要求完成了实训内容	20			
2	是否掌握触电事故急救措施	15			
3	是否掌握心肺复苏操作	15			
4	是否掌握止血操作	10			
5	是否掌握骨折急救操作	10			
6	实训态度	10			
7	团队合作	10			
8	扩展知识	10			
	小计				
	总评(取小计平均分)				

模块九 MODULE NINE
公路工程安全检查验收与资料编制

知识目标

1. 了解安全检查的具体内容与其发挥的作用;
2. 掌握施工安全验收的具体程序以及对隐患的控制和处理;
3. 了解施工安全资料归档的主要内容。

技能目标

1. 根据相关标准进行施工现场安全检查和验收;
2. 会编制公路工程安全档案资料。

建议课时:6 课时。

案例导入

20××年×月×日上午,项目部召开生产调度会,布置南锚碇沉井第九节接高施工任务,项目部常务副经理、总工、副经理、安全总监,工程技术部、生产管理部、安全管理部、质量环保部等部门负责人及施工队伍现场负责人参加会议。来安华新公司现场负责人陈某文和江苏瀚盛公司现场负责人叶某峰在会上提出,是否能不拆除劲性骨架直接浇筑混凝土,项目部未予明确答复。

×月13日,开始沉井第九节接高钢筋模板安装施工。

×月20日,沉井第九节钢筋节段已全部安装到位,模板安装完成约44%。6月21日下午,来安华新公司陈某文安排施工,钢筋班组自北向西拆除已安装模板作业区域内的劲性骨架,此时,模板未闭合,缆风绳和型钢桁架等模板固定措施也没有安装。(据事故后勘察,沉井西侧约65m长度范围的7个钢筋节段,从西北角起北侧约28m长度范围的3个钢筋节段内的劲性骨架立柱支腿均被割除,从西北角起西侧约 39m 长度范围内的劲性骨架水平联系杆被拆除。)

×月 22 日,项目部下达的工作任务为模板安装、加固和顶面钢筋绑扎。中午下班前,第九节模板安装完成约 80%,来安华新公司负责的南侧半幅、北侧半幅模板已全部安装到位,西侧还剩 16 块模板未安装。14:00 左右,工人进场施工,在西侧施工场地,按照来安华新公司陈某文安排,秦某才组织木工班组 8 人,在第九节作业平台安装模板和走道板;谢某高组织钢筋班组 10 人,在第九节作业平台和钢筋节段内绑扎钢筋、穿模板拉杆和拆劲性骨架水平杆;信号司索工王某奎在最上层作业平台指挥工地西侧塔吊。约 14:24,王某奎指挥塔吊驾驶员将一块 4m 高模板吊到钢筋节段外侧靠西南端位置,模板就位后,作业平台上的工人用螺栓紧固。约 14:35,井壁西侧模板系统中部偏北处率先出现失稳,瞬间向外倾覆坍塌,带动南北两侧模板整体向井孔内倾覆,并将靠近北端的梯笼挤倒。坍塌过程持续约 15s。共有 15 名工人(来安华新公司 13 人、江苏瀚盛公司 2 人)随坍塌的模板体系坠落至地面,或被挤压在坍塌的模板和钢筋节段中。

根据案例,请大家想一想:

(1)案例中事故发生的原因是什么?

(2)安全检查的主要内容有哪些?

(3)通过本案例我们应汲取怎样的事故教训?

案例分析

1. 事故原因

(1)直接原因

沉井第九节钢筋模板安装施工,在未设置缆风绳和型钢桁架的情况下,提前割断沉井西侧(约 65m 长度范围内)和北侧(约 28m 长度范围内)钢筋节段内的劲性骨架立柱支腿,造成西侧长 73m、高 7m 的模板和钢筋节段平面外稳固性严重不足,在当时水平风荷载(东南向阵风与坍塌方向一致)与偏心荷载(悬挑操作平台作业人员荷载)的作用下,发生顺风向先西侧向外、后连带南北侧向内的整体倾覆坍塌。

(2)间接原因

①关键工序监管失控。施工现场管理混乱,项目部未按规定将安全技术措施落实过程的工序次序纳入管理范围,导致设置缆风绳、型钢桁架与拆卸劲性骨架作业次序颠倒。未落实对劳务单位的安全管理责任,未排查、制止劳务单位大面积割除、拆卸劲性骨架结构等"破坏高大模板稳定性"的违章行为,致使模板系统失稳的风险危害持续加剧。

②安全技术措施未有效落实。项目部在施工过程中,片面节约成本,盲目提速增效,未经安全稳定性建模计算,将发挥结构支撑重要作用的劲性骨架拆除循环使用,缺乏科学依据和系统性论证。变更施工方案后,项目部对明显增大的安全风险没有重视,未对设置缆风绳、型钢桁架等模板固定措施的有效性进行论证,未根据施工现状调整完善相关安全技术措施。直至事故发生前,项目部还未明确缆风绳、型钢桁架的具体设置方式,也未开展前期准备工作。

③未按施工方案组织施工。现场施工无章可循,制定补充方案后和开工前,项目部均未按

规定向生产部门、安全管理部门、各级施工队伍、作业班组人员进行分层级、全员安全技术交底,口头交底内容缺少对变更工序的解释说明,也无重点部位、节点细化操作规程,内容缺乏针对性和操作性。未按施工方案和设计图纸加工制作劲性骨架,随意削减构件材料,偷工减料。对沉井采用装配式预制钢筋节段安装新工艺,未按规定对劳务单位进行专门的安全生产教育培训。

④施工方案编制存在严重疏漏。项目部对危大工程专项施工方案变更"内控"标准不高,未按规定组织专家论证,未重新履行报中交二公局审查流程。编制补充方案缺乏操作性,没有配套制定安装模板缆风绳、型钢桁架等关键工序工艺流程、作业次序规定,以及内模底部型钢固定、多块模板拼接的水平和垂直拼缝加强等关键部位的构造施工详图。

2. 安全检查主要内容

(1)查安全思想。主要检查以项目经理为首的项目全体员工(包括分包作业人员)的安全生产意识和对安全生产工作的重视程度。

(2)查安全责任。主要检查现场安全生产责任制度的建立;安全生产责任目标的分解与考核情况;安全生产责任制与责任目标是否已落实到了每一个岗位和每一个人员,并得到了确认。

(3)查安全制度。主要检查现场各项安全生产规章制度和安全技术操作规程的建立和执行情况。

(4)查安全措施。主要检查现场安全措施计划及各项安全专项施工方案的编制、审核、审批及实施情况;重点检查方案的内容是否全面,措施是否具体并有针对性,现场的实施运行是否与方案规定的内容相符。

(5)查安全防护。主要检查现场临边、洞口等各项安全防护设施是否到位,有无安全隐患。

(6)查设备设施。主要检查现场投入使用的设备设施的购置、租赁、安装、验收、使用、过程维护保养等各个环节是否符合要求;设备设施的安全装置是否齐全、灵敏、可靠,有无安全隐患。

(7)查教育培训。主要检查现场教育培训岗位、教育培训人员、教育培训内容是否明确、具体、有针对性;三级安全教育制度和特种作业人员持证上岗制度的落实情况是否到位;教育培训档案资料是否真实、齐全。

(8)查操作行为。主要检查现场施工作业过程中有无违章指挥、违章作业、违反劳动纪律的行为发生。

(9)查劳动防护用品的使用。主要检查现场劳动防护用品、用具的购置,产品质量、配备数量和使用情况是否符合安全与职业卫生的要求。

(10)查伤亡事故处理。主要检查现场是否发生伤亡事故;对发生的伤亡事故是否已按照"四不放过"的原则进行调查处理,是否已针对性地制定了纠正与预防措施;制定的纠正与预防措施是否已得到落实并取得实效。

3. 事故教训

(1)重生产轻安全,底线思维缺失。对施工方案变更后安全风险较原方案明显增大,建设方、总承包方、监理方均未按照规范要求重新进行辨识,在方案系统性论证、安全技术措施的有效性等方面,没有提出任何调整和改进意见,对项目现场日常安全监管严重不足,导致重大事故隐患没有及时消除。

(2)主体责任不落实,肆意违规作业。相关参建单位全员全岗位安全生产责任不落实,关键岗位人员缺失安全生产责任意识,安全要求与生产环节严重脱节。参建单位对高大模板施工安全风险意识淡薄、措施不力,没有充分吸取近年来同类事故教训,对钢筋模板施工安全风险缺乏动态辨识防控,对模板固定措施、防风措施考虑不全。

(3)职责认知不足,监管执法缺位。交通行业监管部门受理工程质量监督手续后,主要围绕施工单位质量责任落实情况和工程实体质量开展监督检查,在日常监管过程中,也更多的是从质量管理、工艺环节质量控制及隐患排查治理台账资料等方面检查发现问题、提出整改要求,对建设项目安全生产条件落实情况和重大安全风险管控措施落实情况监督检查少。

(4)风险管控不力,管理规范滞后。由于项目建设跨度时间长、施工难度大、参建单位和施工人员综合素质参差不齐等因素影响,很多施工企业会忽视现场施工各个环节面临的风险因素,重大危险源动态辨识评估不能有效开展,一旦发生风险,将会面临严重的人员伤亡和经济损失。

认识提升

安全检查作为工程建设与安全生产的重要环节,必须深刻体现人类命运共同体的理念。要从法律法规、企业安全责任、安全事故代价、安全管理监督的漏洞以及安全工作者的职责担当等多个维度进行深入剖析,鼓励学生思考如何在未来的工作中推动企业落实安全责任,为构建安全稳定的生产环境贡献力量;让学生深刻认识到安全事故对个人、家庭和社会的巨大影响,从而增强他们对安全生产的敬畏之心和责任感;提升学生的辨识能力、社会责任感以及职业荣誉感,使他们更加坚定地走上安全生产的职业道路;同时,鼓励学生以更高的视角看待安全生产的意义和价值,将个人的发展与国家的安全、社会的稳定紧密结合起来。

单元一　工程安全检查与验收

一、施工现场安全检查

安全检查是指对企业执行国家安全生产法规政策的情况、安全生产状况、劳动纪律、劳动条件、事故隐患等进行的检查。安全检查包括预知危险和消除危险,两者缺一不可。安全检查是施工现场安全工作的一项重要内容,是保护施工人员的人身安全,保护国家和集体财产不受损失,杜绝各类伤亡事故发生的一项主要安全施工措施。各施工现场,不论工程大小,都要建立安全检查制度,并将检查情况予以记录、整改。

1. 安全检查的主要依据

(1)国家、地方政府的安全法律法规及要求。

(2)上级和政府部门的检查和监督指令。

(3)公司安全管理规范、标准、制度等。

(4)施工作业的安全技术方案、安全交底等。

2.安全检查的主要要求

(1)安全检查必须贯彻领导和群众相结合、自查与互查相结合、检查与整改相结合的原则。

(2)对关键部位、重要环节,项目部安全组要落实专人加强监控,每月至少进行一次专项重点检查。

(3)工程项目工地安全检查每周组织一次以上;班组安全检查每日进行。日常施工生产过程中,由各级安全监督员负责实施日常检查和监督。

(4)安全管理部门会同有关部门或有关部门会同安全管理部门,根据上级和地方政府要求,以及施工生产的需求和季节的变化,进行专业性的安全检查和不定期的安全检查。

(5)在安全检查中发现不安全因素,必须做到"三定"(定整改措施、定整改责任人、定整改期限)并由各级安全管理人员列出明细,需要公司和其他单位帮助的,可上报公司安全部门,协助解决。

(6)对查出构成事故隐患的问题,必须严格执行《事故隐患整改制度》。

(7)安全检查应与安全教育、隐患整改、违章处罚等环节相辅相成,形成有教育、有检查、有整改、有处罚的模式。

3.安全检查的重要作用

安全检查的目的是预知危险,发现隐患,以便提前采取有效措施,消除危险。这也是对施工现场的安全状况和业绩进行的日常例行检查,以掌握施工现场安全生产活动和结果的信息,是保证安全管理目标实现的重要手段。其重要作用主要体现在以下几个方面:

(1)通过检查,发现生产工作中人的不安全行为和物的不安全状态,以及管理缺陷的问题,从而采取对策,消除不安全因素,保障安全生产。

(2)通过检查,预知危险、消除危险,把伤亡事故频率和经济损失率降低到社会容许的范围内,从而达到国际同行业先进水平。

(3)增强领导和群众的安全意识,纠正违章指挥、违章作业,提高搞好安全生产的自觉性和责任感。

(4)通过安全检查可以互相学习、总结经验、吸取教训、取长补短,有利于进一步促进安全生产工作。

(5)利用检查,进一步宣传、贯彻、落实安全生产方针、政策和各项安全生产规章制度。

(6)掌握安全生产动态,分析安全生产形势,为研究加强安全管理提供信息依据。

(7)通过安全检查对施工生产中存在的不安全因素进行预测、预报和预防。

4.安全检查的主要内容

安全检查的内容主要是查思想、查制度、查隐患、查措施、查机械设备、查安全设施、查安全教育培训、查操作行为、查劳保用品使用、查伤亡事故处理等,主要对人的不安全意识和行为、物的不安全状态进行分析,发现不符合规定和存

施工现场安全检查的重要作用

在隐患的设施、设备,制定有针对性的措施进行纠正处置,并跟踪复查。

(1)查安全思想。主要检查以项目经理为首的项目全体员工(包括分包作业人员)的安全生产意识和对安全生产工作的重视程度。

(2)查安全责任。主要检查现场安全生产责任制度的建立;安全生产责任目标的分解与考核情况;安全生产责任制与责任目标是否已落实到了每一个岗位和每一个人员,并得到了确认。

(3)查安全制度。主要检查现场各项安全生产规章制度和安全技术操作规程的建立和执行情况。

(4)查安全措施。主要检查现场安全措施计划及各项安全专项施工方案的编制、审核、审批及实施情况;重点检查方案的内容是否全面,措施是否具体并有针对性,现场的实施运行是否与方案规定的内容相符。

(5)查安全防护。主要检查现场临边、洞口等各项安全防护设施是否到位,有无安全隐患。

(6)查设备设施。主要检查现场投入使用的设备设施的购置、租赁、安装、验收、使用、过程维护保养等各个环节是否符合要求;设备设施的安全装置是否齐全、灵敏、可靠,有无安全隐患。

(7)查教育培训。主要检查现场教育培训岗位、教育培训人员、教育培训内容是否明确、具体、有针对性;三级安全教育制度和特种作业人员持证上岗制度的落实情况是否到位;教育培训档案资料是否真实、齐全。

(8)查操作行为。主要检查现场施工作业过程中有无违章指挥、违章作业、违反劳动纪律的行为发生。

(9)查劳动防护用品的使用。主要检查现场劳动防护用品、用具的购置,产品质量、配备数量和使用情况是否符合安全与职业卫生的要求。

(10)查伤亡事故处理。主要检查现场是否发生伤亡事故;对发生的伤亡事故是否已按照"四不放过"的原则进行调查处理,是否已针对性地制定了纠正与预防措施;制定的纠正与预防措施是否已得到落实并取得实效。

安全检查,主要体现在安全检查落实情况,项目安全目标的实现程序,遵守适用法律法规、规范标准和其他要求的情况,生产活动是否符合施工现场安全生产保证体系文件的规定,重点部位和重大环境因素监控、措施、方案、人员、记录的落实情况等方面。

不同类型和层次的安全检查监督应有其各自的内容和重点,按监督检查计划具体执行,一般情况下安全检查包括以下内容(表9-1)。

一般性安全检查的内容 表9-1

专业性安全检查	项目部所在的公司每季应对临时用电、脚手架、危险物品、消防设施、起重机具、机运车辆、防尘防毒等分别进行专业性安全检查
公司级安全检查	安全教育、培训情况
	安全管理体系运行情况
	岗位安全职责履行情况
	是否达到标化工地要求

续上表

公司级安全检查	消防管理是否落实到位
	安全计划、措施的制定和实施情况
	各类机具设备、设施和安全防护设施是否完好无损
	施工生产现场直接作业环节安全规章制度的执行情况
	各类安全见证资料的记录情况，台账管理情况
	项目部安全日活动和安全讲话是否认真进行，并有记录
	节假日前、后和节假日加班施工期间，是否开展检查和落实人员管理
	各类事故是否按"四不放过"的原则进行处理，是否有隐瞒不报情况
	施工现场、生活基地的环境和秩序是否存在不安全因素和事故隐患，以及整改情况
	根据季节变化，防雷、防暑降温、防火、防台、防汛、防冻保温、防滑等措施的落实情况
工程项目安全检查	消防设施是否完好无损
	是否达到文明施工要求
	各岗位、各部门的安全责任制是否落实
	检查班组是否进行自检、互检和交接检
	工程项目安全保证体系是否建立、运转
	各类机具、设施和安全防护设施是否完好无缺
	检查班组和有关人员是否切实落实安全技术措施
	本周是否有违章违纪、未遂事故、事故的发生，以及处理情况
	针对影响安全施工的季节性自然因素，所采取的防范措施
	检查工程项目施工作业环境和秩序是否存在不安全因素，以及不安全因素的整改情况
	安全日活动和安全讲话是否如期进行，是否有针对性、有记录；管理人员参加班组安全活动是否有评语及签到
班组安全检查	工具、设备是否完好无损
	安全技术措施是否落实到施工作业中
	施工作业环境是否整洁、安全，使用是否规范
	劳动保护用品配备是否齐全，使用是否规范

5. 安全检查的主要形式

建筑工程施工安全检查的主要形式一般可分为日常巡查、专项检查、定期安全检查、经常性安全检查、季节性安全检查、节假日安全检查、开工安全检查、复工安全检查、专业性安全检查和设备设施安全验收检查等，具体规定见表9-2。

安全检查的主要形式 表9-2

日常巡查	检查工作区域是否整洁，通道是否畅通无阻，有无杂物堆积影响通行和疏散；检查照明是否充足，有无损坏的灯具；检查通风是否良好，有无异味或通风不畅的情况等
	查看各类生产设备、工具、仪器等是否正常运行；检查设备的安全防护装置是否完好有效；检查消防设施器材是否在位、完好

续上表

日常巡查	监督员工是否按照操作规程进行作业,有无违规操作行为		
	检查工作场所内的安全标识和警示标志是否清晰、完整、醒目,是否设置在适当的位置,如危险区域、设备旁、通道口等是否有相应的警示标识		
专项检查	消防安全专项检查:检查消防设施的配备和完好情况;检查疏散通道和安全出口是否畅通无阻,疏散指示标志和应急照明是否正常工作;检查火灾自动报警系统、自动喷水灭火系统等消防设施是否运行正常		
	电气安全专项检查:检查电气设备的安装是否符合规范要求;检查电气设备的接地和接零是否良好,有无漏电现象;检查配电箱、配电柜的运行状态;检测工作场所的电气绝缘性能,防止因绝缘损坏引发触电事故		
	特种设备专项检查:检查特种设备是否经过检验合格并在有效期内,是否有安全检验合格标志;检查特种设备的操作人员是否持证上岗;检查特种设备的维护保养记录		
	危险化学品专项检查:检查危险化学品的储存条件是否符合要求;检查危险化学品的运输、装卸过程是否符合安全规定;核对危险化学品的出入库记录,防止危险化学品丢失或被盗用		
	有限空间作业专项检查:检查有限空间作业场所的安全警示标志是否设置明显;检查有限空间作业的审批制度是否严格执行;检查作业人员是否配备了必要的个人防护用品和应急救援设备;检查有限空间作业的现场监护措施是否落实到位		
定期安全检查	建筑施工企业应建立定期分级安全检查制度		
	定期安全检查属于全面性和考核性的检查		
	建筑工程施工现场应至少每旬开展一次安全检查工作		
	施工现场的定期安全检查应由项目经理亲自组织		
经常性安全检查	建筑工程施工应经常开展预防性的安全检查工作,以便于及时发现并消除事故隐患,保证施工生产正常进行		
	施工现场经常性的安全检查方式	现场专职安全生产管理人员及安全值班人员每天例行开展的安全巡视、巡查	
		现场项目经理、责任工程师及相关专业技术管理人员在检查生产工作的同时进行安全检查	
		作业班组在班前、班中、班后进行安全检查	
季节性安全检查	主要是针对气候特点(如暑季、雨季、风季、冬季等)可能给安全生产造成的不利影响或带来的危害而组织的安全检查		
节假日安全检查	在节假日、特别是重大或传统节假日(如春节、"十一"等)前后和节日期间,为防止现场管理人员和作业人员思想麻痹、纪律松懈等进行的安全检查		
	节假日加班,更要认真检查各项安全防范措施的落实情况		
开工、复工安全检查	针对工程项目开工、复工之前进行的安全检查,主要是检查现场是否具备保障安全生产的条件		
专业性安全检查	由有关专业人员对现场某项专业安全问题或在施工生产过程中存在的比较系统性的安全问题进行专项检查		
	这类检查专业性强,主要应有专业工程技术人员、专业安全管理人员参加		
设备设施安全验收检查	针对现场塔式起重机等起重设备、外用施工电梯、龙门架及井架物料提升机、电气设备、脚手架、现浇混凝土模板支撑系统等设备设施在安装、搭设过程中或完成后进行的安全验收、检查		

6. 安全检查的组织与管理

(1)班组。班组各岗位的安全检查及日常管理,应由各班组长按照作业分工组织实施。

(2)专职安全员。在施工生产过程中的专职安全管理人员负责进行经常性的安全检查及日常管理。

(3)项目部。项目部负责按月或按季节、节假日组织的安全检查,由项目部安全管理部门协助项目经理组织成立检查组,对本项目工程的安全管理情况进行检查。

(4)公司。公司负责按月或按季节、节假日组织的安全检查,由公司各部门(处、科)协助公司安全主管经理组织成立检查组,对公司安全管理情况进行检查。

7. 安全检查的基本程序

(1)安全检查范围和内容的确定。公司安全检查的范围和内容,应根据施工生产的实际情况和安全管理的具体需求确定;公司的检查范围和内容,应由公司各部门或科室提出建议,安全主管经理审批确定;各项目分公司的检查范围和内容,应由本项目安全管理部门提出建议,主管经理审批确定。

(2)安全检查的实施。

①召开首次会议,由检查组组长介绍检查的目的、范围和时间安排,确定检查的方法、程序和陪检人员。

②按照检查计划规定,以及经受检单位确认的检查范围、内容和时间安排,进行现场安全管理情况和安全内部管理资料的检查,及时记录安全检查的结果。

③在现场检查的基础上,对检查收集到的客观依据、材料汇总核实后,进行分析评价,确定整改项目,签发隐患整改通知单,并经受检单位有关人员签字确认。

④召开末次会议,由检查组组长介绍检查情况,宣布检查结论,确定隐患整改时间、整改人员和复查时间。

(3)安全检查结果通报。公司级安全检查由公司安全检查组组长指定专人草拟检查情况通报,报主管领导批准后下发、上报。项目级安全检查,由项目专职安全员草拟检查情况通报,经项目经理批准后下发分包队或作业班组。

8. 安全检查的要求

(1)根据检查内容配备力量,抽调专业人员,确定检查负责人,明确分工。

(2)应有明确的检查目的和检查项目、内容及检查标准、重点、关键部位。对大面积或数量多的项目可采取系统的观感和一定数量的测点相结合的检查方法。检查时尽量采用检测工具,用数据说话。

(3)对现场管理人员和操作工人不仅要检查是否有违章指挥和违章作业行为,还应进行"应知应会"的抽查,以便了解管理人员及操作工人的安全素质。对于违章指挥、违章作业行为,检查人员应当场指出、进行纠正。

(4)认真、详细进行检查记录,特别是对隐患的记录必须具体,如隐患的部位、危险性程度及处理意见等。采用安全检查评分表的,应记录每项扣分的原因。

(5)检查中发现的隐患应该进行登记,并发出隐患整改通知书,引起整改单位的重视,并作为整改的备查依据。对凡是有即发性事故危险的隐患,检查人员应责令其停工,被查单位必须立即整改。

(6)尽可能系统、定量地做出检查结论,进行安全评价,以利受检单位根据安全评价研究对策进行整改,加强管理。

(7)检查后应对隐患整改情况进行跟踪复查,查被检单位是否按"三定"原则(定人、定期限、定措施)落实整改,经复查整改合格后,进行销案。

9. 安全检查的方法

安全检查在正确使用安全检查表的基础上,可以采用"听""问""看""量""测""运转试验"等方法进行。

(1)"听"。"听"主要是指听取基层管理人员或施工现场安全员汇报安全生产情况,介绍现场安全工作经验、存在的问题、今后的发展方向。

(2)"问"。"问"主要是指通过询问、提问,对以项目经理为首的现场管理人员和操作工人进行的应知应会安全知识抽查,以便了解现场管理人员和操作工人的安全意识和安全素质。

(3)"看"。"看"主要是指查看施工现场安全管理资料和对施工现场进行巡视。例如:查看项目负责人、专职安全管理人员、特种作业人员等的持证上岗情况,现场安全标志设置情况;劳动防护用品使用情况;现场安全防护情况;现场安全设施及机械设备安全装置配置情况等。现场查看,下述四句话往往能解决较多安全问题:

①有洞必有盖。有孔洞的地方必须设有安全盖板或其他防护设施,以保护作业人员安全。

②有轴必有套。有轴承处必须按要求装设轴套,以保护机械的运行安全。

③有轮必有罩。转动轮必须设有防护罩进行隔离,以保护人员的安全。

④有台必有栏。工地的施工操作平台,只要与坠落基准面高差在 2 m 及 2 m 以上,就必须安装防护栏杆,以免发生高处坠落伤害事故。

(4)"量"。"量"主要是指使用测量工具对施工现场的一些设施、装置进行实测实量。例如:对脚手架各种杆件间距的测量;对现场安全防护栏杆高度的测量;对电气开关箱安装高度的测量;对在建工程与外电边线安全距离的测量等。

(5)"测"。"测"主要是指使用专用仪器、仪表等监测器具对特定对象关键特性技术参数的测试。例如:使用漏电保护器测试仪对漏电保护器漏电动作电流、漏电动作时间的测试;使用地阻仪对现场各种接地装置接地电阻的测试;使用兆欧表对电机绝缘电阻的测试;使用经纬仪对塔式起重机、外用电梯安装垂直度的测试等。

(6)"运转试验"。"运转试验"主要是指由具有专业资格的人员对机械设备进行实际操作、试验,检验其运转的可靠性或安全限位装置的灵敏性。例如:对塔式起重机力矩限制器、变幅限位器、起重限位器等安全装置的试验;对施工电梯制动器、限速器、上下极限限位器、门连锁装置等安全装置的试验;对龙门架超高限位器、断绳保护器等安全装置的试验等。

10. 工程项目安全检查的实施

在施工项目生产过程中,为了及时发现安全事故隐患,排除施工中的不安全因素,纠正违章作业,监督安全技术措施的执行,堵塞漏洞,防患于未然,必须对安全生产中易发生事故的主要环节、部位、工艺完成情况等,由专门专业安全生产管理机构进行全过程的动态监督检查,以不断改善劳动条件,防止工伤事故、设备事故的发生。安全检查的要求主要有以下几点。

施工现场安全检查的方法

（1）在进行每种安全检查前，都应有明确的检查项目、检查目的、检查内容、检查标准、重点环节、关键部位。对于具有相同内容的大面积或数量多的项目，可采取系统的观感和一定数量的测点相结合的检查方法。要求采用检测工具进行检查，用数据说话。不仅要对现场管理及操作人员是否有违章指挥和违章作业行为进行检查，还应进行"应知应会"的抽查，以便彻底地了解管理人员及操作人员的安全素质。

（2）及时发现问题、解决问题，对检查出来的安全隐患及时进行处理。

（3）检查人员可以当场指出施工过程中发生的违章指挥、违章作业行为，责令其就地解决、立即改正。

（4）要认真、全面地进行系统、定性、定量分析，进行详细的安全评价，以便于受检单位根据安全评价研究对策进行整改和加强管理。

（5）在安全检查过程中发现的安全隐患必须登记，作为整改的备查依据，提供安全动态分析，根据隐患记录和安全动态分析，指导安全管理的决策。

（6）针对安全检查中发现的安全隐患，应发出整改通知书，引起整改单位重视。一旦发现有即发性事故危险的隐患，检查人员应责令其立即停工整改。

（7）针对整改部位整改完成后要及时通知有关部门，派专人进行复查，经复查整改合格后，方可进行销案。整改工作应包括隐患登记、整改、复查、销案。

（8）要认真、详细地填写检查记录，特别要具体地记录安全隐患，如隐患的部位、危险程度及处理意见等。采用安全检查评分表的，应记录每项扣分的原因。

（9）被检查单位领导应高度重视安全隐患问题，对被查出的安全隐患，应立即组织制订整改方案，按照"三定"（定整改人、定整改期限、定整改措施），把整改工作落到实处。

（10）针对大范围、全面性的安全检查，应明确检查内容、检查标准及检查要求，并根据检查要求配备力量，要明确检查负责人，抽调专业人员参加检查并进行明确分工。

11. 安全设施、设备检查验收要点

（1）凡特种作业人员必须经有关部门培训考核合格，审定发证并持证上岗。

（2）中小型机械使用前，由机管员、安全员和施工员负责检查，填写书面验收记录，合格挂牌后方可使用。

（3）临时用电设施、装置，通电前必须由电气负责人、安全员验收合格后，方可通电使用，并做好验收记录。

（4）大型机械设备，必须持有建设行政主管部门核发的有效许可证，严禁无证单位承接任务，安装完毕须经公司安全部门、动力设备部门、施工现场的安全员、机管员、电气负责人共同组织验收。由公司安全部门签发验收记录，并经机械检测中心检测合格后方能使用。

（5）施工现场所有的临边、洞口、通道等安全防护设施搭设前，必须按专项技术方案由技术员、施工员对架子工进行安全技术交底。搭设完毕后，由技术员、施工员和安全员共同参与验收，不合格的安全设施必须整改，符合要求后方可投放使用，每次验收都须做好验收记录。

（6）井架搭设前，由施工员、技术员按专项施工技术方案进行井架搭设安全技术交底，接收人领会安全交底内容并签字确认后，方可搭设。井架搭设完毕后，经企业与项目部安全员、项目技术负责人共同参加验收，做好验收记录，挂上验收合格牌后，方可使用。

12. 安全检查记录

(1)省、自治区、直辖市建设厅(建委)、总公司(集团)和企业(分公司)的三级定期建筑施工安全检查执行国家现行《建筑施工安全检查标准》(JGJ 59)。

(2)分公司、工程处、施工队、项目管理单位的安全生产检查可参照现行《建筑施工安全检查标准》(JGJ 59)的内容执行。

(3)各类经常性安全检查及季节、节假日安全检查记录,可在相应的"工作日志"上记载。

(4)脚手架和井架(龙门架)的搭设、大型机械设备安装、施工用电线路架设等专检、自检及交接验收检查记录使用专用表格。

13. 安全生产检查内容及评分表

具体督查项目由督查组随机确定,在建的公路不少于1/2项目,每个项目抽查合同段数量不少于3个,不少于项目总里程的30%。农村公路或地方重点公路每年应督查不少于全省1/3的地区,且每一个督查地区不少于2个建设项目。

当被抽查合同段安全生产现场督查评价2项以上(含2项)评分为0分时,责令该合同段停工,由项目法人(建设单位)负责监督整改,并对相应的管理行为进行深入督查,合格后方可复工。安全生产管理行为督促内容及评分表见表9-3。

安全生产管理行为督查内容及评分表 表9-3

督察内容	抽查指标项	扣分标准	满分	评分
建设	合同工期	违规压缩合同工期,扣20分	20	
	安全生产费用	概算中未确定安全生产费用,扣20分;确定的安全生产费用未达标,扣4~6分;安全生产费用支付不及时,扣4分	20	
	安全生产制度	安全生产责任制、检查、事故报告等制度,缺一项扣10分;有一项制度无针对性或未落实,扣4分	30	
	应急预案与保障措施	1. 无应急预案或预案不全,扣5~10分;预案无针对性或不可操作,扣2~4分;未组织演练,扣2~4分。 2. 未按规定向有关主管部门提交安全保障措施材料,扣7~10分	20	
	资质条件	中标施工单位无安全生产许可证,扣10分;未对"三类人员"考核证书进行审查,扣4~10分	10	
监理	安全监理责任制	无安全监理责任制,扣10分;无针对性或未落实,扣4~6分	10	
	安全监理计划	无安全监理计划,扣10分;无针对性或未落实,扣4~6分	10	
	施工组织设计及专项施工方案审查	1. 未审查施工组织设计中安全技术措施,扣10分;不及时审查或未签字,扣3~7分。 2. 未审查危险性较大工程的专项施工方案,扣10分;审查不全、审查不及时或未签字,扣3~7分	10	
	督促隐患整改	1. 发现重大安全事故隐患未发停工指令,扣10分。 2. 发现较大或一般安全事故隐患未要求施工单位及时整改,扣7~9分。 3. 施工单位对重大安全事故隐患拒不整改,未报主管部门,扣10分	10	
	安全监理台账和日志	无安全监理台账,扣10分;台账不全或无具体内容,未经总监或驻地监理工程师定期检查,扣4~6分;无安全监理日志,扣2分	10	

续上表

督察内容	抽查指标项	扣分标准	满分	评分
施工	安全生产费用	1. 无安全生产费用使用台账或台账不清,扣5分;安全生产费用被使用,扣5~10分。 2. 未对施工人员投意外伤害保险,扣5分	10	
	安全生产制度	1. 安全生产责任制、检查、培训、事故报告等制度缺项扣10分;有一项制度无针对性或不落实,扣4分。 2. 未明确分包工程安全职责或不落实,扣10~20分	40	
	"三类人员"证书	"三类人员"中一人次无证书扣5分;证书未复审,未参加年度继续教育,发现一人次扣2分;发现证书伪造,扣10分	10	
	风险管理	1. 未对本工程进行危险源识别评价,扣10分;危险源识别无针对性,扣4~10分;未对重大危险源实施管理,扣7~10分。 2. 未落实风险告知制度,扣10分;未书面告知作业人员,扣4~6分。 3. 无应急预案或预案不全,扣7~10分;预案无针对性或不可操作,未及时更新,未组织演练,扣4~6分	10	
	施工组织设计、专项方案和临时用电方案	1. 施工组织设计中无安全技术措施,扣10分;措施不全、无针对性或不可操作,扣4~8分。 2. 无危险性较大工程专项施工方案,扣10分;方案未报批,扣3~6分;方案不全,安全措施针对性不强或不可操作,扣4~6分。 3. 未按规定制定临时用电方案,扣10分;无电工巡视维修保养记录或记录不连续的,扣1~3分	20	
	特种作业人员持证上岗	1. 未建立特种作业人员花名册,扣8分;无到岗、离岗记录,扣1~3分。 2. 特种作业人员无有效资格证书,发现一人扣3分	10	
	施工设备	1. 特种设备未经检验或验收,扣10分。 2. 无特种设备施工检查、维修、保养、使用台账,扣4~6分。 3. 起重设备吊装无试吊记录,扣4~6分	10	
	消防和危险品管理	1. 无消防安全责任制度,扣10分;无针对性或不可操作,扣4~6分;未确定消防安全责任人,扣1~3分。 2. 无消防器材和危险品管理使用台账,扣7~10分	10	
	施工驻地	1. 办公生活区选址存在风险,扣5~10分。 2. 未按规定将作业区和办公生活区分开,扣4~6分。 3. 装配式房屋无合格证书,扣3分	10	
工程通用				
	现场布置和防护	1. 临边、临水、洞口、陡壁等危险作业区域无防护或防护不符合规定,每发现一处扣2~5分;未设置必要的警示标志,每发现一处扣1分。 2. 未按规定配置消防灭火器材,未按规定设置消防通道,扣2~6分。 3. 施工现场未进行交通渠化,扣2~4分。 4. 危险品存放、使用、管理等不符合规定,扣5~10分。 5. 个人安全防护不符合规定,每发现一处扣1分	10	

续上表

督察内容	抽查指标项	扣分标准	满分	评分
临时用电	1. 外电防护小于安全距离,线路过道无保护,扣5~7分。 2. 临时用电未采用TN—S接地接零保护系统,不符合"三级配电、两级保护"要求,保护零线与工作零线混接,每发现一处扣2分。 3. 配电箱开关箱不符合"一机一闸一漏一箱"要求,电闸箱无门、无锁、无防雨措施,电线老化、破皮未包扎,扣2~6分。 4. 潮湿作业现场照明未使用36V及以下安全电压,每发现一处扣2分	10	
模板、支架及脚手架	1. 大型模板、支架和脚手架安装与拆除违反施工程序或施工方案,扣5~10分。 2. 大型模板存放无防倾倒措施,扣3~5分。 3. 支架未经预压而投入使用,扣7~10分。 4. 脚手架未按规定设立剪刀撑,扣4~6分。 5. 脚手架10m以上未设置缆风绳,每发现一处扣4分	10	
施工机具	1. 设备用电未按"一机一闸一保护"要求安装,未做接零(接地)保护和漏电保护器,Ⅰ类手持电动工具无保护接零,设备工作完毕时未拉闸断电,每发现一处扣2分。 2. 预应力张拉作业未按规定采取安全防护措施,所顶的对面及后面站人,扣4~6分。 3. 外露传动部位无安全防护罩,露天设备无防雨设施,扣1~3分。 4. 乙炔瓶、氧气瓶之间安全距离小于规定,扣2分;乙炔瓶、氧气瓶与明火之间安全距离小于规定,扣4分。 5. 钢筋机械冷拉作业及对焊作业区无防护措施的,扣4~6分。 6. 拌和机等设备作业和检修不符合安全要求的,扣3分	10	
垂直升降设备	1. 垂直升降设备无验收合格证书,扣10分。 2. 架体附着装置不稳定牢固,扣8分。 3. 设备承载超过额定承载重量,扣5分。 4. 吊笼出入口未设置防护设施,扣5分。 5. 司机无证上岗,扣5分;无联络工具或联络不畅通,每发现一处扣3分	10	
起重作业	1. 塔吊基础不符合要求,扣7分。 2. 起重设施未取得准用证,扣5分。 3. 轨道式起重机无有效限位或保险装置,未作业时不使用夹轨钳,扣2分。 4. 使用起重设备运送人员,扣5分;起重臂下站人,扣2分。 5. 大型构件空中停留操作人员离开,每发现一处扣5分。 6. 司机无证上岗,扣5分;无信号传递,每发现一处扣3分	10	
高处作业	1. 作业平台脚手板不铺满或存在翘头板,无专设通道或爬梯,脚手架外侧未设置密封式安全网,扣4~6分。 2. 高处作业人员安全带无牢固悬挂点,每发现一处扣2分	10	
基坑作业	1. 基坑边坡不符合安全要求,基坑沿堆物小于安全距离,每发现一处扣2~5分。 2. 基坑未按规定采取排降水措施,扣3~6分;基坑支护未按规定观测或支护设施产生变形,每发现一处扣5分。 3. 基坑未按规定设置上下通道或通道设置不符合要求,扣3分。 4. 有人员进入挖土机作业半径,扣3分	10	

续上表

督察内容	抽查指标项	扣分标准	满分	评分
水上、水下作业		1. 无水上、水下作业许可,扣10分。 2. 风力超过船舶核定抗风等级仍继续作业,扣7分。 3. 施工船的牵牛缆、摆动缆活动范围内未设置安全标志或无人值守或有人逗留,水上各类作业平台或人行通道不符合搭设要求,扣1~6分。 4. 水下安装、电焊、切割、爆破时,未执行安全操作规程,扣7~10分。 5. 潜水员无证上岗,潜水员未按规程下潜,值班人员脱岗,每发现一人扣2分	10	
公路工程专用				
高边坡		1. 高边坡作业中存在立体交叉,扣4~6分。 2. 高陡边坡作业时未按规定进行有效防护的,每发现一处扣3分	10	
桥梁		人工挖孔桩孔壁未进行防护,未设置高出地面围栏,桩孔边沿堆物,人工挖孔未按规定采用机械通风,发现一项扣2分	10	
		1. 索塔、立柱施工过程中未按规定设置施工电梯,扣7~10分。 2. 悬索桥施工中临时工作索、牵引索、防护围栏设置不符合规定,扣7~10分。 3. 跨公路、铁路桥梁施工时未设岗哨管理,或未设置防护措施,扣7~10分	10	
隧道		1. 隧道洞口无登记记录或无交接记录,扣4~8分。 2. 隧道内作业环境条件不符合作业标准,扣4~8分		
		1. 有不良地质情况时,未采取有效预防措施,扣6~10分。 2. 有瓦斯的隧道,未设专职瓦斯检查员,扣6~10分。 3. 有瓦斯的隧道,机具、器材未采用防爆型,扣6~10分	10	
水运工程专用				
打桩、挖泥		1. 未经海事部门审批并发布《航行通告》及水上水下作业许可,扣7~10分。 2. 打桩船绑、吊桩钢丝绳扣不符合规定,吊桩时吊点不符合要求,扣1~3分。 3. 挖泥船主吊钢丝绳磨损、断丝超过标准,扣1~3分。 4. 船舶作业未显示水上作业号型、信号灯、信号旗,夜间作业照明的照度值不足,每发现一项扣2分	10	
沉箱出运与安装		1. 沉箱顶升时,牵引绳两侧站人,发现一人扣2分。 2. 沉箱吃水、压载、浮游稳定和拖力,未按照相关规范进行验算,扣7~10分。 3. 气囊的额定工作压力,未进行充气试验,扣1~3分。 4. 沉箱出放前,未按规定对牵引设施进行安全检查,扣4~6分。 5. 沉箱移运通道、地面发现有尖锐物及障碍物,地面变形明显,扣4~6分。 6. 沉箱出运作业区未按规定设置安全警戒线,沉箱溜放时无明确指挥信号及联系方式,扣1~3分。 7. 沉箱浮运拖带前,未经不少于24h的漂浮试验,扣2分。 8. 沉箱拖带时,沉箱顶部未设置明显的航行标志,扣1~3分	10	

二、现场施工安全验收

1. 验收原则

必须坚持"验收合格才能使用"的原则。

2. 验收的范围

(1)各类脚手架、井字架、龙门架、堆料架。

(2)临时设施及沟槽支撑与支护。

(3)支搭好的水平安全网和立网。

(4)临时电气工程设施。

(5)各种起重机械、路基轨道、施工电梯及其他中小型机械设备。

(6)安全帽、安全带和护目镜、绝缘手套、绝缘鞋等个人防护用品。

3. 验收程序

(1)脚手架杆件、扣件、安全网、安全帽、安全带以及其他个人防护用品,必须有出厂证明或验收合格的单据,由技术负责人、工长、安全员、材料保管人员共同审验。

(2)各类脚手架、堆料架、井字架、龙门架和支搭的安全网、立网由项目经理或技术负责人申报支搭方案并牵头,会同工程部和安全主管部门进行检查验收。

(3)临时电气工程设施,由安全主管部门牵头,会同电气工程师、项目经理、方案制定人、工长、安全员进行检查验收。

(4)起重机械、施工用电梯由安装单位和使用工地的负责人牵头,会同有关部门检查验收。

(5)路基轨道由工地申报铺设方案,工程部和安全主管部门共同验收。

(6)工地使用的中小型机械设备,由工地技术负责人和工长牵头,会同工程部进行检查验收。

(7)所有验收必须办理书面验收手续,否则无效。

现场施工安全验收程序

4. 隐患控制与处理

(1)项目经理部应对存在隐患的安全设施、过程和行为进行控制,组装完毕后应进行检查验收,确保不合格设施不使用、不合格物资不放行、不合格过程不通过。

(2)检查中发现的隐患应进行登记,不仅作为整改的备查依据,而且是提供安全动态分析的重要信息渠道。如多数单位安全检查都发现同类型隐患,说明是"通病";若某单位在安全检查中重复出现隐患,说明整改不彻底,形成"顽症"。根据检查隐患记录分析,制定指导安全管理的预防措施。

(3)安全检查中查出的隐患,还应发出隐患整改通知单。对凡存在即发性事故危险的隐患,检查人员应责令停工,被检查单位必须立即进行整改。

(4)对于违章指挥、违章作业行为,检查人员可以当场指出,立即纠正。

(5)针对安全检查过程中发现的安全隐患,检查组应签发安全检查隐患整改通知单,见表9-4;被检查单位领导对查出的隐患,应立即研究制定整改方案,组织实施整改。按照"五定",即定整改责任人、定整改措施、定整改完成时间、定整改完成人、定整改验收人,限期完成整改,并报上级检查部门备案。

安全检查隐患整改通知单　　　　　　　　　　　　　　　　　　　　　表9-4

项目名称				检查时间		年　月　日
序号	查出的隐患	整改措施	整改人	整改日期	复查人	复查结果及时间
签发部门及签发人： 　　　　　　　　　　　年　月　日				整改单位及签认人： 　　　　　　　　　　　年　月　日		

（6）事故隐患的处理方式。

①停止使用、封存。

②指定专人进行整改以达到规定要求。

③进行返工,以达到规定要求。

④对有不安全行为的人员进行教育或处罚。

⑤对不安全生产的过程重新组织。

现场施工安全隐患控制与处理

（7）整改完成后,项目经理部安监部门必要时对存在隐患的安全设施、安全防护用品整改效果进行验证,再及时通知企业主管部门等有关部门派员进行复查验证,经复查整改合格后,即可销案。

思考题

1. 安全检查的主要作用有哪些？
2. 安全设施、设备检查要点有哪些？
3. 试写出现场施工安全验收程序。

单元二　公路施工安全资料编写与归档

一、施工安全资料编写

1. 专项施工方案编写

对于达到一定规模的危险性较大的分部分项工程,以及涉及新技术、新工艺、新材料的工程,因其复杂性和危险性,在施工过程中易发生人身伤亡事故,施工单位应当根据各分部分项工程的特点,有针对性地编制专项施工方案。

(1)专项施工方案的概念

安全专项施工方案,简称专项施工方案,是指在施工过程中,施工单位在编制施工组织(总)设计的基础上,对危险性较大的分部分项工程,依据有关工程建设标准、规范和规程的要求制定的具有针对性的安全技术措施文件。

危险性较大的分部分项工程(以下简称"危大工程"),是指施工过程中容易导致人员群死群伤或者造成重大经济损失的分部分项工程。建设、施工、监理等工程建设安全生产责任主体应按照各自的职责建立健全工程专项方案的编制、审查、论证和审批制度,保证方案的针对性、可行性和可靠性,按照方案组织施工。

(2)专项施工方案的编制范围

下列危险性较大的分部分项工程以及临时用电设备在 5 台及以上或设备总容量达到 50kW 及以上的施工现场临时用电工程施工前,施工单位应编制专项施工方案,具体见表9-5。

需要编制专项施工方案的分部分项工程　　　　表9-5

基坑工程	开挖深度超过 3m(含 3m)的基坑(槽)的土方开挖、支护、降水工程
	开挖深度虽未超过 3m,但地质条件、周围环境和地下管线复杂,或影响毗邻建(构)筑物安全的基坑(槽)的土方开挖、支护、降水工程
模板工程及支撑体系	各类工具式模板工程:包括滑模、爬模、飞模、隧道模等工程
	混凝土模板支撑工程:搭设高度5m 及以上,或搭设跨度 10m 及以上,或施工总荷载(荷载效应基本组合的设计值,以下简称设计值)10kN/m² 及以上,或集中线荷载 15kN/m 及以上,或高度大于支撑水平投影宽度且相对独立无联系构件的混凝土模板支撑工程
	承重支撑体系:用于钢结构安装等满堂支撑体系
起重吊装及起重机械安装拆卸工程	采用非常规起重设备、方法,且单件起吊重量在 10kN 及以上的起重吊装工程
	采用起重机械进行安装的工程
	起重机械安装和拆卸工程
脚手架工程	搭设高度24m 及以上的落地式钢管脚手架工程(包括采光井、电梯井脚手架)
	附着式升降脚手架工程
	悬挑式脚手架工程
	高处作业吊篮
	卸料平台、操作平台工程
	异型脚手架工程

续上表

拆除工程	可能影响行人、交通、电力设施、通信设施或其他建(构)筑物安全的拆除工程
暗挖工程	采用矿山法、盾构法、顶管法施工的隧道、硐室工程
其他	建筑幕墙安装工程
	钢结构、网架和索膜结构安装工程
	人工挖孔桩工程
	水下作业工程
	装配式建筑混凝土预制构件安装工程
	采用新技术、新工艺、新材料、新设备可能影响工程施工安全,尚无国家、行业及地方技术标准的分部分项工程

(3)专项施工方案的编制与审批

①专项施工方案的编制

a.编制要求

a)施工单位应当在危大工程施工前组织工程技术人员编制专项施工方案。

b)实行施工总承包的,专项施工方案应当由施工总承包单位组织编制。

c)危大工程实行分包的,专项施工方案可以由相关专业分包单位组织编制。

d)安全专项施工方案的编制应由编制者本人在安全专项施工方案上签名并注明技术职称。

e)安全专项施工方案应根据工程建设标准和勘察设计文件,并结合工程项目和分部分项工程的具体特点进行编制。

b.编制内容

a)工程概况:危大工程概况和特点、施工平面布置、施工要求和技术保证条件。

b)编制依据:相关法律法规、规范性文件、标准、规范及施工图设计文件、施工组织设计等。

c)施工计划:包括施工进度计划、材料与设备计划。

d)施工工艺技术:技术参数、工艺流程、施工方法、操作要求、检查要求等。

e)施工安全保证措施:组织保障措施、技术措施、监测监控措施等。

f)施工管理及作业人员配备和分工:施工管理人员、专职安全生产管理人员、特种作业人员、其他作业人员等。

g)验收要求:验收标准、验收程序、验收内容、验收人员等。

h)应急处置措施。

i)计算书及相关施工图纸。

②专项施工方案的审批

专项施工方案编制后,施工单位技术负责人应组织施工、技术、设备、安全、质量等部门的专业技术人员进行审核,由施工单位技术负责人审核签字、加盖单位公章,由总监理工程师审查签字、加盖执业印章后,方可实施。危大工程实行分包并由分包单位编制专项施工方案的,专项施工方案应当由总承包单位技术负责人及分包单位技术负责人共同审核签字并加盖单位公章。

(4) 专项施工方案的专家论证

对于超过一定规模的危大工程,施工单位应当组织召开专家论证会对专项施工方案进行论证。实行施工总承包的,由施工总承包单位组织召开专家论证会。专家论证前,专项施工方案应当通过施工单位审核和总监理工程师审查。

专家应当从地方人民政府住房城乡建设主管部门建立的专家库中选取,符合专业要求且人数不得少于5名。与本工程有利害关系的人员不得以专家身份参加专家论证会。

专家论证会后,应当形成论证报告,对专项施工方案提出通过、修改后通过或者不通过的一致意见。专家对论证报告负责并签字确认。

专项施工方案经论证需修改后通过的,施工单位应当根据论证报告修改完善后,重新履行审批程序。

专项施工方案经论证不通过的,施工单位修改后应当按照上述要求重新组织专家论证。

(5) 专项施工方案的实施

①专项施工方案修改

施工单位应当严格按照专项施工方案组织施工,不得擅自修改专项施工方案。因规划调整、设计变更等原因确需调整的,修改后的专项施工方案应当按照规定重新审核和论证。涉及资金或者工期调整的,建设单位应当按照约定予以调整。

超过一定规模的危大工程专项施工方案经专家论证后结论为"通过"的,施工单位可参考专家意见自行修改完善;结论为"修改后通过"的,专家意见要明确具体修改内容,施工单位应当按照专家意见进行修改,并履行有关审核和审查手续后方可实施,修改情况应及时告知专家。

②专项施工方案的交底

专项施工方案实施前,编制人员或者项目技术负责人应当向施工现场管理人员进行方案交底。施工现场管理人员应当向作业人员进行安全技术交底,并由双方和项目专职安全生产管理人员共同签字确认。

③施工单位对危大工程的管理

a. 施工单位应当在施工现场显著位置公告危大工程名称、施工时间和具体责任人员,并在危险区域设置安全警示标志。

b. 施工单位应当对危大工程施工作业人员进行登记,项目负责人应当在施工现场履职。项目专职安全生产管理人员应当对专项施工方案实施情况进行现场监督,对未按照专项施工方案施工的,应当要求立即整改,并及时报告项目负责人,项目负责人应当及时组织限期整改。

c. 施工单位应当按照规定对危大工程进行施工监测和安全巡视,发现危及人身安全的紧急情况,应当立即组织作业人员撤离危险区域。

④危大工程的监理

监理单位应当结合危大工程专项施工方案编制监理实施细则,并对危大工程施工实施专项巡视检查。

监理单位发现施工单位未按照专项施工方案施工的,应当要求其进行整改;情节严重的,应当要求其暂停施工,并及时报告建设单位。施工单位拒不整改或者不停止施工的,监理单位应当及时报告建设单位和工程所在地住房城乡建设主管部门。

⑤危大工程的第三方监测

对于按照规定需要进行第三方监测的危大工程,建设单位应当委托具有相应勘察资质的单位进行监测。监测单位应当编制监测方案,监测方案由监测单位技术负责人审核签字并加盖单位公章,报送监理单位后方可实施。

进行第三方监测的危大工程监测方案的主要内容应当包括工程概况、监测依据、监测内容、监测方法、人员及设备、测点布置与保护、监测频次、预警标准及监测成果报送等。

监测单位应当按照监测方案开展监测,及时向建设单位报送监测成果,并对监测成果负责;发现异常时,及时向建设、设计、施工、监理单位报告,建设单位应当立即组织相关单位采取处置措施。

(6)专项施工方案实施情况的验收

对于按照规定需要验收的危大工程,施工单位、监理单位应当组织相关人员进行验收。危大工程验收人员应当包括:

①总承包单位和分包单位技术负责人或授权委派的专业技术人员、项目负责人、项目技术负责人、专项施工方案编制人员、项目专职安全生产管理人员及相关人员;

②监理单位项目总监理工程师及专业监理工程师;

③有关勘察、设计和监测单位项目技术负责人。

验收合格的,经施工单位项目技术负责人及总监理工程师签字确认后,方可进入下一道工序。危大工程验收合格后,施工单位应当在施工现场明显位置设置验收标识牌,公示验收时间及责任人员。

施工、监理单位应当建立危大工程安全管理档案。施工单位应当将专项施工方案及审核、专家论证、交底、现场检查、验收及整改等相关资料纳入档案管理。监理单位应当将监理实施细则、专项施工方案审查、专项巡视检查、验收及整改等相关资料纳入档案管理。

2.安全技术措施编写

(1)施工安全技术措施的基本概念

安全技术措施是指为防止工伤事故和职业病危害的发生,从技术上采取的措施。在工程施工中,安全技术措施是指针对工程特点、环境条件、劳动组织、作业方法、施工机械、供电设施等方面制定确保安全施工的措施。安全技术措施也是建设工程项目管理实施规划或施工组织设计的重要组成部分。

(2)施工安全技术措施的编制依据

建设工程项目施工组织或专项施工方案中,必须有针对性的安全技术措施,特殊性和危险性大的工程必须编制专项施工方案或安全技术措施。安全技术措施或专项施工方案的编制依据如下:

①国家和地方有关安全生产、劳动保护、环境保护和消防安全等的法律法规和有关规定。

②建设工程安全生产的法律和标准规程。

③安全技术标准、规范和规程。

④企业的安全管理规章制度。

(3)施工安全技术措施的编制要求(表9-6)

施工安全技术措施的编制要求　　　　　表9-6

及时性	安全技术措施在施工前必须编制好,并且审核审批后正式下达项目经理部以指导施工
	在施工过程中,发生设计变更时,安全技术措施必须及时变更或做补充,否则不能施工。施工条件发生变化时,必须变更安全技术措施内容,并及时经原编制、审批人员办理变更手续,不得擅自变更
针对性	针对工程项目的结构特点,凡在施工生产中可能出现的危险源,必须从技术上采取措施,消除危险,保证施工安全
	针对不同的施工方法和施工工艺制定相应的安全技术措施。不同的施工方法要有不同的安全技术措施,技术措施要有设计、有安全验算结果、有详图、有文字说明
	按《建设工程安全生产管理条例》规定,土方工程、基坑支护、模板工程、起重吊装工程、脚手架工程及拆除、爆破工程等必须编制专项施工方案,深基坑、地下暗挖工程、高大模板工程的专项施工方案,还应当组织专家进行论证审查
	在使用新技术、新工艺、新设备、新材料时,编制施工组织设计或施工方案必须制定相应的安全技术措施
	针对使用的各种机械设备、用电设备可能给施工人员带来的危险,从安全保险装置、限位装置等方面采取安全技术措施
	针对施工中有毒、有害、易燃、易爆等作业可能给施工人员造成的危害,制定相应的防范措施
	针对施工现场及周围环境中可能给施工人员及周围居民带来的危险,以及材料、设备运输的困难和不安全因素,制定相应的安全技术措施
	针对季节性、特殊气候条件施工的特点,编制施工安全措施,如雨期施工安全措施、冬期施工安全措施、夏季施工安全措施等
可操作性、具体性	安全技术措施及方案必须明确具体、有可操作性,能具体指导施工,绝不能一般化和形式化
	安全技术措施及方案中必须有施工总平面图,在图中必须对危险的油库、易燃材料库、变电设备以及材料、构件的堆放位置,塔式起重机、井字架或龙门架、搅拌机的位置等按照施工需要和安全堆放的要求明确定位,并提出具体要求
	参与安全技术措施编制的劳动保护、环保、消防等管理人员必须掌握工程项目概况、施工方法、场地环境等第一手资料,并熟悉有关安全生产法规和标准,具有一定的专业水平和施工经验

(4)施工安全技术措施的主要内容

施工安全技术措施包括安全防护设施的设置和安全预防措施,主要包括以下内容:

①进入施工现场安全方面的规定。
②地基与深基坑的安全防护。
③高处作业与立体交叉作业的安全防护。
④施工现场临时用电工程的设置和使用。
⑤施工机械设备和起重机械设备的安装、拆卸和使用。
⑥采用新技术、新工艺、新设备、新材料时的安全技术。
⑦预防台风、地震、洪水等自然灾害的措施。
⑧防冻、防滑、防寒、防中暑、防雷击等季节性施工措施。
⑨防火、防爆措施。

⑩易燃易爆物品仓库、配电室、输电线路、起重机械的平面布置和大模板、构件等物料堆放。

⑪对施工现场毗邻的建筑物、构筑物以及施工现场内的各类地下管线的保护。

⑫施工作业区与生活区的安全距离。

⑬施工现场临时设施(包括办公、生活设施等)的设置和使用。

⑭施工作业人员的个人安全防护措施。

(5)安全技术措施资金投入

在建筑施工中,安全防护设施不设置或不到位,是造成事故的主要原因之一。安全防护设施不设置或不到位,往往是由于建设单位和施工单位未按照国家法律法规的有关规定,未保证安全技术措施资金的投入。为保证安全生产,建设单位和施工单位应当确保安全技术措施资金的投入。

安全技术措施资金投入包括以下内容:

①建设单位在编制工程概算时,应当考虑到建设工程安全作业环境及安全施工措施所需费用。建设单位应当按照有关法律法规的规定,保证安全生产资金的投入。

②对于有特殊安全防护要求的工程,建设单位和施工单位应当根据工程实际需要,在合同中约定安全措施所需费用。施工单位在动力设备、输电线路、地下管道、密封防震车间、易燃易爆地段以及在交通要道附近施工时,施工开始前应向监理工程师提出安全防护措施,经监理工程师认可后实施,防护措施费用由建设单位承担。实施爆破作业,在有放射性、毒害性环境(含储存、运输、使用等)中施工及使用毒害性、腐蚀性物品施工时,施工单位应在施工前以书面形式通知监理工程师,并提出相应的安全防护措施,经监理工程师认可后实施,由建设单位承担安全防护措施费用。

③施工单位应当保证本单位的安全生产投入。施工单位应当制定安全生产投入的计划和措施。企业负责人和工程项目负责人应当采取措施确保安全投入的有效落实,保证工程项目实施过程中用于安全生产的人力、财力、物力到位,满足安全生产和文明施工的需要。

④对列入建设工程概算的安全作业环境及安全施工措施所需费用,应当用于施工安全防护用具及设施的采购和更新、安全施工措施的落实和安全生产条件的改善,不得挪作他用。

(6)安全技术措施及方案审批、变更管理

①安全技术措施及方案审批管理

a.一般工程安全技术措施及方案由项目经理部项目工程师审核,项目经理部技术负责人审批,报公司管理部、安全部备案。

b.重要工程安全技术措施及方案由项目经理部技术负责人审批,公司管理部、安全部复核,由公司技术发展部或公司工程部委托技术人员审批,并在公司管理部、安全部备案。

c.大型、特大工程安全技术措施及方案,由项目经理部技术负责人组织编制,报公司技术发展部、管理部、安全部审核。按《建设工程安全生产管理条例》规定,深基坑、高大模板工程、地下暗挖工程等必须进行专家论证审查,经同意后方可实施。

②安全技术措施及方案变更管理

a.施工过程中如发生设计变更,原定的安全技术措施也必须随之变更,否则不准施工。

b.施工过程中确实需要修改拟定的安全技术措施时,必须经编制人同意,并办理修改审批手续。

3. 安全技术交底编写

(1) 安全技术交底的概念

安全技术交底是指将预防和控制安全事故发生,减少其危害的安全技术措施以及工程项目、分部分项工程概况向作业班组、作业人员所做的说明。安全技术交底制度是施工单位有效预防违章指挥、违章作业和伤亡事故发生的一种有效措施。

(2) 安全技术交底的一般规定

①安全技术交底实行分级交底制度。开工前,项目技术负责人要将工程概况、施工方法、安全技术措施等情况向工地负责人、工长交底,必要时向全体职工进行交底。工长安排班组长工作前,必须进行书面的安全技术交底。两个以上施工队和工种配合时,工长要按工程进度定期或不定期向有关班组长进行交叉作业的安全交底。班组长应每天对工人进行施工要求、作业环境等全方面交底。

②结构复杂的分部分项工程施工前,项目经理、技术负责人应有针对性地进行全面、详细的安全技术交底。

(3) 安全技术交底的基本要求

①项目经理部必须实行逐级安全技术交底制度,纵向延伸到班组全体作业人员。

②交底必须具体、明确、针对性强。

③应将工程概况、施工方法、施工程序、安全技术措施等向工长、班组长、作业人员进行详细交底。

④交底要依据施工组织设计和分部分项安全施工方案安全技术措施的内容,以及分部分项工程施工给作业人员带来的潜在危险因素,就作业要求和施工中应注意的安全事项有针对性地进行交底。

⑤各工种的安全技术交底一般与分部分项工程安全技术交底同步进行。对施工工艺复杂、施工难度较大或作业条件危险的,应当单独进行各工种的安全技术交底。

⑥定期向由两个以上作业队伍和多工种进行交叉施工的作业队伍进行书面交底。

⑦交底应当采用书面形式。

⑧交底双方应当签字确认。

(4) 安全技术交底的主要内容

①工程项目和分部分项工程的概况。

②工程项目和分部分项工程的危险部位。

③针对危险部位采取的具体防范措施。

④作业中应注意的安全事项。

⑤作业人员应遵守的安全操作规程和规范。

⑥作业人员发现事故隐患后应采取的措施。

⑦发生事故后应及时采取避险和急救措施。

二、施工安全资料归档

通常情况下,公路工程竣工后,除事故资料归档作为工程竣工验收的资料之外,其他施工安全管理的资料不作为工程竣工验收的材料纳入正式档案。但作为专职安全管理人员,为了资料的积累,应及时将工程施工过程中的安全资料分类归档。同时,实行施工现场安全管理标准化、规范化、文字化的记录,有利于安全责任制的落实,有利于强化施工全过程、全方位、全员的动态安全管理,对加强现场管理、提高安全文明施工整体水平将起到重要的作用。各单位和各级领导对安全保证资料管理工作要高度重视,提高认识,加强领导,配备好安全保证资料管理人员,督促检查安全保证资料的记录、整理、归档工作,促进施工现场安全管理全面上水平,保障安全生产顺利进行。

1. 安全资料归档的主要依据

(1)《公路建设项目文件材料立卷归档管理办法》(交通运输部,2010年)。

(2)《关于印发公路工程竣交工验收办法实施细则的通知》(交公路发〔2010〕65号)。

(3)《科学技术档案案卷构成的一般要求》(GB/T 11822—2008)。

(4)《国家重大建设项目文件归档要求与档案整理规范》(DA/T 28—2002)。

(5)《公路建设监督管理办法》(交通部,2006年)。

(6)《交通建设项目档案管理登记办法》(交通部,2007年)。

2. 安全资料归档的原则

(1)要实事求是,全面准确记录

施工现场安全保证资料突出了各管理环节的严密性、责任性和严肃性。资料的整理要做到实物与文字相符合,行为与记载相对应,反映出施工现场安全管理的全貌和过程。因此,对施工现场的各种安全技术资料要及时收集,实事求是,随做随记,准确记载,严禁事后写"回忆录",更不准弄虚作假,欺上瞒下。各施工单位要建立安全保证资料的检查审定制度,开展对施工现场安全保证资料定期或不定期地检查审定,发现资料记录不齐全或建档不符合要求时,要及时查找原因,责令其改正,并填写检查审定记录,做出审定结论。

(2)要依照格式,据实补充内容

安全保证资料实行标准格式管理,其所需表格式样由项目经理部统一提供,各施工单位接到表格式样后根据本单位实际情况及时组织人员进行调整。对标准格式不能涵盖的项目、内容要认真进行补充,按照相应的卷宗和册号整理归档。

各单位要按照项目经理部统一规定的项目分档建册。

(3)要专人管理,落实管理责任

施工现场安全保证资料的收集整理及归档是一项系统工程,各单位要配备专职安全资料员,持证上岗。分部将组织各单位施工现场安全保证资料员进行学习和培训,以提高安全资料员的技术水平和业务能力,保障安全保证资料的质量。施工器材、设备等部门涉及的有关资料由安全技术部门负责审查、收集、归纳、整理。分部经理部对安全资料的管理进行监督检查,列入安全生产评比考核内容。

(4)要规范工整,标准有序归档

安全保证资料归档必须用A4规格纸,文件资料必须使用统一表格。讲究文件质量,表的填写应工整(不得用圆珠笔、铅笔)或打印。按照每卷(册)装订标准有序的分盒保管。

各单位要建立建档归卷检查评定制度,评定结论分为齐全、基本齐全和不齐全三类,对不齐全的资料要责令改正,达到齐全要求。

3. 公路建设项目文件材料的收集基本要求

（1）已经实行计算机辅助项目管理的,电子文件须与纸质文件同步归档;在与设计单位签订合同时,应对电子版设计文件归档提出明确要求;如无条件形成电子文件的,对利用率高的竣工文件,可采取图像扫描或缩微方式,进行档案复制。

（2）各有关单位应按照收集归档责任分工,建立健全项目文件材料收集归档制度和预立卷制度,按照公路建设项目建设程序的不同阶段文件材料产生的自然过程,分别做好预立卷工作。

（3）收集归档的项目文件材料应为原件。其中,项目立项审批等文件,原件保存在项目主管单位的,项目法人可将复印件归档保存;供货商提供的原材料及产品质量保证文件为复印件的,须在复印件上加盖销售单位印章并注明原件存放处后归档保存;热敏纸传真件,需复印保存。复印件应清晰。

（4）收集归档的项目文件材料应能全面、准确地反映工程建设的实际过程。勘察及测量基础资料、施工记录须是现场原始记录,如需清稿,须将原始记录与清稿后的记录文件一并归档保存;表单填写内容规范,产生及使用部位标注清楚,相关签署手续完备,而且要由相关责任人亲笔签名。

（5）项目文件材料应书写工整,字迹、线条清晰,修改规范;纸张优良,规格基本统一,小于A4纸规格的出厂证明、材质合格证等应粘贴在A4纸上;书写材料应符合耐久性要求。

（6）数码照片应刻录在不可擦写光盘上保存,还须冲印出6英寸纸质照片与说明一并整理归档;照片档案的整理应符合国家档案局《照片档案管理规范》(GB/T 11821—2002)的要求。

（7）电子文件及纸质文件数字化的形成和保存应符合国家档案局《电子文件归档与管理规范》(GB/T 18994—2014)、《CAD电子文件光盘存储、归档与档案管理要求 第一部分:电子文件归档与档案管理》(GB/T 17678.1—1999)和《纸质档案数字化规范》(DA/T 31—2017)的要求。

4. 卷内文件材料系统化排列基本要求

（1）立项审批文件按照批复、请示、相关审查及专家评审文件材料的顺序依次排列。

（2）设计审批文件按照批复、请示、相关审查及专家评审文件材料的顺序依次排列。

（3）工程准备阶段文件材料按照审批及相关手续办理程序依次进行排列。

（4）项目法人及监理就质量控制、计划进度控制、费用控制及安全管理等问题普发的文件材料,按照文件材料所反映问题的有机联系,结合重要程度依次进行排列。

（5）经系统化排列的卷内文件材料,双面书写的文件材料,在其正面右下角、背面左下角,单面书写的文件材料,在其正面右下角,用阿拉伯数字逐页编写页号。已装订成册的文件材料,如自成一卷的,不需重新编写页号,如与其他文件材料组成一卷的,该册文件材料排列在其他文件材料之后,并将其作为一份文件编写册号,不需重新编写页号。

（6）案卷由案卷卷盒、内封面、卷内目录、卷内文件材料及备考表(封底)组成,其格式均应符合《科学技术档案案卷构成的一般要求》(GB/T 11822—2008)的要求。

(7)卷盒正面及卷脊可只填写案卷的档号和立卷单位(卷盒内装有若干卷案卷的,卷盒正面及卷脊应填写盒内案卷的起止档号)。

(8)内封面由下列内容构成:案卷题名、立卷单位、起止日期、保管期限、密级及档号。

①案卷题名应能准确反映本案卷的基本内容,包括公路建设项目名称、起讫里程、分项(分部、单位)工程名称及文件材料名称。

②立卷单位指案卷的组卷单位或部门。

③起止日期指本案卷内文件形成的最早和最晚的时间(年、月、日,年度应填写四位数字)。

④保管期限填写划定的保管期限。保管期限分为永久、30 年、10 年三种。应根据项目的实际情况、项目文件材料的特性及利用价值,分别确定案卷的保管期限。

⑤密级根据国家及交通运输部有关保密规定确定并填写。

(9)卷内目录由下列项目组成:

①序号,按照文件排列顺序,用阿拉伯数字从 1 起依次标注。

②文件编号,填写文件材料的原始编号或图号。

③责任者,填写文件材料的形成单位或主要形成单位。属原材料报验和工序报验文件,责任者应填写施工单位和监理单位。

④文件题名,填写卷内文件材料标题的全称,没有标题或标题不能说明文件材料内容的,应自拟标题,并加"[ ]"符号。案卷内每份独立成件及单独办理报验和批准手续形成的文件材料,均应逐件填写文件标题。

⑤日期,填写文件材料形成最终日期。

⑥页次,填写每份文件材料首页上标注的页号,最后一份文件标注起止页号;属已装订成册的文件材料,在卷内文件目录页次栏中填写册数,并在备注栏中注明累计总页数。

⑦备注,填写需注明的情况。

卷内目录需纸质目录及电子目录各一份。

(10)备考表中须注明本案卷组卷情况及本案卷包含文件份数;说明复印件归档原因和原件存放地;立卷人指案卷组卷人员,检查人应为部门或项目技术负责人及监理。

(11)公路建设项目档案除蓝图及成册文件材料外,按照三孔一线方式进行装订。装订前,应去除塑胶、塑封、塑膜、胶圈等易老化腐蚀纸张的封面或装订材料。

不装订的图纸及成册文件材料,每份需加盖档号章。档号章内容包括该份文件材料所在案卷的档号和本案卷中所在页次。

(12)案卷系统化排列及编号:案卷的编制单位应按工程进展的自然过程,对已经整理好的案卷进行系统化排列,并用铅笔在封面及卷脊编写案卷流水号。其中,施工单位应对本合同段形成的案卷,按照其自然形成过程,依照路线进行方向,结合单位工程排列顺序依次进行排列。监理单位按照监理工作程序,以合同段为单位,对形成的案卷进行系统化排列。

(13)案卷目录的编制:经系统化排列和编号的案卷须编制案卷目录一式两份(含电子版),其格式应符合《科学技术档案案卷构成的一般要求》(GB/T 11822—2008)的要求。

5. 安全资料归档的主要内容(表 9-7)

安全资料归档的主要内容　　　　　表 9-7

安全管理资料	安全生产管理规章制度	安全生产责任制
		安全教育制度
		安全检查制度
		文明施工管理规定
		消防安全管理制度
		施工临时用电管理规定
		特种作业人员持证上岗制度
		班组安全活动制度
		工伤事故报告调查处理制度
		安全及文明施工管理奖罚规定
	安全保障体系、机构、人员名单	
	各工种安全技术操作规程	
	经济承包中安全生产指标(工程项目经营管理责任书)	
	专职安全员、安全主任任命书	
	施工组织设计及专项安全施工组织设计	
	安全管理目标	
	安全责任目标的分解	
	安全责任目标考核制度、考核记录	
	分部(分项)工程安全技术交底	
	定期安全检查记录、安全隐患"三定"记录	
	持证上岗人员名册及证件复印件	
	现场安全标志、标语统计表	
	违章处罚情况记录	
	工伤事故档案	
	安全日常教育、新工人入场三级教育记录	
	新工人入场三级登记表	
	新工人入场三级教育考试卷	
	班前活动记录	
	其他资料	
脚手架及"三宝、四口、五临边"管理资料	脚手架搭设方案	
	脚手架计算书	
	脚手架搭设安全交底记录	
	高处作业安全防护设施(临边、洞口等)验收记录	
	"三宝"及安全网、扣件等的合格证	
	其他资料	

续上表

高边坡、模板工程管理资料	边坡支护施工方案
	边坡施工临边防护措施
	边坡施工排水措施
	边坡施工防止邻近建筑物危险沉降措施
	边坡支护变形观测记录及毗邻建筑物、重要管线和道路沉降观测记录
	模板工程施工方案
	现浇混凝土模板支撑系统计算书
	根据混凝土输送方法制定的针对性安全措施
	现浇混凝土模板支撑检查验收记录
	拆模申请批准表
	其他资料
机械设备管理资料	机械设备管理人员及操作人员名单
	现场机械设备一览表
	大型设备安装、拆卸方案及安装队伍资格证
	机械设备安装、操作交底记录
	中、小型机械安装验收记录
	机械设备管理制度
	各种机械安全操作规程
	设备运转记录
	其他资料
施工用电管理资料	临时用电施工组织设计或安全用电技术措施和电气防火措施
	临时用电安全技术交底
	临时用电工程检查验收表
	接地(重复接地、防雷)电阻值测定记录(每月测一次)
	电工工作日记
	定期检(复)查表
	总配电箱、配电箱、开关箱管理责任分工表
	施工用电管理规定
	其他资料
文明施工管理资料	文明施工领导小组人员名单
	治安保卫制度、措施、责任分解
	现场门前"五牌一图"(工程概况牌、管理人员名单及监督电话牌、消防保卫(防火责任)牌、安全生产牌、文明施工牌和施工现场平面图)设置内容及位置
	现场卫生责任制
	现场急救措施
	现场急救药品和急救器材登记表

分类	资料名称
文明施工管理资料	经培训的急救人员名单及证件
	防粉尘、防噪声措施
	防止泥浆、污水、废水外流或堵塞下水管道和排水管道措施
	宿舍消暑和除蚊虫叮咬措施
	施工不扰民措施
	炊事员名册及体检合格证
	食堂卫生许可证
	其他资料
消防管理资料	消防领导小组名单
	三级防火责任人名单(公司、项目、班组)
	三级防火责任书
	消防年度计划、年终总结
	各种防火制度、措施
	工地重点防火部位及消防器材放置平面图
	消防器材登记表
	义务消防队人员名单
	工地动火申请表
	工地消防教育和演习记录
	工地消防检查、整改记录
	消防器材月检记录卡
	其他资料
工会劳动保护管理资料	项目部劳动保护监督检查小组和班组劳动保护检查员名单
	年度劳动保护工作计划、检查、总结资料
	项目部、班组劳动保护委员会(小组)、检查员责任制
	工程现场工会劳动保护工作记录
	工程现场自我救护组织
	劳保用品发放登记表
	其他资料

安全施工资料归档分类实例见表9-8、表9-9。

安全施工资料 表9-8

序号	安全生产责任制	工种	安全检查
1	项目部监督保证体系图	电工	安全生产检查制度
2	项目经理安全生产责任制	焊工	安全检查评分表
3	项目部各管理人员责任制	架子工	隐患整改及复查结果登记表
4	安全生产责任制考核制度	塔吊(电梯)驾驶员	隐患整改通知单
5	责任目标考核制度	吊装(思索)工	隐患整改反馈表

续上表

序号	安全生产责任制	工种	安全检查
6	项目部安全责任书	机械工	安全检查工作日志
7	目标分解系统图	场内机动车驾驶员	施工现场违章违纪处理登记表
8	目标管理实施计划	木工	分部安全技术交底
9	安全生产责任制考核记录	钢筋工	
10	责任目标考核记录	瓦工	
11		抹灰工	
12		油工	
13		其他工种	

序号	安全培训教育	综合管理	文明施工
			施工现场总平面图
1	安全培训教育制度	施工组织设计	施工现场总平面图
2	班前安全活动制度	安全防护用品及机械设备管理制度	文明施工管理制度
3	项目管理人员教育登记表	安全标志牌管理制度	区域环境保护措施
4	生产作业人员教育登记表	安全例会制度	食堂卫生保证措施
5	管理人员安全上岗证复印件	工伤事故报告制度	宿舍卫生保证措施
6	项目三级安全教育记录	安全资格证书	消防安全措施
7	各工种安全培训记录	公司与项目责任承包合同	治安保卫措施
8	班前安全活动记录	安全例会记录	文明施工达标检查记录
9	安全培训教育考核试卷	每月安全总结	消防安全专项检查表
10		伤亡事故登记表	动火作业申请表
11		职工伤亡事故月(年)报表	动火监护记录
12		安全标志分布图	
13		安全标志牌登记表	

序号	脚手架	基坑支护工程	模板工程
1	脚手架施工方案	基坑支护施工方案	模板工程施工方案
2	脚手架施工安全技术交底	基坑支护安全技术交底	模板工程安全技术交底
3	脚手架验收表	基坑支护验收表	模板工程验收表
4	脚手架检查记录	基坑支护检查记录	模板工程检查记录
5	架子作业人员记录表	其他	模板工程拆除申请表
6	架子作业人员操作证复印件		其他
7	安全网产品记录表		
8	其他		
9			

安全施工资料　　　　　　　　　　　　　　　　　　表9-9

序号	"三宝""四口"	施工用电	物料提升机与外用电梯
1	"四口"、临边防护施工方案	施工用电管理制度	物料提升机安装(拆除)施工方案
2	"四口"、临边防护安全交底	施工用电施工组织设计	施工方案
3	安全网支挂验收表	施工用电施工组织补充设计	物料提升机技术交底
4	"四口"及临边防护验收表	施工用电安全技术交底	物料提升机进场验收表
5	"三宝""四口"安全检查记录	施工用电线路系统验收表	物料提升机安装验收表
6	"三宝"产品登记表	电气设备安装验收表	物料提升机检查记录
7	其他	电气线路系统及设备检查记录	物料提升机作业人员登记表
8		接地电阻测试记录	物料提升机作业人员操作证复印件
9		漏电保护器测试记录	物料提升机产品登记表
10		电工日巡查维修记录	其他
11		电工作业人员记录表	
12		电工作业人员上岗证复印件	
13		其他	

序号	塔式起重机	施工用具	隧道监控资料
1	塔式起重机安装(拆除)施工方案	施工机具安全技术交底	现场监控量测计划
2	安装塔式起重机安全技术交底	施工机具进场验收记录	实际测点布置图
3	塔式起重机安装调试记录	施工机具(设备)安装验收表	围岩和支护的位移-时间曲线图、空间关系曲线图以及量测记录汇总表
4	塔式起重机基础验收表	施工机具检查记录	经量测变更设计和改变施工方法地段的信息反馈记录
5	塔式起重机安装验收表	机具等作业人员登记表	现场监控量测说明
6	塔式起重机顶升锚固验收表	机具等作业人员操作证复印件	
7	塔式起重机检查记录	施工机具产品登记表	
8	司索驾驶员等作业人员登记表	其他	
9	司索驾驶员等作业人员操作证复印件		
10	塔式起重机产品登记表		
11	其他		

三、公路施工单位主要安全管理资料

1. 工程项目施工现场安全管理资料

（1）工程概况表。工程概况表是对工程基本情况的简要描述，应包括工程的基本信息、相关单位情况和主要安全管理人员情况。

（2）项目重大危险源控制措施。项目经理部应根据项目施工特点，对作业过程中可能出现的重大危险源进行识别和评价，确定重大危险源控制措施，并按要求进行记录，每张表格只能记录一种危险源。

(3)项目重大危险源识别汇总表。项目经理部应依据项目重大危险源控制措施的内容,对施工现场存在的重大危险源进行汇总,按要求逐项填写,并由项目技术负责人批准发布。

(4)危险性较大的分部分项工程专家论证表和危险性较大的分部分项工程汇总表。按照国务院建设行政主管部门或其他部门规定,必须编制专项施工方案的危险性较大的分部分项工程和其他必须经过专家论证的危险性较大的分部分项工程,项目经理部应在表中进行记录。对应当组织专家组进行论证审查的工程,项目经理部必须组织不少于5人的专家组,对安全专项施工方案进行论证审查。专家组应按照表的内容提出书面论证审查报告,并作为安全专项施工方案的附件。表经项目监理部确认、项目经理部盖章后,报项目所在地区(县)建委安全监督机构。

(5)施工现场检查表(以北京市为例)。项目经理部和项目监理部每月至少两次对施工现场安全生产状况进行联合检查,检查内容应按照北京市施工现场检查表的要求进行,对安全管理、生活区管理、现场料具管理、环境保护、脚手架、安全防护、施工用电、塔式起重机和起重吊装、机械安全、保卫消防的10项内容进行评价。对所发现的问题在表中应有记录,并履行整改复查手续。

(6)项目经理部安全生产责任制。项目经理部对各级管理人员、分包单位负责人、施工作业人员及各职能部门均应明确相应的安全生产责任,保障施工人员在作业中的安全和健康。

(7)项目经理部安全管理机构设置。项目经理部应成立由项目经理负责的安全生产领导机构,并按照有关文件要求,根据施工规模配备相应的专职安全管理人员或成立安全生产管理机构,并形成项目正式文件记录。

(8)项目经理部安全生产管理制度。项目经理部应依据现场实际情况制定各项安全管理制度,明确各项管理要求,落实各级安全责任。

(9)总分包安全管理协议书。总包单位不得将工程分包给不具备相应资质等级和没有安全生产许可证的企业,并应与分包单位签订安全生产管理协议书,明确双方的安全管理责任,分包单位的资质等级证书、安全生产许可证等相关证照的复印件应作为协议附件存档。

(10)施工组织设计、各类专项安全技术方案和冬季、雨季施工方案。施工组织设计应在正式施工前编制完成,对危险性较大的分部分项工程应制定专项安全技术方案,对冬季、雨季的特殊施工季节,应编制具有针对性的施工方案,并须履行相应的审核、审批手续。

(11)安全技术交底汇总表。工程项目应将各项安全技术交底按照作业内容汇总,并按照要求填写安全技术交底汇总表,以备查验。

(12)作业人员安全教育记录表。项目经理部对新入场、转场及变换工种的施工人员必须进行安全教育,经考试合格后方准上岗作业;同时,应对施工人员每年至少进行两次安全生产培训,并对被教育人员、教育内容、教育时间等基本情况进行记录。

(13)安全资金投入记录。应在工程开工前制订安全资金投入计划,并以月度为单位对项目安全资金使用情况进行记录。

(14)施工现场安全事故登记表。凡发生安全生产事故的工程,应按要求进行记载。事故原因及责任分析应从技术和管理两方面加以分析,明确事故责任。

(15)特种作业人员登记表。电工、焊(割)工、架子工、起重机械作业人员(包括驾驶员、信号指挥员等)、场内机动车驾驶员等特种作业人员,应按照规定经过专门的安全教育培训,并取得特种作业操作证后,方可上岗作业。特种作业人员上岗前,项目经理部应审查特种作业人员的上岗证,核对资格证原件后在复印件上盖章并由项目部存档,并将情况汇总并填入特种作业人员登记表,报项目监理部复核批准。

(16)地上、地下管线保护措施验收记录表。地上、地下管线保护措施方案应在槽、坑、沟土方开挖前编制。地上、地下管线保护措施完成后,由工程项目技术负责人组织相关人员进行验收,并填写地上、地下管线保护措施验收记录表,报项目监理部核查,项目监理部应签署书面意见。

(17)安全防护用品合格证及检测资料。项目经理部对采购和租赁的安全防护用品及涉及施工现场安全的重要物资(包括脚手架钢管、扣件、安全网、安全带、安全帽、灭火器、消火栓、消防水带、漏电保护器、空气开关、施工用电电缆、配电箱等),应认真审核生产许可证、产品合格证、检测报告等相关文件,并予以存档。

(18)生产安全事故应急预案。项目经理部应当编制生产安全事故应急预案,成立应急救援组织,配备必要的应急救援器材和物资。定期组织演练,并对全体施工人员进行培训。

(19)安全标识。对施工现场各类安全标识的采购、发放、使用情况进行登记,绘制施工现场安全标识布置平面图,有效控制安全标识的使用。

(20)违章处理记录。对施工现场的违章作业、违章指挥及处理情况进行记录,建立违章处理记录台账。

2. 工程项目生活区资料

(1)现场、生活区卫生设施布置图。现场、生活区卫生设施布置图应明确各个区域、设施及卫生责任人。

(2)办公室、生活区、食堂等各项卫生管理制度。办公区、生活区、食堂等各类场所应制定相应的卫生管理制度。

(3)应急药品、器材的登记及使用记录。应配备必要的急救药品和器材,并对药品、器材的使用情况进行登记。

(4)项目急性职业中毒应急预案。必须编制急性中毒应急预案,发生中毒事故时,应能有效启动。

(5)食堂及炊事人员的证件。施工现场设置食堂时,必须办理卫生许可证和炊事人员的健康合格证,并将相关证件在食堂明示,复印件存档备案。

3. 工程项目现场、料具资料

(1)居民来访记录。施工现场应设置居民来访接待室,对居民来访内容进行登记,并记录处理结果。

(2)各阶段现场存放材料堆放平面图及责任划分。施工现场应绘制材料堆放平面图,现场内各种材料应按照平面图统一布置,明确各责任区的划分,确定责任人。

(3)材料保存、保管制度。应根据各种材料特性建立材料保存、保管制度和措施,制定材料领取、使用的各项制度。

(4)成品保护措施。应制定施工现场各类成品、半成品的保护措施,并将措施落实到相关管理和作业人员。

（5）现场各种垃圾存放、消纳管理资料。项目经理部应对垃圾、建筑渣土运输和处理单位的相关资料进行备案。

4. 工程项目环境保护资料

（1）项目环境管理方案。应根据项目施工特点，对作业过程中可能出现的环境危害因素进行识别和评价，确定环境污染控制措施，编制项目环境保护管理措施。

（2）环境保护管理机构及职责划分。应成立由项目经理负责的环境保护管理机构，制定相关责任制度，明确责任人。

（3）施工噪声监测记录。施工现场作业过程中，各类设备产生的噪声在场界边缘应符合国家有关标准，项目经理部应定期在施工场地边界对噪声进行监测，并将结果记入施工噪声监测记录表。

5. 工程项目脚手架资料

（1）脚手架、卸料平台和支撑体系设计及施工方案。落地式钢管扣件式脚手架、工具式脚手架、卸料平台及支撑体系等，应在施工前编制相应专项施工方案。

（2）钢管扣件式支撑体系验收表。水平混凝土构件模板或钢结构安装使用的钢管扣件式支撑体系搭设完成后，工程项目部应依据相关规范、施工组织设计、施工方案及相关技术交底文件，由总承包单位项目技术负责人组织相关部门和搭设、使用单位进行验收，填写"钢管扣件式支撑体系验收表"，项目监理部对验收资料及实物进行检查并签署意见。

其他结构形式的支撑体系也应参照此表，根据施工方案及有关规定进行验收。

（3）落地式（或悬挑）脚手架搭设验收表。落地式（或悬挑）脚手架应根据实际情况分段、分部位，由工程项目技术负责人组织相关单位验收。6级以上大风及大雨后、停用超过一个月后均要进行相应的验收检查，相关单位应参加。每次验收项目监理部对验收资料及实物进行检查并签署意见，合格后方可使用。

（4）工具式脚手架安装验收表。外挂脚手架、吊篮脚手架、附着式升降脚手架、卸料平台等搭设完成后，应由工程项目技术负责人组织有关单位进行验收，合格后方可使用，验收时可根据进度分段、分部位进行。每次验收时，项目监理部对验收资料及实物进行检查并签署意见。

6. 工程项目安全防护资料

（1）基坑、土方及护坡方案、模板施工方案。基坑、土方、护坡和模板施工必须按有关规定，做到有方案、有审批。

（2）基坑支护验收表。基坑支护完成后，施工单位应组织相关单位按照设计文件、施工组织设计、施工专项方案及相关规范进行验收。

（3）基坑支护沉降观测记录、基坑支护水平位移观测记录表。总承包单位和专业承包单位应按有关规定对支护结构进行监测，并按要求进行记录，项目监理部对监测的程序进行审核并签署意见。如发现监测数据异常，应立即督促项目经理部采取必要的措施。

（4）人工挖孔桩防护检查表。项目经理部应每天对人工挖孔桩作业进行安全检查，项目监理部对检查表及实物进行检查并签署意见。

（5）特殊部位气体检测记录。对人工挖孔和密闭空间施工，应在每班作业前进行气体检测,确保施工人员安全,并将检测结果记录到特殊部位气体检测记录表。

7. 工程项目施工用电资料

(1) 临时用电施工组织设计及变更资料。临时用电设备在 5 台及以上或设备总容量在 50kW 及以上,均应编制临时用电施工组织设计,并按照《施工现场临时用电安全技术规范》(JGJ 46—2005)的要求进行相关审核、审批手续。

(2) 施工现场临时用电验收表。施工现场临时用电工程必须由总包单位组织验收,合格后方可使用,验收时可根据施工进度分项、分回路进行,并填写施工现场临时用电验收表。项目监理部对验收资料及实物进行检查并签署意见。

(3) 总、分包临时用电安全管理协议。总包单位、分包单位必须订立临时用电管理协议,明确各方相关责任,协议必须履行签字、盖章手续。

(4) 电气设备测试、调试记录。电气设备的测试、检验凭单和调试记录应由设备生产者或专业维修者提供,项目经理部应将相关技术资料存档。

(5) 电气线路绝缘强度测试记录。主要包括临时用电动力、照明线路及其他必须进行的绝缘电阻测试,工程项目应将测量结果按系统回路填入电气线路绝缘强度测试记录表后,报项目监理部审核。

(6) 临时用电接地电阻测试记录表。主要包括临时用电系统、设备的重复接地、防雷接地、保护接地以及设计有要求的接地电阻测试,工程项目应将测量结果填入临时用电接地电阻测试记录表后,报项目监理部审核。

(7) 电工巡检维修记录。施工现场电工应按有关要求进行巡检维修,并由值班电工每日填写,每月送交项目安全管理部门存档。

8. 工程项目塔式起重机、起重吊装资料

(1) 塔式起重机租赁、使用、拆装的管理资料。对施工现场租赁的塔式起重机,出租和承租双方应签订租赁合同并签订安全管理协议书,明确双方责任和义务。委托安装单位拆装塔式起重机时,还应签订拆装合同。塔式起重机的拆装单位资质、相关人员的资格证等材料及设备统一编号、检测报告等,应一并存档。

(2) 塔式起重机拆装统一检查验收表格。塔式起重机安装过程中,安装单位或施工单位应根据施工进度分别认真填写有关内容。塔式起重机安装完毕后,应当由施工总承包单位、分包单位、出租单位和安装单位,共同进行验收。塔式起重机每次顶升、锚固时,均应填写记录。

塔式起重机安装验收完毕、使用前,还应经有相应资质的检验检测机构检测。检测合格后,总承包单位应按照要求报项目监理部。塔式起重机拆卸时,拆装单位应填写记录。

(3) 起重机械拆装方案及群塔作业方案、起重吊装作业的专项施工方案。塔式起重机安装与拆除、起重吊装作业等必须编制专项施工方案,涉及群塔(2 台及以上)作业时,必须制定相应的方案和措施。群塔作业时,总承包单位应根据方案要求合理布置塔式起重机的位置,确保各相邻塔式起重机之间的安全距离,并绘制平面布置图。

(4) 对塔机组和信号工安全技术交底。塔式起重机使用前,总承包单位与机械出租单位应共同对塔机组人员和信号工进行联合安全技术交底,就塔式起重机性能、安全使用及施工现场注意事项等内容,对相关人员进行安全技术交底并做好记录。

（5）施工起重机械运行记录。塔式起重机、施工电梯、移动式起重机及物料提升机等起重机械操作人员，应在每班作业后填写施工起重机械运行记录，运行中如发现设备有异常情况，应立即停机检查报修，排除故障后方可继续运行，同时将情况填入记录本。起重机械运行记录每本填写完成后，送交设备产权单位存档。

9. 工程项目机械安全资料

（1）机械租赁合同及安全管理协议书。对施工现场租赁的机械设备，出租和承租双方应签订租赁合同及安全管理协议书，明确双方责任和义务。

（2）物料提升机、施工升降机、电动吊篮拆装方案。施工现场物料提升机、施工升降机、电动吊篮安装前，应编制设备的安装、拆除方案，经审核、审批后，方可进行安装与拆卸工作。

（3）施工升降机拆装统一检查验收表格。施工升降机安装过程中，安装单位或施工单位应根据施工进度分别填写有关内容。施工升降机安装完毕后，应当由施工总承包单位、分包单位、出租单位和安装单位共同进行验收，验收合格后方可使用。施工升降机每次接高时，均应填写记录。施工升降机拆卸时，拆装单位应填写记录。

（4）施工机械（电动吊篮）检查验收表。电动吊篮安装完成后，应由项目经理部组织分包单位、安装单位、出租单位相关人员对设备进行安装验收，并填写记录表。

（5）施工机械检查验收表。施工现场各类机械进场安装或组装完毕后，项目经理部应按照要求组织相关单位进行验收，并将相关资料报送项目监理部。

（6）机械设备检查维修保养记录。项目经理部应建立机械设备的检查、维修和保养制度，编制设备保修计划。对设备的检查维修保养情况，应有文字记录。

10. 工程项目保卫消防资料

（1）施工现场消防重点部位登记表。项目经理部应根据防火制度要求，对施工现场消防重点部位进行登记。

（2）保卫消防设备平面图。保卫消防设施、器材平面图应明确现场各类消防设施、器材的布置位置和数量。

（3）现场保卫消防制度、方案、预案。项目经理部应制定施工现场的保卫消防制度，现场保卫消防管理方案，重大事件、重大节日管理方案，现场火灾应急救援预案等相关技术文件，并将文件对相关人员进行交底。

（4）现场保卫消防协议。建设单位与总包单位、总包单位与分包单位必须签订现场保卫消防协议，明确各方相关责任，协议必须履行签字、盖章手续。

（5）现场保卫消防组织机构及活动记录。施工现场应设立保卫消防组织机构，成立义务消防队。定期组织教育培训和消防演练，各项活动应有文字和图片记录。

（6）施工项目消防审批手续。项目经理部应将消防安全许可证存档，以备查验。

（7）施工用保温材料产品检测及验收资料。施工现场使用的施工用保温材料、密目式安全网、水平安全网等材料应为阻燃产品，进场应有相关验收手续，其产品资料、检测报告等技术文件项目经理部应予存档保管。

（8）消防设施、器材验收、维修记录。施工现场各类消防设施、器材的生产单位应具有公安部门颁发的生产许可证，各类设施、器材的相关技术资料项目经理部应进行存档。项目经理部应定期对消防设施、器材检查,按使用年限及时更换、补充、维修、验收、维修等工作应有文字记录。

(9)防水施工现场安全措施及交底。施工现场防水作业施工时,应制定相关的防中毒、防火灾的安全防范技术措施,并对所有参与防水作业的施工人员进行书面交底,所有被交底人必须履行签字手续。

(10)警卫人员值班、巡查工作记录。施工现场警卫人员应在每班作业后,填写警卫人员值班、巡查工作记录,对当班期间主要事项进行登记。

(11)用火作业审批表。作业人员每次用火作业前,必须到项目经理部办理用火申请,并按要求填写用火作业审批表,经项目经理部主管部门审批同意后,方可用火作业。

11. 其他资料

(1)安全技术交底表。分部分项工程施工前及有特殊风险的作业前,应对施工作业人员进行书面安全技术交底,其内容应按照施工方案的要求,讲明操作者的安全注意事项,保证操作者的人身安全并按分部分项工程和针对作业条件的变化具体进行说明。项目经理部应将安全技术交底按照交底内容分类存档。

(2)应知应会考核表登记及试卷。施工现场各类管理人员、作业人员必须对其所从事工作安全生产知识进行必要的培训教育,考核合格后方可上岗,项目经理部应将考核情况造表登记,并按照考核内容分类存档。

(3)施工现场安全日志。施工现场安全日志应由专职安全管理人员按照日常检查情况逐日记载,单独组卷,其内容应包括每日检查内容和安全隐患的处理情况。

(4)班组班前讲话记录。各作业班组长于每班工作开始前必须对本班组全体人员进行班前安全活动交底,其内容应包括本班组安全生产须知和个人应承担的责任、本班组作业中的危险点和采取的措施。

(5)工程项目安全检查隐患整改记录。工程项目安全检查人员在检查过程中,针对存在的安全隐患应填写工程项目安全检查隐患整改记录。其中应包括检查情况及安全隐患、整改要求、整改后复查情况等内容,并履行签字手续。

1. 试写出专项施工方案的定义。
2. 安全资料归档的四个原则分别是什么?
3. 工程项目环境保护资料有哪些?
4. 请叙述工程项目安全防护资料的具体内容。

【任务实施】

实训任务 1　施工现场人员资料管理

1. 实训目的

掌握安全管理人员配置原则;

熟悉特种作业人员的组成；

能收集、登记、留存安全管理人员、特种作业人员的信息及证件资料。

2. 实训内容

实训日期：

实训班级：

成员组成：

实训成绩：

（1）假如你是项目部安全监理工程师，在开工前条件验收中，项目部安全生产管理体系配置有1名专职安全员，并配置有2名安全协管员（兼职），你认为能否通过本次开工条件验收，并说明原因。

步骤：按照《施工企业安全生产管理规范》（GB 50656—2011）规定：该项目投资额35732万元，依据总包单位专职安全生产管理人员配置标准，配置一定数量的专职安全管理人员。

总包单位专职安全生产管理人员配置标准

工程类别	配备范围	配备标准
建筑工程、装饰工程按建筑面积配置	1万 m² 以下	不少于1人
	1万~5万 m²	不少于2人
	5万 m² 以上	不少于3人，且按专业配备专职安全生产管理人员
土木工程、线路工程、设备安装工程按合同价配备	5000万元以下	不少于1人
	5000亿~1亿元	不少于2人
	1亿元以上	不少于3人，且按专业配备专职安全生产管理人员

（2）你作为一名项目经理，在劳务分包合同中约定劳务分包单位须配置满足施工要求的专职安全管理人员，请列出本项目劳务分包队伍安全管理配置，并说明配备标准（请小组讨论完成）。

步骤：按照《施工企业安全生产管理规范》（GB 50656—2011），根据分包单位施工人员78人，依据分包单位专职安全生产管理人员配置标准，配置专职安全管理人员。

分包单位专职安全生产管理人员配置标准

分包类别	配备范围	配备标准
专业承包单位	—	应当配置至少1人，并根据所承担分部分项工程的工程量和施工危险程度增加
劳务分包单位	施工人员在50人以下	不少于1人
	施工人员为50~200人	不少于2人
	施工人员在200人以上	应当配置至少3人，并根据所承担分部分项工程的工程量和施工危险程度增加，不得少于工程施工人员的5%

（3）根据规定，特种作业人员应包括：①电工；②金属焊接、切割作业人员；③起重司索工、起重信号指挥工、起重机械驾驶员、起重机械安装与维修工；④架子工；⑤高处作业吊篮安装拆卸工；⑥锅炉司炉；⑦压力容器操作人员；⑧电梯操作人员；⑨场（厂）专用机动车驾驶员；⑩制冷与空调作业人员；⑪从事爆破作业的爆破员、安全员、保管员；⑫瓦斯监测员；⑬工程船舶船

员;⑭潜水员;⑮国家有关部门认定的其他作业人员。请根据本项目案例,填写该项目特种作业人员台账。

特种作业人员台账

特种作业人员登记表						编号			
工程名称:					施工单位(租赁单位):				
序号	姓名	性别	身份证号	工种	证件编号	发证机关	有效期	进退场时间	

实训考评

实训成绩考核表见下表。

模块九实训任务1成绩考核表

序号	考核内容	所占分值	自评评分	小组评分	教师评分
1	是否按要求完成了实训内容	20			
2	是否准确掌握安全管理人员配置,特种作业人员范围	25			
3	是否会组织实施火灾应急预案	25			
4	实训态度	10			
5	团队合作	10			
6	扩展知识	10			
	小计				
	总评(取小计平均分)				

实训任务2 施工现场安全资料填写

1. 实训目的

熟悉施工现场安全资料内容;

会填写施工现场安全资料。

2. 实训内容

实训日期:

实训班级:

成员组成:

实训成绩:

(1)施工现场安全资料按建设单位、监理单位、施工单位进行分类。根据北京市的《建设工程施工现场安全资料管理规程》(DB 11/383—2017),建设单位施工现场安全资料编号为

AQ-A 类,监理单位施工现场安全资料编号为 AQ-B 类,施工单位施工现场安全资料编号为 AQ-C 类。

要求:用 Word 或 Excel 制作一份施工现场安全资料汇总表。

(2)以小组为单位,填写部分施工单位资料(AQ-C 类)。

步骤1:首先教师根据施工现场安全资料表格[《建设工程施工现场安全资料管理规程》(DB 11/383—2017)]选定部分表格,让学生分组进行,建议每组所用表格不同,全班能做一套完整的资料。

步骤2:以小组为单位按照分配的任务,用 Word 或 Excel 制作电子版表格,打印填写。

实训考评

实训成绩考核表见下表。

模块九实训任务 2 成绩考核表

序号	考核内容	所占分值	自评评分	小组评分	教师评分
1	是否按要求完成了实训内容	20			
2	是否掌握安全管理资料的内容	25			
3	能否进行安全资料的收集与整理	25			
4	实训态度	10			
5	团队合作	10			
6	扩展知识	10			
	小计				
	总评(取小计平均分)				

参 考 文 献

[1] 张小琴.公路施工现场安全技术管理[M].北京:人民交通出版社,2012.
[2] 史洪江,张宏涛等.现场安全职业教育:交通建设工程[M].北京:人民交通出版社,2012.
[3] 王轩.公路施工安全[M].北京:中国劳动社会保障出版社,2013.
[4] 赵志刚,高克送.施工现场安全防护与职业卫生[M].北京:中国建筑工业出版社,2017.
[5] 吴国锋.安全员[M].2版.北京:中国电力出版社,2017.
[6] 中国建设教育协会继续教育委员会.施工现场安全生产标准化管理[M].北京:中国建筑工业出版社,2016.
[7] 孟续峰.公路工程施工安全风险辨控手册[M].北京:人民交通出版社股份有限公司,2017.
[8] 中国建设教育协会继续教育委员会.建设工程安全生产管理知识[M].北京:中国建筑工业出版社,2018.
[9] 中华人民共和国交通运输部.公路工程施工安全技术规范:JTG F90—2015[S].北京:人民交通出版社,2015.
[10] 交通运输部工程质量监督局.公路水运工程施工安全标准化指南[M].北京:人民交通出版社,2013.
[11] 王常才.桥梁工程[M].3版.北京:人民交通出版社股份有限公司,2019.
[12] 刘龄嘉.桥梁工程[M].3版.北京:人民交通出版社股份有限公司,2021.
[13] 李辅元.桥梁工程[M].北京:人民交通出版社,2013.
[14] 邵旭东.桥梁工程[M].5版.北京:人民交通出版社股份有限公司,2019.
[15] 中华人民共和国交通运输部.公路水运工程平安工地建设管理办法[S].北京:人民交通出版社股份有限公司,2018.
[16] 交通运输部工程质量监督局.公路桥梁和隧道工程施工安全风险评估制度及指南解析[M].北京:人民交通出版社,2011.
[17] 中华人民共和国交通运输部.公路水运工程项目生产安全事故应急预案编制要求:JT/T 1405—2022[S].北京:人民交通出版社股份有限公司,2022.
[18] 中华人民共和国交通运输部.公路水运工程安全生产条件通用要求:JT/T 1404—2022[S].北京:人民交通出版社股份有限公司,2022.
[19] 中华人民共和国交通运输部.公路交通安全设施施工技术规范:JTG/T 3671—2021[S].北京:人民交通出版社股份有限公司,2021.
[20] 中华人民共和国交通运输部.公路隧道施工技术规范:JTG/T 3660—2020[S].北京:人民交通出版社股份有限公司,2020.
[21] 中华人民共和国交通运输部.公路桥涵施工技术规范:JTG/T 3650—2020[S].北京:人民交通出版社股份有限公司,2020.
[22] 中华人民共和国交通运输部.公路路基施工技术规范:JTG/T 3610—2019[S].北京:人民交通出版社股份有限公司,2019.

[23] 赵存明.公路隧道安全技术管理[M].北京:人民交通出版社,2012.

[24] 魏建明.公路施工技术与管理[M].北京:人民交通出版社,2010.

[25] 盛可鉴.公路工程施工技术[M].北京:人民交通出版社,2013.

[26] 宋海涛,刘国祯.公路交通安全及附属工程施工作业指导书[M].成都:电子科技大学出版社,2017.

[27] 李薇.公路隧道施工安全技术[M].昆明:云南科技出版社,2014.

[28] 刘尊明.建筑施工安全技术与管理[M].北京:北京理工大学出版社,2019.

[29] 严战友.山区高速公路施工安全与管理[M].成都:西南交通大学出版社,2018.

[30] 中华人民共和国交通运输部.公路项目安全性评价规范:JTG B05—2015[S].北京:人民交通出版社股份有限公司,2015.

[31] 中华人民共和国交通运输部.公路工程质量安全手册[M].北京:人民交通出版社股份有限公司,2021.

[32] 王道远.隧道施工技术[M].2版.北京:水利水电出版社,2020.

[33] 安徽省质量技术监督局.公路施工现场安全作业指导书编写规程:DB 34/T 2916—2017[S].北京:人民交通出版社股份有限公司,2018.

[34] 刘志.路基施工技术[M].北京:人民交通出版社,2011.

[35] 沙爱民,贾侃.填石路基施工技术[M].北京:人民交通出版社,2007.

[36] 黄晓明.路基路面工程[M].6版.北京:人民交通出版社股份有限公司,2019.

[37] 赵青,李树兵.公路路基路面施工安全交底[M].北京:中国铁道出版社,2015.

[38] 夏连学.路面施工技术[M].北京:人民交通出版社,2011.

[39] 倪宝书,寇凤岐,王春正.公路路基路面施工安全技术与风险控制[M].北京:人民交通出版社股份有限公司,2016.

[40] 王志来.高处作业安全防护技术[M].北京:中国劳动社会保障出版社,2009.

[41] 赵永东,刘桐.施工安全管理与风险控制[M].北京:高等教育出版社,2018.

[42] 《中华人民共和国安全生产法》编辑组.中华人民共和国安全生产法[M].北京:中国劳动社会保障出版社,2002.

[43] 国家安全生产监督管理总局,生产安全事故应急预案管理办法[EB/OL].[2019-07-11].https://www.gov.cn/zhengce/2016-06/03content_5712841.htm.

[44] 李永琴.市政工程安全实训[M].北京:中国建筑工业出版社,2021.

[45] 中华人民共和国国务院.安全生产许可证条例[EB/OL].[2004-01-13].https://www.gol.gov.cn/zwgk/gongbao/2004/4/contene/post_3361231.html.

[46] 住房和城乡建设部.建筑施工企业安全生产许可证管理规定[EB/OL].[2015-01-22].https://www.gov.cn/zhengce/2022-01/25/content_5712013.htm.

[47] 田水承,景国勋.安全管理学[M].北京:机械工业出版社,2016.

[48] 中国安全生产科学研究院.安全生产管理[M].北京:应急管理出版社,2022.

[49] 吕淑然,车广杰.安全生产事故调查与案例分析[M].北京:化学工业出版社,2020.

[50] 中国公路建设行业协会.公路工程施工企业主要负责人和安全管理人员培训教材[M].

北京:人民交通出版社,2017.

[51] 中华人民共和国国务院. 生产安全事故报告和调查处理条例[EB/OL]. [2007-04-09]. https://flk.npc.gov.cn/detail2.html.

[52] 国家安全生产监督管理总局. 生产安全事故应急预案管理办法[EB/OL]. [2019-07-11]. https//www.gov.cn/zhengce/2016-06/03/content_5712841.htm.

[53] 中华人民共和国国务院. 生产安全事故应急条例[EB/OL]. [2019-02-17]. https://flk.npc.gov.cn/detail2.html.

[54] 国家安全生产监督管理总局. 特种作业人员安全技术培训考核管理规定[EB/OL]. [2015-05-29]. https://www.gov.cn/zhengce/2010-05/024/content_5712858.htm.